苏州党史纪事（2020）

中共苏州市委办公室
中共苏州市委党史工作办公室　编

古吴轩出版社

图书在版编目（CIP）数据

苏州党史纪事. 2020 / 中共苏州市委办公室, 中共苏州市委党史工作办公室编. -- 苏州 : 古吴轩出版社, 2021.12

ISBN 978-7-5546-1904-9

Ⅰ. ①苏… Ⅱ. ①中… ②中… Ⅲ. ①中国共产党—地方组织—大事记—苏州— 2020 Ⅳ. ①D235.533

中国版本图书馆CIP数据核字(2022)第012010号

责任编辑： 俞　都
见习编辑： 万海娟
责任校对： 张雨蕊
责任照排： 韩桂丽　李　璇

书　　名： 苏州党史纪事（2020）
编　　者： 中共苏州市委办公室　中共苏州市委党史工作办公室
出版发行： 古吴轩出版社
地址：苏州市八达街118号苏州新闻大厦30F　邮编：215123
电话：0512-65233679　传真：0512-65220750
出 版 人： 尹剑峰
印　　刷： 苏州市越洋印刷有限公司
开　　本： 787×1092　1/16
印　　张： 40.25
字　　数： 616千字
版　　次： 2021年12月第1版　第1次印刷
书　　号： ISBN 978-7-5546-1904-9
定　　价： 98.00元

如有印装质量问题，请与印刷厂联系。0512-68180628

《苏州党史纪事（2020）》编纂委员会

《苏州党史纪事（2020）》编纂人员

编辑说明

一、《苏州党史纪事》是由中共苏州市委办公室、中共苏州市委党史工作办公室编纂的综合性党史文献资料，旨在逐年记录苏州市委执政实践取得的显著成绩，为研究苏州地方党史积累基础资料。

二、《苏州党史纪事》从2020年开始编纂，每年出版一卷。《苏州党史纪事（2020）》坚持以马克思列宁主义、毛泽东思想、邓小平理论、“三个代表”重要思想、科学发展观、习近平新时代中国特色社会主义思想为指导，系统记录2020年苏州市在党的领导下，统筹推进经济、政治、文化、社会、生态文明和党的建设等方面的新举措、新成就、新经验，力求呈现市委贯彻落实中央和省委决策部署、推动各项事业高质量发展的生动实践。

三、《苏州党史纪事（2020）》分为综述、大事要览、专题纪实、市（区）委和开发区工委工作、先进经验、先进典型、重大决策与重要文件题录、统计发布等8个部分。其中，“综述”反映苏州市委年度工作情况。“大事要览”收录全市经济、政治、文化、社会、生态文明和党的建设等各方面重要情况，采用编年体和纪事本末体相结合的体例，按年月日顺序记事。“专题纪实”收录市委、市政府及有关部门党委（党组）重大决策、重点工作、重要活动、重大成果等。“市（区）委和开发区工委工作”收录各县级市（区）委年度工作概述和省级以上开发区工委年度工作简要情况。“先进经验”收录国家级媒体对苏州重点工作的宣传报道。“先进典型”收录中央、省委表彰的先进集体与个人。“重大决策与重要文件题录”收录市委、市政府公开发布的重要文件及目录。“统计发布”收录反映苏州市经济社会发展状况的综合性数据。

四、《苏州党史纪事（2020）》的编纂出版得到了全市上下的关心支持。特别是市人大常委会、市政协、市纪委监委机关、市中级人民法院、市检察院、市委办公室、市政府办公室、市委组织部、市委宣传部、市委统战部、市委政法委、市委研究室、市委网信办、市委编办、市委台工办、市委市级机关工委、市委老干部局、市委党校、市发改委、市教育局、市科技局、市工信局、市公安局、市民政局、市司法局、市财政局、市人社局、市生态环境局、市住建局、市园林和绿化局、市城管局、市交通局、市水务局、市农业农村局、市商务局、市卫生健康委、市退役军人局、市应急局、市审计局、市外办、市国资委、市政府研究室、市行政审批局、市市场监管局、市体育局、市统计局、市金融监管局、团市委、市妇联、市残联、苏州海关、市工商联、苏州日报社和各县级市（区）委、苏州工业园区、苏州高新区、太仓港口工委及各省级以上开发区等80多家单位高度重视，大力配合，提供了高质量的稿件。

五、《苏州党史纪事（2020）》收录内容大部分由相关单位提供并经主管领导审核同意发表，部分内容来源于官方网站和媒体。个别供稿数据因统计口径不同略有差异，以市统计局数据为准。

六、《苏州党史纪事（2020）》中首次出现单位名称时用全称，之后出现用简称，以此类推。

七、《苏州党史纪事（2020）》以记录党委工作为主，所选资料由于篇幅有限，未能兼顾之处敬请谅解。

目录

重大决策与重要文件题录 539

统计发布 615

01 综述

2020年，中共苏州市委积极贯彻落实党中央的要求，统筹推进疫情防控和经济社会发展，做到两手抓、两手硬、两手赢。疫情防控工作取得阶段性成果，经济发展稳中有进，新动能加速集聚，更加积极主动实施长三角一体化发展国家战略，改革开放持续深化，人民生活得到有力保障，生态文明建设力度加大，社会大局保持和谐稳定，三大攻坚战取得决定性成果，“十三五”和高水平全面建成小康社会胜利收官。

疫情防控卓有成效。全市上下风雨同舟、众志成城，抗击新冠肺炎疫情斗争取得阶段性成果。确诊病例全部得到有效救治，实现了患者“全治愈”、医院“零感染”。有力推动复工复产，在全国首创“苏惠十条”，实施惠外、惠农、惠服务业及人才关爱等政策“组合拳”，生产生活秩序快速恢复，为夺取疫情防控和经济社会发展双胜利奠定了坚实基础。全市2家单位获评“全国抗击新冠肺炎疫情先进集体”，6人获评“全国抗击新冠肺炎疫情先进个人”。

经济韧性充分彰显。经济发展稳中有进、持续向好。一般公共预算收入总量、增量和税比均为全省第一。制造业加快复苏。推出“姑苏八点半”“双12苏州购物节”等促消费活动，在全国首创设立政府资金池，开展“线下购物无理由退货”服务。入选国家首批综合型信息消费示范城市。持续减轻企业负担。

创新活力有效激发。材料科学姑苏实验室挂牌成立，清华苏州环境创新研究院等重大创新载体加快建设，签约共建中国科学技术大学苏州高等研究院等一批创新平台。出台人才新政4.0版等8项人才政策，国际精英创业周、校园苏州日等活动成功举办。29人入选国家级重大人才工程，其中创业类11人，连续8年位列全国大中城市首位。万人有效发明专利拥有量达到68件。有效高新技术企业总数近万家。高新技术企业产值占规模以上工业总产值比重提高1.4个百分点。

产业升级坚定有力。累计引进10家国家工业互联网“双跨平台”，新增16家省级工业互联网平台，荣获“全国工业稳增长和转型升级成效明显市”称号。数字经济加快发展，获批创建省内首个区块链产业发展集聚区，与一批大型互联网企业签署合作协议。新增境内A股上市公司25家，总数达到144家，位居全国城市第五；新增科创板上市公司20家，位居全国城市第三。规划建设高标准农田27万亩，基本实现高标准农田建设全覆盖，苏州现代农产品物流园投入使用。农村集体经济不断壮大，100个集体经济相对薄弱村全部完成脱贫转化目标。

开放优势更加巩固。推出“开放创新合作热力图”，建立重点外资项目库。苏州自贸片区2项制度创新成果获评国务院深化服务贸易创新发展试点“最佳实践案例”。积极参与“一带一路”建设，抢抓长三角一体化发展战略机遇，主动对接上海“五大中心”建设，加快推进区域融合发展。南北挂钩共建、对口支援和东西部扶贫协作等成效明显。

生态环境不断改善。狠抓突出问题整改，中央环保督察及“回头看”反馈问题、环境信访件全部整改完成。完成重点行业企业用地土壤污染信息采集及空间信息整合。全面落实长江流域禁捕退捕任务。城乡生活垃圾分类依法实施，苏州市生活垃圾分类工作位列全国重点城市第一档。持续开展美丽城镇建设和被撤并镇整治提升，在全省率先完成农村人居环境整治三年行动目标。

人民生活全面小康。始终坚持以人为本，民生实事项目圆满完成。沪苏通铁路开通运营，沿江三市结束不通铁路的历史。就业规模持续扩大，大力推进劳动者就业创业首选城市建设，评选表彰万名“最美劳动者”。全方位保障粮食供应安全。建成投用中小学幼儿园82所，增加学位7.17万个。南京大学苏州校区、西北工业大学太仓校区、苏州大学未来校区、西交利物浦大学太仓校区等加快建设，市属苏州城市学院获批设立。新增三级甲等医院5家、三级医院2家，新建、改扩建基层医疗卫生机构19家。文化公共服务日趋完善，村（社区）综合性文化服务中心标准化建设实现全覆盖。新增健身步道200公里，市公共体育服务中心等建成投用，成功举办中超联赛苏州赛区赛事活动。

党的领导和党的建设有效加强。持续巩固“不忘初心、牢记使命”主题教育成果，部署开展“四史”教育。落实意识形态工作责任制。高质量做好省委巡视反馈意见整改工作，开展落实“六保”任务等专项巡察。稳步推进中央纪委基层监督力量整合协同信息化试点工作，“衡镜”系统获评第二届“中国廉洁创新奖”第一名，建成全省首家干部政德教育基地“况公祠”。出台激励关爱党员干部“四优四强”八项细则。人大常委会、政府、政协、纪委监委、法院、检察院围绕中心、履职尽责，多党合作事业深入发展，爱国统一战线日益壮大。市委常委会高度重视自身建设。坚持把党的建设融入各项工作、各个方面，带头履行管党治党政治责任，始终在思想上、政治上、行动上同以习近平同志为核心的党中央保持高度一致，以实际行动增强“四个意识”、坚定“四个自信”、切实做到“两个维护”。认真贯彻民主集中制，严格执行请示报告制度。落实廉洁自律各项规定，自觉接受各方面监督，在贯彻中央和省委要求、改进工作作风上作出表率。

（供稿：苏州市委办公室）

02 大事要览

1月

3日　苏州市委、市政府召开开放再出发大会，大会发布开放再出发30条政策措施，集中推出68.8平方公里产业用地全球招商，全球首发“苏州开放创新合作热力图”，投资总额达7359亿元的556个项目签约。

6日　苏州市委召开党外人士迎春座谈会，中共江苏省委常委、苏州市委书记蓝绍敏出席并讲话。

7日　苏州市扫黑除恶专项斗争领导小组（扩大）会议召开。扫黑除恶专项斗争开展两年来取得了阶段性显著成果，获中央扫黑除恶督导组肯定。

7—10日　政协苏州市第十四届委员会第四次会议在苏州人民大会堂召开。省委常委、市委书记蓝绍敏到会讲话。市政协主席周伟强代表市十四届政协常务委员会向大会作工作报告。会议一致通过了市政协十四届四次会议决议。

8—11日　苏州市第十六届人民代表大会第四次会议在苏州人民大会堂隆重召开。市委副书记、市长李亚平代表苏州市人民政府向大会作政府工作报告。会议表决通过了《苏州市第十六届人民代表大会第四次会议选举办法》和《苏州市第十六届人民代表大会财政经济委员会主任委员、副主任委员人选和社会建设委员会主任委员人选通过办法》。省委常委、市委书记蓝绍敏在闭幕会上讲话。

9日　全国首个高端制造全产业链保税模式改革试点在苏州工业园区

海关启动。

11日　苏州市召开双拥迎春座谈会，省委常委、市委书记蓝绍敏出席并讲话，市委副书记、市长李亚平出席并通报了2019年全市经济社会发展情况。

13日　全市安全生产专题工作会议召开，研究部署“1+27”安全生产专项整治、危化品安全综合治理和国务院督导组反馈督办问题的整改工作。市委副书记、市长李亚平出席会议并提出要求。

15日　中国农业科学院和苏州市人民政府在北京签订全面战略合作协议。

17日　商务部公布2019年国家级经济技术开发区综合发展水平考核评价结果。苏州工业园区在产业基础、科技创新、区域带动、生态环保和行政效能等五大方面发展成效突出、引领作用明显，再次以“硬核”实力蝉联冠军，实现了在该项考核上的“四连冠”。

同日　苏州市召开2020年度征兵工作电视电话会议。2020年起实行“一年两次征兵两次退役”。

20日　苏州市“不忘初心、牢记使命”主题教育总结大会召开。省委常委、市委书记蓝绍敏出席会议并讲话，省委“不忘初心、牢记使命”主题教育第二巡回指导组领导出席会议并讲话。

21日　苏州市委召开老干部情况通报会，通报了市委十二届九次全会的主要精神以及苏州开放再出发大会、市“两会”的主要情况。

同日　苏州市宣传部长会议召开，全面落实全国、全省宣传部长会议部署要求，回顾总结2019年工作，分析当前形势，研究安排2020年任务。省委常委、市委书记蓝绍敏对做好全市宣传思想文化工作作出批示。会议通报表彰了苏州市2016至2018年度省级文明单位、村镇、社区、校园，省第十一届精神文明建设“五个一工程”获奖名单，2019年度苏州市精神文明建设十佳新事以及第八届苏州市文学艺术奖获奖个人、作品等各类先进。

同日　苏州市政府召开工作会议，学习传达习近平总书记重要指示精神和李克强总理批示要求，落实国务院、省政府专题会议精神和市委常委会的部署要求，研究部署全市新型冠状病毒感染的肺炎疫情防控工作。市委副书记、市长李亚平出席会议并提出要求。

同日　苏州市政府印发《市政府关于做好我市第七次全国人口普查工作的通知》，对全市第七次全国人口普查工作进行全面部署。

22日　苏州市领导干部警示教育大会召开。省委常委、市委书记蓝绍敏出席会议并讲话，市委副书记、市长李亚平主持会议并作具体部署。

同日　苏州市委、市政府举行2020年春节团拜会。省委常委、市委书记蓝绍敏出席并致辞，市委副书记、市长李亚平主持团拜会。

同日　2020年苏州援派干部代表座谈会召开。省委常委、市委书记蓝绍敏出席并讲话，市委副书记、市长李亚平主持座谈会。

26日　苏州市召开专门会议，学习贯彻习近平总书记在中央政治局常委会上关于新型冠状病毒感染肺炎疫情防控工作的重要讲话精神，收听收看省政府电视电话会议，会商研判苏州相关情况，对防控工作进行再部署、再加强。

27日　省委书记娄勤俭通过省疾控中心视频网络，调研苏州开展疫情防控情况，充分肯定苏州取得的工作成效，要求坚决扛起守土责任，为全省、全国防控大局作出更大贡献。市委副书记、市长李亚平在市疾控中心汇报了有关情况。

2月

1日　苏州市委发出《关于切实加强党的领导确保打赢疫情防控阻击战的通知》，要求各地各部门切实加强党的领导，坚定不移推动党中央和省委各项决策部署落到实处，做到认识再提高、领导再加强、防控再严密、措施再强化、动员再深入、责任再压实，团结带领广大人民群众坚决打赢疫情防控阻击战。

5日　苏州市召开金融业应对疫情挑战支持实体经济发展座谈会。省委常委、市委书记蓝绍敏主持会议并讲话。

7日　省委常委、市委书记蓝绍敏主持召开会议，专题研究姑苏实验室筹建工作。

8日　省委常委、市委书记蓝绍敏主持召开会议，专题研究部署疫情防控形势下企业复工生产用工保障工作。会议要求深入贯彻习近平总书记关于疫情防控工作的一系列重要指示批示精神，把疫情防控作为头等大事和第一位工作紧抓不懈，在做好疫情防控工作的前提下，用好用足援企稳岗政策，加强用工保障力度，积极打造农民工就业创业首选城市，全力支持和组织推动各类生产企业复工复产，确保经济社会平稳健康运行。

10日　省委常委、市委书记蓝绍敏主持召开会议，专题研究谋划苏州一体化发展战略。

12日　苏州市委副书记、市长李亚平主持召开全市创新工作例会，研究部署2020年创新发展重点工作。

15日　苏州市召开开放再出发政策文件实施细则调度会。省委常委、市委书记蓝绍敏主持会议并讲话。市委副书记、市长李亚平出席会议并提出要求。

18日　苏州市委机构编制委员会召开2020年第一次全体会议，审议部分机构编制事项，研究部署相关工作。省委常委、市委书记蓝绍敏主持会议并讲话。会议听取了全市机构编制工作情况的汇报，对部分机构编制事项进行了深入研究讨论。

22日　苏州市委常委会召开省委巡视整改专题民主生活会，深入学习贯彻习近平新时代中国特色社会主义思想，认真落实习近平总书记关于巡视工作的一系列重要指示精神，按照省委书记娄勤俭从严从实抓好整改落地见效的工作要求，切实抓好省委巡视反馈意见整改。省委常委、市委书记蓝绍敏主持会议并作总结讲话。

25日　省委常委、市委书记蓝绍敏主持召开市委党的建设工作领导小组（扩大）会议。

同日　苏州市召开专题会议动员部署全市安全生产督导工作。

26日　省委副书记、省长吴政隆到苏州市调研疫情防控、企业复工复产等工作。他强调，要坚持以习近平新时代中国特色社会主义思想为指导，深入学习贯彻习近平总书记重要讲话、重要指示批示精神，坚持两手抓、两手硬，勇当先锋、争打头阵，把依法科学精准、分区分级防控的措施抓实抓细、一抓到底，奋力夺取疫情防控和经济社会发展双胜利，以干在实处、走在前列的过硬成果为全国全省发展大局作出苏州贡献。

27日　苏州市召开会议专题研究深化苏相合作区建设相关工作。会议听取了苏相合作区国土空间规划情况、相关体制机制工作建议的汇报，就进一步深化苏相合作区建设进行了深入研究讨论。

29日　苏州自贸片区联动创新区建设推进会召开，14个国家级开发区获苏州自贸片区联动创新区授牌。

3月

3日　位于苏州工业园区国科数据中心的苏州超级计算中心揭牌，意味着人工智能算力全国排名前列的城市“超级大脑”正式启动运作。

4日　省委书记娄勤俭在苏州调研外资企业疫情防控和生产运行情况并主持召开部分企业座谈会。他强调，要在以习近平同志为核心的党中央坚强领导下，认真落实中央部署要求，采取扎实举措统筹推进疫情防控和经济社会发展。外资企业是江苏经济的重要组成部分，企业遇到的困难就是我们的困难，要继续全力精准高效地做好服务保障，积极对冲外部环境的不确定性，推动在苏外资企业更好发展，携手创造美好的未来。

5日　苏州市召开2019年度综合考核工作总结暨作风建设大会，总结上一年度综合考核工作，激励先进、对标找差，驰而不息推进作风建设，推动全市上下奋力夺取“双胜利”、加快“开放再出发”。

6日　苏州市经济形势分析会召开，分析研究1至2月份经济运行情况，部署推进下阶段重点工作。市委副书记、市长李亚平出席会议并提出要求。

10日　苏州市召开夜经济及“姑苏八点半”筹备工作调度会。省委常委、市委书记蓝绍敏出席会议并讲话，市委副书记、市长李亚平出席会议并作具体部署。

同日　苏州市第87例新冠肺炎患者治愈出院。至此，全市新冠肺炎患者全部治愈出院。1月10日，苏州市五院收治的1名有武汉旅行史的发热患者为江苏省首例新冠肺炎患者。1月24日，该病例出院，为苏州市首个出院患者。2月18日起，苏州市每天新增病例持续为零，累计报告确诊病例87例，其中男性47例，女性40例。

12日　苏州市四套班子领导和部分机关干部，到上方山石湖生态园北区植物园参加义务植树活动。

14日　苏州市召开会议专题研究推进国家级高铁枢纽城市和四网融合规划工作。省委常委、市委书记蓝绍敏出席会议并讲话，市委副书记、市长李亚平出席会议并作具体部署。

17日　苏州市推动长江经济带发展领导小组会议召开。省委常委、市委书记蓝绍敏出席会议并讲话，市委副书记、市长李亚平主持会议并作具体部署。

18日　中国（江苏）自由贸易试验区苏州片区工作领导小组第二次全体会议召开。省委常委、市委书记、苏州自贸片区工作领导小组第一组长蓝绍敏主持会议并讲话。市委副书记、市长、苏州自贸片区工作领导小组组长李亚平出席会议并作具体部署。

19日　苏州市农村工作会议暨率先基本实现农业农村现代化动员部署会召开，《苏州市探索率先基本实现农业农村现代化三年行动计划（2020—2022年）》正式下发，部署苏州率先基本实现农业现代化、农村现代化、农民现代化和基本实现“四化同步”发展四大任务以及20项具体工程。

同日　首批苏州支援湖北医疗队回苏州欢迎仪式举行。市委副书记、市长李亚平代表市委、市政府欢迎队员们回家，并向白衣战士以及他们的家属表示崇高敬意和亲切慰问。新冠肺炎疫情发生后，苏州先后选派349名医务人员驰援湖北抗击疫情。根据中央指导组的统一安排，从3月17日起，苏州市支援湖北医疗队队员有序分批撤回。

21日　苏州市召开打好三大攻坚战（防范化解重大风险、精准脱贫、污染防治）工作推进会。

25日　苏州市召开首季首次重大项目工作专题推进会。省委常委、市委书记蓝绍敏出席会议并讲话。市委副书记、市长李亚平主持会议并作具体工作部署。

26日　吴江发出首张“长三角生态绿色一体化发展示范区”营业执照。此举标志着长三角生态绿色一体化发展示范区市场主体准入、跨域资质互认、电子证照通用、改革红利共享进入实质性启动阶段。

28日　苏州市委、市政府召开营商环境创新大会，贯彻国务院《优化营商环境条例》，落实市开放再出发大会精神，倾力打造“苏州最舒心”营商服务品牌，塑造“4S”（“Supreme Service, Super Suzhou”）国际版营商服务品牌。省委常委、市委书记蓝绍敏出席大会并讲话。市委副书记、市长李亚平部署《苏州市优化营商环境创新行动2020》总体工作。

30日　苏州市召开会议专题调度夜经济“姑苏八点半”筹备工作。省委常委、市委书记蓝绍敏出席会议并讲话。

4月

1日　苏州市扶贫协作和对口支援工作会议召开。江苏省对口帮扶贵州省铜仁市工作队介绍了帮扶铜仁市有关情况，省委常委、市委书记蓝绍敏出席会议并讲话。

8日　苏州市召开苏相合作区全面深化合作改革创新发展工作推进会。省委常委、市委书记蓝绍敏出席会议并为苏相合作区揭牌。会议发布《关于推进苏相合作区全面深化合作改革创新发展的若干意见》。

10日　全市打好防范化解重大金融风险攻坚战指挥部全体（扩大）会议召开，深入贯彻落实中央和省、市部署要求，总结分析全市金融风险情况，研究布置下一阶段工作。市委副书记、市长李亚平出席会议并提出要求。

同日　全国安全生产电视电话会议和省续会召开。市委副书记、市长李亚平在苏州分会场收看会议，主持召开苏州市续会。

11日　苏州市召开生活垃圾分类工作推进会，并印发《2020年苏州市生活垃圾分类处置工作行动方案》。省委常委、市委书记蓝绍敏出席会议并讲话。

14日　省委常委、市委书记蓝绍敏，市委副书记、市长李亚平率苏州市党政代表团赴宿迁市考察。苏州宿迁工作情况交流会暨苏宿工业园区联合协调理事会第四次会议召开，深入谋划推进两市挂钩合作南北共建工作。会上，苏宿两市签订《2020年度挂钩合作协议》及相关补充协议、商务协议。

17日　新时代“苏州精神”研究和弘扬工作座谈会召开，全面启动新时代“苏州精神”重大课题研究，着力丰富和弘扬以“三大法宝”为核心的“苏州精神”的时代内涵和实践价值，为苏州再创一个激情燃烧、干事创业的火红年代提供精神动力和智力支持。

20日　苏州市第十二届纪委五次全会召开，省委常委、市委书记蓝绍敏出席并讲话。刘乐明代表市纪委常委会作了题为《完善监督体系忠诚履职尽责为苏州高质量发展走在最前列提供坚强保障》的工作报告。

21日　首届苏锡常一体化发展合作峰会在苏州召开。会上签署了《苏锡常一体化发展合作备忘录》。

同日　十二届苏州市委第九轮巡察暨对村（社区）提级巡察“回头看”动员部署会召开。会议传达了省委常委、市委书记蓝绍敏关于深化全市巡察工作的批示和全省巡视巡察工作会议暨省委第八轮巡视动员部署会议精神，宣布了市委巡察组组长、副组长和对村（社区）提级巡察“回头看”组组长授权任职和任务分工。

同日　苏州市市域社会治理现代化试点动员暨政法工作会议召开。省委常委、市委书记蓝绍敏出席会议并讲话。市委副书记、市长李亚平主持会议并作具体工作部署。

24日　苏州数字贸易公共服务平台正式上线，集成6大子平台和8大功能分区，在实现海关、外汇管理、税务、市场监督、公安、工信、邮政等部门数据互联互通和信息共享的基础上，开展资源对接、会务资讯、线上推介、远程洽谈、线上接单、在线交易、业务培训等。

25日　苏州生物医药发展大会召开。省委常委、市委书记蓝绍敏出席大会并讲话。会上，蓝绍敏启动了国家血液系统疾病临床研究中心建设和“创客中国”生物医药专题中小企业创新创业大赛。

同日　苏州市召开一季度经济形势分析会。省委常委、市委书记蓝绍敏出席会议并讲话。会议通报了一季度全市经济运行情况，对重点指标作了对标找差分析，围绕二季度工作进行了深入研究讨论。

26日　苏州市旅游促进大会召开。省委常委、市委书记蓝绍敏出席会议并讲话。会上，蓝绍敏启动了苏州线下无理由退货平台，市委副书记、市长李亚平启动了“苏州锦鲤　好运等你”消费激励活动。国家金牌导游推介了“春天苏州旅游季”产品。

27日　苏州市第十六届人民代表大会常务委员会第二十六次会议审议了市人民政府《关于提请设立“苏州科学家日”的议案》。会议决定每年7月10日为“苏州科学家日”。

同日　《苏州市法治化营商环境建设指标体系》正式向社会发布，这是全国首个法治化营商环境评估体系。

29日　苏州市召开大气污染防治工作推进会，贯彻落实国家、省打赢蓝天保卫战工作部署，全力保障年度各项治气任务有效推进。

同日　“开放再出发·青春建新功”苏州市纪念五四运动一百零一周年暨建团九十八周年大会召开。

30日　苏州市抓党建促决战决胜脱贫攻坚暨“两新”组织党建工作推进会举行，启动“党建惠企”专项行动，推出33类139项专项服务政策，推进市级机关党组织与34家省、市组织部门重点联系民营企业党组织结对共建，做优做亮“苏州最舒心、党建最暖心”红色营商服务品牌。

5月

6日 《苏州市城乡生活污水处理提质增效精准攻坚“333”行动实施方案》获原则通过（2020年3月，江苏决定在全省县以上城市开展以“三消除”“三整治”“三提升”为主要内容的城镇污水处理提质增效精准攻坚“333”行动）。

7—9日 苏州市党政代表团赴南京、安徽省滁州市考察。

8日 国务院办公厅发布《关于对2019年落实有关重大政策措施真抓实干成效明显地方予以督查激励的通报》，对213个地方予以督查激励，采取30项奖励支持措施。苏州市共获得5项督查激励表扬，占全省四分之一以上，创历史最好成绩。

同日 苏州自贸片区《关于加快集聚高端和急需人才的若干意见》发布，美国硅谷、日本东京分会场同时云上发布新政。

11日 全市法治政府建设暨强化营商环境法治保障工作会议召开，落实全市营商环境创新大会精神，谋划部署下一阶段工作。市委副书记、市长李亚平出席会议并提出要求。

同日 《苏州市工业炉窑大气污染综合治理方案》出台。

12日 苏州市召开文明城市建设工作推进会，全面部署年度各项创建工作任务。

13日 苏州市纪委监委召开全市纪检监察系统2020年“打铁必须自身硬”暨“铸魂强基作表率”专项行动部署推进会，深入贯彻中央纪委四次全会、省纪委五次全会、市纪委五次全会精神，持续推进“打铁必须自身硬”专项行动。

同日　苏州市人民政府与华侨城集团有限公司签署战略合作框架协议。

14日　苏州市月度经济运行分析会暨经济运行协调保障领导小组会议召开，分析研究苏州市1至4月经济运行情况，研究部署下一阶段重点工作。市委副书记、市长李亚平出席会议并提出要求。

15日　苏州市政府与中国电信江苏公司签署5G战略合作协议，将共同推进苏州5G网络建设及产业发展。

16日　苏州北站综合枢纽建设指挥部正式挂牌，标志着苏州北站综合枢纽进入实质性规划建设阶段。

17日　贵州省铜仁市党政代表团来苏考察，苏州·铜仁扶贫协作联席会议召开，举行了苏铜扶贫协作项目和协议签约仪式。

18日　苏州产业链全球合作云对接活动启动。启动仪式后，围绕五个产业链举行了分论坛，100多家企业进行了现场对接。

20日　国务院江苏安全生产专项整治督导组进驻苏州，并召开苏州工作汇报会。国务院江苏安全生产专项整治督导组对苏州市前一阶段安全生产专项整治行动取得的成效表示肯定。

同日　国家平板显示产业计量测试中心（苏州）揭牌，这是全国第二家国家平板显示产业计量测试中心，也是我国第十二家国家产业计量测试中心。

28日　中国农业科学院、苏州市人民政府在北京市召开联合发布会，共同发布《苏州市率先基本实现农业农村现代化评价考核指标体系（2020—2022年）（试行）》。

同日　苏州自贸片区工作领导小组办公室工作会议召开，并举行江苏省汾湖高新技术产业开发区联动创新区授牌仪式，研究推动自贸片区支持政策落实等工作。

29日　苏州新时代文明实践研究院成立，这是全省首个新时代文明实践研究院。

30日　苏州市召开领导干部会议传达学习习近平总书记在全国两会期间重要讲话精神和全国两会精神，按照省委要求，进一步推进贯彻落实。省委常委、市委书记蓝绍敏主持会议并讲话。

6月

1日　《苏州市生活垃圾分类管理条例》正式实施，苏州市垃圾分类工作专班对市区公共场所开展执法检查。

同日　省委常委、市委书记蓝绍敏，市委副书记、市长李亚平一行走访部分未成年人社会实践体验站和学校，看望少年儿童，观摩少先队主题微队课，与他们共庆“六一”，并启动了“成长苏州　筑梦未来”——“童”字系列未成年人主题教育活动。

3日　苏州市召开“姑苏八点半”和消费复苏工作调度会。省委常委、市委书记蓝绍敏出席会议并讲话。

3—4日　全国人大常委会到苏州就进一步加强侨务法治建设，充分发挥侨务资源优势，更好助力国家战略实施开展相关调研。

5日　苏州市书面发布了《2019年度苏州市生态环境状况公报》，公布苏州市生态环境“体检报告”。

同日　沪苏湖铁路江苏段开工建设，协力共建“轨道上的长三角”。

6日　苏州工业园区感知物联网金融科技研究院揭牌成立。作为国内首个物联网金融科技类专门研究机构，该研究院打通了金融资本向实体经济投放安全高效的通道，通过开发物联网金融科技服务平台，赋能金融机构和实体企业。

8日　苏州市“再解放、再出发、再攀高”年轻干部集训班开班。省委常委、市委书记蓝绍敏出席开班式并讲话。

9日　苏州市政府召开新闻发布会，发布《苏州市法治政府建设状况报告（2014—2019年）》白皮书。

同日　苏州市安全生产集中督导情况反馈会召开。省安全生产第五督导组领导通报了集中督导情况。省委常委、市委书记蓝绍敏代表苏州市委、市政府作表态发言。

10日　苏州市医疗保障基金管理中心揭牌成立，这标志着苏州医保管理体制迈入了新阶段。

同日　由徐州市委书记、市人大常委会主任周铁根率领的徐州市党政代表团来苏州考察。省委常委、苏州市委书记蓝绍敏陪同考察。苏州高新区、徐州高新区签署了战略合作协议，蓝绍敏、周铁根见证签约。

11日　苏州市召开高质量推进城乡生活污水治理工作领导小组（扩大）会议暨污水处理提质增效精准攻坚“333”行动推进会。市委副书记、市长李亚平出席会议并讲话。

10—11日　全国人大常委会执法检查组来苏州开展《中华人民共和国农业机械化促进法》执法检查，并调研苏州农业农村现代化、乡村振兴等工作。

12日　苏州市政府与中兴通讯签署深化战略合作协议。

13日　国务院安全生产督导组以“四不两直”（不发通知，不打招呼，不听汇报，不用陪同接待，直奔基层，直插现场）方式，对昆山市部分粉尘涉爆、深井铸棒企业进行暗查暗访。

同日　第十二届苏州国际精英创业周——世界高校人才项目线上对接会（法国专场）在苏州留学人员创业园举行，向在法中国留学生推介苏州，进行人才项目“云”对接。

14日　云南省楚雄州委书记杨斌率领的楚雄州党政代表团来苏考察。

15日　中央电视台《新闻联播》用时2分多钟，报道苏州市在社会治理方面的创新做法及取得的成果。

同日　由四川省委常委、成都市委书记范锐平率领的成都市党政代表团来苏州考察。苏州市委副书记、市长李亚平陪同考察。

同日　苏州市疫情防控指挥部调度会召开，深入学习贯彻习近平总书记关于疫情防控的重要讲话精神，进一步部署常态化疫情防控工作。市委副书记、市长李亚平出席会议并提出要求。

16—17日　由铜仁市委副书记、市长陈少荣率领的铜仁市党政代表团来苏考察。苏州市委副书记、市长李亚平会见代表团一行。

18日　首届中国脑机融合科技节暨2020年世界机器人大赛——BCI脑控机器人大赛华东赛区总决赛在苏州高铁新城举行。

20日　苏州市“新思想新技术新知识”领导干部学习会在市委党校开班。省委常委、市委书记蓝绍敏作开班动员讲话。

22日　省委常委、市委书记蓝绍敏主持召开督办市政协重点提案座谈会，专题研究九三学社苏州市委提交的集体提案《加快推进苏州一体化进程、更好融入长三角一体化国家战略的建议》（001号）的办理落实情况。

同日　材料科学姑苏实验室筹建工作领导小组会议召开，审议研究相关事项。市委副书记、市长李亚平出席会议并提出要求。

24日　第一届工业互联网联盟苏州峰会在苏州工业园区召开，发布《工业互联网苏州宣言》。峰会举行了“长三角G60科创走廊第二批工业互联网推荐目录及标杆示范”授牌仪式。苏州24家单位入选，入选质量与数量均名列前茅。

同日　苏州市工业互联网工作推进大会召开。省委常委、市委书记蓝绍敏出席大会并讲话。会上，蓝绍敏为全市首批工业互联网标识解析二级节点项目建设单位揭牌。

27日　国家先进功能纤维创新中心在苏州开建，总投资11.5亿元，占地225.5亩，是全国第13家国家级创新中心、省内第一家国家级创新中心，也是全国第一家由民营企业牵头建设的国家级创新中心。

28日　“‘三大法宝’重燃激情火红年代再攀新高”系列学习活动在苏州新闻大厦正式启动，四大主体活动同步重磅发布。

29日　苏州市举行庆祝中国共产党成立99周年重温入党誓词仪式和座谈会。省委常委、市委书记蓝绍敏率市委常委班子和市人大常委会、市政协主要领导同志重温入党誓词，并在座谈会上讲话。

同日　苏州市2020年二季度重大项目开工现场会在太仓举行。省委常委、市委书记蓝绍敏出席并讲话。市委副书记、市长李亚平主持现场会并作具体部署。

同日　省委宣传部、市委宣传部、苏州大学共建马克思主义学院在苏州签约揭牌。部校三方共建马克思主义学院，是根据中宣部、教育部《关于加强马克思主义学院建设的意见》的要求，主动加强和改进新形势下高校思想政治工作、深化新时代学校思想政治理论课改革创新的重要举措。

30日　材料科学姑苏实验室成立，并被省政府列为“江苏省实验室”。中国科学院副院长、党组成员，中科院院士张亚平在成立大会上视频致辞。省委常委、市委书记蓝绍敏出席大会并致辞，与副省长马秋林共同为姑苏实验室揭牌。来自国内外材料科学领域的60多位院士专家担任姑苏实验室战略咨询委员会委员，蓝绍敏与市委副书记、市长李亚平共同为莅临现场的部分委员颁授聘书。马秋林为“江苏省实验室”授牌。苏州市分别与中国科学院、中国科学技术大学签署合作协议，共同围绕一体推进姑苏实验室和中科大苏州高等研究院建设等展开深入合作。姑苏实验室规划总投资200亿元，总部位于苏州工业园区，占地500亩。

同日　苏州自贸片区外国高端人才工作许可、居留证件办理专窗在苏州工业园区启用，这是全省首个专门针对外国高端人才试点设立的专窗。

同日　长三角生态绿色一体化发展示范区第四期“创新工场”活动在上海青浦举行。会上，青浦、吴江、嘉善三地围绕着社区矫正开展经验分享和合作交流，并签订社区矫正《示范区改革备忘录》，7个示范区社区矫正共建基地也正式揭牌。

7月

1日　沪苏通长江公铁大桥暨沪苏通铁路正式开通运营。沪苏通长江公铁大桥全长11.072千米，是世界首座千米级公铁两用斜拉桥。

同日　上海、江苏、浙江“两省一市”举行新闻发布会，介绍7月1日出台的《关于支持长三角生态绿色一体化发展示范区高质量发展的若干政策措施》有关情况。

4日　苏州市召开全市长江流域禁捕退捕工作会议，深入贯彻中央和省的部署要求，对全市长江流域禁捕退捕工作进行再部署、再推进。市委副书记、市长李亚平出席会议并提出要求。

同日　苏州市推进长三角区域一体化工作领导小组会议暨长三角一体化工作推进会召开。省委常委、市委书记蓝绍敏出席会议并讲话。会议学习传达了长三角地区主要领导座谈会精神，通报了《〈长江三角洲区域一体化发展规划纲要〉苏州行动计划》及全市长三角一体化工作推进情况，审议了《苏州市推进长三角一体化发展领导小组工作规则（讨论稿）》等文件。

5日　中日（苏州）地方发展合作示范区揭牌仪式举行，示范区范围覆盖相城全域，是全国6个中日地方发展合作示范区之一。中日（苏州）地方发展合作示范区日本（东京）离岸创新中心、自贸区苏州片区相城联动创新区同步揭牌。

7日　苏州市“万企联万村，共走振兴路”行动对接工作部署会召开。

7—8日　省委副书记、省长吴政隆来苏州昆山调研并主持召开苏锡常地区座谈会。他强调，苏锡常既是全省改革开放“风向标”又事关外贸外资基本盘，要坚持以习近平新时代中国特色社会主义思想为指导，深入学习贯彻习近平总书记重要讲话精神，不断深化改革、扩大开放，善于积势蓄势谋势、识变求变应变，扎实做好“六稳”“六保”工作，促进外贸外资稳中提质，千方百计为群众和市场主体排忧解难，当好“风向标”，稳住基本盘，奋力夺取疫情防控和经济社会发展双胜利，推动高质量发展行稳致远。

8日　据财政部发布的《关于下达2020年度财政支持深化民营和小微企业金融服务综合改革试点城市奖励资金预算的通知》，苏州市成为全国财政支持深化民营和小微企业金融服务综合改革60个试点城市之一。

同日　2020年“赢在苏州·创赢未来”国际创客大赛全球总决赛（国内专场）举行。

10—12日　2020年（第十二届）苏州国际精英创业周举办。本届创业周采用线上和线下相结合的方式开展，公共项目平台共征集创新创业项目2061个，其中海外项目977个，国内项目1084个；共优选1852个项目发往全市187个科创载体对接，线上初步对接率达到96.5%。

同日　由泰州市委书记、市人大常委会主任史立军，市委副书记、市长朱立凡率领的泰州市党政代表团来苏考察。

14日　全市经济形势分析会召开，总结上半年经济运行情况，研究部署下一阶段工作。

15日　长三角一体化示范区执委会联合两省一市经信（工信）部门，召开新闻通气会。会上，《长三角生态绿色一体化发展示范区先行启动区产业项目准入标准（试行）》和《长三角生态绿色一体化发展示范区产业发展指导目录（2020年版）》发布。

16—17日　苏州市妇女第十四次代表大会召开，总结市妇女第十三次代表大会以来的工作，研究确定今后五年苏州妇女工作的总体要求和重点任务，选举产生市妇联第十四届执行委员会，并命名一批苏州市三八红旗手标兵、苏州市三八红旗手（集体）。

17日　省委副书记、省长、太湖防总总指挥吴政隆深入苏州、无锡太湖流域防汛抗洪抢险救灾一线检查指导工作并看望慰问奋战在一线的防汛人员。

18日　苏州市生产性服务业推进大会召开。省委常委、市委书记蓝绍敏出席并讲话。会上，授牌首批28家生产性服务业领军企业，总额870亿元的20个生产性服务业重点项目现场签约。

20日　苏州市“百名局长百场宣讲”活动正式启动，发布“2020年度苏州市理论宣讲课程资源清单”，各市、区首次共10场宣讲课同步启动。

同日　苏州市安全生产专项整治行动领导小组暨安委会全体成员（扩大）会议召开，回顾总结上半年安全生产情况，部署下一阶段工作。市委副书记、市长李亚平出席会议并提出要求。

同日　苏州市村企合作双向推介会举行，发布《苏州市村情指引》《苏州市乡村产业重点项目需求指引》《苏州市国有企业企情指引》《苏州市民营企业企情指引》4本白皮书。

22日　推进苏州市与南京大学全面战略合作暨南京大学苏州校区建设工作领导小组会议在苏州高新区召开。苏州市与南京大学签署了深化全面战略合作相关协议。省委常委、市委书记蓝绍敏，南京大学党委书记胡金波，中国科学院院士、南京大学校长吕建出席会议并讲话。市委副书记、市长李亚平出席会议并致辞。

23日　苏州市召开《习近平谈治国理政》第三卷学习教育工作推进会，介绍了《习近平谈治国理政》第三卷出版发行背景并举行赠书仪式。

同日　苏州市扫黑除恶专项斗争重点工作推进会召开，总结半年来全市扫黑除恶专项斗争工作情况。

27日　苏州市召开庆祝建军93周年军地座谈会，共叙军民鱼水深情，共商军地发展大计。省委常委、市委书记蓝绍敏出席会议并讲话。

同日　苏锡常三市政府共同召开首届苏锡常一体化发展联席会议。

28日　苏州市委召开书记专题会议，听取十二届市委第九轮巡察和落实“六保”任务专项巡察情况汇报，研究部署下一步工作。

30日　苏州市召开环保督察等突出环境问题整改暨加快提升水气环境质量推进会。省委常委、市委书记蓝绍敏主持会议并讲话。

31日　中国共产党苏州市第十二届委员会第十次全体会议在苏州工业园区会议中心举行。省委常委、市委书记蓝绍敏代表市委常委会讲话，市委副书记、市长李亚平作小结讲话并具体部署下半年工作。

同日　第九届中国苏州文化创意设计产业交易博览会开幕式举行。本届创博会是疫情防控常态化以来，国内开展的首个文化类博览会。

同日　国家体育产业联系点城市（苏州）建设工作指标体系发布会在苏州举行。

8月

1日　苏州市召开上海入境人员接转专班工作部署会，研究部署关于上海入境来苏人员接转工作相关事宜，明确“昆山专班”于当日零时重启，并按规定开展“7+7”人员接转模式。

同日　苏州再推“便民新招”，在省内率先发布《新市民服务指南》。

同日　苏州市举行金融科技工作推进会，明确打造金融创新“央地合作”示范工程，推动金融科技产业集聚发展，打造金融科技产品和服务创新高地。

同日　苏州首创的“苏扶保”综合保险已覆盖全市100个集体经济相对薄弱村的32万农民，1400多万元保费全部由政府帮扶专项资金“买单”。

同日　全国人大常委会法制工作委员会在苏授牌昆山基层立法联系点。省委书记、省人大常委会主任娄勤俭作出批示。全国人大常委会法工委主任沈春耀为昆山基层立法联系点授牌。

7日　市委落实“六保”任务专项巡察反馈会暨市委书记集体约谈被巡察党组织主要负责人会议召开。省委常委、市委书记蓝绍敏出席会议，对十二届市委第九轮巡察和落实“六保”任务专项巡察涉及的44家党组织主要负责人进行了集体约谈。会议反馈了市委落实“六保”任务专项巡察意见。

11日　苏州市政府与中国光大集团签订了战略合作协议。

同日　由铜陵市委书记、市人大常委会主任丁纯，市委副书记、市长胡启生率领的铜陵市党政代表团一行来苏州考察。江苏省委常委、苏州市委书记蓝绍敏，苏州市委副书记、市长李亚平陪同有关活动。

同日　苏州市首家外国专家书屋在苏州国际科技人才园正式挂牌成立。

12日　省委常委、市委书记蓝绍敏主持召开会议专题研究部署产业链工作。

同日　上海青浦、江苏吴江、浙江嘉善三地公证处在浙江嘉善签订了《青吴嘉公证共建合作框架协议》。

13日　材料科学姑苏实验室第一届理事会第一次会议召开。市委副书记、市长李亚平出席会议并提出要求。

14日　上海市委书记李强，市委副书记、市长龚正率队来苏州考察。江苏省委书记娄勤俭陪同考察。考察中，上海、苏州两地举行座谈会，交流2020年以来统筹推进疫情防控和经济社会发展相关工作，共商推进长三角一体化发展国家战略合作大计。

17日　首批苏州市国资国企企村合作项目签约活动举行，超过90家意向合作企业和村（镇）负责人参加。本次签约活动共完成28个国有企业与各市、区村镇合作项目签约，签约金额约54.2亿元，合作领域涉及古镇保护、农村新产业新业态发展、金融服务、农村环境治理等方面。

19日　国务院江苏安全生产专项整治督导“回头看”第七组水上交通督导组对苏州市水上交通安全专项整治工作开展督导。苏州市举行安全生产工作汇报会，向督导组汇报相关工作。苏州市委副书记、市长李亚平出席会议。

同日　苏州市举行“医者仁心·抗疫英雄”现场交流活动。36名优秀医务工作者获“医者仁心·抗疫英雄”称号。

19—20日　贵州省党政代表团在江苏考察。江苏省委书记、省人大常委会主任娄勤俭，省委副书记、省长吴政隆在苏州会见了贵州省委书记、省人大常委会主任孙志刚，省委副书记、省长谌贻琴一行。

21日　苏州市委、市政府发布《关于全市党员干部带头做到“餐饮不浪费”的倡议书》，要求带头制止餐饮浪费行为，切实培养文明节约好习惯，使厉行节约、反对浪费在全社会蔚然成风。

同日　《苏州市文化和旅游“走出去”项目奖励补贴管理办法》正式实施。

同日　第一批全国法治政府建设示范地区和项目命名正式公布，苏州市荣获首批全国法治政府建设示范市命名。苏州也是江苏省唯一获得示范命名的城市。

21—23日　中共中央政治局常委、国务院副总理韩正在江苏南京、苏州、无锡调研。韩正强调，江苏要贯彻落实习近平总书记提出的“建设经济强、百姓富、环境美、社会文明程度高的新江苏”重要指示精神，坚持新发展理念，加大创新驱动力度，强化生态环境治理，奋力推动高质量发展走在前列。

24日　2020年苏州市“90后”年轻干部成长强化班在市委党校开班，全市共有83名“90后”科职年轻干部参加培训。

同日　苏州市和澳大利亚墨尔本市签署《2020—2022三年文化创意产业合作的协议》。

26日　长三角市场监管联席会议在浙江召开。上海市青浦区、江苏省苏州市和浙江省嘉兴市三地市场监管局局长共同签署《长三角生态绿色一体化发展示范区“双随机、一公开”部门联合监管合作备忘录》。

27日　苏州市委、市政府正式印发《关于推进美丽苏州建设的实施意见》。

28日　由苏州市人民政府、江苏省文化和旅游厅共同举办的“最是江南　美好苏州”第二届中国苏州江南文化艺术·国际旅游节开幕。

同日　十二届市委第十轮巡察暨危化品安全生产专项巡察动员部署会召开。

29日　中国（江苏）自由贸易试验区苏州片区工作领导小组第三次全体会议召开。省委常委、市委书记蓝绍敏出席会议并讲话。市委副书记、市长李亚平作相关工作部署。

同日　中国（江苏）自由贸易试验区苏州片区一周年建设情况汇报会举行，总投资金额约500亿元的100个优质项目集中签约落地，高端制造全产业链保税模式改革深化试点启动，“服贸通”中新数据专线开通，苏州自贸片区一周年制度创新十大优秀案例发布，20家知名企业获颁“优秀合作伙伴”奖，苏州工业园区港海关监管作业场所揭牌。

9月

1日　苏州市轨道交通线网规划会议召开，深入研究轨道交通线网规划和近期建设规划。市委副书记、市长李亚平出席会议并提出要求。

2日　由贵阳市委副书记、市长陈晏率领的贵阳市党政代表团来苏考察。市委副书记、市长李亚平会见代表团一行。

7日　2020年苏州市欢送新兵仪式举行，共有1900余名适龄青年被批准光荣入伍，大学生比例继续保持在85%以上。

8日　全国抗击新冠肺炎疫情表彰大会在北京人民大会堂举行，大会对全国抗击新冠肺炎疫情先进个人、先进集体、全国优秀共产党员和全国先进基层党组织进行了表彰，来自苏州的6名个人和2个集体分别受到表彰。9日，出席全国表彰大会的苏州先进个人、先进集体代表载誉归来，市委、市政府举行欢迎仪式，省委常委、苏州市委书记蓝绍敏出席仪式并讲话。

同日　南京大学苏州校区建设工程启动仪式在苏州高新区举行，南京大学产业技术研究苏州总院、南京大学全国干部教育培训基地苏州中心、南京大学全球校友苏州创新创业中心揭牌。苏州教育高质量发展创新示范区、苏州高新区社会事业合作、苏州·中国声学创新谷等校地政产学研合作项目签约。省委常委、市委书记蓝绍敏在仪式上致辞并宣布工程启动。副省长马欣出席仪式并讲话。南京大学党委书记胡金波出席仪式并致辞。中科院院士、南京大学校长吕建主持仪式。

同日　长三角地区三省一市人大城建环资工作协作座谈会在苏州召开。会议签署了《长三角地区三省一市人大城建环资工作协作座谈会（苏州）备忘录》。

9日　苏州市科技经济融合专项行动推进会暨中国生物医学工程学会苏州工作站首场会企对接会议召开。

同日　苏州市召开庆祝第36个教师节座谈会。省委常委、市委书记蓝绍敏，市委副书记、市长李亚平出席座谈会，并分别带队走访部分学校，看望慰问辛勤耕耘在教学一线的老师，向全市广大教师、教育工作者和离退休老教师致以节日问候。

10日　为响应国务院扶贫办统一部署、增强苏州消费扶贫合力，苏州市把9月设为消费扶贫月。9月10日，苏州市消费扶贫月活动启动会暨专柜专馆专区现场观摩推进会召开，标志着2020年消费扶贫月活动正式启动。

同日　全国工商联在北京举办2020中国民营企业500强峰会，发布“2020中国民营企业500强”系列榜单。苏州有26家企业入围“2020中国民营企业500强”，28家企业入围“2020中国制造业民营企业500强”，上榜企业数双双位居全省第一。

11日　国务院召开全国深化“放管服”改革优化营商环境电视电话会议。会议结束后，省委副书记、省长吴政隆就抓好我省贯彻落实工作进行部署。苏州市设分会场组织收听收看全国深化“放管服”改革优化营商环境电视电话会议和省续会。

15日　苏州市国资国企融合发展推进会暨“1+10”项目合作集中签约仪式举行。市委副书记、市长李亚平见证签约并讲话。2020年6月初，苏州在全国率先推出国资国企“1+10”项目合作机制，即市属国企与10个县级市、区，通过市场化方式开展合作。经过近4个月的努力，合作项目数量达到102个，项目涵盖基础设施、乡村振兴、文化旅游、生态环保、战略性新兴产业等诸多领域。

18日　由湖北省黄石市委书记董卫民率领的黄石市党政代表团来苏考察。

22日　全市召开安全生产专项整治专题电视电话会议，要求确保10月底前全面完成各类隐患问题整改，高质量完成“一年小灶”各项任务。

同日　科创板企业培育中心（苏南）揭牌暨开学仪式在苏州举行，科创板企业培育中心（苏南）落户苏州。该中心是在科创板开市满一周年之际，上交所推出的精品化服务品牌。

同日　360工业互联网安全研究院在苏州人工智能产业园揭牌。这是国内首个工业互联网安全研究院，将分三期建设。

同日　苏州市组织收听收看全省农村乱占耕地建房问题专项整治工作推进会。省会议后，组织召开全市农村乱占耕地建房问题专项整治工作推进会。

23日　苏州市举办在苏香港同胞庆祝中华人民共和国成立71周年暨香港苏州商会成立2周年联欢晚会。市委副书记、市长李亚平代表市委、市政府致贺信。

24日　苏州市举行国庆招待会。市委副书记、市长李亚平出席并致辞。

同日　再出发·赢未来—2020苏州·跨国公司开放创新合作交流会举行。市委副书记、市长李亚平出席会议并讲话。会上发布了《2020年苏州市外商投资营商环境调查报告》和“开放创新合作热力图”2.0版。

同日　全市村（社区）“两委”换届工作部署会召开，部署启动全市村（社区）“两委”换届各项任务工作。

同日　苏州市再次获颁“中国快递示范城市”荣誉称号。2016年，苏州市获得江苏省首个“中国快递示范城市”荣誉称号。

28日　苏州市召开京杭运河（苏州段）整治提升工作调度会议。

同日　苏州市首个金融系统综合性大型展览——“金融力量筑梦前行”苏州金融成就展在苏州革命博物馆拉开序幕。本次展览集中展示了新中国成立以来苏州金融业的历史沿革和发展成就。

29日　苏州市召开全市领导干部会议，传达省委关于苏州市委主要领导调整的决定：省委决定，许昆林同志任苏州市委委员、常委、书记，蓝绍敏同志不再担任苏州市委书记、常委、委员职务。省委常委、组织部部长郭文奇出席会议并讲话。省委常委、市委书记许昆林在会上讲话。市委副书记、市长李亚平主持会议并作表态发言。

同日　苏州工业园区苏相合作区投资发布会举行，苏相合作区（园区）创新中心、苏州工业园区企业发展服务中心——苏相合作区分中心揭牌。

30日　苏州市各界向烈士纪念碑敬献花篮活动在苏州烈士陵园隆重举行。省委常委、市委书记许昆林和市委、市人大常委会、市政府、市政协全体领导，与全市各界代表一起，向革命烈士敬献花篮，深切缅怀革命先烈。

10月

1日　《苏州市妇女权益保障条例》施行，是全省首部地级市制定的关于妇女权益保障的地方性法规。

同日　《江苏省农业农村厅公告（第12号）》正式生效，延续了千百年的“一户一船一网”的传统捕捞模式在太湖彻底终结。

9日　全国首个跨省域政府核准投资项目目录公布，目录适用范围为示范区区域内企业投资项目，包括上海市青浦区、江苏省苏州市吴江区、浙江省嘉兴市嘉善县，覆盖行政面积约2400平方公里。

10日　省委书记娄勤俭在苏州大学调研，考察建设中的南京大学苏州校区。他强调，高校要以习近平新时代中国特色社会主义思想为指导，胸怀“两个大局”，牢记立德树人、为国育才的使命，充分发挥大学教育在自主创新和构建新发展格局中的重要作用，努力为高质量发展和现代化建设作出更大贡献。在苏期间，娄勤俭主持召开当地民营企业家座谈会，深入了解当前企业发展运行情况。省委常委、市委书记许昆林，省委常委、秘书长郭元强，市委副书记、市长李亚平参加调研。

11—12日　全国政协副主席、民革中央常务副主席郑建邦率调研组来苏州，就“打造长三角对外开放新高地，助力构建‘双循环’新发展格局”进行实地考察，并召开专题调研座谈会。省委常委、市委书记许昆林会见了郑建邦一行。

12日　省委常委、苏州市委书记许昆林主持召开四市工作座谈会，分析当前经济运行情况，部署四季度工作，谋划推动张家港市、常熟市、太仓市、昆山市新一轮高质量发展，并深入部分重点企业调研，面对面听心声、问计策、解难题，进一步为企业发展增添信心、鼓足干劲。

13日　市委应对新冠肺炎疫情工作领导小组会议召开。省委常委、市委书记、市委应对新冠肺炎疫情工作领导小组组长许昆林主持会议并讲话。市委副书记、市长、市疫情防控指挥部总指挥李亚平作具体部署。

14日　苏州市召开“十四五”规划编制和长三角一体化工作专题会。省委常委、市委书记许昆林出席会议并讲话。

16日　《苏州历史文化名城保护专项规划(2035)》(公示稿)出炉。

17日　国务院第七次大督查第五督查组到苏州开展实地督查并召开工作衔接会。审计署副审计长、国务院第五督查组组长王陆进出席会议并讲话。省委常委、市委书记许昆林在会上致辞。

18日　苏州大学纪念建校120周年发展大会在独墅湖校区恩玲艺术中心举行。全国人大常委会副委员长、农工党中央主席陈竺发表视频讲话。第十一届全国人大常委会副委员长、中国红十字会原会长华建敏出席。省委书记娄勤俭致信。全国政协常委、副秘书长，民进中央副主席朱永新出席。省委常委、市委书记许昆林致辞。

20日　苏州市再次获得“全国双拥模范城”荣誉称号，夺得“七连冠”，张家港市、常熟市、太仓市获得“全国双拥模范城(县)”称号。市委副书记、市长李亚平参会领奖。

21日　省政协主席黄莉新率省政协调研组来苏，就“深入推进江苏自贸试验区建设”开展实地调研。

同日　全国首个常态化运营的5G无人公交在苏州高铁新城启动运营。

同日　两化融合暨工业互联网平台大会在苏州国际博览中心开幕。国家工业互联网平台应用创新体验中心落户苏州，“工业互联网看苏州”App发布启用。

22日　省委常委、市委书记许昆林主持召开市委经济形势分析专题会。

22—23日　全国人大常委会执法检查组一行到苏州开展《中华人民共

和国反不正当竞争法》执法检查。

26日　新疆维吾尔自治区伊犁哈萨克自治州党政代表团来苏州考察交流。江苏省委常委、苏州市委书记许昆林会见了伊犁州党委副书记、州长库尔玛什·斯尔江一行。

27日　“建功新时代　致敬劳动者”2020苏州万名“最美劳动者”礼赞活动在苏州广电总台举行。省委常委、市委书记许昆林出席活动并讲话。市委副书记、市长李亚平出席并启动“万众争先　劳动最美”苏州百万劳动者“奋斗新时代　建功十四五”主题活动。许昆林、李亚平等共同为“最美劳动者”代表颁发荣誉奖章。

同日　苏州市重大卫生健康建设项目集中开工仪式和重点项目推进会在吴中区举行。省委常委、市委书记许昆林宣布项目开工并在推进会上讲话。市委副书记、市长李亚平在开工仪式上讲话，主持推进会并作具体部署。

同日　2020年“创赢未来”国际创客大赛（海外云端赛）正式启动。共设欧洲、英国、北美、日本、大洋洲五大赛区，重点邀请新一代信息技术、生物医药、纳米技术应用、人工智能等先导产业领域的创新创业项目参赛。

29日　省委常委、市委书记许昆林主持召开苏州台商座谈会，倾听企业心声，共谋发展之路。

29—30日　四川省自贡市委书记范波率领的自贡市党政代表团来苏考察。江苏省委常委、苏州市委书记许昆林会见了范波一行。

30日　苏州市第十五届运动会开幕式暨群众体育优秀代表大会举行。市委副书记、市长李亚平出席并宣布开幕。

11月

2日　苏州市召开“提升苏州城市能级”和“苏州文化高质量发展”课题开题座谈会。省委常委、市委书记许昆林出席并致辞。

3日　苏州市委召开专题会议，研究部署换届暨优秀年轻干部专题调研有关工作。省委常委、市委书记许昆林出席会议并讲话。

同日　2020中国生物医药产业园区竞争力评价及分析报告发布。苏州工业园区产业竞争力、环境竞争力、技术竞争力、人才竞争力和龙头竞争力等5个主要指标的评价均名列前茅。其中，人才竞争力和含金量最高的产业竞争力双双位列全国第一；综合竞争力攀升至第二位，仅次于中关村国家自主创新示范区。

4日　商务部、国家发改委、财政部等9部门宣布，在全国设立10个进口贸易促进创新示范区，昆山市位列其中。

4—7日　市委副书记、市长李亚平率队赴广州和福州就古城保护与更新工作开展专题考察调研。

5日　苏州市召开大运河文化带建设工作专题会。

同日　全市离退休干部党建工作推进会召开。会前，省委常委、市委书记许昆林会见了苏州受表彰的全国、全省和全市离退休干部先进集体和先进个人代表。

6日　苏州军分区党委第一书记宣布任职大会召开。省委常委、省军区司令员张黎鸿宣读任职通知：经省军区党委批准，同意增补许昆林同志为中共江苏省苏州军分区委员会委员、常务委员会委员、第一书记。

同日　中央政法委会同中央组织部、中央政法各单位来苏州市开展《中国共产党政法工作条例》贯彻落实情况督查工作。

8日　长三角G60科创走廊以一体化高质量发展促进国内国际双循环政策发布会在第三届中国国际进口博览会期间举行。《关于支持长三角G60科创走廊以头部企业为引领推动产业链跨区域协同合作的实施意见》《推进上海西部五区科技和产业协同发展实现与长三角G60科创走廊联动发展的战略合作框架协议》等政策相继发布。

同日　贵阳市党政代表团来苏州考察。中新苏州工业园区与贵州贵安新区举行对接会并签署合作协议。

9日　苏州奥林匹克青少年文化中心（城市艺体中心）开工奠基仪式在常熟经开区举行，这是华东地区首个"奥林匹克青少年文化中心"。

10日　苏州市政府与中国交通建设股份有限公司签订战略合作框架协议。

同日　苏州市召开文旅产业发展专题会。

12日　苏州市政府与中国建筑集团有限公司签订战略合作协议。

13日　苏州市优化营商环境工作现场推进会在昆山召开，全市基层"互联网+政务服务"平台正式开通。省委常委、市委书记许昆林出席会议并讲话。市委副书记、市长李亚平主持会议并作具体部署。

17日　全市加快推动全市制造业智能化改造和数字化转型专题会召开。

18日　第七届"对话苏州"活动举行。市委副书记、市长李亚平出席并讲话。

同日　在全省12345"一企来"企业服务热线正式开通之际，苏州12345"一企来"企业服务专窗正式开启。

19日　苏州市委、市政府召开大院大所合作发展大会，发布"苏州·大院大所合作热力图"和苏州大院大所合作政策，包括校地合作和重大科技创新合作载体、合作项目在内的112个项目签约落地。中国产学研合作促进会授予苏州"中国产学研合作示范城市"称号，并发布《中国·产学研合作苏州宣言》。

同日　苏州市召开学习贯彻党的十九届五中全会精神宣讲动员部署会，对市委宣讲团集中宣讲工作进行动员部署。

同日　由长三角三省一市企业联合会共同发布的2020长三角百强企业排行榜出炉，恒力集团、沙钢集团、亨通集团、协鑫集团、盛虹控股集团、国泰国际集团等6家苏州企业上榜。其中，恒力集团、沙钢集团跻身百强榜前20位。

20日　苏州市赴上海举办长三角一体化对接说明会和城市推介会。会上，90个专项合作和项目合作协议签约，涉及政务服务、科技创新、产业协作、基础设施、生态环保、公共服务、市场开放以及一体化示范区建设等领域。

同日　在北京召开的全国精神文明建设表彰大会上，太仓市、昆山市获第六届“全国文明城市”称号，苏州市、张家港市、常熟市继续保留“全国文明城市”荣誉称号，苏州实现全国文明城市“全域化”“满堂红”。

21日　苏州城市生活服务总入口App“苏周到”正式上线。

22日　苏州市疾控中心正式引进高福团队，这是苏州市公共卫生领域首次引进专家团队。

24日　根据省委统一安排，学习贯彻党的十九届五中全会精神省委宣讲团报告会在苏州举行。省委常委、市委书记许昆林主持报告会并讲话。

25日　苏州市“500强”民营企业家座谈会召开。市委、市政府通报表扬了入围2020年“世界500强”的恒力集团、沙钢集团、盛虹控股集团3家民营企业，以及入围“2020中国民营企业500强”“2020中国民营企业制造业500强”的34家民营企业，并向首次入围“世界500强”的盛虹控股集团颁发3000万元奖金。

25—28日　最高人民法院党组书记、院长周强在江苏调研。

27日　苏州召开美丽宜居城市建设暨城镇老旧小区改造工作推进会。

同日　由济宁市委书记、市人大常委会主任傅明先率领的济宁市党政代表团来苏考察。

同日　在2020中国年度最佳雇主颁奖盛典上，苏州获评全国最佳引才城市，这是苏州市首次荣获该奖项。

29日　“苏州·中国声学创新谷”专家咨询委员会在常熟成立。

30日　第四批国家生态文明建设示范市县在生态环境部正式授牌。太仓市、昆山市获评第四批国家生态文明建设示范市。

12月

1日　中共苏州市委召开党外人士座谈会，充分听取各民主党派、工商联负责人和无党派人士代表的意见建议，为全市“十四五”规划编制破解难题、提供思路。中共江苏省委常委、市委书记许昆林主持会议并讲话。

同日　国际创新创意产业投资合作促进中心长三角分中心落户苏州相城经济技术开发区，这是国家商务部首个央地合作投资促进实体化平台。

2日　全市“四史”学习教育动员部署会在市委党校召开。省委常委、市委书记许昆林出席会议并讲话。

4日　苏州市政府与阿里巴巴集团举行全面合作协议签约仪式，16个项目现场签约落地。省委常委、市委书记许昆林出席签约仪式并致辞。市委副书记、市长李亚平出席签约仪式。

同日　苏州召开全市特色田园乡村建设现场推进会。“全国美好环境与幸福生活共同缔造活动培训基地”授牌仪式举行，“特色田园乡村繁华图”苏州特色田园乡村建设平台同时发布。

8日　苏州市构筑消防安全“331”治理机制动员部署会召开，总结固化经验做法，分析研判形势任务，研究部署“331”长效治理新机制。市委副书记、市长李亚平出席并讲话。“331”专项行动，第一个“3”是指容易引发火灾事故的住宿与生产、仓储、经营等“三合一”、出租房（群租房）和电动自行车这三类突出隐患；第二个“3”是指专项行动要对照执行的任务清单、履职清单和追责清单这三张清单；“1”是指专项行动为期100天。时间原定自2018年5月5日至2018年8月12日，后成为长效治理内容。

同日　苏州市政府和南京医科大学签署战略合作发展协议。省委常委、市委书记许昆林，南京医科大学党委书记王长青在签约仪式上讲话，并共同为南京医科大学姑苏学院揭牌。市委副书记、市长李亚平，中国工程院院士、南京医科大学校长沈洪兵分别代表双方签约。

9日　苏州市召开外资企业圆桌会议，省委常委、市委书记许昆林与部分外企负责人深入座谈交流，认真倾听企业需求，共商合作发展之策。

同日　省委常委、市委书记许昆林主持召开城市绿化提升工作专题会。

10日　以“5G赋能智创未来”为主题的第十九届中国苏州电子信息博览会开幕。

同日　苏州市产业用地更新“双百”行动现场推进会在相城区召开。省委常委、市委书记许昆林出席会议并讲话。市委副书记、市长李亚平出席会议并作具体部署。“双百”行动，即划定100万亩工业和生产性研发用地保障线，并将其纳入2035国土空间总体规划，计划通过15年左右时间、三个5年计划，逐步退出保障线外工业用地，空间腾挪至保障线内，优化产业用地布局，提高土地利用强度和产出效益。目前，已初步形成101.2万亩保障线划定成果，划定21个产业基地、65个产业社区、84个工业区块。

11日　长三角金融科技创新与应用全球大赛苏州赛区比赛暨金融科技赋能经济数字化论坛在苏州工业园区举行。现场，长三角金融科技苏州实验工坊签约落户。苏州市金融研究院与华东师范大学金融科技研究院战略合作签约。

同日　苏州市召开交通秩序整治专题会。省委常委、市委书记许昆林主持会议并讲话。市委副书记、市长李亚平出席会议并作具体部署。

同日　以“百亿让利笑拼苏州”为主题的“双12苏州购物节”在苏州中心主会场启动。省委常委、市委书记许昆林启用首批10万个、总额2000万元的数字人民币消费红包。市委副书记、市长李亚平在启动仪式上致辞。

14日　苏州市部分高校思想政治工作座谈会在苏州大学召开。省委常委、市委书记许昆林出席会议并讲话。

16日　苏州市“十四五”规划专家咨询会召开，听取专家学者的意见建议，高质量推进“十四五”规划编制工作。省委常委、市委书记许昆林出席会议并讲话。

16—17日　苏州市第九次归侨侨眷代表大会召开。省委常委、市委书记许昆林出席开幕式并讲话。

17日　江浙两省苏、锡、常、湖四市的交通公路部门主要负责人在苏签署《环太湖“四好农村路”一体化建设全国示范路框架协议》，环太湖公路建设工作启动。

18日　苏州市中小微企业融资担保有限公司揭牌成立，这是苏州目前唯一的市级政府性融资担保公司。苏州“V担保”平台正式启动。

同日　苏州破产法庭正式成立。

同日　苏州市政府和中国检验认证（集团）有限公司签署战略合作协议，“苏州制造”品牌国际认证联盟和苏州认证服务中心揭牌。

21日　省委常委、市委书记许昆林主持召开市委全面深化改革委员会第八次会议，传达学习贯彻中央深改委和省委深改委最新会议精神，审议有关改革文件，研究部署下一阶段改革工作。市委副书记、市长李亚平出席会议。

同日　省委常委、市委书记许昆林主持召开市委审计委员会第三次会议，回顾总结全市审计工作情况，审议有关文件，部署安排下一步审计工作。市委副书记、市长李亚平出席会议。

同日　中国政府网发布了《国务院关于扩大昆山深化两岸产业合作试验区范围的批复》，昆山深化两岸产业合作试验区范围扩大至昆山全市。

25日　长三角浙商（苏州）论坛暨苏州市浙江商会成立大会举行。省委常委、市委书记许昆林出席论坛并致辞。

同日　昆台融合发展30周年座谈会在昆山市举行。省委书记、省人大常委会主任娄勤俭出席座谈会并致辞，中共中央台办、国务院台办主任刘结一，国家发展改革委副主任、国家统计局局长宁吉喆出席会议并讲话。省委常委、统战部部长杨岳，省委常委、市委书记许昆林，江苏省副省长惠建林，市委副书记、市长李亚平出席活动。活动现场，《昆山深化两岸产业合作试验区条例》颁布。

26日　苏州市委理论学习中心组专题学习会暨第四届“智论苏州”高层论坛在市委党校举行。全国政协常委、经济委员会副主任，中国国际经济交流中心副理事长杨伟民作主旨报告，相关专家作主题演讲。省委常委、市委书记许昆林出席活动并致辞。

同日　苏州市推进数字经济和数字化发展工作领导小组第一次会议召开。省委常委、市委书记许昆林出席会议并讲话。市委副书记、市长李亚平出席会议并作具体部署。

27日　长三角先进材料研究院新址在相城区启用。省委常委、市委书记许昆林出席启用仪式并致辞。长三角先进材料研究院由江苏省人民政府、中国科学院、中国钢研科技集团和中国宝武钢铁集团共同发起，2019年12月28日成立。研究院新址坐落于苏州高铁新城长三角国际研发社区启动区，建筑面积约8万平方米。

28日　按照中央和江苏省委统一部署，苏州市委常委会召开专题会议，听取各市、区委书记和部分市委直属工委书记2020年度履行全面从严治党主体责任述职。省委常委、市委书记许昆林主持会议并讲话。省纪委、省委组织部、省委宣传部有关负责同志到会指导。

29日　中国共产党苏州市第十二届委员会第十一次全体会议在苏州工业园区会议中心举行。全会全面贯彻党的十九大和十九届二中、三中、四中、五中全会以及中央经济工作会议精神，认真学习贯彻习近平总书记视察江苏重要讲话指示精神，落实省委十三届九次全会的部署要求，回顾苏州市“十三五”发展取得的成就和2020年工作，研究部署“十四五”和2021年工作。全会由市委常委会主持，省委常委、市委书记许昆林代表市委常委会讲话。

同日　苏州市入选首批国家文化和旅游消费示范城市，苏州元和塘文化产业园区获得国家级文化产业示范园区创建资格。

30日　省委常委、市委书记许昆林深入苏州工业园区走访部分医药类外资企业，了解发展实情，帮助解决困难，共谋新一年发展。

同日　市委副书记、市长、市政府党组书记李亚平主持召开市政府党组（扩大）会议，传达学习贯彻市委十二届十一次全会精神。

03 专题纪实

精心谋划组织
“代表评营商　助力最舒心”专项工作

苏州市人民代表大会常务委员会

苏州市委、市政府确定2020年为营商环境创新年，倾力打造“苏州最舒心”营商服务品牌。6月28日，市人大常委会召开专题会议，在全市人大系统部署开展为期半年的“代表评营商，助力最舒心”专项工作。

一、主要背景

1.落实党中央、国务院重大部署的自觉实践。党的十八大以来，党中央、国务院高度重视营商环境建设，把打造法治化、国际化、便利化营商环境作为建设现代化经济体系、实现高质量发展的基础性工程。2020年1月，国务院《优化营商环境条例》正式施行，从制度层面为优化营商环境提供更加有力的保障和支撑。

2.贯彻省人大常委会有关要求的自觉行动。省人大常委会高度重视营商环境工作，要求各设区市人大常委会上下联动共同推动营商环境优化。2019年11月，省十三届人大常委会第十二次会议举行联组会议，围绕全面优化民营经济发展环境情况开展专题询问；2020年将制定《省优化营商环境条例》列为重点立法项目。2019年市人大常委会听取审议市政府专项工作报告，并对《中小企业促进法》贯彻实施情况进行执法检查；2020年组织“代表评营商，助力最舒心”专项工作，并开展专题询问、满意度测评，对优化营商环境的突出问题加强监督，为党委、政府持续改善营商环境提供有价值的决策参考。

3.推动市委重要决策有效实施的自觉担当。市委、市政府专门召开营商环境创新大会，发布了《苏州市优化营商环境创新行动2020》，以优良营商环境护航和驱动苏州高质量发展。市人大常委会决定用半年左右时间开展“代表评营商，助力最舒心”专项工作，组织五级人大代表评议营商环境，充分行使人大职权，更加有力有效地督促全市各级国家行政机关高效履行法定职责。

二、主要做法

专项工作方案明确，评议对象包括市、县级市（区）、镇三级政府（包括苏州工业园区管委会、全市各街道办事处）以及职能部门，做到评议层级全覆盖；评议内容参照世界银行公布的营商环境标准，从政务环境、市场环境、法治环境、要素环境、创新环境等五个方面进行评议。

1.开展“三大调研”。突出效果导向，注重把“找问题、抓整改、促优化”贯穿评议全过程，这是专项工作的主要特点与核心要求。一是组织代表调研求“实”。以主任接待代表日、组成人员联系代表、代表统一接待日、代表联系村（社区）、代表小组活动等为抓手，组织“营商环境专题调研月”活动，实地听取社会各界对营商环境的意见建议。二是开展问卷调研求“准”。会同国家统计局苏州调查队开展问卷调查，通过网络手段发放和回收调查问卷。调查问卷参照世界银行和国家、省主要评价指标，结合前期调研中发现的重要情况，科学设置问题。共发放问卷8642份，回收8622份，回收率99.8%。三是专班专题调研求“深”。从5月份开始，市人大常委会党组多次研究讨论，分管领导到市发改委、工信局、行政审批局等单位了解情况，到基层开展有针对性的调研。专项工作启动后，工作组重点就工程建设行政审批、减税降费、就业创业首选城市开展调研，真正让促进营商环境优化成为专项工作的出发点和落脚点。

2.营造工作氛围。将上述调研中了解到的情况，按照重点专题内容，梳理、编印了10期《人大工作专报》，直送市委、市人大常委会、市政府全体领导及有关部门。还编印了6期《代表声音》，将主任接待代表日、组成人员联系代表、代表统一接待日等活动中收集的营商环境意见建议整理后，书面反映给政府有关部门；撰写调查问卷综合分析报告，报市领导参阅。加强专项工作宣传，撰写多篇宣传稿件在省级和市级媒体刊登，扩大活动影响。通过《苏州人大》杂志、苏州人大微信公众号等不间断地进行宣传报道，全面反映项目进展情况，为项目实施创造良好舆论氛围。

3.加强建议督办。组织人员全面收集梳理专项评议代表意见和建议，整理归类，逐件进行研究核查，共计处理形成了428条有效代表建议，并挑选其中要件要素完备、问题针对性强、对策合理可行的50条建议，采取系统正式交办与日常直接交办等方式进行了处理。注重加强建议大数据的分析应用，通过对碎片式建议的集成处理，将建议关注重心与合理内容提炼出来，并积极加以运用。

三、主要经验和成果

1.突出五级人大代表评议主体共同参与。2020年，苏州全市共有五级人大代表超过8000名，其中在苏的全国人大代表9名，省人大代表72名，市人大代表570名，县、区人大代表2822名，乡镇人大代表4528名，全部参与评议。积极运用人大工作创新成果，组织全市所有街道1781名议政代表参与，对政府下沉到街道层面的营商工作情况进行监督。这是苏州人大历史上首次组织五级代表开展专项监督工作。

2.突出全市三级人大上下协同共同组织。市人大常委会和各市、区人大常委会，以及各乡镇人大、街道人大工委，各司其职、各尽其责，对全市三级政府及相关单位营商环境工作情况进行全方位监督。市人大常委会及时成立了工作专班，明确了分工。各县级市（区）人大常委会也制定了相应的工作计划，成立相关工作班子，并组织乡镇人大、街道人大工委联动开展工作，有条不紊地推进本行政区域内的营商环境优化。这是苏州人大历史上首次组织三级人大联动开展专项评议工作。

3.突出人大法定职权行使运用共同发力。市人大常委会注重评议方式创新，实现代表参与、评议层级、职权运用全覆盖。在代表工作中，融入了专项工作的内容：结合主任联系代表、代表联系群众等各项工作机制，深入开展常委会主任接待日、代表统一接待日等活动，广泛听取人民群众对营商环境的意见建议。在监督工作方面，及时交办人大代表和议政代表提出的意见建议，督促政府及有关部门认真办理。召开专题询问会，开展满意度测评。在地方立法工作中提出具体要求：对影响营商环境的地方性法规进行清理修改，同时广泛听取各级人大代表对市人大常委会相关立法计划，以及省人大常委会《省优化营商环境条例(征求意见稿)》的意见建议。在讨论决定重大事项方面，市人大常委会在审议通过《关于推进开放再出发引领苏州高质量发展走在最前列的决定》的基础上，听取并讨论人代会议案办理情况的报告。在人事任免工作中，把国务院《优化营商环境条例》等法律规章、《苏州市优化营商环境创新行动2020》等重要政策，作为干部任前法律知识考试的重要内容，推动市人大常委会任命的干部自觉主动对标找差，广泛凝聚共识。这是苏州人大历史上首次综合运用人大各项法定职权开展单项重点工作。

这次评议是苏州人大历史上参与代表最多、持续时间最长、评议规模最大、评议对象最广、评议内容最优、监督方式最全、监督效果最好的人大专项监督实践，得到了各级领导的高度重视和肯定。6月24日、8月7日，李亚平市长先后对工作方案和工作专报批示。市长的批示，既肯定了人大工作，又推动了相关问题的加快解决。苏州专项评议工作，也得到了省人大常委会的充分肯定。10月20日，省人大常委会有关领导在相关材料上批示："苏州市人大组织开展的'代表评营商'系列活动，动员广泛、调研深入、成果丰硕，既促进了苏州打造'最舒心'城市，也为省人大开展营商环境评议工作提供了很好的借鉴。"专项评议报告荣获全省人大优秀调研成果一等奖，专项评议工作荣获2020年苏州市改革创新奖一等奖。

（供稿：苏州市人大常委会办公室）

建好用好“有事好商量”协商议事室
促进政协协商与基层社会治理有机融合

中国人民政治协商会议江苏省苏州市委员会

2020年，在中共苏州市委的领导下，苏州市政协努力把握人民政协的性质定位，积极发挥专门协商机构作用，坚持党委领导、政府支持、政协搭台、各方参与、服务群众的总体思路，围绕助发展、惠民生、聚共识、促和谐，创造性组织开展“有事好商量”协商议事活动，推动政协协商与基层协商有效衔接、政协协商与基层社会治理有机融合，取得了明显的成效，得到了社会的高度认可。苏州市政协“建好用好‘有事好商量’协商议事室，促进政协协商与基层社会治理有机融合”项目，获2020年度苏州市改革创新“特别奖”一等奖。

一、建强工作机制，生动践行协商民主理念

1.党组重视，实施有力。习近平总书记在党的十九大报告及多个重要场合中指出：“有事好商量，众人的事情由众人商量，是人民民主的真谛。”全国政协主席汪洋对江苏开展“有事好商量”协商议事活动专门作出批示，希望创出品牌。苏州市政协党组认真学习领会习总书记的重要指示精神和汪洋主席的批示精神，专程赴江苏省政协机关和兄弟市县政协学习借鉴经验，制定了《全市政协系统推动政协协商与基层协商有效衔接，建设“三位一体”工作载体的实施意见》，要求全市各级政协组织把开展“有事好商量”协商议事活动作为新时代政协工作开拓创新的重要举措，以进入全省

第一方阵为目标，切实提升苏州市“有事好商量”协商议事工作水平。及时制定了《关于认真贯彻落实〈政协江苏省委员会关于建好用好“有事好商量”协商议事室，促进政协协商同社会治理相结合的指导意见〉和全省政协推进“有事好商量”协商议事工作座谈会精神的意见》《关于开展“有事好商量·民生专题协商议事月”活动的落实意见》等文件，明确工作任务，分解责任落实，推动贯彻实施。

2.加强指导，统筹推进。市政协成立了推进“有事好商量”协商议事工作指导小组，主席、驻会副主席、党组成员分别挂钩联系一个市、区，协调推动各地建好用好协商议事室，全年指导、参加所联系的协商议事室活动不少于2次。市政协召开的各市区政协主席座谈会每次都安排各地交流协商议事工作推进情况。市政协领导在赴各板块调研时，都将“有事好商量”协商议事工作开展情况作为重点调研内容，着力贯彻新时代政协工作的新要求。苏州所辖各市、区政协分别出台工作意见、召开推进会议，研究制定“有事好商量”协商议事规则、协商流程等具体制度。在全市乡镇（街道、园区）已经普遍建有“委员之家”阵地的基础上，叠加建设了“有事好商量”协商议事室，实现乡镇（街道、园区）全覆盖，并在有条件的村（社区）、企事业单位、界别拓展建设。

二、擦亮工作品牌，扎实开展协商议事活动

1.上下联动，注重实效。全市各级政协始终坚持围绕中心工作，关注百姓身边事，不间断地开展协商议事活动，切实做到协商于民、协商为民。市政协与市委、市政府共同举办“有事好商量”协商议事会暨第九期苏州市民营企业家月度沙龙活动，20位政协委员代表围绕“十四五”规划编制献计献策，时任省委常委、市委书记蓝绍敏参加活动并讲话，给予充分肯定，进而带动了各市、区党政主要负责同志分别与政协委员面对面协商议事。省政协有关领导参加相城区黄埭镇关于解决镇域停车难的协商议事活动，并现场点评指导，取得了实际效果。市委副书记、市长李亚平与10余位政协委

员就2021年实事项目的选定、具体指标要求，进行面对面沟通协商。市政协主席周伟强先后指导苏州工业园区娄葑街道、吴中区光福镇冲山村的协商议事活动。各县级市、区积极开展民生专题协商议事月活动，党政主要负责同志分别围绕大气污染防治、移风易俗、营商环境、生态涵养、生产性服务业金融小镇等课题，与政协委员面对面协商议事，掀起了协商议事月活动的高潮。姑苏区委主要负责同志两次召集“进一步优化营商环境”协商议事会议，梳理委员建议清单，抓好落地见效。全市协商议事月共开展活动518次，提出意见建议2100条。相城区黄桥街道关注保留村庄规划建设、虎丘区枫桥街道推进垃圾分类试点工作等6个协商议事案例入选省政协《建好用好“有事好商量”协商议事室典型案例选编》，入选案例数量在全省各市中最多。

2.探索创新，丰富形式。市政协运用“智慧政协”平台，积极推进网络协商，助力协商议事活动更接地气、更广传播、更为活泼。以“十四五”规划编制为主题，动员各级政协委员开展线上协商，收到数百条建议。“有事好商量”2021年实事项目协商议事会，通过“引力播”App进行全程实时图文直播，68万人次在线观看、互动，收到了良好效果。为加强政协协商民主监督与纪律监察监督贯通协调，在各级各类协商议事室设置“苏州基层廉勤监督平台”二维码，进一步扩大“有事好商量”协商议事的参与度。市政协开发运行了“智慧政协——有事好商量”协商议事管理系统，实行工作信息实时报送制度，及时掌握全市工作动态，形成协商议事室全体系建设、协商议事活动全流程管理的模式，为协商议事工作有序开展提供了有力保障。各市、区政协在大力建设协商议事室的同时，也积极探索创新、打造品牌。虎丘区政协开展“有事好商量——新区再出发”大型协商议事活动，面向全区228名政协委员进行同步直播。昆山市在外资企业艾利丹尼森（中国）有限公司建设的“有事好商量”协商议事室，成为全国首个区域性外资企业协商议事平台，向世界传播中国特色社会主义协商民主的影响力。

◆2020年8月25日，市政协举办“有事好商量”“十四五”规划编制协商议事会（供稿：吴铭）

三、注重工作实效，促进基层社会治理现代化

1.建言资政，凝聚共识。一是积极助推群众“急难愁盼”问题的及时解决，有效促进了基层社会治理现代化建设。张家港市杨舍镇一动迁小区经过两次协商议事会议，解决了35名非施教区居民子女的入学问题。二是切实发挥广泛凝聚共识的作用，有效汇聚共谋发展的正能量。在常熟市“千村美居”长效管理中，各级委员联动开展组合式协商、协商式监督，成功破解了长期以来面广量大的违章搭建和环境不尽如人意的局面，取得显著成效。该项工作总结材料得到全国政协汪洋主席的批示，全国政协办公厅以《简报》形式作推介。

2.树立典型，总结提升。“有事好商量”协商议事室的建设在全市乡镇（街道、园区）实现了全覆盖，在行政村（社区）的建设比例达98.48%，并在

◆2020年9月24日，全国首个区域性外资企业“有事好商量”协商议事室在昆山艾利丹尼森(中国)有限公司揭牌(供稿：政协苏州市委员会办公室)

企事业单位和政协界别拓展建设。2020年，全市累计开展协商议事活动近3000次。12月，全市基层政协工委工作经验交流会召开，会议交流各地有效做法，展示协商议事工作成果，评选表彰了31个“先进基层政协工委”、63个“协商议事优秀典型案例”，树立和激励先进典型，充分发挥示范引领作用。全市各级政协十分重视做好“有事好商量”协商议事活动的宣传工作，在全国、省、市、县四级新闻媒体上，综合运用报纸、电视、广播、网络等渠道进行全方位宣传。《张家港“有事好商量”聚焦大气污染防治解难题》《太仓市政协召开“推进工业区集宿楼建设”协商议事会》《苏州工业园区湖东社工委组织协商垃圾分类宣教基地建设》等10余篇信息被《人民政协报》、人民政协网、《人民日报》(海外版)、《中国青年报》等国家级媒体报道。

(供稿：中国人民政治协商会议江苏省苏州市委员会)

实施“3+1”清障护航行动 助力建设社会主义现代化强市

中共苏州市纪律检查委员会　苏州市监察委员会

为深入贯彻落实党的十九届四中全会和十九届中央纪委四次全会精神，苏州市纪委监委紧紧围绕中央、省委决策部署和市委中心工作，立足纪检监察机关职能职责，准确把握进入新发展阶段、贯彻新发展理念、构建新发展格局对纪检监察工作的新要求，发挥监督保障执行、促进完善发展作用，聚焦推动重大项目落地、政策措施兑现、营商环境优化3项任务，跟进监督、精准监督、做实监督，旗帜鲜明地支持改革者、鼓励创新者、宽容失误者、严惩违纪者，积极营造谋事干事、担当作为的良好氛围，以优良作风保障各项工作落地落实，助力建设社会主义现代化强市。

一、工作背景

2020年，受新冠肺炎疫情冲击和外部环境影响，经济下行压力持续加大，中央和省委、市委密集出台系列惠企纾困政策措施。市纪委监委认真履行协助职责和监督责任，统筹监督力量，创新监督方式，精准有效地开展监督检查和执纪问责，为政策措施落地生效提供有力纪律和作风保障。

1.使命有驱动。监督保障执行、促进完善发展是党章和宪法赋予纪检监察机关的基本职能职责，是实现新时代纪检监察工作高质量发展的重要经验、必然要求，纪检监察机关要监督保障党和国家治理各项决策部署、政策措施贯彻落实，通过监督发现问题症结、提出整改意见、完善制度机制，推动构建系统完备、科学规范、运行有效的制度体系。

2.现实有需要。突如其来的新冠肺炎疫情，给经济社会发展带来诸多难题和挑战，中小民营企业普遍希望政府惠企奖补更加及时普惠，涉企执法更加规范透明，营商环境更加公平公正，亟待政府政策、资金、服务精准滴灌帮助渡过难关。

3.工作有基础。2019年度，为认真贯彻落实《关于进一步激励广大干部新时代新担当新作为的意见》等文件规定，激励广大党员干部提振精气神、锤炼硬作风，市纪委监委出台了《关于切实履行监督首要职责为营造干事创业良好环境提供坚强纪律保障工作指引》，为营造干事创业良好环境提供制度基础。

二、工作举措及成果

1.开展重大项目专项监督。从省、市两级年度重大项目中筛选出20个兼具代表性、全面性的重大项目，组织开展“助力护航、纠偏补正、破阻清障”三大行动，建立由市纪委党风室牵头、监督检查室督办、县级市（区）纪委主抓、相关派驻机构参与的联动工作格局，有重点、有步骤、有分工地扎实推进。紧盯项目审批许可、配套设施建设、优惠政策兑现等重点环节，建立“一项目一对策”“一周一跟进”“一月一报告”“一季一督导”“一事一调度”的“五个一”工作机制，依托履责记实平台传导责任、定期提醒、统计分析。试点建立重大项目可视化监督平台，将监督模块嵌入项目审批、投资推进全过程。收集重大项目推进实施过程中的实际困难，积极协调职能部门设立“疫情防控特级通道”，采取“并联模拟审批”、成立专项服务小组等方式，推动解决项目建设中遇到的困难45个。2020年底，370个重点项目完成投资2318亿元，提前并超额完成年度投资计划。

2.推动政策措施落地兑现。紧扣“营商环境创新年”各项部署加强监督，推动职能部门靠前服务、主动作为，不折不扣兑现各类减免、奖补等优惠政策，让广大企业应享尽享政策红利。联合市财政局运用“财政专项资金申报平台”，实现从项目审批到资金拨付的全程动态监督，上线财政专项资金5类102项，涉及资金总额5.24亿元，入库企业7639家，确保惠企资金精准落实。梳理汇总各类惠企政策，统一发布平台，加大宣贯力度，切实落实开放再出发系列实施细则、“苏惠十条”等系列政策，确保企业应享尽享各项优惠政策措施。扎实开展“六保”任务专项巡察，市、县两级专项巡察一体谋划、协同推进，走访91个职能部门和板块，调研企业、商户209家，发现问题115个，督促解决医疗保障、养老服务等立行立改事项26件，推动解决开设疫情期间外籍人员来华短期商业贸易访问“绿色通道”等一批具体问题，确保“六保”任务各项要求落实落地。

3.助力打造最优营商环境。推动各地出台政商交往正负面清单，鼓励领导干部、公职人员与企业家坦荡接触、真诚交往，积极构建新型政商关系，促进政商交往敢“亲”真“清”。联合市司法局制发《关于规范涉企轻微违法行为不予行政处罚和一般违法行为从轻减轻行政处罚的实施意见》，推动出台全市统一的涉企轻微违法行为不予行政处罚和一般违法行为从轻减轻行政处罚清单，督促26家市级行政执法单位推出454项涉企不予处罚和从轻减轻处罚事项。截至2020年底，全市共免罚轻罚涉及金额8.39亿元。开展“亲清促发展、廉洁共同体”项目化工作，实地走访各类企业74家，采集调查问卷1493份，形成调研报告1份。先后指导吴江区构建“廉洁共同体”，引导企业签订《廉洁协议》；指导高新区搭建服务中小企业“亲清政商汇”平台，收集280家企业241条问题意见，集中发布21个部门49项涉企服务；指导常熟市加强廉勤监督员与企业的联络对接，推动基层廉勤监督体系向企业延伸。

4.营造干事创业良好氛围。深入整治形式主义、官僚主义，认真落实“三个区分开来”要求，在全省率先出台激励干事担当“1+5”制度体系，既用监督加压，又用信任加力，对107人予以容错纠错，为受到不实举报的115名党员干部澄清正名，5个案例入选省“三项机制”典型案例汇编，积极营造谋事干事、担当作为的良好氛围。把整治形式主义、官僚主义作为优化提升干部作风的重要抓手，做好转变作风“曝光台”和营商环境通报制接续监督，建立健全研判会商、问题反馈、问责整改、跟踪问效、线索通报等5项工作机制，查处不担当、不作为82人，推动各部门建章立制28项，切实为新征程开好局、起好步保驾护航。

三、经验启示

1.习近平新时代中国特色社会主义思想是纪检监察机关正确开展护航行动的科学指引。习近平总书记在十九届中央纪委五次全会上指出，纪检监察机关要围绕现代化建设大局发挥监督保障执行、促进完善发展作用。纪检监察机关只有深刻领会习近平总书记重要思想，把握精神内涵，才能确保护航行方向不变、道路不偏，才能更好发挥保障作用，推动重大任务落地见效。

2.紧紧围绕党委、政府中心工作是纪检监察机关正确履职尽责的内在要求。纪检监察机关只有找准这一职能定位，更加突出服务保障经济社会发展这个重点，更加自觉地把高质量发展作为工作的主题、主线，把确保中央和省委、市委的决策部署有效落实作为首要任务，才能以高质量监督服务保障经济社会高质量发展。

3.扎实抓好作风建设是顺利完成各项目标任务的有力保障。党员干部是干事创业的主体，只有认真落实“三个区分开来”要求，坚持旗帜鲜明支持发展，为担当尽责干部撑腰鼓劲，以优良作风持续激励党员干部担当作为，才能不断激发干事创业的内生动力，有效破除制约高质量发展的各种障碍，为“十四五”目标任务落地见效排阻清障、保驾护航。

（供稿：苏州市纪委监委机关）

“一体两翼”切实解决执行难苏州方案

苏州市中级人民法院

为深入贯彻落实党的十八届四中全会提出的“切实解决执行难”重大决策部署，确保切实解决执行难目标实现，苏州市中级人民法院（以下简称“市中院”）提出“一体两翼”切实解决执行难苏州方案，即坚持“机制创新”和“技术引领”双轮驱动，推动以“执行工作体系和执行工作能力现代化”为体、以“执行管理体制改革”和“执行数字化转型”为两翼的改革创新。2020年，该方案获评苏州市改革创新“特别奖”二等奖，市中级人民法院也获评“法治苏州先进集体”。

一、工作背景

“基本解决执行难”阶段性目标实现之后，苏州地区仍存在各基层法院发展不平衡、上下级法院协同不深入、人案矛盾化解不充分等制约执行工作长远发展的实践难题，其深层次原因在于执行管理体制与执行权属性及其运行规律不相适应。执行权具有司法权和行政权的双重属性，以效率优先作为基本价值取向。但长期以来，基于审级独立的观念，上下级法院执行部门之间一直保持业务指导关系，执行管理体制主要按照司法权运行特点设计，执行权的行政属性并未得到充分体现和足够重视。要实现“切实解决执行难”目标，就必须通过改革破除制约执行工作发展的体制机制障碍，在上下级法院执行部门之间建立起具有行政权运行特点的纵向管理机制，并辅之以信息技术的有力支撑。为此，市中院提出“一体两翼”切实解决执行难苏州方案。一方面，根据最高法院的授权，在组织、编制部门的大力支持下，推进“执行业务上以市中院执行局领导为主，日常工作接受所在法院的领导和管理”的管理体制改革，实现两级法院执行部门由业务指导关系向双重领导模式转变；另一方面，大力推进执行数字化转型，为市中院对全市法院执行工作的统一管理、统一指挥、统一协调搭建信息技术平台。通过体制机制保障和信息技术支撑，推动苏州法院执行工作体系和执行工作能力现代化，向着“切实解决执行难”目标奋力迈进。

二、主要举措

1.执行管理体制改革：统筹市域资源，构建“双重领导”工作格局。2020年3月，市中院在得到最高法院正式批复同意后，结合苏州地区经济社会特点，按照“双重领导”模式开展执行管理体制改革试点，及时制订改革试点方案，描绘改革蓝图，按执行权运行规律重塑两级法院执行管理模式，勾勒出“横向协同、纵向贯通、市域一体”的执行工作格局。制定中基层法院权责清单，厘清两级法院职责定位，明确中级法院的权责范围主要在于制度供给、服务保障、标准制定以及监督考核；基层法院的权责范围主要在于执法办案、日常管理和人财物保障。通过制定“方案”和“清单”，为执行管理体制改革架起“四梁八柱”、划定“边界四至”。

执行管理体制的核心是在市域范围内统筹执行案件、执行人员、执行装备等执行资源，最大程度释放工作效能。首先是“统人”。严格选配任用程序，选优配强10名基层法院执行局局长，提升执行工作领导力；遴选首届10名执行专业委员会委员和首批13名执行人才库人才；建立“数字化执行”“反规避执行”“执转破”工作实训基地；办好“执行大讲堂”，强化执行干警轮岗交流和业务培训，储备执行生力军。其次是“统案”。出台规范提级执行、指定执行、协同执行文件，强化案件统一调配；定期组织执行会战，开展难案积案集中攻坚，打造“天网行动”集中执行品牌；强化执行案件质量考核，倒逼提升质效指标。再次是“统事”。市中院统一健全联动机制，推动构建综合治理执行难工作大格局；统一出台近20个规范性文件，为执法办案提供务实有效且易于操作的业务指导；统一开发“两管一控”数字化执行系统，推动执行工作实现数字化转型。最后是“统标准”。加强制度供给，在全市范围内统一执行理念、办案模式和执法尺度，消除各法院在执行工作标准上的不平衡状态；统一人财物保障标准，并将配备标准的执行情况作为执行单独考核的重要内容，确保执行力量只增不减，物质保障只升不降。

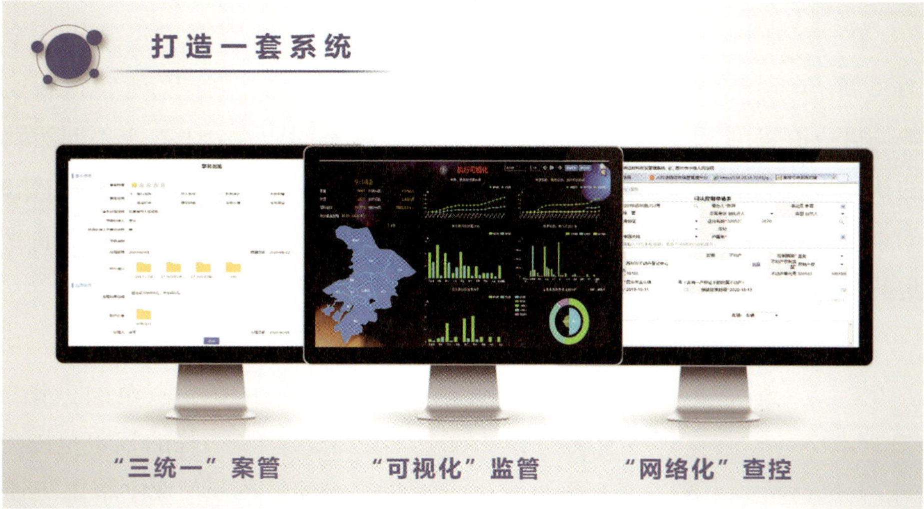

◆“两管一控”数字化执行系统（供稿：苏州市中级人民法院）

2.执行数字化转型：依托科技赋能，研发数字化执行系统。自2019年下半年起，市中院会同信息技术公司共同研发“两管一控”数字化执行系统，并于2020年7月获得计算机软件著作权登记证书。该系统具体包括“三统一”案管、“可视化”监管和“网络化”查控三大子系统，直接嵌入人民法院综合信息管理平台，借助电子卷宗随案生成及其深度运用，解决了执行案件数据信息的归集、交互、共享问题，打通了全部执行环节的信息壁垒。依托“三统一”案管平台，提级执行、指定执行、交叉执行等涉及案件移转的事项，银行临柜、查人找物、协助送达等执行辅助事务，参与分配、商请移交处置权以及协调执行争议等“三统一”事项，均可以线上申请、处理、反馈，相关案件信息和电子卷宗材料一键移转，纸质材料不再线下送交。依托“可视化”监管平台，院局长可以实时了解不同法院、承办人乃至具体案件的执行质效、事项交办、案款发放、标的物处置等情况，及时催办提醒，杜绝消极执行现象，当事人可以获取重要流程节点信息及必要电子卷宗材料，及时了解案件进展。依托“网络化”查控平台，银行存款、不动产、公积金、车辆等财产均可实现线上查询、查封、解封、划拨、过户，查控财产自动纳入标的物精细化管理流程，真正做到对被执行人财产的“一网通办”。

在“两管一控”数字化执行系统的支撑下，全市法院执行办案模式全面革新。除现场调查、标的物交付等必须线下办理的事项外，所有执行业务均可全流程网上办理、网上流转、网上留痕，不同职责分工甚至不同法院的执行人员，均可实时共享电子卷宗，并联式开展工作，彻底摆脱纸质卷宗的束缚，执行权运行模式得到结构性重塑，真正实现“流程标准化、事务集约化、监管可视化”。

三、效益成果

1.执行资源有效统筹，执行效率进一步提高。在案多人少矛盾无法通过增配人员加以缓解的前提下，执行管理体制改革实现了执行资源的市域统筹，释放了工作潜能，有效应对了案件增长给执行工作带来的冲击。执行数字化转型实现了执行事务属地办理和“三统一”事项线上办理，促进执行权运行各环节衔接更加通畅、流转更加迅速，有效节约了执行资源，提升了执行效率。2018年至2020年，全市法院首执案件结案平均用时从132.51天缩短为112.17天，法定期限内结案率则从81.17%提升为92.96%。2020年，全市法院以全省10%的执行人员，办结了全省18%的执行案件，执行到位金额占全省的21.7%，执行员额法官人均结案991件。在2020年度全省法院执行工作单独考核中，苏州中院获评第一名。

2.执行管理不断完善，执行规范化水平进一步提升。通过选优配强执行局长和加强轮岗交流，执行队伍管理取得新进展，执行队伍结构进一步优化。2020年，全市法院执行干警平均年龄34.5岁，具有本科以上学历的人员占比79.8%，执行员额法官中具有研究生以上学历的占比42.2%。通过加大提级执行和协同执行力度，强化案件评查和监督考核，执行案件管理开创了新局面。2020年，市中院帮助基层法院消化难案积案89件，执行到位金额10.7亿元，全市法院受理“执转破”案件283件，消化执行案件5458件。2018年至2020年，全市法院终本案件合格率从95.78%提升至100%。通过流程节点监管、信访督办、“一案双查”等工作机制，执行权运行监督制约体系更加完善，执行规范化水平进一步提升。2018年至2020年，全市法院执行信访办结率均为100%，执行信访案访比（逆向指标）逐年下降。2020年，全市法院到京执行信访案访比（1.2‰）、赴省执行信访案访比（13.23‰）均远远低于全省平均值，在全省排名第一，执行信访化解工作受到最高法院点名表扬。

3.社会评价积极向好，执行环境进一步优化。执行管理体制改革使得全市法院办案模式和工作标准逐步统一、差距不断缩小，当事人在不同法院都能获得同样高质量的司法体验，司法获得感进一步增强。数字化转型构建了标准化办案流程，各个环节透明可见、全程留痕，确保当事人对自己的案件能够合理预期，消除了猜忌和怀疑。“天网行动”集中执行、常态化打击拒执犯罪等工作有效优化了苏州地区执行环境。2020年疫情期间，市中院适时出台《关于贯彻善意文明执行理念　优化法治诚信营商环境的若干意见》，获得市委主要领导批示肯定，市委机关工委印发通知要求全市机关党组织学习。

实践证明，“一体两翼”切实解决执行难苏州方案对于切实解决执行难问题成效明显，不仅有力提升了苏州地区执行工作水平，也为全国其他法院提供了可复制、可推广的成功经验。2020年6月，执行管理体制改革试点方案及数字化执行经验得到最高法院周强院长和刘贵祥专委批示肯定。

（供稿：苏州市中级人民法院）

营造更好发展环境　支持民营企业改革发展

苏州市人民检察院

2020年，为进一步营造良好的营商环境，苏州检察机关通过强化涉企案件起诉必要性审查，出台《苏州市检察机关优化营商环境八条措施》，试行企业合规从宽处罚制度等措施，打造一体化企业法治保障体系，从过去仅为涉案企业提供司法保障拓展到深度服务整体经济发展，取得较好工作成效。

一、建立起诉必要性审查机制

为将习近平总书记“检察官作为公共利益的代表”的要求在刑检工作中落到实处，苏州市检察机关在全国率先出台《苏州市人民检察院强化起诉必要性审查的工作办法（试行）》，认真平衡起诉与“六稳”“六保”之间的关系，把“法治是最好的营商环境”落到实处，市检察机关将企业类型、经营情况、社会贡献度作为必备证据审查，并将“公共利益”作为衡量起诉必要性的原则，列明公共利益10种具体情形，相关经验做法被省检察院在全省转发、推广。

为强化起诉必要性审查的操作性，市检察院出台《苏州市检察机关不起诉工作操作规范》和《涉民营企业案件审查要点》，细化取证范围和法律评价方式，并规定民营企业案件不起诉的适用条件，区分从严把握和从宽把握的情形。同时，制作捕诉一体版《案件审查报告》，设置“民营企业审查”模块，将涉企案件的起诉必要性作为审查报告的必备内容，倒逼承办检察官在办案中更多地考虑起诉企业是否符合公共利益。

2017年至2020年，苏州市经济犯罪案件不起诉率从8%上升到20%，增加12个百分点，平等保护理念得到有效落实。近年来，作出不起诉决定的多个涉企案件均取得良好成效，有的企业成功在上海证交所主板上市，有的在新冠肺炎疫情期间损失惨重还主动捐款160万元，有的主动捐赠上百万元设备驰援武汉方舱建设，展现了服务地方民营经济发展的检察作为。

二、出台《苏州市检察机关优化营商环境八条措施》

2020年，苏州市检察院整合之前的文件和措施，大胆改革创新，出台《苏州市检察机关优化营商环境八条措施》（以下简称《八条措施》），努力实现办理案件和服务企业的效应叠加，全面释放检察红利。《八条措施》从落实少捕慎诉政策、试行企业犯罪限期合规从宽制度、提供法律咨询服务、强化企业产权保护四大方面为本市民营企业提供长期制度保障，让企业从容笃定谋发展。同时，通过和商务局、工商联等单位联合开展企业家座谈会、政策宣讲会等形式，推动检察机关惠企政策深入人心。为进一步提升《八条措施》的可操作性，市检察院总结前期经验，制定、出台《苏州市检察机关优化营商环境八条措施实施细则》，细化检察机关内设部门职责和基层院分工，确保《八条措施》落地见效。

《八条措施》强调，加快办理破坏营商环境、影响市场主体合法经营的各类案件。在办案中发现企业经营漏洞，及时制发风险防控提示函。定期总结企业各类犯罪的风险点，针对不同类型企业提供防案锦囊。对侵害企业合法权益的案件，充分用好认罪认罚从宽制度实现追赃挽损，及时发还权属清晰的追缴、冻结、扣押财物。例如，工业园区检察院共向中国私募基金协会等企业发出《刑事风险提示函》11份，推进了专项整改向纵深开展。《刑事风险提示函》格式文本被省检察院推广，经验做法获时任江苏省委常委、市委书记蓝绍敏批示肯定："及时运用《风险防控提示函》，推动社会治理上水平是一个好办法。希望检察院及时、精准地多提，各级党委、政府认真、扎实地整改，真正提高苏州的治理水平。”

三、与工商联、商务局建立沟通协调机制

为与行政机关构建保护企业的多方协作体系，形成保护合力，市检察院出台《进一步加强涉外资企业刑事案件办理沟通机制的实施办法》《进一步加强民营企业刑事案件办理沟通机制的实施办法》，并与市商务局、市工商联联合举办会签仪式，共同建立涉外资和民营企业刑事案件办理沟通机制。

2020年上半年，市检察院依据沟通协调机制，了解到苏州某生物科技有限公司作为国内领先的新冠肺炎检测试剂盒生产企业，因涉嫌非法经营罪被上海警方立案侦查，公司6名高管被刑事拘留。经审查认为，涉案检测试剂经检测合格，实质危害性不大。后经与上海检方多次沟通，最终对该公司全部高管改强制措施为取保候审，并协调警方依法发还企业急需的经营数据，帮助企业恢复正常运转。

四、探索刑事合规从轻处罚制度

为最大限度减少办案对企业正常生产经营活动的负面影响，将对企业的事后惩罚、被动预防向事前预防、主动预防转变，苏州检察机关探索试行刑事合规从轻处罚制度，制定《关于涉案企业限期刑事合规从宽处罚制度实施细则》，即对于达到刑事合规标准的企业，可依法作出不起诉决定或提出从宽处罚的量刑建议。例如，市检察院办理的A集团旗下公司肖某走私普通货物案中，A集团是中国纺织行业的知名企业，位列中国民营企业500强，该院根据中央“六稳”“六保”精神，依法对相关单位作出相对不起诉决定，并且要求企业出具《企业刑事合规承诺书》，限期完成企业合规制度建设，保障企业正常经营。涉案纺织企业在全球疫情之下，企业出口订单

逆势增长，公司库存及资金链呈现前所未有的宽松。再如，张家港市检察院办理的唐某虚开增值税专用发票案中，犯罪嫌疑人犯罪情节轻微，有自首、认罪认罚、补缴全部税款等情节，可以作相对不起诉处理。但检察机关发现该公司曾涉嫌污染环境犯罪，故向企业发出关于严格管控财务、合法处理危废的《检察建议书》，督促该公司加强刑事合规管理。该公司围绕企业运管、生产经营、财税申报、环保处置、应急管理等5个方面建立完善相关制度20项，经税务等行政机关评估后合格。最终，经公开听证，检察机关依法对该公司作出相对不起诉决定，该公司迈入健康稳定的发展轨道。该案入选江苏省检察机关“优化服务举措·护航民企发展”新闻发布会典型案例以及省检察院《公告案例》。

五、进一步完善检企沟通协调机制

为更好地提升司法服务的精准性和专业度，苏州检察机关开设法律门诊，根据企业司法需求，主动提供法律服务和司法保障，利用专业优势帮助企业解决法律困难，降低刑事风险，实实在在地践行平等保护理念，传递司法温度。为此，市检察院在“苏州检察发布”微信公众号开设企业法律服务模块，分设涉企法律问题门诊、外地不当办案线索移送、企业知识产权保护、企业涉案信息撤回申请等子板块。针对企业提出的法律咨询、犯罪预防、刑事合规等问题，三日内程序回复，七日内办理过程或审查结果答复。

（供稿：苏州市人民检察院第四检察部）

营商环境“通报制”让企业发展更舒心

中共苏州市委办公室

苏州市委、市政府将2020年确定为“营商环境创新年”。2020年初召开的全市作风建设大会明确提出建立营商环境“通报制”，通过公开通报服务不到位、政策不落实、企业不满意的典型案例，倒逼政策落实、服务改进、政策优化。要求通过搭建营商环境投诉专线等“反馈直通车”，实现多渠道收集、快速度响应，做到“一有反映、马上就查，一经查实、即予通报，一经通报、启动问责”。市委办公室、市政府办公室立即制定工作方案，并在《苏州日报》等媒体及时向社会公布了营商环境“通报制”具体要求，将“通报制”与《苏州市优化营商环境创新行动2020》各项举措有效贯通，推动正面激励和负面约束双向发力，让“苏州最舒心”这个营商服务品牌深入人心，并推动其发展。

一、积极构建联动协作工作格局

1.组建工作组协同发力。发挥高位统筹优势，加强力量整合。成立由市委、市政府领导担任组长的市营商环境“通报制”工作组，明确10个县级市（区）和62个市级部门为工作组成员单位，全面对标国际一流、国内先进，直面反映强烈的高频事项、突出问题，查找与“最优政策”和“至高服务”标准的差距，通过发现影响营商环境的问题线索，坚持刀刃向内、自我革新，从而实现政策和落地之间的零距离、服务和需求之间的零差距。

2.设立工作专班上下联动。在工作组基础上，由市委办公室、市政府办公室牵头，会同市纪委监委机关、发改、住建、行政审批、市场监管、金融监管等部门和各县级市（区）党委办公室组成工作专班，市级专班成员单位按照每期收集的案例线索进行调整。加强市级部门与各板块的交流沟通和业务指导，上下联动，围绕营商环境涉及的行政审批、政务服务、政策落实、市场诚信等重点内容，同步在各板块及行业内常态化梳理优化营商环境遇到的堵点、痛点，并负责组建调查组开展调查核实，定期报送“通报制”案例情况。

3.善用第三方增加公信度。建立由人大代表、政协委员、青联委员、市委法律顾问等组成的营商环境评议员名库。与各评议员保持常态化联系，积极了解目前影响营商环境的突出问题和优化全市营商环境的建议。每次营商环境案例正式通报前，邀请评议员对拟通报案例进行会商研判，提出专业化的意见建议，力求正式通报案例更具典型性、代表性、权威性。

二、多措并举拓宽案例线索来源

1.增设营商环境投诉专线。专门设立“12345转8”营商环境投诉专线，企业等市场主体在依法依规、合情合理的过程中如果遇到涉及营商环境，如开办企业、办理建筑许可、获得水电气、不动产登记、纳税、跨境贸易、获得信贷、执行合同、政务服务、知识产权保护、执法监管、政府采购、招投标等方面的不公正、不平等、不透明情形，可通过拨打“12345转8”这一“反馈直通车”进行投诉。2020年全年，投诉专线共接听电话33.3万个，梳理线索2300余条，筛选出40多条线索进行调查核查。

2.发动各地各部门自查上报。鼓励和指导各县级市（区）和工作组成员单位积极主动梳理影响营商环境的问题线索，深挖细查在服务企业过程中不规范、不到位、不及时问题，推动解决痛点、难点、堵点问题。联系市人大常委会办公室、市政协办公室和市纪委监委机关、市委巡察办等单位收集工作中发现的案例线索。各地各部门全年共自查自报线索案例171个，其中负面案例78个、正面案例93个。

3.深入基层一线广泛了解线索。定期深入企业一线，通过召开座谈会、个别访谈等方式，充分听取企业代表意见建议，了解企业等市场主体诉求，收集影响营商环境问题事项。分行业召开5场企业座谈会，收集涉及工程建设项目审批、一线窗口人员工作作风等方面各类诉求23条。通过市委书记信箱、市长信箱、服务民营企业“三项机制”、市企业服务中心、寒山闻钟、媒体暗访等渠道，广泛收集影响营商环境问题线索20多条。

三、创新方法开展调查核实

1.组建调查组开展专项调查。在工作专班对线索梳理、分析、甄别的基础上，筛选出的有效线索，以“一事项一调查”为原则组建市级调查组开展调查。市级调查组由营商环境“通报制”工作组成员单位组成，明确组长单位，由工作专班选派人员参加。调查组通过走访问题反映人、约谈相关人员、实地查看、查阅资料等方式，深入一线开展调查核实，查清事实、查明责任，并在调查任务交办后7个工作日内形成调查报告提交工作专班。全年共开展问题调查70余项。

2.联合媒体力量深入暗查暗访。针对生态环保、市场诚信等特别问题事项，下沉企业项目、职能部门、服务窗口，从“用户思维、客户体验”角度暗查暗访，全面、真实了解企业、群众办事和相关部门履职服务情况。在调查常熟服装城五金市场的案例时，联合“曝光台”以承租户的角度，深入问题现场，了解最详细、最真实的信息，确保通报有据可依。

3.集中会商研判以求公正客观。在完成线索调查后，由工作组召集专班成员单位以及营商环境特邀评议员，分别召开案例会商研判会议，听取调查组调查情况和处理建议汇报，对拟通报案例进行集中会商、分析评判，并投票推荐选定拟通报案例，力求正式通报案例公正客观。

四、持续放大案例通报效应

1.以公开通报营造向好氛围。通过营商环境“通报制”，正面激励和负面约束双向发力。联合《苏州日报》、苏州电视台新闻频道等媒体，公开通报营商环境案例共3期，累计通报负面案例40个、正面案例10个。40个负面典型案例中，既有执行僵化、墨守成规，缺乏“用户思维、客户体验”的官僚主义；也有政策落实“梗阻”迟缓，造成政策效果打折扣的形式主义；既有因职能交接而导致履职“真空”的不作为，也有轻忽中小企业权益、损害公平市场环境的乱作为。10个正面案例主要为“政策计算器”、不动产登记“苏易登”品牌等各地各部门在优化营商环境中的创新性、突破性、引领性经验做法。

《苏州日报》同步发表评论员文章《不要“口头告白”，要“真心行动”》，向社会各界展示了苏州市委、市政府下大决心、用大力度强化作风建设、优化营商环境，加快由“稳步优化”向“追求极致”转变，敢于向不担当、不作为“亮剑”，向不公平、不透明“开火”的坚定态度，助推“苏州最舒心”这个营商服务品牌深入人心。

2.以问题整改倒逼责任落实。对通报核查中发现的问题，实施跟踪督办，督促相关责任部门立行立改、挂账销号。通报的40个负面案例全部完成整改，整改率100%。针对通报案例中部分企业落实疫情期间苏“惠”十条政策不力、服务企业不到位的情况，切实督促相关单位按政策要求给予符合条件的中小企业承租户减免租金，加大普惠小微信用贷款支持等。对于让办事人员多跑路、部门多头走访企业等问题，要求部门聚焦企业和群众的重点需求，立即整改、优化服务。对通报中涉及的市场主体登记管理问题，深入查找机构改革职能交接不畅、政策执行不一致症结，督促有关部门及时出台具体实施办法填补履责“真空”，同时在全市建立有效衔接机制；针对工程建设项目审批制度改革相关问题，推进7项相关制度完善。对于通报案例中涉及部门和人员存在违纪违法的，由纪检部门跟进立案2起、问责2人，确保影响营商环境的问题逐个整改到位，各项惠企举措真正落到实处。

3.以做实考核强化激励约束。将营商环境“通报制”纳入市年度综合考核、市级机关绩效考核，对通报负面案例涉及责任单位予以扣分；对积极参与、协同有力、担当作为的单位部门予以正向奖励；对未按要求完成交办任务的单位部门给予反向惩戒。力求“督有主体、查有内容、考有标准、评有依据”，强化了督促检查的效果。营商环境“通报制”典型案例通过媒体公开通报，得到了社会广泛关注和认可，对优化营商环境、打造“苏州最舒心”营商服务品牌起到了较好的推动作用。

（供稿：苏州市委办公室决策督办处）

“十三五”规划目标任务胜利完成 高水平全面建成小康社会取得历史性成就

苏州市人民政府办公室　苏州市人民政府研究室

2020年是全面建成小康社会和“十三五”规划收官之年。“十三五”时期，全市人民在市委、市政府的正确领导下，自觉践行习近平新时代中国特色社会主义思想，坚定贯彻党中央、国务院大政方针，全面落实省委、省政府决策部署，深刻把握习近平总书记视察江苏重要讲话精神，团结一心、砥砺奋进，认真践行新发展理念，规划目标任务胜利完成，“强富美高”建设取得阶段性重大成果，为率先开启社会主义现代化建设新征程奠定坚实基础。

五年来，苏州始终坚持用习近平新时代中国特色社会主义思想定向领航，决胜高水平全面建成小康社会取得了历史性成就，为率先迈入社会主义现代化新阶段奠定了物质基础，增强了理想自信，积攒了行动力量。五年来，苏州始终对标对表习近平总书记对江苏、对苏州工作系列重要讲话指示精神，坚决扛起省委赋予苏州的“两个标杆”历史使命，勇于破除思维定式和路径依赖，在解放思想中统一思想，确保中央、省委各项决策部署在苏州落地落实。五年来，苏州始终坚持走在高质量发展前列，充分发挥高质量目标考核体系的指挥棒和风向标作用，按照省委部署统筹抓好“六个高质量”工作，以极大定力转方式、调结构、抓创新、促转型，致力高质量发展成为全市上下接续奋斗的共同目标。五年来，苏州始终坚持深度融入国家战略，把服务国家战略与推动苏州发展更加紧密结合，发挥改革开放先行优势，努力展现探索性、创新性、引领性发展。全面对接服务上海，加快长三角生态绿色一体化发展示范区建设，当好长三角一体化发展排头兵。五年来，苏州始终坚持全面加强党的领导，纵深推进全面从严治党，着力提升党的建设质量，与时俱进丰富“三大法宝”新的时代内涵，锻造勇当先锋、善于落实的高素质干部队伍，始终保持凝心聚力、敢为人先的干事创业精神状态。

一、“经济强”的基础优势进一步厚植

五年来，苏州地区生产总值年均增长6.1%，总量迈上2万亿元新台阶，居全国城市第6位，对全省经济增长贡献超过20%，2020年实现一般公共预算收入2303亿元，居全国城市第4位，较“十二五”期末增长了47.6%，税收总量、增量均保持全省首位。投资活力不断增强，五年累计完成固定资产投资2.6万亿元，民间投资比重超60%。消费对经济增长贡献持续提高，社会消费品零售总额突破7000亿元（7701.98亿）。所属县级市一直保持在全国百强县10强之内。

强在产业结构不断优化。工业经济保持稳定增长，规上工业总产值、规上工业增加值稳居全国城市前3位。服务业增加值占地区生产总值的比重、高新技术产业产值占规模以上工业总产值的比重分别达52%和51%；生物医药产业入选首批国家战略性新兴产业集群；恒力、沙钢、盛虹入围世界500强，26家企业上榜“2020中国民营企业500强”。强在创新能力持续提升。2020年，全社会研发经费支出占地区生产总值的比重由“十二五”期末的2.61%增长到3.7%左右，科技创新综合实力连续11年居全省首位；创新主体和载体培育步伐加快，建设苏州市自主品牌大企业和领军企业先进技术研究院47家，高新技术企业数量近万家，为“十二五”期末的2.9倍；境内外上市公司累计181家，其中境内A股上市公司144家、科创板上市公司20家，分别列全国城市的第5位、第3位；入选国家级重大人才引进工程创业类人才达146人，保持全国城市首位；创新成果丰硕，万人有效发明专利拥有量由“十二五”期末的27.4件增长到68件。苏州工业园区连续五年位列国家级经济技术开发区综合考评第一。“十三五”期间，各类众创空间累计

孵育创新团队4000余个，建成高层次人才“一站式”服务中心。国家先进功能纤维创新中心、江苏省智能车联网创新中心成功创建，中国（苏州）知识产权保护中心获批运行。强在开放优势得到巩固。对外开放持续扩大，发布“开放再出发”30条政策举措，中国（江苏）自由贸易试验区苏州片区获批建设并实现良好开局，中国（苏州）跨境电子商务综合试验区、中日（苏州）地方发展合作示范区成功获批，昆山深化两岸产业合作试验区扩大至昆山全市，昆山获批国家进口贸易促进创新示范区，中德（太仓）创新合作加快推进，江苏（苏州）国际铁路物流中心口岸建设稳步推进，各级各类开发园区创新转型迈上新台阶。拥有各类外资地区总部及功能性机构300多家，156家世界500强企业在苏州投资项目达400多个。对外贸易稳步提升，2020年进出口总额达到3223.47亿美元，居全国城市第4位。外资外贸结构不断优化，战略性新兴产业实际利用外资占比持续提高，服务贸易占贸易总额的比重达10%左右。苏州港货物年吞吐量5.54亿吨，集装箱吞吐量628.86万标箱，保持世界内河第一大港地位。获批全国首个小微企业数字

◆苏州工业园区（供稿：徐志强）

征信实验区、首个开展金融科技创新监管试点的地级市、央行金融科技创新监管试点和法定数字货币试点、苏州工业园区开放创新综合试验、昆山首家具有两岸特色的全国金融改革试验区、张家港保税港区为全省唯一汽车平行进口试点、常熟服装城为国家级市场采购贸易方式试点。

二、“百姓富”的幸福指数进一步攀升

2020年，苏州城镇和农村居民人均年可支配收入分别达到约7.1万元和3.76万元，收入增速与经济增长保持同步。保就业、增就业成效显著，“十三五”期间，苏州籍高校毕业生就业率始终保持在98%以上，城镇登记失业率保持在2%以内，建设劳动者就业创业首选城市，打造“就在苏州”公共服务品牌。公共服务优质均衡，获评全国首个义务教育基本均衡地级市，独墅湖科教创新区被教育部列为全国首个高等教育国际化示范区。全市登记注册的各类卫生机构、实际开放床位分别较“十二五”期末增长22.43%、25.97%，人均预期寿命83.82岁，较“十二五”期末提高了0.95岁；社区养老服务设施的覆盖率、机构养老护理型床位占比分别由“十二五”期末的29%、49.1%提高到93.1%、92%。社会保障兜底有力，城乡低保标准由“十二五”期末每人每月750元提高至1045元，保持全省首位。“全民参保登记”计划持续推进，职工医保和居民医保政策范围内住院医疗费用基金支付比例分别达到90.9%、76.8%，保障范围和保障水平全省最高，走在全国前列。保障性安居工程开工建设1.61万套，超额完成省政府下达的目标任务。建成健身步道2700公里，城乡居民达到《国民体质测定标准》合格以上人数的比例超95%。高质量推动长三角区域一体化发展，全面融入上海大都市圈，生态绿色一体化发展示范区加快建设，苏滁、苏宿、苏相等园区共建成效显著。城乡融合发展水平全国领先，城乡居民收入比控制在2:1之内。城市重大基础设施建设再上新台阶，铁路、公路、港口、轻轨、医院、学校、公共体育文化、区域综合体等项目完成预期目标。乡村振兴全面推进，出台乡村振兴战略实施规划，全市统一的农村集体资产、资源、资金

管理信息系统基本建成。

三、“环境美”的生态底色进一步鲜明

国家级生态保护红线占国土面积的比重达到22%，“十三五”期间投入生态补偿资金40.5亿元。实施长江环境大整治环保大提升“百日攻坚”、长江经济带固体废物大排查等系列行动，完成长江沿岸造林绿化8892亩，长江及42条支流水质全部达Ⅲ类及以上，在全省最严格的水资源管理考核中名列第一。太湖围网全部拆除，七子山填埋场提标改造完成。集中式饮用水水源地水质（湖泊总磷除外）达标率100%，比2016年提高28个百分点。城镇黑臭水体基本消除。空气优良天数占比84%以上，“十三五”期间提高了14个百分点。空气中细颗粒物（PM2.5）浓度比“十二五”末下降25微克每立方米以上。获批国家生态文明城市建设示范市，建成首个国家生态园林城市群、首个全国节水型城市群。城乡人居环境不断改善，“苏州古城保护与更新”项目荣获联合国迪拜国际改善居住环境最佳范例奖。全国生态修复城市修补、5G通信、海绵城市和地下综合管廊试点建设取得成效。

四、“社会文明程度高”的城市名片进一步擦亮

坚持物质文明和精神文明两手抓、两手硬，广泛开展文明创建活动，实现创建全国文明城市“五连冠”“满堂红”、全国双拥模范城“七连冠”。百姓安居乐业，社会保持和谐稳定，实现全国社会治安综合治理优秀市“六连冠”、长安杯“三连捧”，入选首批全国法治政府建设示范市，设立知识产权、破产清退和全国首家地方法院国际商事法庭。社会治安防控体系不断完善，扫黑除恶专项斗争纵深推进，违法犯罪警情和刑事发案数连续下降。安全生产形势持续稳定好转，生产安全事故起数、死亡人数实现“双下降”。“331”专项行动被国务院和省安全生产督导组列为重大典型经验，公众安全感由“十二五”期末的93.5%提高到98.24%。成为首批国家守

信激励创新试点城市，综合信用指数位居全国地级市首位，全国先进典型数量位列全省第一。文化品牌影响力持续提升，成为全球“世界遗产典范城市”“手工艺与民间艺术之都”，“大运河文化带最精彩的一段”加快建设，新增一批国有文艺院团，舞台艺术整体实力位居全国城市第一方阵，苏州博物馆在全国地级市博物馆运行评估中位列首位。成功承办2016年“汤尤杯”，2018年冰壶世界杯，2020赛季中超、足协杯等国际国内大型体育赛事。

（供稿：苏州市人民政府研究室）

为创新赋能　为发展加码
全力打造中国最佳引才城市

中共苏州市委组织部

2020年，苏州市积极应对新冠肺炎疫情和中美贸易摩擦影响，抢抓海外人才回流契机，推动招才引智全链“上云”，通过“云端”活动、赛事、平台等拓展传播渠道，实现“云上”展示、匹配、对接、聚合，开启新形势下高端人才招引新篇章。全年新增国家级人才工程入选者29人，其中创业类11人，占全国新增数27%、全省新增数73%，取得历史性突破，连续8年位列全国大中城市首位；新增省“双创人才”129人，连续14年位列全省第一。首次获评“2020中国年度最佳引才城市”，连续9年入选“魅力中国——外籍人才眼中最具吸引力的中国城市”。

一、因势应变出新招，开辟人才工作新境界

1.创设“云上平台”，推动多点开花。超前谋划，主动作为，强化“线上+线下”相结合，4月初举办“云集苏州·创赢未来”高端人才云创活动，向全球发布“英雄帖”。启动“万名高端人才集聚计划”，以国际化视野和云端互联方式，突出呈现“云端”引才新举措。“云扫描”（人才亮点纷呈）、“云推介”（各地引智推介）、“云高聘”（人才高端猎聘）、“云牵手”（人才金融助力）、“云路演”（人才项目路演）等五大模块吸引在线直播量超130万人次，其中《人民日报》一个月内两次报道苏州市人才工作，后宁波、青岛、无锡、宿迁等地纷纷借鉴苏州做法，开展云端纳才活动。

2.深化“引才品牌”，实现逆势攀高。高水平举办2020年(第十二届)苏州国际精英创业周，开创性设立“苏州科学家日”，重磅推出人才新政4.0版，首次设置“主会场+县区分会场+海内外分会场”模式，实现同时段、跨区域、全球化招才引智同频共振。组合推出“云端盛宴”，开展各类云直播、云推介、云展示、云路演、云签约等活动40余项，吸引1720名人才携带1822个项目参会，超320万人实时观看开幕式直播，60余名两院院士及发达国家院士通过各种形式参与活动。活动期间达成签约项目1581个，初步合作意向项目1297个，无论是对接量还是签约数，都实现了逆势攀高的预期目标，较好发挥了创业周的窗口效应、引领效应、示范效应。

3.擦亮“城市名片”，放大集聚效应。持续优化“校园苏州日”系列活动，组织苏州“引才专列”驶入14座城市20所“双一流”高校，同步探索海外连线招聘，11位市领导带队，规格之高、规模之大、影响之广，史无前例。苏州龙头企业、领军人才企业、外资企业、科研院所、金融机构等1723家次单位带来4.2万个岗位需求，共吸引包括海外9个国家和地区在内的2.5万名学子积极参与，收到简历超2.3万份，达成意向6600余人、校地合作和产学研项目近250项。通过城市推介、校园招聘、产学研对接、青年群团活动等“集约式”引才方式，打通苏州对接海内外名校人才科创资源的重要渠道。做好第六届“苏州杰出人才奖”评选工作，选树10位具有代表性的杰出人才，进一步发扬人才的示范引领作用，有效提升人才尊崇感。

二、集成创新谋长远，打造人才招引新平台

1.精心打造“全球高端网络引才平台”。设置“云聘荟”和“云创汇”两大模块，融合在线招聘、项目招引、技术对接等功能于一体，累计发布年薪20万元或研究生以上学历的高端岗位需求超6万个、企业技术需求574条，点击浏览量超534万人次，48.1万人次投递简历，对接达14.36万人次，苏州成为国内同期同类在线招聘活动中一次性推出高端岗位需求最多的城市。在招引高端人才的同时，进一步拓展项目申报、赛事路演的线上渠道，推动

◆2020年11月16日，“校园苏州日”走进北京大学（供稿：市广电总台）

全球人才项目与全市平台载体实现常态长效云端直洽。

2.开发建设“人才创新合作专享图”。搭建全市一体、协同共建的数据共享平台，设计制作“人才创新合作专享图”，作为“苏州开放创新合作热力图”中的第六张图。以服务人才创新创业环境要素为宗旨，从“享空间、享平台、享服务”等角度，重点梳理创业空间、创新平台、服务生态等方面的重要地理信息2095个，集中展示苏州创新创业良好生态，特别是政策支持、便利服务、生态营造等方面的成果，成为苏州创新优化营商环境、推动双招双引再创佳绩的“硬核神器”。

3.全新上线“国际人才创新创业云博会”。配合创业周打造“云上”展洽形式，设计“1+5+N”云上VR展洽馆，全市25个市级政府部门，10个县级市、区以及400多家科创载体和重点企业，重点围绕人才政策、产业载体资源、营商服务环境等方面发布海量资源，向全球高端人才集成推介苏州最优质的创新创业资源和最舒心的国际化营商环境。通过线上平台常态呈现，全面升级线上对接模式，力促实现人才、项目、产业、载体、资本全年融合互动和精准对接，打造“永不落幕的创业周”。上线仅3天就吸引超8万人次关注，较以往现场布展，人气提增近20倍，真正实现创业周“不落幕”、引才活动“不断线”。

三、聚焦关键解难题，助力人才发展新作为

1.重磅推出全国最高额度“人才贷”。运用好金融活水的“输血供氧”作用，加大金融支持实体经济力度，全力护航人才企业发展。切实发挥“人才贷”相对便宜、高效便捷、运用灵活的特点，年初重磅推出苏州最强“人才贷”，无论是贷款额度（5000万元）还是利率竞争力（LPR），均属全国首创。一经推出立即引发市场高度关注，中央电视台《经济信息联播》在晚间黄金时段进行了报道，人民日报、新华社、中新社、新华日报等中央和省级媒体，新浪、腾讯、网易等各大门户网站及头条系自媒体先后采访报道，短期内浏览量超千万次。截至2020年底，已为300家人才企业发放贷款11.6亿元。

2.创新设立苏州首个人才基金。在短短一年时间内连续设立运作两期规模超5亿元的姑苏人才基金，更加重视投早、投小，其中6000万元用于首投项目，有效规避了“市场失灵”问题，进一步加大对初创期人才项目的扶持力度。基金采用引导直投方式，精准聚焦人才企业，能够撬动更多社会资本以投带引优质人才项目落户苏州，助推产业链向高端攀升。成立仅半年就已“首投”或“领投”人才项目10个，投资额达4200万元，撬动4.43亿元社会资本投资人才项目，为人才创新创业提供更加精准、持续合理的扶持。

3.率先成立苏州首家人才创投联盟。人才创投联盟汇集国内外知名投资机构、金融机构及金融服务企业力量，以信人才为前提、以投人才为特征、以成人才为使命，旨在构建共融、共享、共赢的人才金融格局，形成人才、资本、产业充分活跃的发展生态。联盟由国发集团、国发创投、科创投

等机构发起组建，汇集了中银国际、浦银国际、嘉御基金、同创伟业等73家国内外知名资本机构，管理基金规模6970亿元，投资规模4130亿元，通过组织项目路演、走访调研、投融资沙龙等形式推动人才、资本、产业无缝对接，为全市人才企业投融资提供强有力支撑。

4.全心打造“创·无忧”才富顾问团。充分发挥金融机构桥梁纽带作用，成立国资金融机构组团服务平台，首批执委会成员由市属五家国资金融机构（国发集团、苏州银行、东吴证券、东吴人寿、苏州资管）组成。“创·无忧”才富顾问团将传统的单一机构与人才项目对接，变成组团式金融机构与人才项目对接，通过定制化金融产品、提供专属金融服务、针对性开展辅导培训、全方位构建金融交流平台等举措，进一步提高金融服务效率，帮助人才企业发展壮大。

（供稿：苏州市委组织部人才工作处）

努力建设人民满意的文明城市

中共苏州市委宣传部

近年来，苏州市始终坚持以习近平新时代中国特色社会主义思想为指引，深入贯彻党的十九大和十九届二中、三中、四中、五中全会精神，紧紧围绕统筹推进“五位一体”总体布局和协调推进“四个全面”战略布局，按照总书记对江苏提出的“经济强、百姓富、环境美、社会文明程度高”的总要求，不断加大创建力度，努力促进政治文明、物质文明、精神文明、社会文明、生态文明全面协调发展，全面推进全国文明城市全域化工程。2008年，苏州市荣获“全国文明城市”称号，并在2011年、2014年、2017年蝉联；张家港市2005年创建为首届“全国文明城市”，并五届蝉联；2017年，常熟市获评第五届全国文明城市。2020年11月，中央文明办公布第六届全国文明城市入选城市名单和复查确认保留荣誉称号的前五届全国文明城市名单，苏州市、张家港市、常熟市确认保留荣誉称号，太仓市、昆山市入选第六届全国文明城市，苏州实现了全国文明城市全域化。群众性精神文明创建工作蓬勃开展，全市全国级各类先进单位（文明单位、文明村镇、文明校园、文明家庭）总数达87个，构建了经济发达、人口结构复杂、受众面广泛的文明城市建设工作样本。

一、始终坚持“一把手抓两手、两手抓两手硬”，同步实现经济“富口袋”和文明“富脑袋”

早在1995年，中宣部就在全国弘扬推广张家港“一把手抓两手、两手抓两手硬”这一工作经验。苏州市委、市政府历任领导始终贯彻“一把手抓两手”“两手抓，两手都要硬”的方针，把精神文明建设纳入经济社会发展的全局来思考、来部署、来推进，着力深化拓展文明城市创建，一棒接着一棒传，一任接着一任干。2018年起，苏州市委明确提出“全国文明城市”全覆盖，城乡文明一体化全域化发展的目标，把文明城市创建作为苏州推进经济社会全面协调发展、推进“强富美高”建设的重要途径，更加注重经济社会的全面发展，更加注重人的精神建设，努力走出一条具有苏州特色的精神文明建设之路。多年来，苏州持续抓好文明城市建设，与时俱进传承发展张家港精神、昆山之路、园区经验这苏州“三大法宝”，成为全市推动各项工作的强大精神动力，营造了优美人文环境，加速了经济社会全面协调发展，不仅擦亮了全国文明城市的“牌子”，更提升了城市综合实力和城乡居民收入的“袋子”。

二、始终坚持尊重城市发展规律，同步提升规划建设“硬环境”和文化文明“软环境”

环境塑造人，人也改变环境。一座城市的形象和文明程度最根本的决定因素不是高楼大厦，而是人的文明素养。苏州认真贯彻习近平总书记“人民城市人民建，人民城市为人民”的理念，牢牢把握城市发展的客观规律，把文明城市创建贯穿于城市规划、建设、管理、服务四大环节，着力提升城市工作的系统性。经过多年的努力，城市规划建设有序推进，城市格局得到优化，环境面貌持续改善，城市功能和服务管理不断提升，“互联网+”的“城市大脑”建设初具雏形，一批重大基础设施建成投用，常住人口城镇化率达到80%。在留住城市发展特有的地域环境、文化特色和建筑风格的“基因”的基础上，着力完善“15分钟生活圈”，让人民群众在城市生活得更方便、更舒心、更美好。同时，把“文化”和“文明”作为城市发展的核心竞争力，集中精力抓城市的功能、城市的内涵，特别是在人的文明素质提升上，通过价值观建设引领人、道德培育塑造人、行为养成规范人、文化熏陶滋养人等途径，开展群众性纪念活动、“走基地、看变化、聚力量”主题教育实践、公民道德教育实践活动，进行“讲文明树新风”和社会主义核心价值观公益广告宣传，征集发布市民公共文明行为十条，广泛践行“小举动大文明”主题活动，深化文明交通、文明旅游、文明餐桌行动，使软硬环境相互匹配、相得益彰，把苏州建设成为真正的“人间天堂”。

三、始终坚持城乡一体化发展，同步推进城市文明和农村文明建设

作为全国城乡一体化发展综合配套改革试验区，城乡一体化发展是苏州的特色工作，也是中央、省委对苏州发展的殷切期望。通过全面推进美丽乡村建设，致力让城乡居民拥有同样优美的居住环境，实现了公交“村村通”，数字电视“户户通”，“城市光网”覆盖到村。以文明村镇创建为契机，加快农村中心镇区建设，发挥中心镇区的集聚、示范和辐射效应。积极发展农村社会公共事业，完善教育卫生及商业等便民服务设施。建设农村“十里文化圈”，常态化开展“送戏下乡”，实现农家书屋与公共图书馆通借通还。加强乡风文明建设，通过“百村千岗万人——乡风文明志愿岗”活动，积极培育农民自我教育、自我管理、自我服务的能力，形成平等友爱、融洽和谐的农村人际关系，努力形成健康向上的农村社会新风尚。目前，全市已建立乡风文明志愿岗2万多个，参与人数达25万人。把移风易俗作为乡村振兴战略的重要抓手，筑牢城乡文明一体化推进的工作基础。深入贯彻落实习近平总书记关于坚决反对浪费的重要指示精神，把厉行节约、反对浪费作为移风易俗、倡导文明新风的主要内容来抓。把新时代文明实践载体打造为文明城市建设主阵地，动员全社会广泛参与，共享共治。紧紧围绕中央关于新时代文明实践中心建设的战略部署，在农村地区全覆盖的基础上，拓展到城市社区，打造了新时代文明实践城乡联动的工作格局。2019年出台了《苏州市新时代文明实践中心（所、站、点）指

导评价办法》，对新时代文明实践中心、所、站及特色点的建设构建了一套标准体系，把中央关于推进新时代文明实践工作的总体要求与苏州全域化推进的特色相结合。目前全市各县市、区均已建成新时代文明实践中心，各乡镇、街道均建立了文明实践所，覆盖率达100%，村、社区建成新时代文明实践站2011个，覆盖率达到94.9%；同时还依托各级各类文明单位、公共服务窗口打造新时代文明实践特色点1000余个。依托新时代文明实践活动，全市志愿服务活跃度空前提升，推出志愿服务云平台，遍布城乡的新时代文明实践志愿者，在新冠肺炎疫情防控、爱国卫生运动、城乡环境整治、文明新风倡导等方面发挥着示范引领的作用，成为文明城市建设的主力军。

四、始终坚持“营造良好小气候促成文明大气候”，同步优化党风政风和社风民风

党风政风连着社风民风，党风正则民风正。苏州严格贯彻落实全面从严治党的各项要求，持之以恒地抓党风，以良好的党风政风带动社会文明新风，形成了“从善如流、德润人心”的良好社会风尚，汇聚起传扬社会新风正气的强大声势。突出抓好领导干部的文明素质提升，把党员干部作为培育和践行社会主义核心价值观的重点对象来抓，加强党性党风教育，加强党的优良传统教育，要求普通群众做到的党员干部带头做到，要求别人不做的党员干部坚决不做，持续推出一批党员干部的先进典型，大力宣传“最美基层干部”。深入挖掘各行各业先进典型，推出全国“时代楷模”崔根良。广泛发动市民、基层单位参与“我推荐我评议身边好人”活动，全市全国道德模范（含提名奖）8人，“中国好人”累计达169组/182人，江苏省道德模范（含提名奖）26人，江苏好人233组/252人。每年评选表彰精神文明建设十佳新人、十佳新事和百名文明市民标兵，常态化开展“苏州好人”和“苏州最美人物”发布。抓好家风建设，涌现出86.2万户各类文明家庭，其中300余户家庭被评为全国、省五好文明家庭及标兵。把未成年人思想道德

◆张家港市新时代文明实践中心(供稿:张家港市委党史办)

建设作为文明城市创建的希望工程、民心工程来抓，强基础、抓特色、建载体、树品牌。创立了“家在苏州·e路成长”未成年人社会实践活动品牌，并纳入政府实事工程，充分运用优质社会资源开展社会实践的常态长效运行机制，建成未成年人社会实践体验站171家，形成“校内校外衔接、网上网下联动、市县双向互动、有效供给需求、全面覆盖城乡”的青少年社会教育立体化服务体系。注重未成年人心理健康成长教育，2008年就成立了全市未成年人健康成长指导中心，为全市80多万在校未成年人提供心理健康咨询服务。2020年以来，结合疫情防控，创办了未成年人特色心理咨询热线，并获得全国首批热线批复。抓好昆曲、评弹、苏剧等为在校学生公益演出普及工程，每年公益演出100多场。建设“苏州市德善书院”，构建“书院+学堂”运行机制，打造了青少年普及国学传统文化的公益课堂。探索创新全国首个儿童友好城市。

五、始终坚持体制机制创新，同步落实常态长效管理和重点领域整治

提升城市的文明程度，不但要靠城市精神的引领、道德的教化，更要靠体制机制创新和严格依法管理来实现。多年来，苏州制定出台了《苏州市提高市民文明素质行动计划》《苏州市公共文明建设规划纲要》《苏州市创建全国文明城市工作实施意见》《苏州市建立健全创建全国文明城市长效机制的意见》等文件，进一步健全了公共文明和公民道德建设方面的制度体系。成立了美德基金会、德善之城文明促进会、企业社会责任联盟、良知公益基金等社会组织，实现了公共文明和公民道德建设工作的制度化、规范化。建立健全了文明城市长效管理工作机制，通过创建工作组织机制、文明城区创建机制、第三方评价机制、重点督查及协调机制、社情民意快

◆“家在苏州 e路成长”：小学生在苏州革命博物馆开展纪念抗日战争胜利75周年教育实践活动（供稿：时惜微）

速办理机制、社会宣传机制、绩效考核机制，使文明城市创建工作始终保持常态长效。每年召开“文明城市建设推进会”，把各项具体指标落细、落小、落实。同时，贯彻落实《关于进一步把社会主义核心价值观融入法治建设的指导意见》，针对道德领域突出问题积极研究，推动相关地方性立法。推动完善市民公约、村规民约、学生守则、团体章程和各行各业规章规范，使之成为人们日常行为的基本规范。用法治手段解决道德领域特别是诚信方面的突出问题，以苏州市花“桂花”命名个人信用积分——桂花分，完善全市公共信用信息服务平台，建立健全失信联合惩戒机制，让败德违法行为受到惩罚、付出代价，更好地守护公平正义、弘扬美德善行。创新文明城市创建工作手段，通过系统治理、依法治理、综合治理、源头治理，全力提升社会综合治理水平。在经济发展“龙虎榜”的基础上，推出文明创建“排行榜”，两手抓、两手硬，全力打造人民满意的文明城市。推动文明城市创建工作重心下移，在对全市10个县级市、区常态化测评排名的基础上，对市、区59个街道、乡镇实行常态化暗访测评、规范化考核排名、精准化整改提升。仅2020年，通过通报机制，全市整改各类问题4000多项，涉及居民小区环境卫生、农贸市场周边环境、背街小巷公共秩序等与民生密切相关的项目，群众对文明创建的满意度不断提升。

六、始终坚持以人民为中心的创建导向，同步构建政府主导和群众参与的社会氛围

文明城市建设贵在一个“实”字，来不得半点“虚功”，目的是要让群众有更多获得感和幸福感。苏州坚持立足群众认同，立足群众参与，立足群众受惠，多为群众办好事、办实事，使创建工作真正成为“民心工程”。充分发挥群众的主体作用，让群众广泛参与创建。大力弘扬“奉献、友爱、互助、进步”的志愿精神，成立苏州市志愿者总会，开展项目引导扶持，服务引导市民群众参与社会志愿活动。截至目前，共有实名注册志愿者273万人，累计完成团队注册38214支，发布活动217万多场，全市志愿服务蔚然

成风。从群众最关心的事抓起，让市民广泛参与“啄木鸟”巡查行动，汇集群众智慧和力量去寻找、发现、解决创建中存在的问题。推出“家在苏州”宣传文化工作品牌，凝聚全体市民共同建设美好家园的激情与责任感，不断引导“新苏州”“洋苏州”共同参与到文明城市创建中来。把创建惠民放在首位，使创建的效果看得见、摸得着。扎实开展“城市环境大家管、市容秩序大提升”等综合治理行动，城市面貌得到改善。生活环境舒适便利，轨道交通等重大民生项目投入使用。生态环境有效改善，主要污染物排放大幅度降低，水环境状况持续改善。苏州公益慈善综合指数位居全国城市前列，4个县级市全部入围县域十强。在全国率先实现城乡养老、医疗和居民最低生活保障“三大并轨”。城乡社区卫生服务普及率、人口覆盖率保持100%。人均预期寿命达到82.87岁。苏州获批国家首批义务教育发展基本均衡市和公共文化服务体系示范区，实现全国社会治安综合治理优秀市“六连冠”。把文明单位创建作为文明城市建设的基础工程来抓，紧紧围绕勇于承担社会责任、积极履行社会义务这个主题，扎实开展创建活动。2010年起，苏州就组织市级以上文明单位开展城乡结对共建活动，助力精准扶贫。截至目前，1500多家文明单位积极承担社会责任，与5100家镇、村、社区、学校及其他单位开展结对共建活动，每年参加社会志愿服务100万人次，定点帮扶困难群众30万人次，平均每年捐款捐物数额达2亿元。从2013年开始，苏州号召全国级、省级文明单位与江苏北部地区省定经济薄弱村开展定点结对共建，帮扶经济、促进富民、提升文明、繁荣文化。2020年，苏州组织45家省级以上文明单位分别与宿迁市的45个村开展2020—2022年度“城乡结对、文明共建”活动。

（供稿：苏州市委宣传部）

聚焦“四项引领”
激发新的社会阶层人士统战工作新活力

中共苏州市委统战部

苏州市作为全国34家新的社会阶层人士统战工作实践创新推广城市之一，始终以抓思想“源动力”激发发展“新活力”，聚焦“思想、组织、价值、文化”四项引领，深化新的社会阶层人士政治思想工作，创新工作思路，优化工作载体，推动新的社会阶层人士统战工作取得新成效。

一、做实思想教育引领

根据习近平总书记关于做好新的社会阶层人士工作的指示要求，苏州着眼凝聚政治共识、身份共识、目标共识、品牌共识，通过思想引导、教育培训，鼓励新的社会阶层人士创造价值，发挥作用，示范引领。充分利用国庆、元旦等重要节点，举办“同心追梦新时代，激情燃烧再出发”等主题活动，引导新的社会阶层人士讴歌新时代、赞美新成就、传播新思想、抒发家国情。每年举办新入会会员和会内骨干力量特色培训班，2019年以来，苏州市区两级已累计培训新的社会阶层人士1200余人。在2020年初疫情防控的特殊时期，苏州坚持战“疫”不停学，联合清华大学，利用网络媒体开展“云”课题，举办苏州市无党派人士、新的社会阶层人士、归国留学人员清华网络培训班。对60多名骨干力量进行习近平新时代中国特色社会主义思想、统一战线理论、疫情与中国经济、压力管理、心理调适等20余项课程内容的培训。

二、完善制度建设引领

按照制度引领、突出重点、以点带面、一体推进、发挥作用的总体思路，苏州完善了“市+市区+乡镇街道+示范点”的四级协同工作网络，立足“更高、更实、更新”，研究出台了一系列指导性文件。

1.围绕更高站位谋划，苏州制定印发《苏州市新的社会阶层人士三年培训计划实施方案（2019—2021年）》。要求市一级三年内累计培训新的社会阶层代表人士总数不低于200名，各市区三年内累计培训新的社会阶层代表人士及后备人才总数不低于100名，主要包括各级人大代表、政协委员，新的社会阶层人士联谊组织负责人以及有关中介组织行业协会负责人等。由市委统战部牵头，建立和完善覆盖全市范围的新的社会阶层人物信息库，其中市、市（区）两级重点人物2000名，省级及以上重点人物100名。

2.围绕更实举措创建，制定《苏州市新的社会阶层人士统战工作实践创新示范基地管理办法》。对全市新的社会阶层人士统战工作实践创新示范基地进行科学化管理，提高示范基地建设的规范化、标准化水平。对示范基地的申报与命名、运行要求、评价与考核等方面提出了规范化要求。示范基地运行要求做到“六有”，即有活动方案、有活动场所、有活动内容、有活动制度、有活动台账、有专人负责。

3.围绕更新理念布局，出台《关于加强网络人士统战工作的实施意见》。建立苏州市网络人士数据库，打造新媒体、党外网络评论员、网络宣传员三支骨干队伍，有效推动网络人士统战工作纵深化发展。

三、做优品牌创新引领

主动顺应形势，结合实际，精准实施新的社会阶层人士统战工作“1+10”品牌战略，形成“一心十星”的服务品牌体系。

1.构建完善新阶层工作品牌矩阵。在市级层面打造新阶层活动主品牌

“姑苏新力量”，同时挖掘各地特色，将吴中“新英汇”、高新区“SND新力量”、姑苏“新立方”、常熟“新友e空间”、张家港“新联盟”、吴江“菁英汇”、相城“同心汇”等10个县级品牌纳入“姑苏新力量”子品牌。通过“姑苏新力量”，把有形与无形的工作平台和力量纳入工作轨道、汇成一个声音。

2.积极探索“项目品牌+精品活动”模式。2020年初，苏州市新的社会阶层人士联谊会、知联会和欧美同学会共同成立了苏州统一战线“同心汇智”大讲堂，第一期主题为“打造世界级产业地标，苏州生物医药的下个十年怎么走”的沙龙活动，受到社会各界广泛关注和赞誉。市欧美同学会开展的“海归推动苏州”交流分享会，与苏州市科创板服务基地、招商银行苏州分行分别签署战略协议，为会员事业发展搭建服务平台。同时，市新联会还成立服务团，积极开展教育医疗、法律服务、专业咨询等各类社会公益服

◆2020年9月21日至26日，苏州新的社会阶层人士联谊会组织赴西藏林周县苏州小学开展“爱聚林周同心同行”公益行活动（供稿：刘振）

务，组织快闪、拍摄“我和我的祖国”MV、地铁公交融媒体展播等一系列活动，“姑苏新力量”品牌效应进一步突显。

3.创新“实践基地+品牌创建”模式。做优示范基地品牌，市、区两级建立了64个具有一定规模的实践创新示范基地，明基友达基金会公益共创空间等6个示范点入选中央和省新的社会阶层人士统战工作实践创新重点项目。围绕贯彻落实苏州市委、市政府“开放再出发”的决策部署，着力打造“姑苏新力量助燃八点半”项目，助力打响“姑苏八点半”夜经济品牌，统筹推进疫情防控和经济社会发展，充分发挥苏州市新的社会阶层人士在非遗文化、工艺美术、新媒体等领域的人才集聚优势，线上搭建“云逛非遗”平台，线下以中央统战部新的社会阶层人士统战工作实践创新基地重点项目“非遗新动力”为主阵地，组建线下活动基地联盟，活动内容涵盖科普展陈、非遗体验、网红带货、沙龙交流、读书会、小剧场等。“姑苏新力量”品牌引领效应进一步放大。

四、全网融通无线引领

苏州坚持党建引领宣传，创建“锋雨同舟”统战宣传品牌，创新探索“1+2+N”宣传体系，打造统战宣传与主流媒体全方位、多层次、立体化的“数字融媒矩阵”，始终聚焦舆论引导，开展热点讨论、引导新阶层人士正确认识、看待社会热点。

通过发布主流新闻、微视频、H5等丰富多样融媒产品，实现了报纸、网站、客户端、微信微博等多形态、多视角、多层次传播，满足新的社会阶层人士多样化信息需求，在潜移默化中传递正能量、凝聚“新”力量。2020年4月，苏州市新的社会阶层人士联谊会拍摄了凝聚爱与希望的视频短片——《春暖花开，美好复苏》，祝福疫情之下复工复产的苏州。该短片登上“学习强国”及“苏州发布”，在新的社会阶层人士中引发热议，激发正能量。同时，充分挖掘姑苏网、最苏州、深度苏州等优质自媒体力量，打造新的社会阶层人士的“宣传之家”，引导他们在线上线下活动实施中，开展多种形式、多元视角和多渠道分发的宣传推广，赋予他们更多的归属感、认同感和荣誉感，变“叫我做”为“我来做”，通过以点带面的形式，激发广大新的社会阶层人士主动做“苏州好声音”的传播者。

（供稿：苏州市委统战部研究室）

深入推进平安建设法治实践
苏州市获评全国首批法治政府建设示范市

中共苏州市委政法委员会

2020年，苏州市持续推进平安苏州建设，建立健全立体化、智能化社会治安防控体系，扎实开展扫黑除恶专项斗争，因时因势制定“双六双十”策略，织密扎牢疫情防控的严密防线，全年全市群体性事件同比下降43.1%，信访事项处理群众满意率超过95%，社会治安环境持续向好，群众安全感显著提升；深入实施法治苏州实践，设立全国首家地方法院国际商事法庭，入选首批全国法治政府建设示范市，扎实开展“法治护航发展专项行动”，实现高频服务事项100%“不见面审批”，跟踪督办涉企执法免罚轻罚“两个清单”执行，形成免罚轻罚项目清单454项，办理涉企行政执法“免罚轻罚”案件约2.44万件，涉及金额近8.39亿元，奋力为“争当表率、争做示范、走在前列”全市工作大局保驾护航。

一、加强党的领导，夯实法治政府建设基础

1.强化统筹协调。始终将党的领导作为全面推进依法行政、加快建设法治政府最根本的保证，坚持依法治市、依法执政、依法行政共同推进，把党的领导贯彻到法治政府建设各方面。全面落实党政主要负责人推进法治建设第一责任人职责，组织召开法治政府建设工作会议、建设法治政府工作领导小组专题会议，加大对法治政府建设的组织部署。

2.规范权力运行。在全国率先探索决策目录化管理和网上运行，依托门

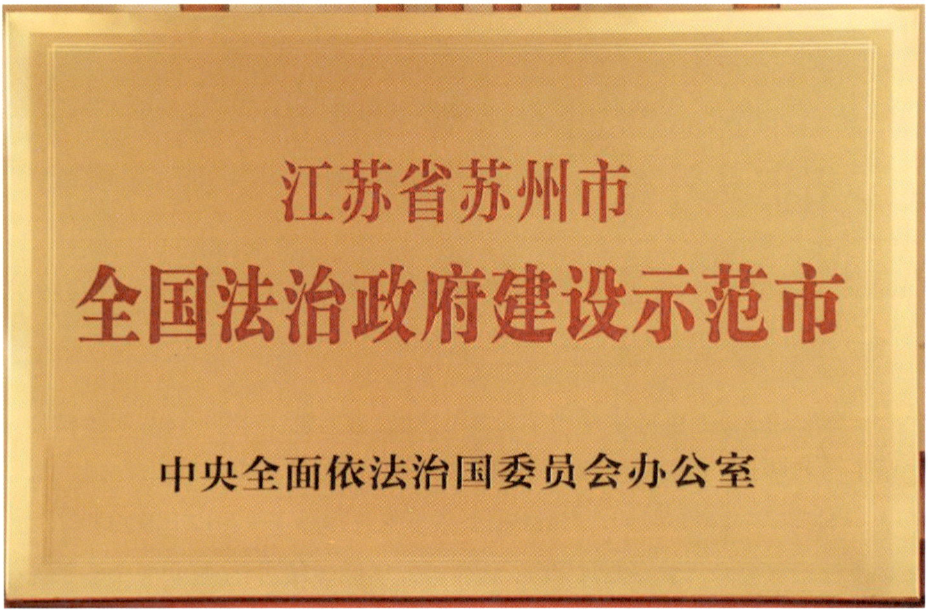

◆2020年7月，苏州市获评首批全国法治政府建设示范市(供稿：沙一)

户网站探索决策预公开和动态管理。持续开展决策标准化、体系化试点，苏州重大行政决策规范化管理工作获省政府推广，决策目录与网上运行工作获得“中国地方政府创新实践奖”“中国法治政府提名奖”。决策目录管理经验被国务院《重大行政决策程序暂行条例》立法所吸收。同时，政府法律顾问制度有效实施，市县政府法律顾问聘请率达100%。

3.抓住关键少数。完善政府常务会议学法制度，规定每年市政府常务会议安排学法不少于4次。同时，市建法办每年邀请国内外一流高校的著名学者和实务工作者对市政府部门主要领导和全市政府法制干部进行集中培训，全市累计组织拟任县处职领导干部任前法律法规知识考试51次，举办领导干部法治政府建设讲座300余场次，培训副科级以上干部15万余人次，通过“抓关键少数”，以考促学，不断增强领导干部法治意识，提高学法用法水平。

二、加强改革创新，推动政府依法履行职能

1.坚持科学立法。健全完善立法体制机制，全面加强党对行政立法审查工作的具体领导，建立行政立法审查委员会制度，出台《苏州市人民政府立法前评估办法》，实现立法过程评估工作的全覆盖。近三年，苏州共起草并提请市人大常委会审议《苏州国家历史文化名城保护条例》等14部地方性法规，制定《苏州市地下管线管理办法》等25件政府规章，出台《苏州市户口管理准入办法》等41件规范性文件。

2.深化制度改革。深化行政审批制度改革，大力削减审批事项，在省内率先出台“不见面审批”清单，探索综合审批改革，成立行政审批局，实行“一枚印章管审批”。深入推进“证照分离”试点，“放管服”改革取得突出成效，苏州被国务院列为“深化商事制度改革成效显著、落实事中事后监管等相关政策措施社会反映好”的地区之一。注重提升“互联网+政务服务”建设水平，加大“不见面审批（服务）”推进力度，配套开发“不见面”审批系统，全市梳理“不见面”业务10884项，占96%。

3.多元化解纠纷。强化行政纠纷化解与纠纷预防衔接，建立健全行政复议立案审查、情况通报和责任追究制度，完善告知告示程序，全面推行说理式复议文书，在全省率先推行复议决定书网上公开。开展复议诉讼案例评析研讨，优化行政调解与人民调解衔接，强化法治政府、法治社会建设机制衔接，在全国率先推进公共法律服务均等化建设，建成全国首个宪法宣传教育馆。在基层整合政府部门和社会组织力量全面推行法治网格化，政府法律顾问、村居法律顾问实现全面覆盖，积极推进法治乡村建设，引导各类社会主体办事依法、遇事找法、解决问题用法、化解矛盾靠法。

三、健全工作机制，巩固提升行政决策质量

1.健全责任体系。在全省率先出台《关于进一步加强乡镇政府、街道办事处依法行政工作的意见》《关于加强各级政府部门法制机构履职能力建

设的意见》《政府主要负责人履行推进法治政府建设第一责任人职责实施意见》《关于加强法治政府建设与责任落实督察工作的实施意见》等文件，明确不同层次、不同的主体法治政府的建设责任，加大督察考核和责任追究，形成一级抓一级、逐级抓落实的工作机制。

2.完善工作机制。深化行政执法体制改革，整合执法职能和资源，归并执法队伍，推动重心下移、资源下沉。修订《苏州市行政执法公示办法》《苏州市行政执法全过程记录办法》《苏州市重大行政执法决定法制审核办法》，细化行政执法“三项制度”内容。健全完善执法裁量基准，在全市推广行政指导和说理式执法，行政指导获“中国法治政府奖”。严格落实行政执法计划制度，强化重点领域执法监督活动，开展行政执法案卷评查。健全公众参与机制，率先开发“行政执法便民通”手机客户端，推进行政执法实现“指尖上的公正”。

3.强化考核评议。建立健全法治政府建设评议考核制度，与经济社会发展同谋划、同部署、同推进、同督促、同考核。每年由市人大、市政府、市政协领导带队，开展全市法治政府建设评议考核督察活动。在全省首创法治政府外部评议结构化测评模式，突出强化对服务窗口的办事体验和执法规范化的评查，把网络测评占比提高至50%。强化法治政府建设示范引领，在省内率先提出“示范单位要有示范项目”，相关经验在省内外示范推广。

（供稿：苏州市委政法委员会）

服务重大决策　建设智库平台

中共苏州市委研究室

2020年，苏州市委研究室（改革办、财经办）坚持以习近平新时代中国特色社会主义思想为指导，围绕中心、服务大局，牢牢把握研究室职能拓展的新机遇、新要求，开展了大量研究性、探索性、创新性工作，较好发挥了参谋助手作用。工作任务和领导批示均创新高，牵头或参与起草各类文稿160余篇，其中市委重要文稿75篇、调研报告67篇。市领导在市委研究室调研报告和内刊上批示60次，其中市委、市政府主要领导批示超过70%。

一、集智聚力，服务市委重点工作

充分发挥部门职能优势，全力以赴参与市委交付的各项重点工作，确保高质高效完成。

1.牵头起草“十四五”规划建议。在市委领导精心组织谋划下，先后赴相关县级市（区）开展专题调研，召开重点部门座谈会，赴深圳、广州等地学习考察，在广泛听取意见建议、汇集各方智慧力量的基础上制定完成《中共苏州市委关于制定苏州市国民经济和社会发展第十四个五年规划和二〇三五年远景目标的建议》及说明、“十四五”规划纲要基本思路。同步起草市委主要领导涉及“十四五”工作的各类会议讲话稿10余篇，以及接受省委调研组、《新华日报》、省广电总台、《现代快报》的采访稿，为市委研究新形势、分析新挑战、打造新优势，谋划推动“十四五”高质量发展重点举措提供思路和参考。

2.组织开展改革创新“特别奖”项目评选工作。贯彻落实全市作风建设大会精神，会同市考核办认真抓好改革创新“特别奖”项目评选组织实施工作，突出项目实际效果导向，从市级机关各单位申报的90个项目中，遴选出一批改革勇于探索、发展勇于担当、服务勇于创新的代表项目，激励市级机关单位大胆改革创新，多地前来学习借鉴做法。

3.起草市域统筹协调发展研究报告。按照市委要求，对市域统筹协调发展战略开展深入调研，形成十个方面的重点领域任务和五张工作清单，提出的数字政府建设一体化、医疗保险制度全市统筹、财政大事共力等工作建议转化为市委、市政府的决策部署。

4.积极服务疫情防控和复工复产。深入总结苏州奋力夺取“双胜利”的做法和成效，在省委《唯实》杂志刊发。聚焦苏州复工复产提炼总结创新服务“八法”，在《江苏通讯》《江苏改革简报》和蓝迪智库上刊发。围绕提升城市疫情防控能力深入开展研究，相关对策建议被纳入市公共卫生应急管理体系建设指导意见。承担市疫情防控指挥部秘书组工作，参与全市疫情防控重要文稿写作。

二、求真务实，提升文稿服务质效

坚持把综合文稿作为研究室服务市委中心工作的主业，精心钻研、创新思路，改进文风、务求实效。

1.服务市委重要活动文稿。主要有市委主要领导在市委学习讨论会暨专题研讨班、“500强”民营经济家座谈会、独角兽企业发展大会、姑苏实验室成立大会、誓师动员大会、重大项目推进会、长江经济带领导小组会议、全市外贸企业座谈会、南大苏州校区领导小组会议等重要会议讲话稿和在部分调研活动上的参考素材30多篇，以及市委述职报告、致信国际友好城市等材料10多篇，努力把参谋智慧转化为推动中心工作的具体思路、务实要求。

2.服务市委重要文件制定。主要有市委常委会工作要点、美丽苏州建设实施意见等文件材料8份，努力凸显市委政治站位和苏州特色做法。

三、紧扣中心，精准开展调查研究

紧紧围绕市委重大决策部署开展调查研究，一批成果为市委、市政府决策提供了有益参考，多篇调研报告获评省优秀调研报告和市哲学社会科学优秀成果奖。

1.紧跟市委战略方向开展重点调研。完成市委交办的打造生物医药产业地标、提升苏州文化能级、提高“苏货苏运”比例、提升独角兽企业培育能力等10多个课题，认真回应好市委关注的问题。围绕市委重要决策部署组织开展了加快推动制造业服务化、苏州自贸片区加速起势、发展工业数字经济、发力新基建、优化营商环境、文化产业倍增计划等40多个课题研究，5篇报告入选省委研究室的《调查与研究》。总结太仓高新区高质量发展、工业园区唯亭街道“一革新、四集成”改革、姑苏区“共享物业”改革、相城区金融产业发展等基层经验的文章有10多篇，部分报告被市领导批示后在市级媒体宣传报道，有力推动了相关经验的复制推广。围绕发展生产性服务业深入基层、企业开展走访调研，为市委汇集各方面意见建议。

2.精准开展重点城市对标研究。密切关注全国其他19个大中城市的政策动向、创新动态、改革动作，开展了“东莞现象”、浙江自贸区改革创新、合肥科技创新、青岛改革创新等14个课题的比较研究，获市委领导批示16次。其中对标上海的夜经济调研报告获得市委书记许昆林批示，国内外“创新飞地”研究报告推动了市政府关于海外离岸创新中心建设意见的出台步伐，新型都市工业和打造“新硅巷”两篇报告提出的建议被姑苏区专题会议研究。借鉴浙江自贸区改革创新报告有力推动了园区生物医药全产业链开放创新系列举措的出台。

3.不断优化建言献策渠道方式。举办“金融服务长三角一体化发展”专家座谈会，邀请多位知名专家围绕长三角一体化发展背景下的金融创新、金融支持传统制造业智能化转型等问题展开深入交流研讨，发言内容在《苏州日报》专版刊出。

四、着眼大局，创新做好改革办工作

充分发挥市委改革办职能作用，统筹推进改革协调、督察督办、政策解读等各项工作。

1.不断健全改革统筹落实机制。组织召开市委深改委会议4次，认真抓好中央、省深改委会议精神的学习、贯彻、落实，审议17项改革方案，听取3次改革任务落实情况汇报，跟踪调研会议精神的贯彻落实情况。以“年度工作要点+半年推进通报”的清单式管理，统筹推进全市178项具体改革任务。高质量推进市领导联系重点改革任务通报制，扎实组织推进省考苏州个性指标中20项重要改革任务，科学开展改革绩效考核评价。

2.切实增强改革督察实效。把改革专项督察作为改革抓落实的关键手段，围绕高新技术企业培育机制、打造生物医药产业地标、“开放创新合作热力图”、生态涵养发展实验区发展机制等重点改革任务开展督察调研，紧盯堵点、难点、痛点提建议，充分发挥参助决策作用。市委主要领导对督察报告高度重视，均给予肯定评价。其中生物医药督察调研报告得到市委书记许昆林批示，推动市有关部门迅速深化完善政策意见；工程建设项目审批制度改革督察推动苏州总体评价进位全省第一方阵，多项数据位列全省前三。精心组织中办督查室、中央改革办督察局、省委改革办来苏督察，5次迎检工作均得到督察组肯定。

3.大力营造改革浓厚氛围。为激励干部担当作为，营造浓厚改革氛围，与市广电总台联合推出鼓励改革创新大型融媒体访谈节目，紧紧围绕市委、市政府中心工作，聚焦各地各部门改革创新中涌现出的动人改革故事，加强宣传、扩大影响、凝聚共识，已播出《服务企业“三项制度”背后的改革故事》《“对标找差、再攀新高”常态化机制》《以改革促科技创新》等5期，收视率稳居当日专题类收视榜单第一。

4.积极上报推广苏州改革经验。选送的吴江区跨界联合河长制推进生态治理区域一体化改革做法入选“中国改革2020年度50典型案例”，《苏州工业园区深入推进开放创新综合试验》《苏州创新推出惠企“政策计算器”》被推荐上报中央改革办，金融支持深化两岸产业合作改革、长期护理保险制度改革等6个改革案例入选省委改革办典型案例，民营企业“三项制度”等4项改革经验做法发表在《江苏改革简报》。

五、突出深度，协调做实财经办工作

进一步完善财经办工作体制，主动与研究室经济分析职能相结合，更多站在全局角度、决策视角关注重大经济问题，全力做好服务市委财经委的各项工作。

1.筹备开好财经委会议。召开2次市委财经委会议，出台市委财经委2020年工作重点，专题分析新冠肺炎疫情对苏州经济发展的影响和全市经济运行情况，为做好全市经济工作把脉定向、谋划实招，会议成果纳入市委全会报告。组织全市改革财经工作县处级领导干部培训班，研讨市委财经委决策部署落实和财经热点问题。

2.加强重大财经问题研究。按照市委主要领导要求，深入研究分析GaWC（全球化与世界城市研究网络）榜单苏州排名情况、产业竞争力排名情况、“昆盟通”货物贸易平台建设等前瞻性经济课题。

（供稿：苏州市委研究室）

当好"网安先锋"
为高质量发展提供可靠网络安全保障

中共苏州市委网络安全和信息化委员会办公室

2020年，苏州市委网信办坚持以习近平新时代中国特色社会主义思想为指导，坚定不移用习近平总书记关于网络强国的重要思想统揽苏州网信事业发展，牢牢把握新时代网信工作政治方向，按照中央、省委和市委的统一部署，在市委网信委的坚强领导下，持续优化完善网信工作体制机制，不断提高管网用网能力水平，推动网络空间治理有力有序，网络安全保障"高位在线"，为苏州建设数字经济全面发展的网络强市注入了高质量发展动力。

一、新形势、新挑战加剧，考验苏州这个"网络大市"

信息技术的广泛应用和互联网的蓬勃发展，极大促进了经济社会的繁荣进步，但同时也带来了新的安全风险和挑战。当前现实和数字世界边界逐渐模糊，网络攻击、勒索病毒、安全漏洞等网络安全风险进一步向现实世界渗透，个人信息保护、数据安全等网络安全热点问题引发广泛关注。网络安全已成为事关经济社会稳定发展、生产生活有序运转、人民群众生命财产安全的重要非传统安全领域之一，网络空间博弈加剧，牵一发而动全身的影响日益显现。

苏州作为网络大市，网民数量和规模、网络基础设施普及率都要高于全国、全省平均水平，截至2020年底，全市备案网站数达10.5万余个，数量是全省最多的，管理基数和难度日益加大。在复杂严峻的网络安全形势面前，全市网络安全保障体系和能力建设仍然面临较多挑战：一是网络安全整体意识水平有待提升，各地各单位对网络安全工作的重视程度、推动力度参差不一，信息化建设与网络安全“三同步”保障尚未全面匹配；二是网络安全工作基础力量亟须加强，新形势、新任务下，网安干部专业化能力与现实管理需求仍有一定差距，基础保障不对等现象较为突出；三是网络安全技术支撑尚未全面健全，随着新基建、数字经济等的发展，网络安全面临技术迭代变革等新挑战，现有防控风险手段较为单一，全面精准感知网络安全态势的能力尚需加强。

二、当好“网安先锋”，扛起网信人的初心使命

2020年，全市网络安全工作坚持党管互联网原则，统筹协调、系统推进、落实求效，不断夯实网络安全防护屏障，全力打好疫情防控网络阻击战，为全市经济社会稳定运行提供了强有力的支撑保障。

1.推进制度落实，加快全市网络安全体系建设。一是谋划出台网络强市发展战略。3月27日，市委网络安全和信息化委员会召开第二次会议，审议通过《苏州市网络强市战略实施纲要（2020—2025年）》，为高水平推进网络强市建设、创新支撑苏州高质量发展提出明确目标要求。市委网信办牵头有关市级职能部门，梳理汇总网络强市建设年度重点项目，统筹推进网络信息安全与经济社会保障。二是健全完善网络安全统筹协调机制。积极推动网络安全工作责任制“三个纳入”，全省首创将网络安全工作责任制关键指标纳入党政领导干部经济责任审计。定期召开网络安全联席会议联络员会议，每季度向市委网信委主要领导汇报网络安全工作，多次获得主要领导批示肯定。创新建立覆盖市级重点部门领域的网络安全官制度，网络安全工作力量进一步得到夯实。

2.编密立体防线，巩固全市网络安全支撑保障。一是持续加强网络安全态势感知和威胁处置。市委网信办依托国家计算机网络应急技术处理协调中心江苏分中心（JSCERT）技术优势，推动完善全市网络安全威胁感知

监测体系，向各地各部门通报网络安全问题、监测线索、预警提示等，指导妥善处置各类网络安全风险隐患。联合部门板块分领域开展专项网络安全演练，检验关键信息基础设施网络安全防护水平。二是统筹推进重点领域网络安全保障行动。承办省“网安2020”网络安全保障系列行动启动仪式，拉开全省网络安全专项行动序幕。组织实施“网安2020”苏州行动，获评省年度网络安全优秀案例。统筹打造责任制落实攻防演练、市级重点行业领域专项检查和县市区板块专项行动“1+7+10”的三大行动体系，构建多维、立体、交叉的网络安全“综合体检”新模式。

3.创新宣教方式，营造网络安全大宣传格局。一是统筹打造网络安全综合宣教模式。打造“一网吴前·网安先锋”系列品牌，原创设计“网络安全大课堂”系列漫画，推出“吴向前”“苏小安”等动漫IP，点线面结合织密网络安全社会防护“经纬线”。围绕新基建、等级保护2.0、大数据、物联网、密码应用、金融安全等主题，统筹举办“网安先锋·姑苏iTalk”网络安全官线下赋能行动，结合网络安全官“云赋能”活动，线上线下政产学多轮驱动，助力网络安全官队伍专业化建设。二是多维展现网络安全宣传周效果。联合打造“1个启动仪式+6大主题日+59项集中展示活动”的苏州市网络安全宣传周联动宣传格局，成功举办2020苏州网络安全宣传周启动仪式。深化长三角省际毗邻区域网络安全宣传合作新机制，太仓、昆山联动上海嘉定联合签订《嘉昆太网络安全战略合作协议》，吴江联合上海青浦、浙江嘉善举办“长三角生态绿色一体化发展示范区国家网络安全宣传周”系列活动。创新网络安全与文艺跨界融合，原创制作网络安全舞台剧《玩偶日志》，全网首发网络安全微电影《守护者》，获得社会良好反响。

4.抢抓发展机遇，培育共建全市网络安全生态。一是以合作共建赋能生态培育。聚焦新基建、数字经济发展“制高点”，助力“中国电子·苏州网安创新基地”建设，共同打造苏州信创产业学院等项目品牌。落实市政府与三六零安全科技股份有限公司战略合作要求，联合有关部门统筹推动城市网络安全基础设施布局。与国家信息技术安全研究中心、国家计算机网络应急技术处理协调中心江苏分中心等签约共建，在网络安全与信息技

◆2020年5月20日，苏州市网络安全官首期赋能行动举行，全市网络安全官集体充电（供稿：苏州市委网信办）

术应用、网络安全综合管理平台等领域深度合作。依托专业智库联合开展网络安全调研，摸底全市网络安全产业发展现状。二是以人才技术支撑夯实基础保障。举办“网安先锋·信创iJob”公益云招聘、“一网吴前·薪系苏州”2020苏州市网信专场校企人才双选会，邀请近百家国内互联网企业为高校毕业生提供线上线下岗位对接指导，助力全市网信产业人才梯队建设。积极组织优秀网安人才参加国家、省级网络安全技能竞赛，常熟理工学院团队荣获全国大学生信息安全竞赛（作品赛）一等奖，苏州代表队荣获省党政机关网络安全竞赛二等奖和优秀组织奖。组织开展苏州市网络安全技术支撑单位增选工作，扩容形成总计28家网络安全技术支撑单位，指导张家港、常熟、太仓、昆山等地遴选本地区网络安全技术支撑队伍，推动“嘉昆太”成立网络安全技术支持队伍联盟，形成市县两级网络安全支撑联动工作局面。

三、坚守职责担当，推动网安工作实现新跨越

网络安全关乎国家安全，关系国计民生。面对严峻复杂的形势任务，市委网信办进一步提高政治站位、强化政治担当，全面加强党对网信工作的领导，以强烈的历史责任感和时代使命感，持续深化统筹协调、牵头抓总作用，着力推进市域网络安全保障体系和能力建设，为苏州在改革创新、推动高质量发展上争当表率，在服务全国构建新发展格局上争做示范，为在率先实现社会主义现代化上走在前列提供坚强的网络安全保障。

1.扎实推进数字安全助力数字化发展“新蓝图”。围绕苏州数字经济和数字化发展顶层设计要求，统筹各方力量，有序推进数字安全建设三年行动计划，以安全保发展、以发展促安全，为数字经济和数字化发展添砖加瓦。

2.持续夯实各地各单位网络安全工作“责任链”。深化网络安全官等“中间桥梁”作用，抓关键节点、骨干力量，合力打造担当有为的网络安全工作队伍，推动网络安全工作责任制落细落实。

3.织密筑牢全市网络安全工作“保障网”。践行“以技术促管理、以管理强保障”理念，多措并举健全完善网络安全监测预警、联席会商、检查检测、应急响应等机制手段，逐步提升各地各单位技管并防的综合保障能力。

4.培育壮大网络安全良性发展“生态圈”。聚焦网络安全政产学研用培育，强化供应链生命周期管理，积极推动全市网络安全产业链创新链融合发展，充分调动发挥网安企业、专业人才、社会组织等要素资源优势，共同助力全市网络安全亮点品牌打造，持续彰显苏州网络安全工作生命力。

（供稿：苏州市委网信办）

推进基层整合审批服务执法力量改革

中共苏州市委编制委员会办公室

2020年，苏州市委编制委员会办公室认真落实党中央、国务院、省委、省政府关于推进基层整合审批服务执法力量的改革要求，以构建简约高效的基层管理体制，推进基层治理体系和治理能力现代化为目标，构建“加强党的全面领导、审批服务一窗口、综合执法一队伍、基层治理一网格、指挥调度一中心”的“1+4”治理模式，推动形成“集中高效审批、强化监管服务、综合行政执法”的基层治理结构。

一、主要举措

1.建立领导机制。2020年3月16日，成立苏州市推进基层整合审批服务执法力量工作办公室（简称市“三整合”工作办公室），在市机构改革领导小组领导下开展工作。5月14日，成立苏州市一体化指挥平台建设领导小组，高位推进镇（街道）一体化指挥平台建设。

2.制定改革方案。3月30日，市委办、市政府办印发《关于推进基层整合审批服务执法力量的工作方案》，细化分解改革任务，确保事有专管之人、人有明确之责、责有限定之期。4月至6月，市机构改革领导小组先后印发各县级市（区）的改革方案。

3.推动试点先行。选取相城区作为省级试点，吴江区七都镇和工业园区唯亭街道作为市级试点先行先试，为在全市推开提供经验。5月27日，召开全市推进基层整合审批服务执法力量暨一体化平台建设工作现场会，总结推广试点地区经验做法，部署动员全市基层改革。

4.加强督促指导。7月21日，市“三整合”工作办公室组织涉改镇街召开督促推进会，要求各地对标对表、倒排工期，按时保质完成改革。定期编发《推进基层整合审批服务执法力量工作简报》，注重亮点打造和经验提炼。建立“进度月报”制度，将改革推进情况每月通报给县区党委、政府，形成比学赶超良好氛围，全力抓好各项改革任务。

5.开展评估验收。4月2日，市“三整合”工作办公室印发《关于推进基层整合审批服务执法力量工作的评估办法》，涵盖加强党的全面领导、审批服务、服务延伸、行政执法、网格建设、配套措施、一体化平台等7个部分共122项指标。8月至10月，由第三方机构对全市63个涉改镇街开展评估，对存在问题提出整改意见。11月，省委编办对部分镇（街道）进行了抽查，对苏州基层改革给予充分肯定。

二、改革成效

1.党的领导更加坚强有力。苏州始终坚持把加强党的全面领导作为改革的首要任务紧抓不放，涉改镇街全部挂牌设立党建工作办公室，配备组织员，选配工作能力强、群众认可度高、业务素质硬的干部担任支部书记或党小组组长。依托“海棠花红”党群服务体系，积极推动基层党建与基层治理深度融合，推动基层党委、支部、党员和群众各主体联动共进，将党的领导贯穿基层治理的全过程。

2.基层管理体制更加简约高效。苏州严格按照改革要求，坚持优化协同高效、“瘦身”与“健身”相结合的原则，在镇街综合设置6~9个职能机构，所属事业单位不实际运转。全市63个涉改镇街中，组建7个及以下、8个、9个职能机构的占比分别为17.5%、47.6%、34.9%；事业单位精简率为31.8%。职能机构内部不再细分科室，推行岗位管理，提升了机构编制资源的使用效能，形成基层管理的强大合力。

◆相城区元和街道行政审批局窗口工作人员在为群众讲解企业开办业务(供稿:相城区元和街道)

3.审批服务更加舒心便捷。各地充分整合基层行政审批和公共服务职责,加快镇街为民服务机构建设,建立健全镇街、村社两级联动的便民服务网络。全市所有镇街设立为民服务中心,其中53%的镇街设立了行政审批局,平均承接下放的行政许可及公共服务类事项31项。大力推进审批服务标准化建设,优化流程再造,最大限度减环节、减时限、减材料,实现"让数据多跑路,让群众少跑腿"。

4.综合执法更加规范透明。通过将直接面向基层、量大面广、由基层实施更为顺畅高效的行政处罚类事项以及相应的资源、服务和管理下放到基层,既满足了基层发展的迫切需要,也有效破解了"车大马小""看得见管不着"等长期困扰基层治理的难题。各镇街均设立综合行政执法局,实现"一支队伍管执法"。据统计,已实行综合行政执法的镇街平均行使近450项行政处罚。

5.网格治理更加精准精细。网格治理作为近年来苏州基层实践的重大突破，有效衔接了监管与执法，补足了监管的短板。各地将条线部门设在基层的管理网格整合为1个综合网格，统筹辖区内党的建设、审批服务、综合执法、网格治理，并逐步拓展延伸至生态环境、经济运行、安全生产等领域，通过日常监管巡查，镇街党委、政府可以第一时间发现、处置和解决问题，实现“基层治理一张网”。

6.指挥调度更加智慧集约。建设审批服务综合执法一体化平台是落实基层“三整合”改革的重要任务之一。各镇街均设立了集成指挥中心，建成一体化指挥平台。充分运用“互联网+”信息化技术，通过整合现有设在镇街的多个信息系统打造指挥平台，采取优化流程、集中审批、集中服务、数据共享等办法，初步实现端口互通、业务协同，做到实战中管用、基层干部爱用、群众感到受用。

三、亮点做法

1.建立起严进宽出的职责准入机制。2020年9月，市委编办、市司法局、市行政审批局联合印发《苏州市镇（街道）权力和责任“三张清单”动态管理办法》，从制度设计层面明确县级市（区）部门与镇（街道）的职责分工，规定清单外确需交办或委托基层行使事项的调整程序，遏制条线部门随意加压的任性，确保基层规范承接、高效运转，切实为基层“松绑减负”。

2.建立起务实有效的资源下沉机制。2020年9月，市委组织部、市委编办、市财政局、市人社局联合印发《关于进一步增强基层工作力量激发基层干事创业热情的指导意见》，从统筹编制资源、加强选拔任（录）用、注重正向激励、突出人文关怀等四个方面入手，推出十六条具体举措，推动人、财、物等资源要素下沉，激发基层一线人员干事创业的积极性和主动性。10月，在全省率先印发《关于进一步推进市（区）部门派驻机构属地管理的实施意见》，按照“能放则放、应转尽转”的原则，稳妥有序地推动县级部门设在镇街的基层站所实行属地管理，有关经验做法被省委编办转发给各设区市。

3.建立起权责分明的权力调整机制。推动向基层放权赋能，是贯彻落实基层“三整合”改革的主要任务和重要内容。2020年4月，市“三整合”工作办公室印发《关于做好推进基层整合审批服务执法力量有关赋权工作的通知》，指导各县级市（区）做好赋权工作。为确保权力事项“放得下、接得好”，《苏州市镇（街道）权力和责任“三张清单”动态管理办法》明确各县级市（区）可以对已赋予镇街的行政许可及公共服务类事项、行政处罚类事项清单进行适时调整，并对权力动态调整的适用条件、调整程序等作了具体规定，建立起清单动态调整机制。

4.建立起上下结合的全员培训机制。为确保基层在新的体制机制下，承接并运行好上级下放的权力事项，全面提升基层治理效能和服务水平，各地通过采取“市区统一办、部门专题办、镇街自主办”等多种形式，重点突出安全生产、生态环境等领域执法业务培训，全年市级层面组织培训2期、260人次，县级层面组织培训220期、15000多人次，镇街层面组织培训累计651期、20000多人次。

5.建立起严格公正的考核评估机制。《关于进一步增强基层工作力量激发基层干事创业热情的指导意见》明确，要加强对驻镇街机构的综合考核，建立完善以块为主、条块结合的综合考核评价机制，镇街参与派驻机构考核的权重不低于50%。各地从正向激励的角度出发，健全完善对镇街职能机构的内部考核机制，充分激发基层一线人员干事创业热情，为基层经济社会发展提供源源不断的内生动力。

6.建立起开放安全的信息共享机制。2020年6月，市一体化指挥平台建设领导小组印发了《苏州市镇（街道）审批服务综合执法一体化平台建设技术导则》，指导各地充分运用互联网、大数据等技术手段，大力整合各类信息系统，打破数据孤岛和信息梗阻，平台基本实现实时监控、信息归集、流转交办、研判预警、协调联动、督查考核等功能和作用，切实提高了基层政府的数字治理能力。

（供稿：苏州市委编办）

克难奋进　开拓创新
不断推动苏台两地融合发展

中共苏州市委台湾工作办公室

2020年，苏州对台工作以习近平总书记对台工作重要论述和在纪念《告台湾同胞书》发表40周年纪念会上的重要讲话精神为指引，坚决贯彻落实中央对台大政方针和市委、市政府的决策部署，开拓创新、积极进取，苏台融合发展取得了新的成绩。特别是面对两岸前所未有的复杂严峻形势，中美经贸摩擦和新冠肺炎疫情的巨大冲击，全市对台工作战线克难奋进、努力拼搏，苏州与台湾两地融合发展持续深化。

一、稳中求进，持续深化对台经贸合作

2020年，苏州市新设立台资企业421家，合同台资27.61亿美元，同比增长53.4%；苏州对台进出口365.76万美元，占全市进出口总额的11%，占江苏省对台进出口的69%，占大陆对台进出口的15%。全市累计批准台资企业12269家，广义合同利用台资837.55亿美元，到账台资335.33亿美元。全市有14家台资企业在内地和香港上市。

1.协力台企复工复产。贯彻落实习近平总书记关于疫情防控的重要指示批示精神，按照市委、市政府及上级台办工作要求，市委台办积极参与市疫情防控指挥部工作，提出“班子成员分片包干、规上企业重点指导、台商返苏便利服务”工作要求，协助台企台胞防疫。及时发布复工复产政策。通过“苏台一家亲”微信公众号及时转发市防疫指挥部相关公

告，特别是复工复产的相关要求，确保实现上级政策在台企台胞中的应知尽知。规范复工复产流程。支持、引导、帮助台企做好疫情防控和复工复产，协助台企做好复工人员集中隔离工作。积极落实扶持政策。梳理出台《“策”“码”加鞭，助企复工达产——惠企政策汇总》，配合各市、区和工信、商务等部门，及时回应台企台胞的咨询求助，帮助企业协调解决物资、用工、运输、资金等方面的困难和问题，帮助企业有序复工、平稳复产。

2.落实各级各类惠台措施。全市各地各部门以帮助台商台企同等享受中央和地方出台的各种纾困惠企政策为抓手，积极拓宽工作思路，创新方式方法，降低制度性交易成本，加大服务保障，努力实现相关政策措施应享尽享。已落地的条款，对照苏州市“55条措施”完成度达100%，对照江苏省“76条意见”完成度达97%。

3.创新举办电博会。2020年12月10日至12日，第十九届中国（苏州）电子信息博览会在苏州国际博览中心成功举办。本届以“5G赋能，智创未来”为主题，设电子智能制造、工业自动化及机器人、新一代信息技术、物联网及光电半导体、基础电子创新等5大展区，民营企业、台资企业总参展面积分别占59%、38%。同期举办了6场论坛，围绕新一代信息技术、智能制造等主题展开，取得了丰硕成果。论坛共计邀请专家及学者50余人，吸引专业参会人数超2万。

二、靠前服务，持续做好台商服务工作

1.适时召开台商座谈。结合春节、中秋等传统节日和重要时节，市委、市政府组织相关部门分别召开了2次台商座谈会。10月29日，省委常委、市委书记许昆林主持召开苏州台商座谈会，倾听企业心声，鼓励台商台企抓住长三角一体化发展的机遇，进一步融入苏州，共赢发展。

2.积极支持台资企业提质增效。2020年，市委台办在抓好台资企业疫情防控的同时，加大帮扶和协调服务台企力度，强化产业链供需对接，

引导鼓励台资企业从单纯加工制造向研发、销售环节延伸，融入国内大循环、国内国际双循环。组织“民企台企相携手、融合发展再出发”等两岸企业交流活动，分享企业发展经验，探讨民企台企合作交流、融合发展新路径。

3.聚力助推台资企业转型升级。鼓励和支持台企参与实施智能制造“十百千万”工程，引导台资企业建设和申报智能工厂和智能车间、江苏省工业互联网标杆工厂、省级小巨人企业（制造类）认定和省级专精特新产品认定等。2020年9月，市政府对2019年度对全市经济发展作出显著性、标志性、引领性贡献的外商投资企业予以通报表扬，23家台资企业分别获特别贡献奖、外资稳增长突出贡献奖、外贸稳增长突出贡献奖、产出效益突出贡献奖、研发创新突出贡献奖和专利创新突出贡献奖。

4.紧盯需求精心筹划专业讲座。2020年共举办10场台企辅导讲座，内容包括企业安全生产工作、职业技能提升政策、医疗保险政策、员工犯罪防范与应对、股权投资法律讲座、环境水管理政策讲座、创造价值的谈判技巧、大陆主要经贸法规动态与台商因应、大陆地区台商经营管理实务等。

三、开拓创新，持续深化对台交流交往

1.紧扣抗击疫情工作。围绕抗击疫情、复工复产任务，组织苏州—高雄疫后经济复苏视频交流活动，实现了疫情发生以来与台湾之间的首次城市交流。组织开展“两岸同心·一心移疫”苏台携手抗疫公益作品征集云展活动，150余件公益作品为抗疫发声，知名人士洪秀柱录制视频，并书写“同舟共济、同心抗疫”向苏州抗疫致敬。

2.突出传统文化传承。举办“运河千年，书院传习”中华文脉营，两岸教育界、学术界近60人以课程传习方式探寻两岸文脉。中秋节期间，联合市行政学院、诚品书店组织阅读分享会，30多名两岸青年在诗词赏析中体

验人生悲欢离合，期盼两岸早日团圆。举办2020海峡两岸（昆山）中秋灯会，两岸民众在流光溢彩中祈愿月圆人圆。举办首场非遗文化进台生学校活动，组织昆曲、苏绣等7个非遗项目走进华东康桥国际学校课堂，300多名台湾学生边听边学，零距离感受中华传统文化魅力。举办“匠心演绎·创意东方”第四届黄公望两岸文创设计大赛，两岸近百所高校选手参赛，设计现代生活家居、办公用品、旅游文创纪念品、饰品摆件等衍生品，并通过“苏作云”平台推动文创作品的开发，既传承了东方美学，又推动了两岸文创合作。

3.聚焦两岸青年交流。举办台生实习特训营、传媒研习营、台企储备干部培训营和昆山台青就业创业研习营等，让广大台湾青年感受大陆经济建设发展成就和苏州良好的就业环境。组织苏州大学的台湾学生参加长三角世界高校人才洽谈会，并通过视频连线与台湾会场进行沟通交流，帮助台湾大学生了解长三角一体化发展机遇。昆山出台《关于推动台湾青年企业家融合发展的实施意见》，为台青创业注入新动能、增添新活力。依托台青创业园举办台青就业创业研修班和职业技能大赛，为台青就业创业提供专业服务。举办第三届海峡两岸就业创业嘉年华，帮助在苏台青了解政策、开拓视野、分享经验、增进感情。

4.发挥交流基地作用。利用海峡两岸交流基地——昆山慧聚寺，定期组织两岸青年民俗、文化、体育活动，接续举办“昆山妈祖杯”海峡两岸青年花灯设计比赛、慢速垒球邀请赛、昆山马拉松赛等，促进两岸同胞感情交流、友谊升华。以省交流基地吴江老太庙为依托，举办“环太湖”经贸文化季系列活动——“爱我中华、共建家园”太湖欢乐跑、两岸青年篮球友谊赛，组织参赛台胞参观江南农村缩影——七都江村，感受祖国乡村振兴的成就。

5.发挥涉台社团作用。2020年6月，“我们的故事”江苏海峡两岸婚姻家庭交流活动在苏州成功举办，通过“视频播放+现场分享”的形式，一起分享交流彼此跨越海峡的爱情故事，获得了各方的广泛好评。此外，还组织举办了大鲁阁嘉年华保龄球友谊赛，两岸婚姻家庭中秋、冬至亲子联谊活动等各类交流活动。组织苏州两岸婚姻家庭代表赴宁波、台州等地参加海峡两岸婚姻家庭论坛、两岸家风家训家教主题论坛等大型活动，并作为演讲嘉宾进行现场分享，充分展示风采，树立良好形象。8月，市台属联谊会第七届代表大会成功举行，会议产生了新一届理监事会成员。

（供稿：苏州市委台工办）

树立模范机关创建“风向标”

中共苏州市委市级机关工作委员会

2019年7月9日，习近平总书记出席中央和国家机关党的建设工作会议并发表重要讲话，指出“全面提高中央和国家机关党的建设质量，在深入学习贯彻新时代中国特色社会主义思想上作表率，在始终同党中央保持高度一致上作表率，在坚决贯彻落实党中央各项决策部署上作表率，建设让党中央放心、让人民群众满意的模范机关”。2020年4月10日，苏州市委常委会专题研究制定下发《关于进一步加强和改进全市机关党的建设推进创建模范机关的实施意见》，明确建设政治鲜明、思想过硬、组织坚强、担当作为、风清气正的模范机关。市级机关各级党组织深入贯彻落实习近平新时代中国特色社会主义思想，自觉对表对标，统筹推进“八大行动”，全面创建“三个表率”模范机关。

一、首位推进政治建设，始终保持创建模范机关的正确方向

以政治建设为统领，坚持以上率下、以机关带系统，一级抓一级，一级带一级，逐级创建，全员覆盖，切实将创建工作作为一项长期的政治任务，强化责任担当、靶向发力、久久为功。

1.以“政治引领行动”把向领航。坚持把党的政治建设摆在首位，把“两个维护”作为最根本的政治纪律和政治规矩，引导党员干部不断提高政治判断力、政治领悟力、政治执行力。严格执行《关于新形势下党内政治

生活的若干准则》，认真落实“三会一课”、组织生活会、民主评议党员等制度，广泛开展主题党日，完善重温入党誓词、入党志愿书以及党员过“政治生日”等政治仪式，提高组织生活质量。落实意识形态工作责任制，强化舆论引导，筑牢思想防线。加强和改进思想政治工作，落实谈心谈话制度，推行“十个必谈”“十个清楚”。市委办公室将“四个牢牢把握”体现在“三服务”各项工作中，建设市委的坚强前哨和巩固后院；市纪委监委深入开展“政治铸魂”主题活动，打造推动全面从严治党的主力军；市委组织部突出政治建部、从严治部，把带头做到“两个维护”体现到组织工作各方面，把落实讲政治要求作为述职评议考核的重要内容。

2.以“理论武装行动”铸魂育人。始终把深入学习贯彻新思想作为重要政治任务，制定年度政治理论学习意见，每月下发理论学习材料，建立以理论学习中心组为龙头，以支部为主体，以党小组和青年理论小组为基础的多层次学习机制。综合开展以集中学习、专题研讨、辅导讲座、知识竞赛、实践转化为主要内容的“五个一”的学习活动，评选命名30个学习型党组织建设示范点，推动理论学习常态化、制度化。开展“学用新思想”主题系列活动，组织“党员有话说”“百名局长百场宣讲”“学用新思想”知识竞赛。精心打造机关“干部大讲堂”“法治开讲”品牌，邀请县级市（区）主要领导讲述各地推动经济社会发展的举措成就，激励广大机关党员投身苏州高质量发展的火热实践。推行“五型党课”，丰富党课教育的形式，提升基层党员教育质量。发挥工委党校主阵地作用，用好红色教育资源，实现党支部书记、党员、积极分子等分类分层次培训全覆盖。

3.以“先锋模范行动”锤炼党性。面对新冠肺炎疫情，市级机关各级党组织坚决贯彻市委决策部署，先后组织14400余名党员赴13个街道94个社区参与疫情防控；组织10个机关党组织参与防控督导和涉外防控昆山专班，开展“千名机关干部服务万家企业”复工达产行动，始终让党旗飘在一线、让堡垒筑在一线、让党员冲在一线。市卫生健康委在抗疫一线成立“医路先锋”行动支部，以坚定的政治站位、义无反顾的使命担当，坚决保障人民群众生命安全和身体健康。市工信局创新出台苏州“惠企十条”，

◆2020年2月10日，市级机关党员深入社区开展疫情防控宣传工作（供稿：苏州市委市级机关工委）

◆2020年7月25日，市级机关工委在苏州中心举办在职党员统一服务日（供稿：苏州市委市级机关工委）

得到国务院相关部门高度肯定。市涉外疫情防控专班、市交通运输局朱斌分别荣获全国抗击新冠肺炎疫情先进集体和先进个人。持续开展“在职党员统一服务日”活动，有效调动各种资源和力量，常态推进15支“党员在行动”专业志愿者分队分领域开展服务活动。

二、着力打造硬核堡垒，切实筑牢创建模范机关的组织基础

坚持聚焦党支部建设，树立大抓基层的鲜明导向，不断增强基层党组织的政治功能和组织力，为创建模范机关提供可靠组织保障。

1.以“达标创优行动”夯实基础。实施党支部标准化、规范化建设三年行动计划，制定党支部工作导则、党支部标准化、规范化建设实施方案及建设清单，推动752个在职党支部建设达标，占比达到94.12%。举办“四强”党支部建设论坛，全面推广“行动支部”工作法。建立分片联系制度，市委常委、部门党组（党委）班子成员均明确挂钩联系党支部，进行跟踪指导。坚持抓两头、带中间，形成“后进赶先进、中间争先进、先进更前进”的浓厚氛围。

2.以“头雁培育行动”建强队伍。落实《关于进一步加强苏州市市级机关党务干部队伍建设的意见》《关于进一步加强市级机关党的纪律检查委员会建设的意见》，着力建设一支高素质、专业化的机关党务工作人员队伍。举办支部书记培训班，创设“支部书记讲坛”，推行机关党组织书记抓机关党建专项述职评议，建立党内关怀帮扶激励机制，推动广大机关党务干部讲奉献、重情怀、有本领、干实事。

3.以“品牌提升行动”点亮矩阵。深入推动“海棠花红”机关党建品牌建设，启动三年行动计划，培育打造一批主题名称鲜亮、工作内涵深刻、创建措施具体、活动载体丰富、社会影响广泛的党建品牌，形成“一单位一品牌、一支部一特色”的品牌矩阵。截至2020年，市级机关共评选出45个“海棠花红”优秀机关党建品牌，推动党建品牌成为部门单位内聚力量、外树

形象的“金字招牌”。“干将砺将”锻造更为过硬的检察队伍，涌现了王勇等一批在全省、全国有影响力的先进模范；“党校好声音”传遍苏州，“理”响苏城；“党建红·园林绿”扮靓苏州“最美城市客厅”。

三、聚焦服务中心大局，持续助燃创建模范机关的红色引擎

强化“围绕发展抓党建、抓好党建促发展”的理念，推动党建工作和中心工作深度融合，使创建模范机关的过程成为破解发展难题、推动事业发展的过程，在服务苏州高质量发展大局中展现新作为。

1.以“融合发展行动”提质增效。强化理念融合，探索实行“毗邻党建”工作模式，建立党建共联共建清单，同毗邻城市一起打好“团体赛”。强化组织融合，加强与街道社区党组织的共驻共建、互联互动，初步形成172家机关、企事业单位与19个街道、社工委等进行共驻共建的组织框架。强化力量融合，市人社局聚焦劳动者重点关切的痛点、堵点和城市发展急需的重点领域，创新理念方法、机制，努力使苏州成为劳动者素质最优的城市、配置效率最高的城市，以及最被关爱、最能融入、最有发展潜力的城市。强化制度融合，市科技局积极参与上海科创中心和G60科创走廊建设，以更大力度推动长三角地区的资本、人才、项目对接，助力苏州科技创新能力提升。市商务局在行动一线建支部，落实苏州自贸区建设和“开放创新合作热力图”部署，经验做法在《人民日报》头版头条刊发。

2.以“党建惠企行动”解难纾困。创新启动“党建惠企”专项行动，加快建立“党建亲商、党建引商、党建惠商”工作机制，协同做亮“苏州最舒心”营商品牌。发挥机关党组织职能优势，持续开展“市级机关千名干部服务万家企业”工作，按照每年走访2次企业、解决1个现实困难、推进1项生产（服务）项目、共同开展1次主题党日活动等内容，“一对一”“点对点”帮助企业解决短板问题。深化“在职党员统一服务日”、机关和街道社区“共驻共建互联互动”“双结对”机制，优化整合资源，帮助企业与机关、高校、

研究机构等党组织对接，邀请专家学者、职能部门对企业创新发展、转型升级精准把脉，形成助推企业发展合力。协调推动41个省级机关党组织下沉长三角生态绿色一体化发展示范区吴江片区，与45家民企党组织成功牵手，实现“机关党建+非公党建”结对共建。

（供稿：苏州市委市级机关工委）

精心打造“银发先锋”离退休干部党建品牌

中共苏州市委老干部局

2020年，苏州市委老干部局、离退休干部工委精心打造“银发先锋”离退休干部党建品牌，铆住重点、突破难点、培育亮点，创新载体，精准发力，为新时代离退休干部党建工作赋予新内涵、激发新活力、增强新动能。

一、以干部荣誉退休制度增强离退休干部政治建设

市委老干部局率先在全省推广组织开展荣退仪式活动，这是加强新时代离退休干部政治建设的重要内容，是落实党内政治关怀的重要举措，是做好干部退休衔接工作、健全完善干部教育管理闭环体系的重要一环，是政治上尊重、思想上关心、生活上照顾、精神上关怀老干部的具体体现。通过举办简朴而隆重的荣退仪式，引导新退休干部离岗不离党、退休不褪色，继续为党和人民的事业增添正能量，为助力建设社会主义现代化强市建设贡献应有的力量。

1.规范荣退仪式内容。2020年4月，市委组织部、市级机关工委、市委老干部局、市人社局四部门联合印发了《在全市组织开展“再出发·再接力”干部荣誉退休仪式活动的通知》。文件强调，荣退仪式以三个“必谈”、三个“再出发”、三个“再接力”为主要内容：相关领导与退休干部必谈、组织人事负责同志与退休干部必谈、离退休干部党支部书记与退休干部必谈；积极引导退休干部开启乐龄生活再出发、争当“银发先锋”再出发、助

力火红年代再出发;进一步激励在职干部传承红色基因再接力、传承优良作风再接力、传承时代精神再接力。

2.举办荣退仪式观摩会。2020年7月、12月,先后示范举办2场苏州市"再出发·再接力"干部荣誉退休仪式,邀请各地各单位现场参与或在线收看。市委组织部领导为24名新退休的市管处级干部逐一颁发退休纪念杯,省委组织部领导与他们合影。通过"讲感言、走红毯、献鲜花、拍合影、诗朗诵"等一系列富有温情的活动,让老同志倍感组织关爱。

3.推广荣退仪式活动。各地各单位在观摩学习的基础上,发挥各自优势特点,组织开展各具特色的荣退仪式活动,将其作为巩固"不忘初心、牢记使命"主题教育成果的重要举措。各离退休干部党支部丰富活动内涵,创新方式方法,及时主动将新退休干部党员纳入党组织服务管理,让每一位新退休干部都感受到组织关心和人文关怀。一年来,全市各地各部门通过示范先行、全面推进、逐步提升的方式,为800余名新退休干部举办荣退仪式50余场,逐步形成了干部荣退仪式活动常态化机制。活动的开展,有效提升了苏州老干部工作的影响力和知名度,新华社、人民日报、新华日报、学习强国、江苏先锋、交汇点新闻、苏州先锋、引力播等20余家中央、省、市媒体予以持续关注报道。

二、以离退休干部党组织建设"双覆盖双增强"破解"混编"难题

截至2019年底,全市共有5600余名离退休干部党员分布在594个混编支部中。离退休干部党员与在职党员"混编",对离退休干部党员的教育管理和党组织的规范化建设均有影响。科学设置离退休干部党组织,可以更有效地发挥离退休干部党员的特点、特长,在党员红色教育资源开发利用、党员关怀服务、党员联系服务群众等方面展现离退休干部优势作用,让离退休干部党组织更加适应新形势下全面从严治党的新要求。市委老干部局、离退休干部工委按照"有利于活动、便于管理、应建尽建"原则,推动离退休干部党组织建设"双覆盖双增强"(实现离退休干部党组织规范

设置和离退休干部党支部达标全覆盖，进一步增强教育引导、增强组织归属），着力优化组织设置、夯实组织基础、健全组织体系，努力填补离退休干部党组织建设的空白点。在调研、分析、研判、试点等工作的基础上，科学实践了八种方式破解“混编”难题。

1.单独建。单位是党总支或党委建制的，离退休干部党员3人以上，单独设立支部。2.升格建。机构改革后，单位合并升格为党总支的，组建离退休干部党支部。3.以大带小建。如张家港市教师发展中心为党总支建制，教育技术装备室和少年宫为党支部建制，3个单位建1个支部，隶属教师发展中心党总支。4.联合建。按照地域相邻、行业相近、规模适当、便于管理的原则，建立联合支部。5.扎口建。如张家港成立市级机关离退休干部党委，下设3个支部，扎口管理市委政法委等10个机关单位的101名老党员。6.属地建。根据老同志意愿将组织关系转入居住地所在街道（镇），成立离退休干部党组织。7.区域建。如姑苏区3区合并后，按原区域划分将203名离退休干部党员编入9个支部。8.归并建。如工业园区采用“大归口”的方式把70余名机关退休老党员编入5个支部。

“双覆盖双增强”活动的开展，使组织设置更加“得力”，教育引导更加“有力”，组织归属更加“聚力”。改变了条块分割的传统组织架构，将“混编”离退休干部党员全部纳入离退休干部党组织或居住地党组织管理，实现了离退休干部党组织100%规范设置，使组织生活和党员教育更加符合离退休干部党员的特点和需求，让离退休干部党员及时感受到组织的牵挂和温暖，进一步增强政治荣誉感、组织归属感、生活幸福感。

三、以“银发生辉志愿服务铜仁行”项目提升党建引领作用

市委老干部局围绕东西部扶贫协作工作大局，于2017年与铜仁市委老干部局联系对接共建帮扶事宜。2018年4月，苏州、铜仁老干部局签署协议，确定两地老干部系统加强交流合作，并启动“银发生辉志愿服务铜仁行”活动。2019年，首座“苏州老干部爱心图书室”在铜仁市松桃县落成。

◆2020年10月27日，在贵州省铜仁市碧江区云场坪镇中心小学举行苏州老干部“银发生辉”爱心图书室捐赠仪式(供稿：苏州市委老干部局)

2020年，市委老干部局克服新冠肺炎疫情影响，推动“银发生辉志愿服务铜仁行”项目继续深化。

1.以“扶智、励志、送技”为主题，助力党的建设和脱贫攻坚。通过老干部宣讲团和正能量导师上党课等形式加强思想交流。苏铜两地书画家携手走进社区，将文化送到当地群众身边。以每人1000元的标准，资助铜仁困难学生34人。另有全国离休干部先进个人、苏州最美老干部、慈善楷模杨自中长期资助9名贫困生等。苏州老专家、老科技工作者协会的相关人员多次为铜仁来苏干部进行项目授课和专项介绍，还组织农业技术老专家前往铜仁指导当地农作物育种工作，引进“苏铜鹿业”等农业扶贫产业项目等。

2.以援建“苏州老干部爱心图书室”为抓手，助力乡村振兴和培育时代新人。借力社会公益力量专业策划组织项目实施。通过与公益慈善组织合作，召开爱心图书室项目的推介会，发布项目倡议书等，积极倡导广大离退休干部热情参与。设立苏州老干部“银发生辉”爱心基金规范管理运行。

与慈善总会携手设立“苏州老干部‘银发生辉’爱心基金”，破解善款募集和管理的难题，大大提升了社会公信力，“银发生辉”爱心基金通过各种渠道已筹集善款近70万元。充分动员板块条线形成合力。在全市广大离退休干部和老干部工作部门的大力支持下，在2019年援建1所爱心图书室的基础上，2020年，太仓、昆山、吴中老干部系统，市检察院、发改委、工信局离退休支部，苏州创元投资离退休干部服务中心等地区、单位共计援建12所“苏州老干部爱心图书室”。另有张家港援建沿河县校园“读书亭”和人行步道，常熟援建思南县2所“思虞启蒙书屋”，姑苏区援建江口县书法特色学校书画教室等，苏州各地老干部的爱心已由涓涓细流汇成江河，花开苏铜两地。

“银发生辉志愿服务铜仁行”项目活动的开展，拓展了苏州老干部发挥作用的广阔舞台。该项目已被打造成为苏城老同志融入国家东西部协作战略大局，积极发挥作用、奉献爱心，展示阳光向上正能量的闪亮名片，也成了辐射带动全省“银发人才”贯彻落实省局“决战脱贫攻坚、决胜全面小康”专项行动的实事项目，涌现了一批离退休干部先进典型。

（供稿：苏州市委老干部局）

用活用好党史资源　党史宣传教育创出新特色

中共苏州市委党史工作办公室

2020年，为深入学习贯彻习近平总书记关于开展“四史”教育的要求，服务市委中心工作，充分发挥党史部门在意识形态领域中的重要作用，苏州市委党史工作办公室积极创新党史宣教方式方法，运用新技术新载体，打造立体化传播格局，扩大了党史宣传教育的覆盖面，提高了党史宣传教育的有效性以及传播力。

一、主动作为，党史宣教特色鲜明

瞄准单位职能定位，积极主动开展党史宣传教育，努力开创新时代苏州地方党史宣传教育工作新局面。

1.围绕市委工作中心主动发声。围绕长三角一体化战略，撰写回顾一百年前苏州接受上海红色辐射创建早期党组织历程的文章，为长三角一体化发展汇聚磅礴力量。文章被新华社转发，24小时阅读量超过100万人次。围绕抗疫主题，编撰《苏城战疫记》纪实书籍，举办“我是党员我先上”抗疫书画摄影主题展。2020年6月29日，市委常委班子和市人大常委会、市政协主要领导参观展览时评价：“这两个展览都挺好，很有教育意义；要多宣传，更好地向社会开放，让市民都来参观。”此外，还利用苏州解放纪念日、五四青年节、中共苏州独立支部成立95周年、国庆节等重要时间节点，以撰写文章、举行知识竞赛、举办主题展览等进行纪念。

◆“我是党员我先上”抗疫书画摄影主题展（供稿：苏州市委党史工办）

2.结合融媒体手段进行立体式宣传。与媒体合作开设专栏。在《苏州日报》开设《回望历史，砥砺奋进》专栏，发表纪念文章10余篇；在《姑苏晚报》开设《回望历史，再攀新高》地方党史专栏，发表文章100篇。开展“云讲解”“云课堂”“云上故事汇”系列活动，传播苏州地方党史知识和红色文化。在苏州解放纪念日进行《光辉的历程——中国共产党在苏州》（1919—1949）网络直播，网上观众人数近80.7万人次；利用党史办和革命博物馆的微信、抖音公众号，开设《革命文物说》《1925点亮苏州》等栏目，累计浏览量超12万人次；七一抗疫书画摄影主题展览网络直播点击量290万人次。国庆期间，在苏州革命博物馆首次举办新中国成立以来全市金融成就展，现场观众人数近3万人次。举办全面建成小康社会知识网络答题竞赛，参加人数达2.5万人。

3.开发地方党史课程送教上门。为用好红色资源，讲好红色故事，系统梳理苏州地方党史重要事件、重要人物，以“中共党史，苏州记忆”为主题，深入全市机关、学校、企业和驻苏部队举办讲座20余场；以中共苏州独立支部创立为主题，为市委、市政协领导举办微党课3场。

4.用好用活地方党史书籍。为全市四史教育提供地方党史教材14种，向“两代表一委员”赠送地方党史书籍3000余册。用好“文心图书馆”红色资源，开展“文心”书架百进工程，送出书架百余个，党史、地情书籍8000余册。6月30日，市委分管领导在参加“文心”书架百进工程启动仪式时，称赞这一活动“对于在全市宣传弘扬红色文化、地情文化，拓展‘四史’教育广度、深度，作出了有益探索，发挥了积极作用”。

二、资政育人，党史宣教成效显著

充分利用苏州的红色资源，创新党史宣教形式，守牢意识形态主阵地，取得了显著的成效，为推动全市“四史”学习教育创设了浓厚的舆论氛围和平台载体。

1.地方党史知识的宣传方式更加多样。利用苏州革命博物馆宣教主阵地举办抗疫主题展、金融成就展等展览；开发地方党史课程送教上门20多场，现场听课人数近5000人次；充分运用媒体融合手段，与市主要新闻媒体合作开辟专栏、专题，特别是通过网络直播、云讲解、云课堂、云上故事汇、短视频大赛、网上知识竞赛等方式，以全方位、立体式视角增强“四史”学习教育的社会关注度和参与度。

2.地方党史知识的宣传内容更加丰富多彩。既有纪念中共苏州独立支部成立、苏州解放等党史题材的主题宣传，也有反映2020年抗疫主题的系列宣传，还首次举办了新中国成立以来全市金融成就专题展览，该展览现场观众人数创近年来新高，并应观众要求延长了展出时间。

3.地方党史知识的宣传受众面不断扩大。2020年以来，市委党史工办严格执行市疫情防控指挥部的各项部署要求，一方面通过编写抗疫纪实书籍、举办抗疫主题展览等方式讴歌全市各条战线在抗击疫情中的感人故事；另一方面做好苏州革命博物馆公众聚集场所的疫情防控工作，多次开展网络直播，消除了疫情对革命博物馆进馆参观带来的不利影响。据统计，

2020年以来到馆参观以及通过网络观展的观众累计近400万人次，在4月27日首次举办的苏州解放纪念日网络直播当天，还有海外观众进入直播室互动留言。

三、守正创新，党史宣教积累丰富经验

创新党史宣教方式方法，打造了立体化传播格局。在精心策划一系列活动的过程中，积累了一定经验，值得在今后的地方党史宣传教育中借鉴弘扬。

1.依托本地资源，发挥党史部门重要作用。深入挖掘本土“四史”资源，特别是苏州地方史和革命史，积极整合党史宣讲团和新四军老战士宣讲团资源，精心设计学习内容，不断扩大受众覆盖面。用身边的革命史迹、革命人物故事为党史学习教育提供生动教材，激励全市党员干部和广大人民群众更好投身于激情燃烧、干事创业的火红年代。

2.运用新技术新载体，创新党史宣传教育手段。面对疫情期间的特殊情况，为方便广大市民了解和学习苏州地方党史，苏州革命博物馆推出以“历史，就在我们身边——‘云上’系列”为主题的党史宣教活动，通过与广电主持人、志愿者、未成年人的“云端”互动，既为市民了解和学习苏州地方党史打开了新的传播空间，也扩大了受众范围，甚至还有海外用户参与网络直播互动，有效传播了地方党史知识和红色文化。

3.凝聚多方合作力量，用好用活丰富党史资源。积极开发红色研学线路，增强“四史”宣讲的吸引力、说服力、感染力。苏州革命博物馆联合沙家浜革命历史纪念馆共同举办暑期研学活动，帮助未成年人“扣好人生第一粒扣子”。同时，面向“索山桥下”党建联盟全体党员，串联市内红色地标，首发4条红色旅游微线路，突出苏州特色，打造苏州品牌，讲好苏州故事，让全市广大干部群众在铭记党的历史、传承红色基因中，赓续红色血脉，汲取精神能量，增添前进动力。

（供稿：苏州市委党史工办）

坚持党校姓党　打造教育培训精品工程

中共苏州市委党校

习近平总书记在全国党校工作会议上指出："开创党校工作新局面，必须始终坚持党校姓党的原则。""加强和改进党校工作，最重要的是把党校姓党原则贯彻到党校各项工作中。"苏州市委党校贯彻落实习近平总书记重要讲话精神，坚持党校姓党，始终把握党校"因党而立、为党而办"的职责定位，坚持正确办学方向，围绕中心、服务大局，改革创新、锐意进取，全力打造干部教育培训"精品工程"。

一、突出主业主课，做强理论教育和党性教育

提高政治站位，聚焦主业主课，坚持把理论教育和党性教育作为教育培训的首要任务，作为主体班次的必修课程，理论教育课和党性教育课达到总课时的70%以上，其中党性教育课达到20%以上，推动理论和党性教育内容系统权威进教材、生动有效进课堂、刻骨铭心进头脑。

1.紧紧抓住理论教育这个根本。坚持把马克思主义中国化最新成果作为理论教育的中心内容，把学习贯彻习近平新时代中国特色社会主义思想作为重中之重。引导干部深入学习马克思列宁主义、毛泽东思想、邓小平理论、"三个代表"重要思想、科学发展观、习近平新时代中国特色社会主义思想。在主体班次上安排了"《习近平谈治国理政》第三卷学习辅导""习近平生态文明思想""毛泽东思想基本问题"等理论课程，教育引导广大

干部进一步坚定中国特色社会主义道路自信、理论自信、制度自信、文化自信。同时，坚持把马克思主义经典著作作为重要课程，设置了“《路德维希·费尔巴哈和德国古典哲学的终结》导读”“《资本论》与中国特色社会主义政治经济学”“《共产党宣言》及其当代价值”等经典原著课程，引导广大干部读原著、学原文、悟原理，提高运用马克思主义立场、观点、方法分析解决实际问题的能力。

2.牢牢把握党性教育这个关键。在每个主体班次都设置了专门的“党性教育单元”，始终坚持将党性教育贯穿主体班始终。结合“四史”教育，先后设立了“加强党风廉政建设，推进全面从严治党”“党章是领导干部加强党性修养的根本准绳”“见证初心，创造奇迹：改革开放的酝酿与起步”“党风廉政建设形势与任务”“独立支部的建党经验和精神财富”“百年大党和新时代中国”等课程，强化广大党员干部的党章、党规、党纪意识，推动党员干部严守党的政治纪律和政治规矩，不忘初心，继续前进。同时，要求学员撰写党性分析材料，深入剖析存在的问题，查摆存在的不足，明确努力方向。此外，充分利用地理环境和教学资源，对前期筹建的“苏州百年探索之路”和“党性实训室”进行完善和扩充，“一路一室”党性教学形式已成为党校党性教育的品牌和特色。

3.始终绷紧意识形态这根弦。严格落实意识形态工作主体责任，校委会专题研究部署意识形态工作。加强网络意识形态阵地建设，制定《网络信息安全管理规定》，完善网络安全和信息审核机制，对校园网站和微信公众号进行改版，2020年推送微信49期186篇。加强意识形态领域的风险研判与管控，坚持学术探索无禁区、党校讲坛有纪律、公开言论守规矩，出台《关于实行教案审核的若干规定》和《教师外出授课管理制度》，在党校App上开发报备功能，规范教师教案审核和外出授课报备程序。

二、深化教学改革，提高教学质量和培训实效

加强需求调研、优化培训内容、整合培训资源、改进培训方式，深入推

进教学方式改革，健全以需求为导向的计划生成机制，不断提高培训的针对性、实效性。

1.充实教学内容，及时更新教学安排。把中央、省、市的最新要求和精神做进计划、带进课堂。在教学计划制订上，通过模块化组织教学，实现培训内容从零散化到体系化、从粗放型到精致型的转变，打造多个精品课程和教学案例，形成结构严谨、内容科学、案例丰富、特色鲜明的干部教育培训课程内容体系。2020年，稳步推进全市党校系统“四史”学习教育，制作“四史”宣传片、录制“四史”微课，开发了包含52门课程的“四史”学习教育课程体系和7条跨区域学习教育线路，并为基层学习教育开展专题辅导。

2.改进教学方法，强化精品课的示范导向。在巩固提升讲授式、模拟式、体验式等教学方法的基础上，重点推行党性实训、廉政实训、结构化研讨、访谈式教学和以问题为导向的案例教学，做优党性教育、新闻发布与媒体访谈、突发事件应对处置等实训教学，突出实践导向，强化课堂互动，充分发挥学员主体地位和能动性，实现由传授知识向研究问题转变。同时，强化精品课示范导向，做好精品课程的开发培育。举办全市党校系统“用学术讲政治培训班”和精品课程评选活动，1门课程入选江苏省干部教育培训名师名课推荐目录，并被省委党校评为优秀课，2门课程入选苏州市“干将”精品课，开发苏州“三大法宝”“3+N”系列课程和13门防疫战疫课程，依托“喜马拉雅”课程资源，开发“干将书院”线上辅助教学平台。

3.坚持以学员需求为重点，开展按需培训。做好培训需求调研，制订出体现不同班次特色的科学合理的教学计划，健全以需求为导向的计划生成机制。在主体班教学过程中，安排座谈和调研，充分听取学员意见和需求，突出按需培训，不断增强教学培训的针对性、实效性。同时，结合学员的需求，继续大力推动领导干部上讲台，邀请与苏州经济社会发展紧密相连的相关部门领导，根据部门的特点和优势，分领域、分专业给学员普及市情，形成了具有党校特点、满足苏州干部培训需要的学科体系。

三、做强宣传培训，提升党校形象和社会影响力

坚持开门办学，推进开放、共享式教学，广泛利用社会资源，面向社会广覆盖培训各级党员干部。

1.做优做强教学培训。发挥干部培训主渠道、主阵地作用，2020年，克服疫情影响，精心组织完成71期各类班次共5700多人次的教学培训任务。高质量承办了全市“新思想、新技术、新知识”领导干部学习会和苏州“再解放、再出发、再攀高”年轻干部集训班等市委主要领导参加的高端班次。同时，积极做好与贵州省铜仁市结对帮扶的干部培训工作，宣传苏州实践。三年来，为贵州省铜仁市举办主题班和专题班24期，培训学员1360余人，有效提升了党校形象和社会影响力。

2.深入开展理论宣讲。发挥党校理论阵地优势，2020年，围绕《习近平谈治国理政》第三卷、“四史”学习教育、学习贯彻党的十九届五中全会精神等专题，组织教师在《苏州日报·党校视点》刊发40余篇理论宣传文章。围绕市委常委会关于“四史”学习教育的部署，在《苏州日报》头版组织刊发8篇苏报评论员文章，助力形成“四史”学习教育的高潮。10余篇理论宣传文章被“学习强国”等平台采用。1名校委班子成员入选全市十九届五中全会精神理论宣讲团。开展“党校好声音”巡回课堂活动，选拔精干力量为机关部门和企业、农村、社区送课上门，开讲70多场，受众人数达5200多人次。理论宣讲品牌“理响苏城”入选2020年度苏州市“众说学习”理论宣讲重点项目。深入开展普法宣传活动，党校承担市级机关法治开讲第一讲，“普法好声音”入选苏州市2020年度全市“关爱民生法治行”优秀项目。

3.积极开展对外交流。签署长三角G60干部教育培训合作交流框架协议，举办2期长三角G60科创走廊九城市干部培训班。加强域内党校的调研互访，开发长三角相关现场教学点30多个，实现了长三角区域教学培训资源共享。加强市委党校对县、区党校的指导，2020年，在苏州乡村振兴

◆2020年6月20日，在市委党校涵德楼召开全市“新思想新技术新知识”领导干部学习会(供稿：苏州市委党校)

◆2020年6月8日，“再解放、再出发、再攀高”年轻干部集训班开班式(供稿：苏州市委党校)

学堂挂牌成立苏州市行政学院分院。建立在校委会领导下的分校协调机制，通过全市党校系统的师资培训、教材编写、经验交流、业务竞赛等活动，推动和促进了校际的合作交流，切实提升了全市党校系统整体办学水平。同时，积极利用市内外高校、科研院所、社会培训机构的专业优势开展培训，构建分工明确、优势互补、布局合理、竞争有序的干部教育培训机构体系。

（供稿：苏州市委党校）

战疫战贫　携手小康
苏州市全面超额完成东西部扶贫协作和对口支援工作任务

苏州市发展与改革委员会

哪里有强烈的政治担当，哪里才有生动的扶贫实践、扎实的脱贫成果。脱贫攻坚以来，苏州市委、市政府认真学习领悟习近平总书记关于东西部扶贫协作和对口支援工作重要论述精神，坚决贯彻党中央、国务院和省委、省政府部署要求，把开展对口支援协作合作作为义不容辞的政治责任，围绕推动区域协调发展、协同发展、共同发展战略，不断加强区域合作、优化产业布局、拓展对内对外开放布局，持续强化组织领导，投入真金白银、倾注真情实意、持续真帮实扶，取得丰硕成果，苏州对口帮扶支援的13个贫困县如期实现脱贫摘帽，有力有效助推受援地按时高质量打赢了脱贫攻坚战。

一、深远谋划，持续发力，携手对口帮扶地区全面打赢脱贫攻坚战

1996年5月，党中央、国务院从“两个大局”出发，作出了东部比较发达的13个省市结对帮扶西部10个省区的战略部署，确定江苏省对口帮扶陕西省。1997年，苏州市与陕西省榆林市建立扶贫协作关系，苏州市的8个市区分别与榆林市的8个县区结对帮扶，苏榆正式“牵手”，拉开两市20年的共同奋斗历程。2012年5月，全国对口帮扶贵州工作启动会召开。2013年2月，国务院办公厅发文明确江苏省苏州市与贵州省铜仁市的对口帮扶关系。2016年，根据中央、省关于东西部扶贫协作工作部署与安排，苏州市不再帮

◆苏州市获评全国脱贫攻坚先进集体（供稿：苏州市发改委）

扶陕西省榆林市，太仓市于2016年底开始对口帮扶陕西省西安市周至县。2016年7月，苏州市对口帮扶铜仁市工作上升到全国东西部扶贫协作范畴，江苏省对口帮扶铜仁市由苏州市具体负责，苏州10个市（区）分别与铜仁10个县（区）建立了“一对一”帮扶关系。同时，根据党中央、国务院和省委、省政府的决策部署，苏州市还承担了西藏、新疆、贵州、陕西、青海、重庆、辽宁、江苏8个省（市、自治区），10个市（地级），23个县（市、区）的东西部扶贫协作和对口支援合作任务。受领任务以来，苏州市各级党委、政府及社会各界协同发力，援受双方合作攻坚，围绕对口帮扶支援地区到2020年同步全面建成小康社会的目标，持续精准发力、务实推进，开展多形式、多渠道、多层次、全方位的东西部扶贫协作和对口支援工作，先后援派1400余名干部人才，为推动和促进中西部大开发新格局、为全面脱贫奔小康贡献了苏州智慧和苏州力量。

2020年初，面对突如其来的严峻疫情形势，苏州市委、市政府把做好东西部扶贫协作和对口支援，决胜全面小康社会、决战脱贫攻坚工作作为中央和省委交给苏州的重大政治任务，切实提高政治站位，坚决扛起帮扶责任，携手受援地不折不扣完成各项工作。3月21日，市委、市政府召开全市打好三大攻坚战工作推进会；4月1日，组织召开全市东西部扶贫协作和对口支援工作会议，反复统一思想，明确要求，在最后阶段发起总攻、决战决胜，确保取得最后胜利，为全省、全国脱贫攻坚贡献更多苏州力量。

一分耕耘一分收获。苏州的工作成效多次获得党中央、国务院和省委、省政府的表彰和肯定，在2017年至2020年国务院扶贫办组织的东西部扶贫协作成效考核中连续取得3次“好”、1次“较好”等名次。

二、坚持标准，多措并举，助推东西部扶贫协作和对口支援任务如期完成

在全国脱贫攻坚主战场上，苏州以强烈的使命感和责任担当，驰而不息、精准发力，展现苏州担当、擦亮苏州形象、打响苏州品牌，有力有效促进了受援地区的经济社会发展。

1.坚持高位推动，组织保障坚强有力。脱贫攻坚以来，结对双方每年定期召开主要领导参加的高层联席会议2次以上，相继印发了《苏州市东西部扶贫协作工作分工职责实施细则》等15个文件，将帮扶工作上升到制度层面，固化对口帮扶工作组织领导成果，按要求落实各项对口支援和东西部扶贫协作资金56.5亿元，涉及项目1675个。尽管受到疫情影响，2020年援受双方仍实现高层领导密集互动。年内，苏州市召开3次市委常委会会议、1次政府常务会议、1次打好三大攻坚战工作推进会、1次全市东西部扶贫协作和对口支援工作会议、6次专题会议，研究部署东西协作和对口支援工作；同时，审议下发《2020年度苏州东西部扶贫协作工作要点》和《苏州市开展消费扶贫行动实施方案》等文件。江苏省委书记娄勤俭9月14日在《江苏省及苏州市深入贯彻落实习近平总书记重要讲话精神倾力帮助贵州铜仁实现蜕变摆脱绝对贫困》信息专报（江苏省委办公厅《江苏信息》第714期）上作出肯定性批示，要求通报市县参阅借鉴。

2.坚持志智双扶，干部人才支援成效显著。2013年至2020年，苏州市先后向对口帮扶地区援派干部人才1400余人。2016年以来，援受双方互派党政干部挂职，到铜仁市578人，到新疆三地48人，到林周县8人。累计与铜仁市互派5315名教师、医生等专业技术人才交流学习，与新疆三地互派专业技术人才600人次，与林周县互派专业技术人才30人。实施教育、医疗“组团式”帮扶试点26个，帮助铜仁市来苏开展各级各类培训584期43026人。累计派出2130名“三支”人才赴受援地开展1个月以上的支医、支教、支农。2020年，苏铜协作，两地互派党政挂职干部共计109人次，苏州市向铜仁市选派教师、医生、农技专家等专业技术人才433名；在苏州举办铜仁党政干部培训班51期，培训干部2619人次；举办专技人员培训班223期，17665人参训。苏陕协作，周至县20名科级、股级干部到太仓挂职交流，50名镇村干部、专业合作社负责人到太仓参加农村致富带头人培训，58名专技人才赴太仓跟岗学习；两地干部人才互访交流达56批次550人次。对口援藏，在林周县有挂职干部5人、专业技术人才6人；林周县优秀青年干部暨党建能力提升培训班等7批、141人赴苏州交流培训。对口援疆，选派赴疆挂职干部24名，专业技术及柔性人才132名，培训教师1552名；安排49名当地干部赴苏州开展培训交流。

3.落实帮扶标准，资金支持接续有力。2013年至2020年，苏州市累计安排对口帮扶财政资金89.11亿元（其中东西部扶贫协作贵州铜仁资金19.59亿元、陕西周至县资金0.93亿元，对口支援新疆3县资金44.17亿元、西藏林周县资金9.51亿元、青海海南藏族自治州4.75亿元、重庆云阳县0.4亿元，省内南北挂钩资金9.76亿元），援建项目1675个，助力全国13个贫困区（县）摘帽，50余万贫困人口脱贫。2020年，苏铜协作，江苏省和苏州市拨付铜仁财政帮扶资金6.75亿元，较2019年的5.57亿元增加1.18亿元，增长21.2%，超两省签订协议数2.23亿元，增加49.3%；县均投入财政援助资金6750万元；社会帮扶资金9271万元，同比增长25.8%。江苏省财政4.52亿元统筹资金的50%安排至国务院挂牌督战的深度贫困县沿河县。2020年，财政性帮扶资金安排实施项目450个，惠及建档立卡贫

◆苏铜两地教育系统创新深度协作模式，重点采取“引进来”和“送出去”模式培养人才。图为苏州工业园区支教专家为松桃县第六完小的孩子们上课（供稿：朱汉举）

◆苏州援藏医生下乡巡诊，为藏族同胞讲解病情知识及日常疗养注意事项（供稿：丁嘉一）

困人口34.8万余人。苏陕协作，投入各类资金3893万元，其中省、市两级苏陕资金1640万元，太仓市财政资金1740万元，社会帮扶捐款捐物513万元，惠及贫困人口4899人；全年各类苏陕资金支持项目29个，带动贫困人口6374人。对口援藏，上缴省财政统筹援藏资金1.21亿元；动员社会力量投入帮扶资金数753.5万元，接受社会捐赠各类物资折款208.5万元；实施援藏项目11个，项目总投资1.52亿元，其中年度投资超过8500万元。对口援疆，上缴省财政统筹援疆资金6.05亿元；筹措计划外援疆资金1037万元，捐赠各类物资折款1568.7万元；实施7大类62个援疆项目，涉及年度援疆资金3.18亿元。对口援青，对口支援青海海南藏族自治州财政资金6950万元，此资金为省统筹。对口支援三峡库区，拨付计划内资金344万元，计划外资金69万元。

4.坚持集聚深入，产业协作成果迭出。1997年以来，苏州与受援地合作共建工业、农业园区20余个，落户企业150余家，完成实际投资100余亿元。2019年，全国消费扶贫市长论坛在苏州召开，苏州市消费扶贫工作得到国家发改委地区司及与会代表们的充分肯定。2020年，苏铜协作，苏州市先后引导江苏籍企业或通过江苏帮扶引进企业108家，完成实际投资额91.52亿元，带动贫困人口11888人，同比分别增长38.5%、41%和104.9%。引导入园企业54家，完成实际投资额27.27亿元，吸纳贫困人口就业1368人。苏州通过出资、引进企业入驻等方式援建扶贫车间130个（其中新建74个），吸纳就业10069人，其中建档立卡贫困人口3278人。苏陕协作，全年引导落户8个产业项目，累计投资1.56亿元，就近带动313名当地劳动力就业。对口援藏，持续聚焦产业发展，助力种草养畜示范基地建设，全县饲草种植面积稳定在10万亩，统筹建设优质饲草基地1.3万亩，完成双季饲草种植57亩、双刈试点398亩、新品饲草试点种植200亩。对口援疆，累计开展招商推介和投资接待36批次，成功签约项目47个，储备重点项目10余个，协议资金近6亿元。

5.坚持精准用力，劳务协作富有成效。苏铜协作，2016年以来，苏铜两地人社部门合作举办贫困劳动力培训506期17572人次，转移铜仁籍建

◆昆山援建的铜仁市碧江区高坝田村800多亩蓝莓基地（供稿：范群）

档立卡贫困劳动力来苏就业4344人，在贵州省内就地就近就业31198人，成功助力铜仁市10个贫困区（县）摘帽，46.3万人脱贫。与铜仁中高职院校开展校校合作、校企合作，1292名铜仁籍学生来苏就读中高职学校，并成功打造“1+1+1”读书助贫帮扶品牌（1名建档立卡贫困学生来苏就读+1名学生家长来苏就业+1户贫困家庭实现长期脱贫）。苏陕协作，累计在江苏就业5678人，其中苏州地区就业3829人，累计在江苏就业建档立卡贫困户623人，其中苏州地区532人；年内新增向江苏转移就业1715人，其中贫困户185人。

6.各方凝聚合力，不断深化“携手奔小康”内涵。苏铜协作，2020年，苏铜双方结对10个县（市、区）主要领导全部完成调研对接。苏州累计有102个经济强镇、189个经济强村（社区）、150家企业、39个社会组织、468所学校、136家医院与铜仁119个贫困乡镇、416个贫困村、579所学校、208家医院（卫生院）建立结对帮扶关系，结对的镇、村（社区）、企业、社会组织、学校、医院全部到铜仁开展考察对接、捐资助学、支教支医等具体帮扶工作。苏陕协作，太仓市深入开展镇村结对帮扶合作，扶持镇域产业、项目发展；积极推进政府、企业家、公益组织等各界力量参与对口帮扶周至县，年内捐资捐物513万余元、防疫物资20余万元、图书50余万元，惠及贫困人口5000余人。对口援藏，年内太仓市城厢镇、相城区元和街道、常熟市海虞镇等6个对口乡镇向林周县捐助帮扶资金377万元；常熟市妇联、汤妈妈公益、苏州汇川等公益援助超100万元。对口援疆，苏州深化结对帮扶，持续深入推进“携手奔小康”活动。张家港牵头做好“1+1帮1”援疆扶贫，梳理完成援疆结对帮扶对象722户，发放帮扶资金和物品共计57.2万元；创新建立村企结对帮扶共建新模式，在两地镇村结对共建的基础上，组织张家港市9个优强社区与巩留县9个社区结对共建。昆山12个区镇与阿图什市10个乡镇、街道结对帮扶，实现昆阿两地镇（区）乡（街道）结对帮扶全覆盖。

三、创新实践，注重实效，形成一批苏州特色东西部扶贫协作和对口支援典型经验与成功做法

苏州市围绕落实“四个不摘”要求，深化巩固脱贫成效，不断创新探索东西部扶贫协作和对口支援新方法、新路子，形成了一批可复制、可推广，具有苏州特色的对口支援协作合作新模式、新经验。

1.创新探索“整村推进”帮扶模式。2018年，张家港市善港村与铜仁市沿河县高峰村签订了《善港村—高峰村“整村推进帮扶”协议书》，围绕“支部联建、文化共建、乡村治理共建、产业同建、人才共建”等方面，率先探索“整村推进结对帮扶”新模式，把脱贫攻坚与乡村振兴工作有机结合起来，得到国扶办、贵州省的高度认可。2019年10月16日，《光明日报》“光明视野”整版刊登该做法；2019年10月22日，《人民日报内参》第1052期刊出相关专题调研报告；2020年3月26日，中央广播电视台播出了《决不掉队》第三季第十二集《沿河故事·“石旮旯”的变迁》。

2.资金向“易地扶贫搬迁+”适当倾斜。2018年以来，援助资金投向紧盯“两不愁三保障”，向易地扶贫搬迁安置点的“教育医疗配套设施建设+扶贫车间+就业”倾斜。统筹2.3亿元财政帮扶资金和0.3亿元社会帮扶资金，专门用于铜仁市各区（县）易地扶贫搬迁安置点教育、医疗、文化等配套设施建设，新建学校、医院28个，文化活动场所6个，有效解决搬迁群众就医就学和文化需求。在安置点建设了一批人力资源市场（服务点），引进东部劳动密集型企业在安置点设立扶贫微工厂、扶贫车间42个，有效解决部分搬迁群众的就业需求。在铜仁市万山区旺家社区易地扶贫搬迁安置点投入350万元帮扶资金，新建扶贫车间5个、人力资源市场1个、扶贫超市1个，实现稳定就业145人，人均年增收2500元。

3.纵深开展“组团式”帮扶。近几年，与受援地教育、医疗系统创新深度协作模式，大力实施“组团式”对口帮扶，实现从“参与式”到“植入式”转变。在铜仁打造26个教育、医疗及农业“组团式”帮扶试点。尤其是苏铜两地医疗系统坚持传统帮扶与创新帮扶并重，由苏州市有关三甲医院派出

专家团队到铜仁市，通过“一对一”“一对多”形式，对铜仁市16家县级医院开展“组团式”医疗帮扶，铜仁市县级医疗卫生机构的公共服务能力明显提升。石阡县人民医院在苏大附一院团队帮扶下，已成为贵州省第九家通过三级综合医院认定的医院，开设贵州省内首个县级脑卒中防治中心，引进医疗新技术30余项，并在胸腔镜微创外科、神经外科等领域成功开展首例手术。玉屏县第一中学在陆振东、严卫中、方志文3位太仓名师的帮扶下，玉屏一中2019年初三毕业班中考平均分超出该县第二名学校39分。该做法作为国家发改委第二批新型城镇化试点经验在全国推广。

4.把园区共建作为产业协作的重要载体和抓手。一方面，聚焦产业载体，携手做大共建园区。大力推动与受援地各结对县级市（区、县）开展产业园区共建，主动输出苏州开发区建设成功经验，着力提高受援地各区（县）经济开发区的产业集聚、承载能力和管理服务水平。与受援地合作共建的工业、农业产业园区达到20余个。另一方面，聚焦产业项目，携手做强造血功能。2016年以来，累计引导入园企业150余家，实际完成投资额100余亿元，直接吸纳贫困人口就业3000余人。通过完善体制机制、强化要素保障、双边政策互惠、促进产城融合，不断提升园区建设质量。苏铜产业园先后获批国家级产城融合示范区和“双创”示范基地。

（供稿：苏州市发改委）

展现苏州作为　扎实推进长三角区域一体化发展

苏州市发展和改革委员会

2020年，苏州市认真学习贯彻习近平总书记关于长三角一体化发展的一系列重要讲话和指示精神，始终坚持学习上海、对接上海、服务上海、融入上海，积极承接上海卓越全球城市和“五大中心”建设溢出效应，全力融入长三角一体化建设，推动区域协调发展。

一、加强组织协调，抓好顶端谋划

1.强化组织领导，推进“一盘棋”落实。成立由市委、市政府主要领导担任组长的苏州市推进长三角一体化发展领导小组，下设办公室，坚持统筹协调、前瞻谋划，加强系统研究，加大统筹力度，形成运转有序、协调有力的工作格局。完善专项工作小组，下设交通、信息、科技、环保、信用、人力社保、金融、商务、产业合作、能源、食品安全、城市合作等12个专题工作组，负责开展专题合作对接。同时，印发《苏州市推进长三角区域一体化工作领导小组工作规则》，确保有序推进工作。

2.出台指导文件，夯实“一体化”基础。编制苏州市推动长三角一体化发展“重点工作任务、重大平台项目和重要改革举措清单”行动计划表，梳理出35项重点工作任务清单，44项重大平台项目清单、16项重要改革举措清单及8项指标。出台《苏州市建立更加有效的区域协调发展新机制的实施意见》和《贯彻落实习近平总书记扎实推进长三角一体化发展重要讲话精神实施意见》。

3.推动区域融合,助力"全方位"建设。组织赴上海举办长三角一体化对接说明会和城市推介会,精心做好签约活动相关协调服务工作,90个合作项目举行签约仪式,涉及政务服务、科技创新、产业协作、基础设施、公共服务以及一体化示范区建设等领域。加强与省和国家的对接,主动参与《虹桥国际开放枢纽总体方案》编制,争取将更多的苏州元素纳入方案,积极推进中日(苏州)地方发展合作示范区建设。

二、坚持分层实施,聚焦重点突破

1.促进区域交流合作。抢抓长三角一体化发展、"一带一路"建设、长江经济带发展、自贸区苏州片区建设等发展机遇,持续推动《上海虹桥商务区战略合作协议》《"嘉昆太"协同创新核心圈战略合作框架协议》《G60科创走廊战略合作协议》《环淀山湖战略协同区一体化发展合作备忘录》等合作协议落地落实,共同助推长三角一体化全面开展。

2.推动省内优势集聚。与南通签订《关于加强苏通跨江融合发展的战略合作协议》,印发《关于落实苏通跨江融合发展战略合作协议重点任务的分工方案》。根据《合作协议》,苏通两地将进一步加强产业协同发展,积极推动建立两地产业合作联盟,深化板块交流、园区合作共建,建立跨区域交通基础设施合作推进机制,共同推进通州湾长江集装箱运输新出海口建设。苏州、无锡、常州三地签署合作备忘录,2020年底,苏锡常一体化发展合作项目开工,共同启动340省道苏锡常贯通工程项目,签约5项合作协议,发布《苏锡常共建太湖湾科创带倡议书》。

3.推进市域统筹发展。推进苏州工业园区苏相合作区开发建设,2020年,苏相合作区已经实质性运作,合作区经济社会发展指标统计、资产负债交接以及市场主体管辖等事宜已达成一致意见。配合中国宏观经济研究院开展"苏州在长三角一体化下的战略定位和发展思路"课题的研究。

◆2020“运河名镇”龙舟平望邀请赛在平望镇大龙荡田园生态体育公园举行（供稿：钮泉娜）

三、注重创新协同，建设成效初显

1.产业融合发展。对接上海“五大中心”建设，推进嘉昆太、青昆吴等毗邻地区的深度合作，加快构建完善虹桥—昆山—相城、嘉定—昆山—太仓合作新机制，加强与虹桥国际开放枢纽的联动。加快推进中科院苏州医工所与复旦大学签约共建复旦医工所、苏州氢能创新中心、磁传感器公共服务平台、张家港市集成电路产业促进中心等一批科创载体建设。

2.交通互联互通。7月，沪苏通铁路开通，苏州下辖的太仓、常熟、张家港被纳入了国家高铁“八横八纵”网络，结束“地无寸铁”的历史，跨入了上海“一小时城市圈”。加快推进沪苏湖铁路、沪通铁路二期、太仓港港口支线铁路等项目建设，积极推动通苏嘉甬铁路项目开工建设，加快苏州北站、苏州南站等综合枢纽建设前期工作。加快推进沿江高速公路扩建项目和苏震桃高速公路新建项目的报批工作，开展苏通第二、张皋、海太等过江通道规划研究。完善区域干线公路网络，建成岳鹿路对接嘉定城北路项目、康力大道对接东航路项目（吴江段）、曙光路对接复兴路项目（昆山段），推进江苏桃源华天路等对接浙江省道路工作。

3.生态医疗共建共享。共同研究编制长三角生态环境共同保护规划、示范区生态环境保护专项规划，建立示范区标准、监测、执法“三统一”制度等。在医疗合作方面，苏州各市（区）均与上海复旦大学、同济大学等相关医院有不同程度的专科业务协同发展合作。推广医疗保险异地就医结算系统，在省内率先实现与上海、浙江、安徽长三角异地就医门诊联网直接结算，建立双向转诊和同级医疗卫生机构检查结果互认制度，推动形成区域联动的医疗保障体系。

4.示范区建设全力推进。认真贯彻落实示范区总体方案，做好示范区支持政策、相关规划的意见建议征集工作，主动参与《长三角生态绿色一体化发展示范区国土空间总体规划（2019—2035年）》草案的修改工作，争取吴江区增加10平方公里规划空间在总规中得到具体体现。跟踪并落实好《苏州市关于落实〈长三角生态绿色一体化发展示范区总体方案〉的重点任务分工》明确的46条重点工作任务。结合沪苏浙共同出台的22条示范区支持政策，2020年总投资1346.8亿元的102个项目集中开工，中车绿地长三角绿色智能制造协同创新示范区、恒力智能化超级工厂等一批重大项目推进，合力探索形成32项制度创新成果，建立统一标准、统一监测和统一执法的跨区域生态环境保护制度，开通跨省公交线路8条、毗邻公交线路2条。研究提出争取省支持示范区高质量发展的若干政策意见建议。认真做好省人大常委会办公厅《代表之声》《关于推进长三角生态绿色一体化发展示范区建设若干重要事项的建议》（2020年第2期）和省委党校研究报告《高质量推进长三角生态绿色一体化发展示范区建设面临的瓶颈及对策建议》（2020年第31期）的办理工作。

（供稿：苏州市发改委长三角区域一体化发展处）

坚持“四个更好”发展追求
加快推进教育现代化建设步伐

苏州市教育局

2020年，苏州市教育系统认真学习领会习近平总书记关于教育工作的重要论述，在市委、市政府坚强领导下，坚持“让学生就读更多好学校、让学生遇到更多好老师、让学生发展更多好素养、让学生享受更多好服务”的“四个更好”工作追求，落实立德树人根本任务，深化教育综合改革，全面提高教育质量，努力办好人民满意的高质量教育，全市教育现代化建设水平稳步提升。

一、持续扩大教育资源供给，让学生就读更多好学校

1.教育资源供给稳步扩大。全面落实教育“十三五”发展规划，持续推进教育资源提质扩容，新建、改建中小学、幼儿园40所被列入2020年市政府实事项目，其中幼儿园19所，小学13所，初中5所，高中3所，目前已全部开工建设，开工率达100%。2020年秋季，全市共有82所新学校投入使用，新增学位7.17万个。全面按期完成62所小区配套幼儿园治理任务，看护点分类治理和提档升级工作有序推进。深化义务教育集团化办学，基础教育阶段共有教育集团215个，覆盖在校学生约92万人。全市积分入学提供公办学位3.5万个，准入率达80%。2020年6月，国家市场监督管理总局发布“2019年全国公共服务质量监测结果”，苏州公共教育领域满意度得分名列全省第一、全国第三，位居15个地区生产总值万亿元以上城市首位。

◆2020年8月，位于苏州市姑苏区金阊新城的苏州市叶圣陶中学校建成投用（供稿：苏州市教育局）

2.基础教育迈向优质均衡。发展优质普惠学前教育，全市新增省优质幼儿园15所、市优质幼儿园76所，省市优质园覆盖率达88%。推进普惠性幼儿园建设，实施服务区制度，全市学前三年毛入园率达到100%，在公办和普惠性民办幼儿园就读幼儿比例达85%。推动优质公益特殊教育，各市、区所有乡镇（街道）实现初中和中等以上职业学校融合教育资源中心全覆盖，全市义务教育阶段残疾儿童少年入学率达100%。推进送教上门、医教结合，努力实现残疾人教育服务全覆盖。推进优质均衡义务教育，全面开展义务教育学校标准化建设整改，有序推进学业质量阳光指标评价改革，加快外来工子弟学校管理提档升级。积极推进义务教育优质均衡县创建工作。2020年，张家港、太仓两市高分通过省级督导评估，获评首批江苏省义务教育优质均衡发展县（市、区），全省仅三家。创建高品质普通高中，推进普通高中星级评估和省级高品质示范高中建设，现拥有省高品质示范高中建设立项学校2所、培育学校2所。普通高中持续扩招，继续调高普职比例，有效增加高中学位3587个，不断扩大优质普通高中资源覆盖面，普通高中新课程、新教材全面实施，各板块实现四星级高中全覆盖。

二、全力打造一流师资队伍，让学生遇到更多好老师

1.深入推进师德师风建设。印发《关于加强和改进新时代中小学师德师风建设的实施意见》《中小学教师师德师风手册》，实施师德师风负面清单管理。开展“姑苏教育人才”“苏州市优秀教育工作者”等评选活动，大力表彰优秀教师典型。引导广大教师主动追求高尚师德、严守职业“底线”。推进“四有”好教师团队建设，组织疫情防控“园丁好风采”宣传，开展教师风采短视频征集展播活动，全市3部作品荣获教育部“优胜奖”，7部作品荣获教育部“入围奖”，获奖总数位列全国第一。开展师德师风突出问题专项治理活动，严密组织“廉洁从教”经常性教育，严肃查处顶风违纪行为，师德失范问题得到有效纠治。

2.持续加大教师补充力度。加大编制统筹力度，推进教师招聘改革，拓宽渠道推进备案制改革，规范备案制、年金制等编外教师规范管理办法。优化实施“名校优生计划”，与组织部、编办、人社等部门协同推进招聘工作改革，将教师招聘纳入“定岗特选”计划，深入推进校园苏州日等引才平台，探索面向北大清华、C9高校和双一流高校招引高层次人才的新机制，赴国内20余所知名院校开展师资招聘活动，实现协同创新破题，吸引了北大、中科大、南大、西交大等一批名校优生。大力推进姑苏教育人才计划，加强名特优教师引进力度，落实姑苏教育人才项目资助。深化教师职称制度改革，突出教育教学实绩导向，将教师参与线上教育中心微课资源建设、名师直播课程表现作为教学实绩列入中小学教师职称评价细则。实施精准激励制度，激活校长教师办学从教活力，持续加大精准奖励力度，完善教师收入分配激励机制，向教学一线和教学实绩倾斜，切实提高教师待遇。

3.全面提升教师能力素养。推进校长专业化建设，推动名优教师交流常态化，加大教师交流力度，交流教师比例达15%。加强中小学校思想政治

理论课教师队伍建设，推进“四有”好教师团队建设，启动教师信息技术应用能力提升工程2.0。做好教师教育工作，完善培养培训体系，推进名师共同体建设，夯实教师培训基地建设，张家港市、昆山市、吴中区、相城区和姑苏区等五个市（区）完成申报省示范性县级教师发展中心工作。推进名师工作室建设，6人入选省名师工作室主持人，4人入选首批省网络名师工作室领衔教师，组织申报首批市级名师工作室领衔人。全市在职教师中省人民教育家培养对象、苏教名家培养对象、省特级教师等高层次教师数量均位居全省前列。省基础教育教学成果奖，苏州获奖的质量和数量都名列全省第一。

三、落实立德树人根本任务，让学生培育更多好素养

1.全面推进中小学德育工作。探索学科德育路径，推进德育课程和课程德育融合发展，推进德育一体化体系构建。加强思政课程建设，探索推进大中小思想政治理论课一体化发展。坚持实践育人导向，“家在苏州·E路成长”体验站增加至171个。扎实推进劳动教育，完成全国中小学劳动教育实验区申报工作，全面开展“中小学劳动教育百千万行动”。优化心理健康教育服务体系和保障体系，心理健康教育咨询师、心理辅导室实现中小学全覆盖。加强中小学品格提升校、县、市、省四级项目建设。做优“百团大赞”社团品牌，建立社团活动网上资源库，实现学生社团建设与管理信息化。志愿服务工作不断做优，累计注册志愿者46.8万人，组建团队3175个，开展项目2.9万个，服务总时长超过300万小时，着手研制中小学志愿服务苏州市地方标准。苏州大学、江苏省常熟中学、苏州市实验小学获评第二届全国文明校园。

2.全面推进素质教育发展。大力发展科技、艺术、体育、卫生、国防教育，全面提升学生综合素养。开展青少年科技节，推进STEM教育实验区建设。深化教体融合，完善体育中考方案，首次将音乐、美术考试纳入中考，建立体艺综合素养评价机制。苏州籍大一新生身体素质抽测排名蝉联全省

第一。新增全国青少年校园足球特色学校26所、全国校园足球特色幼儿园17所，新增姑苏区为全国青少年校园足球试点区，校园足球普及率稳居全省第一。推动校医队伍建设，研究制定《苏州市中小学校医队伍建设计划（2021—2023）》，确保校医队伍在学校卫生防控工作中发挥重要支撑作用，全面提高学校卫生服务与管理水平。学习素养有效提升，围绕提高教育质量中心任务，组建教育发展咨询、人才资源战略、综合评价改革等三个委员会，加紧人才培养政策、新高考方案、考试招生政策等研究。实施提升教育质量“凌云计划”，积极推进拔尖创新人才早期培养。开展垃圾分类小手拉大手活动，倡导绿色环保新生活理念，助推城市文明提档升级。

3.全面推进教研科研融合发展。聚焦教育教学重点、难点问题开展重大课题研究，深入推进国家社会科学课题《指向立德树人的区域教科研整体改革实践研究》。加强线上教育课程建设，构建高效协同机制，切实保障“停课不停学”。2020年，开设33门学科4285节苏州线上教育名师课程和1841节省名师空中课堂。深化新高考改革研究，健全苏州市基础教育学业质量发展指导委员会工作机制，汇编完成13期《学科研究与指导中心研究资讯简报》、1期《他山之石》共88篇研究报告，零差错完成16次全市学生学业数据的采集和分析，为提高教育质量提供精准服务。各学段人才培养质量和学业水平不断取得突破，高考成绩连续5年持续提升，2020年全市高考本一、本二上线率均为全省第二，高分段考生人数文科位居全省第一，理科位居全省第二。中学生五科奥赛获得国际奥赛金牌1枚，在国家级决赛中共获得4金5银3铜，有567人次获得江苏省一等奖，其中95人次获得国家（江苏赛区）一等奖。在第51届国际物理奥林匹克竞赛中，江苏省苏州中学毕业生欧阳霄宇夺得近十年来江苏省首枚国际物理奥赛金牌。

四、深入推进教育改革创新，让学生享有更多好服务

1.线上教育中心实现大市全覆盖。苏州线上教育中心名师课程资源实现全市共享。一是加快实施信息化提质增效工程建设。依托线上教育中心

◆2020年6月8日，苏州市教科院附属学校开展学生劳动教育体验课（供稿：苏州市教育局）

平台，打造移动课堂、名师课堂、帮扶课堂、名校课堂四类在线服务模式，创新优质教育资源供给模式，让更多苏州孩子享有公平而有质量的教育。截至2020年12月底，线上教育中心总登录1.28亿人次，总观看课次达1.72亿，建设视频资源9.5万节，习题资源167万道，开展答疑6.8万次。向省平台贡献各年级精品课程5250节。二是构建“停课不停学”居家网络课堂。新冠肺炎疫情防控期间，线上教育中心新增3170节名师在线课程，覆盖小学一年级到高三的主要学科。学生居家课程总观看量超过9194.5万次，其中网络端日均观看135.3万人次，电视端日均观看93.8万人次。国家统计局调查显示，苏州学生对线上课程和教师的满意度分别为93.2%和98%。优化政府购买服务的“外教课堂”项目，成功实现后疫情时代项目从线下调整至线上的转型，全面提升项目质量，受惠学生从原来的1.8万人拓展到近30万人，观看量突破600万人次。三是启动“云上教育同城帮扶计划”。实现100所随迁子女学校200个班级教室接入公办优质学校相关同步教学课程，1000名随迁子女学校教师接受公办优质学校教师在线教研帮扶，覆盖随迁子女学校全学科全学段。苏州入选2020年度全国“智慧教育示范区”创建区域名单。

2.中小学课后服务全面推开。课后延时服务工作纳入市政府实事工程重点推进。全市共有553所中小学启动实施课后服务工作，实现了区域全覆盖、非寄宿制和无校车小学全覆盖、高中全覆盖，共有21.61万名学生接受课后服务，中小学的学生参与占比达24.49%，满足了家长接送孩子和学生巩固学习成果的需求，激发了学校办学活力，增强了教育服务能力，人民群众教育获得感和幸福感显著提升。

（供稿：苏州市教育局）

服务国家重大工程战略需求
高标准建设材料科学姑苏实验室

苏州市科学技术局

材料科学姑苏实验室成立于2020年6月30日，坐落在苏州工业园区，是苏州市委、市政府瞄准国家实验室建设标准和国际一流水平，服务国家重大工程战略需求，立足苏州现有科研基础与发展要求，集聚国内外创新资源，与科研院所、高等院校、龙头企业协同建设的新型的研发机构，获批首批“江苏省实验室”。实验室规划用地不少于500亩，10年（2020—2030年）建设资金总额200亿元，前期主要围绕电子信息材料、生命健康材料和能源环境材料等领域开展研究。

一、明确目标

为积极应对区域科技竞争与挑战，提升苏州科技创新策源功能，更好地支撑和引领苏州未来产业发展，2020年初，市委、市政府决定举全市之力建设材料科学姑苏实验室，紧扣材料领域中的国家重大战略需求、区域经济发展重大需求以及未来科技革命前沿技术等“三大重点”，追求“顶天立地”发展。“顶天”即指瞄准世界和国家材料科学领域前沿的重大科学问题，致力于基础研究和应用基础研究，实现原始创新和战略技术突破并形成自主知识产权；“立地”即指面向国民经济主战场和地方制造业发展重大需求，突破核心关键共性技术，推动产业升级。按照建设规划，通过五年左右的一期建设，集聚1000名以上的科研、技术及管理人才，建成具有国际一流水平的材料研发、分析表征、仿真模拟等公共平台，突破一批材料科学领域的核心基础科学问题和关键共性技术问题；通过二期建设，到2030年，材料科学姑苏实验室力争跻身世界一流材料实验室行列，成为具有全球影响力的国际化创新策源地、国家材料战略性科技创新基地。

二、建设举措

自成立以来，材料科学姑苏实验室将习近平总书记“以建设国家实验室为抓手，强化国家战略科技力量”的讲话精神作为指导思想，在各级政府和各理事会单位的指导和支持下，以目标任务为牵引，自加压力有担当，时不我待抓落实，根据实验室建设方案，落实好各项建设任务。

1.积极探索新型管理体制机制。创新实践“主建”和“主战”相结合的矩阵式管理理念，材料科学姑苏实验室作为独立法人事业单位实体化运行，实行理事会领导下的实验室主任负责制，组建了实验室执行管理委员会、战略与投资决策管理委员会和研发与人力资源管理委员会，负责实验室整体运营决策、项目投资评审决策和科研流程与组织决策。

2.加快推进硬件基础设施建设。积极推进纳米城地块建设规划，腾挪改造纳米大学科技园2.4万平方米，已完成装修改造1.28万平方米，其中科研项目场地2991平方米，办公场地9869平方米，可供科研项目使用的空置场地11146平方米。完成科研设备采购34台（套），为后续项目研发奠定了良好基础。

3.强化科研战略规划顶层设计。加紧科研项目组织与立项，在国家战略需求领域，规划布局了功能纤维材料研究方向。在产业链安全需求领域，规划布局了化合物半导体材料、高纯电子材料等研究方向。在行业未来发展需求领域，规划布局了量子计算、类脑计算、核心材料装备等研究方向。

4.充分激发科研人员创新活力。积极践行以“关键绩效指标”和“目标与关键结果管理”为主的考评机制，坚持以科研项目为中心，强调价值

◆材料科学姑苏实验室（供稿：徐志强）

创造和科研创新，通过将个人绩效和贡献同个人收入和岗位晋升挂钩，鼓励优秀人才快速成长，激发团队内驱力，提高实验室科研战斗力及创新生态活力。

三、成果和经验

材料科学姑苏实验室秉持“开放、协作、创新、共享”的发展理念，坚持业务引导模型，通过项目任务来推动人才团队建设，通过项目实践来逐步确定科研平台建设的目标、方向和节奏，通过项目牵引来促进科研战略规划的制定和完善，最终通过战略规划来指导项目的组织。半年来，在科研项目组织、人才团队组建、科研条件保障、创新生态构建、体制机制创新等方面都取得了进展，光荣入选苏州市“激励干事创业、奉献火红年代”先进集体。

1.一流创新人才团队加速集聚。通过项目聚集和遴选人才，积极探索市场化、多元化的弹性用人机制，打造“高精尖”的人才团队和科研攻坚的人才“蓄水池”。截至2020年底，材料科学姑苏实验室集聚科研人员190人，硕士及以上学历176人，占比93%；引进领军型人才29人，其中国家级人才10人，中科院百人3人，省级人才计划5人，其他正高级研究员和教授11人；另有8位院士、3位杰出青年作为技术指导参与项目研发工作。

2.重大科研项目攻关加速开展。加紧科研项目推进，截至2020年底，共计接待、走访企业70余家，组织立项企业合作项目29个，合作资金总额18.7亿元，其中企业出资额超过6亿元。从业务类型分，涉及国家重大战略需求项目5个，行业未来发展需求项目12个，产业链安全需求项目12个。项目合作企业中，行业龙头企业4家，上市企业4家，“双创人才”企业、姑苏领军人才企业、园区领军人才企业10家，苏州企业17家，占公司总数的58%。

3.协同创新科研模式逐步形成。探索实践有别于传统科研机构的“融通创新”新模式，初步提出了“RGB”多元投入科研协作创新模式，即以企业研发资金投入“R”代表的真实需求为核心，材料科学姑苏实验室的政府科研经费投入“G”加强基于真实产业需求的科研协作攻关，撬动金融机构的市场化资本投入“B”加速科研成果的高效产业化，以多方合力共同实现“知识产权共享，企业优先转化”的成果共享机制。

4.协同创新生态体系加快构建。创建“姑苏材料论坛”，打造高端材料科学交流平台，面向国内外邀请来自高校、科研机构和产业界的材料领域专家、学者分享创新经验，展示创新成果，2020年度共举办三期。与北京大学、清华大学、中国科学技术大学、苏州大学等高校以及长三角先进材料研究院、国家先进功能纤维创新中心和中科院苏州纳米所等知名科研院所开展研发合作。加强区域服务能力，与张家港市人民政府、建设银行苏州分行等单位开展战略合作。

（供稿：苏州市科学技术局）

助力中小企业　共渡疫情难关

苏州市工业和信息化局

为深入贯彻落实习近平总书记关于坚决打赢疫情防控阻击战的重要指示精神，全面落实党中央、国务院和省委、省政府关于疫情防控的决策部署，积极发挥中小企业在疫情防控中的重要作用，支持中小企业共渡难关，2020年2月2日，苏州市政府出台了《关于应对新型冠状病毒感染的肺炎疫情支持中小企业共渡难关的十条政策》（以下简称苏“惠”十条）。苏“惠”十条成为全国首个以城市名义对中小企业进行实际扶助的政策，在国务院常务会议上得到了两位中央领导同志（韩正、刘鹤）的首肯，并在商务部举行的新闻发布会上重点向海内外推荐。

一、积极落实指示，率先出台共度时艰扶持政策

疫情发生以来，苏州市委、市政府高度重视全市中小企业持续发展，苏州市工信局积极落实市委主要领导要求的率先出台帮助中小企业疫情后期共渡时艰扶持政策指示，并于1月31日召开了研究疫情后期支持中小企业发展相关政策会议，会后根据中国人民银行、财政部、银保监会、证监会、国家外汇管理局《关于进一步强化金融支持防控新型冠状病毒感染肺炎疫情的通知》（银发〔2020〕29号）等有关规定，结合苏州实际，第一时间草拟了支持中小企业发展的相关政策，政策坚持问题导向，聚焦企业实际困难，围绕加大金融支持、稳定职工队伍、减轻企业负担，从金融、社保、

税收、租金减免等方面提出十条具体举措，并明确了每条具体措施的责任单位，确保了政策落地见效。

二、多措并举，惠及中小企业持续发展

苏"惠"十条共十条，主要内容涉及：

1.加大金融支持。包括四部分：一是确保小微企业信贷余额不下降。各银行机构加大对小微企业的支持，确保2020年小微企业信贷余额不低于2019年同期余额。二是确保小微企业融资成本降低。鼓励各银行机构通过压降成本费率，加大对小微企业的支持力度，特别是"三必须一重要"重点领域和资金困难的中小企业，在原有贷款利率水平上下浮10%以上，确保2020年小微企业融资成本不高于2019年同期融资成本。三是发挥各政策性银行"国家队"作用。支持国家开发银行、农业发展银行、进出口银行、出口信用保险公司等在苏分支机构加大服务对接力度，全力满足疫情防控融资需求。四是鼓励金融机构提供保障性金融服务。持续开展"百行千人进万企"活动，组织金融机构通过走访、线上顾问、远程服务等形式，对小微、无贷企业特别是受疫情影响的企业进行服务，提供优质、高效、综合的金融服务。

2.稳定职工队伍。包括两部分：一是实施援企稳岗政策。对不裁员或少裁员的参保企业，可返还其上年度实际缴纳失业保险费的50%。二是缓缴社会保险费。对受疫情影响，面临暂时性生产经营困难，确实无力足额缴纳社会保险费的中小企业，按规定经批准后，可缓缴养老保险、失业保险和工伤保险费，缓缴期最长6个月。

3.减轻企业负担。包括四部分：一是减免中小企业房租。对承租国有资产类经营用房的中小企业，1个月房租免收、2个月房租减半。二是减免中小企业税费。因疫情原因，企业发生重大损失，正常生产经营活动受到重大影响，缴纳房产税、城镇土地使用税确有困难的，可申请房产税、城镇土地使用税困难减免。三是延期交纳税款。对因受疫情影响办理申报

困难的中小企业，由企业申请，依法办理延期申报。对确有特殊困难而不能按期缴纳税款的企业，由企业申请，依法办理延期缴纳税款，最长不超过三个月。四是扶持中小企业创业园。对在疫情期间为承租的中小企业减免租金的创业园、科技企业孵化器、创业基地等各类载体，优先予以政策扶持。

4.明确支持时限。本政策执行期暂定为自政策发布之日起的三个月。

三、携手共进，助力中小企业共渡难关

1.惠及面广。政策意见坚持问题导向，聚焦企业实际困难，围绕加大金融支持、稳定职工队伍、减轻企业负担三个方面，从确保小微企业信贷余额不下降、确保小微企业融资成本降低、发挥各政策性银行“国家队”作用、鼓励金融机构提供保障性金融服务、实施援企稳岗政策、缓缴社会保险费、减免中小企业房租、减免中小企业税费、延期交纳税款、扶持中小企业创业园等方面提出了十条具体措施，政策惠及面广，企业获得感强。

2.可操作性强。明确了每条具体措施的责任单位，科技、工信、人社、国资、金融、税务等部门结合职能，各自或联合出台了落实苏“惠”十条的实施细则，并向社会公布咨询电话，及时解答企业政策咨询，确保政策落地见效。

3.成效明显。政策执行期内，已为83127户企业提供贷款4961.34亿元。新发放贷款加权平均利率4.34%，比2019年同期下降1.16个百分点，同时累计为企业减免费用7995.34万元；共为74270户小微企业和个体工商户新发放普惠贷款726.15亿元，户均97.77万元，加权平均利率比2019年同期下降0.43个百分点；共为636户“三必须一重要”名单内企业新发放贷款147亿元，加权平均利率4.09%。社保费用减免方面，严格执行国家阶段性减免企业社保费政策，在全市实施援企稳岗补贴，发放企业稳岗返还20.06亿元，覆盖26.59万户企业，稳定岗位386.7万个。企业税收减免方面，阶段性减免

增值税小规模纳税人增值税，截至5月申报期结束，共减征32.9万户小规模纳税人7.3亿元增值税。减免小规模纳税人和交通运输、旅游、餐饮、住宿四大困难行业上半年房产税、城镇土地使用税，为1.06万户纳税人减免房产税1.7亿元，为4949户纳税人减免城镇土地使用税8573万元。全市国企减免中小企业租金超10亿元。

（供稿：苏州市工业和信息化局企业服务处）

“苏城码+网格化+铁脚板”创建疫情防控和社会治理新模式

苏州市公安局

苏州实有人口超1500万，外来人口846万，疫情期间540万返乡过年的人员陆续返苏，外来人口体量大、流动速度快，疫情防控面临巨大挑战。为防止疫情进一步传播蔓延，切实贯彻习近平总书记在统筹推进新冠肺炎疫情防控和经济社会发展工作部署会议上的重要讲话精神，苏州市委政法委、市公安局根据上级部署，立足苏州实际，严密落实“分区分级、精准防控”策略，对往来重点疫区人员、密切接触者、有发热症状等人员实现早发现、早报告、早隔离、早治疗，苏州创新运用大数据、人工智能、云计算等数字技术，在全省率先推出通行服务码——“苏城码”，充分发挥网格化治理机制优势，广泛组织动员党员干部、社会力量和人民群众构筑了联防联控、群防群治的坚固防线，形成了“苏城码+网格化+铁脚板”疫情防控工作机制。进入常态化疫情防控阶段后，市委政法委与市公安局进一步深化拓展这一有效机制，逐步形成以“苏城码”App为市域社会治理总入口的赋能服务体系，以资源联用、问题联治、服务联动为载体的网格化共治体系，以“铁脚板”下沉落地参与多元治理为导向的力量组织体系，推动苏州市域社会治理现代化迈入更高境界，为完成好“苏州之治”提供坚强政法保障。

一、分段建设、有序升级，不断提升技术效能性

按照建设过程可以分为启动、升级、完善三个阶段。

1.启动阶段（2—4月），坚持线上线下一体推进。线上完成“苏城码”系统开发建设，通过“苏城码”大数据精准赋能疫情防控；线下成立数据战队和涉疫重点人员“进网入格”专班，配套“网格化+铁脚板”工作机制，强化落地执行闭环体系建设。

2.升级阶段（5—7月），将“苏城码+网格化+铁脚板”的模式逐步融入市域社会治理工作。优化“苏城码”。强化数据对接，通过整合公安、司法以及综治等多部门社会治理数据，将“苏城码”App打造成集苏州市民健康码、电子证照等应用于一体的电子身份码便民移动应用，并严格按照要求做好数据对接，逐步实现“一码在手，畅通苏州”。制定标准规范，针对功能的不断拓展和完善，配套制定相应的规范，明确统一的标准。目前已拟定《苏州市公安局苏城码App证照电子凭证应用暂行办法》，规范电子凭证的使用。重构业务流程，从交通管理、人口管理、治安管理、网上办事等方面，围绕“苏城码”App的应用，重构一系列业务流程，把市民线上自主应用落到实处。深化“网格化”。探索“网格+融合”，发挥政府、市场、社会的多元主体作用，深入推进网格+警格“双网”融合，固化由街道社区干部、专职网格员、派出所警力、基层卫生工作者参加的1.2万个“四位一体”包保稳控工作组，协同物业管理、居民骨干、平安志愿者等人员，引导各类社区社会组织参与，实现专属网格到边到角全覆盖、综合网格联防联控无遗漏，真正做到走访排查“一刻不误、一户不落、一人不漏”。强化“铁脚板”。组织全市网格员对巡查区域进行疫情防控宣传、入户发放资料、重点人员监控、上门生活服务，协助当地处置部门共同维护社区公共卫生和环境安全。全市网格员通过“一个个微信群、一双双铁脚板”，高效完成24小时看护、倒垃圾、拿快递、代购、采买等细微工作，把服务和沟通转换成爱和关怀送到每家每户，搭建了网格员和居民群众的情感桥梁。每名网格员每日至少步行3公里，有的达到10多公里。组建心理救援医疗队，开通心理支持热线和网络辅导服务，针对部分居民进行心理疏导，缓解情绪。

3.完善阶段（8—12月），结合省委关于坚持和完善“大数据+网格化+铁脚板”治理机制的意见要求及苏州探索的实践经验，进一步加强

“苏城码+网格化+铁脚板”一体运行的整体设计。学习借鉴上海“一网通办”“一网统管”先进经验，推动大数据资源中心建设，加强数据关联、按需共享，健全网格联动快速响应机制，重点突出精准预防、精微服务、精细管理、精准处置，加强基层党组织领导，推动党员干部深入网格，不断增强基层力量。

二、“用户思维、客户体验”，不断提升应用便捷度

1.创建简便领码方式。“苏城码”面向全民开放，申请人员可以通过扫描二维码，或登录支付宝App搜索“苏城码”点击进入，或关注“苏州公安微警务”等微信公众号点击“苏城码”登录模块，如实填写个人10类信息后，系统自动生成3种颜色的码。其中，持红码者，必须集中或者居家隔离医学观察14日；持黄码者，必须隔离医学观察7日；持绿码者，可在苏州市内通行。

2.搭建可靠技术架构。“苏城码”海量汇聚使用9大类36种数据，实际运用数据的体量超千亿级，充分运用大数据、云计算、高并发、内容分发网络（CDN）等前沿技术；运用苏州政务云，动用109台服务器组成政务云计算集群，构建400台虚拟服务器，具备500核运算能力并可同时调用10P级海量存储；同时使用万兆宽带保障每秒超4万次并发访问量；在用户访问方面，该系统坚持微信、支付宝和政务App多入口、后台统一数据建库模式，可有效兼顾不同用户需求。“苏城码”具备超强运算能力，每秒可在线赋色2000人次，日均赋色计算超千万次。上线当天成功应对3.6万人次/秒的峰值访问量。

3.建立科学赋色策略。“苏城码”实行红、黄、绿三色动态管理。显示红色，说明系疫情重点地区来苏人员或者未解除医学管理措施人员；显示黄色，说明系发热门诊留观人员的共同居住家庭成员，有干咳、发热、呼吸困难等症状人员和其他需要关注人员；显示绿色，说明系未见异常或者已解除医学管理措施人员。根据上述规则，“苏城码”系统按五种规则对个

人申报进行过滤，用五种算法对申报数据进行校验，最终赋予申报人相应的色码。

三、保障安全、配套机制，不断提升长效实用性

1.安全有效数据管理。为保障市民申报数据全生命周期的安全，所有数据均存放于苏州政务云，数据产权归苏州市人民政府专有，采用多种安全技术严密防护，有效降低来自多维度、不可控的安全威胁。同时，市政府明确，“苏城码”采集的所有个人信息受法律保护。任何单位和个人不得将相关信息用于疫情防控之外的任何用途。

2.建立健全配套机制。建立完善平台功能优化升级机制、“伪绿”人员动态筛查机制、社会主体协同共用机制、入苏人员“慧眼”接管机制、“红黄人员”进网入格机制、旅馆行业协助监管机制、政法驻点包干督查机制、广泛宣传推广应用机制、投诉咨询受理解答机制等九大配套机制，进一步发挥“苏城码”在当前疫情防控中的关键性支撑保障作用，确保“抓扩面”“强联动”“优功能”“广宣传”。

3.不断丰富实战场景。在苏州各居民小区（村）、机关部门、企事业单位、车站码头、商业楼宇、旅游景区景点、文化体育场馆等场所以及地铁、公交车、有轨电车、出租车、网约车等公共交通工具的管理者或者经营者可以通过“苏城码”协助核验人员身份，实现精准防控。特别是基于“苏城码”数据滴灌的全市域社区防控网络，形成了触网交办、进网入格、指令反馈等管控闭环，全市1.2万个由“社区干部+公安民警+网格员+卫健工作人员”组成的“四位一体”排摸小组、7.2万名社区网格力量，对“苏城码”持红码、黄码人员，逐人落实进网入格等各项管理措施，从实践中探索出一套“苏城码+网格化+铁脚板”的苏州经验，牢牢守住社会及社区防线。

（供稿：苏州市公安局）

创新打造家庭养老夜间照护服务模式

苏州市民政局

家庭养老夜间照护服务，是指依托有资质的服务机构，在夜间时段将照护服务延伸至老年人家中，为居住在本市范围内年满60周岁以上的老年人提供服务，使老年人家中的床位成为具备“类机构”照护功能的床位，为其提供起居照料、精神陪护、应急处置基础服务，以及个人卫生、饮食照料、家庭保洁、代办代购、临床护理等个性化服务。开展家庭养老夜间照护服务，弥补了高龄独居老人夜间照护空白，缓解了老年人子女照护压力，完善了原居安老全时服务链，是勇闯养老服务“无人区”的体现。苏州市民政局从家庭养老夜间照护床位项目入手，围绕“全时服务链”“安心消费链”“共建共融链”三大主题，积极建链、强链、延链，创新养老服务模式，为勇闯养老服务“无人区”探路，打造了养老服务新高地。

一、抓住堵点，破解难题

苏州市于1982年进入老龄社会，早于全省、快于全国，老龄化呈现出基数大、增速快、空巢化等特点。截至2020年底，60周岁以上老年人188.51万人，老龄化率25.33%。为此，市民政局加快政策创制，加大资金投入，提出了构建“9064”养老服务格局的发展目标，即约90%的老年人居家养老，6%的老年人社区养老，4%的老年人机构养老。在3种养老模式中，居家养老服务成本较低、经济支出较少、符合传统孝道文化，容易被老年人及其家庭所接受，近年来发展迅速。在养老服务领域，苏州市拥有全国首创的“虚拟养老院”模式、全国第一批试点的长期护理保险服务、家庭医生项目、家庭病床服务，涉及民政、医保、卫健等3个部门4条线。白天的服务虽能基本能够满足老年人居家养老的需求，但夜晚却是易发生各类意外和突发疾病的服务空白点。2020年5月，结合苏州实际，市民政局在全国范围内率先提出“家庭养老夜间照护床位服务”项目，试水养老服务“无人区”，打造养老服务全时服务链。

二、多措并举，积极尝试

2020年5月，市民政局出台《苏州市家庭养老夜间照护床位建设运营管理办法（试行）》（苏政民老〔2020〕14号），提出要坚持“政府引导、市场运作、普惠适用”三项原则，依托有资质的服务机构，在夜间时段将照护服务延伸至老年人家中，使老年人家中的床位具备“类机构”照护功能。

1.市区整体推进。依靠各级民政部门和养老服务组织两支队伍，鼓励各市（区）从辖区内老年人结构、消费需求等实际情况出发，解放思想、因地制宜，完成“五个一”的第一阶段工作目标，即出台一个管理办法、遴选一批服务机构、进行一次媒体宣传、开展一次业务培训、提供一次免费体验。全市民政系统奔着一个目标、拧成一股力量，努力做到每周有进展、每月见成效、年底有突破。

2.机构积极响应。政府部门出政策，市场主体有行动。经过多年培育，全市涌现出一批规模型、连锁型、专业型的居家社区养老服务组织，从业人员达6200余名，老年人自费购买服务比例超50%。拥有稳定、专业的服务人员队伍和潜在服务对象数据库的居家养老服务组织，已成为家庭养老夜间照护床位项目的主力军。此外，物业公司、家政公司因其市场覆盖广、从业人员多等行业特性，成为重要补充力量。为保证服务质量，市民政局对服务机构作出相关资质规定，机构要主动提出申请，通过各市（区）民政部门审核及名单公示后方可开展业务。截至2020年底，全市共有97家单位成为首批签约机构，服务人次超8万。

3.宣传亮点纷呈。多方发力广知晓，宣传催化起作用。政策推出之初，通过苏州广电总台《苏城议事厅》节目进行议题引导，了解群众意见，做好宣传解释。在政策执行过程中，市、区两级民政部门构建起一个立体的宣传矩阵，协同配合，同频共振。《中国社会报》头版、中国之声、江苏卫视、《苏州日报》等中央、省、市主流媒体对本项目的全国首创做法给予充分肯定，各大主流媒体上有关苏州市家庭养老夜间照护床位的报道已达百余篇。此外，通过“深度苏州”微信公众平台在全市推出了家庭养老夜间照护免费体验活动，以体验感受激发消费意愿，以服务质量塑造项目口碑。

三、“三链”共建，协同推进

1.破解问题瓶颈，打造居家养老“全时服务链”。在项目推行过程中，也遇到了服务人员短缺、消费理念保守等问题。针对服务人员短缺问题，坚持从三方面入手：一是鼓励养老院、护理院合理调整人员排班，积极参与；二是鼓励各类养老服务机构扩大农民工、经济困难人员等就业重点群体的招聘数量，开展养老服务技能、安全等岗前培训，补充人员队伍；三是积极落实《国务院办公厅关于支持多渠道灵活就业的意见》，鼓励服务机构认真研究苏州市《关于建设劳动者就业创业首选城市的工作意见》等最新政策，用好用足政策带来的红利。在政策范围内，探索非全日制用工、个体经营等新就业形态。针对老年人消费理念保守问题，同样从三方面入手：一是通过苏州有影响力的自媒体推出免费体验活动，瞄准老年人的子女、亲属开展推介，达到晚辈关爱长辈、带动长辈的效果；二是梳理公布《苏州市基本养老服务指导性清单》，促进供需对接；三是加快智慧养老体系，为老年人提供“点单式”便捷养老服务，引导消费意愿释放。

2.营造市场环境，完善居家养老“安心消费链”。营造良好的养老服务市场环境，树立“不要我觉得，只要你觉得”的客户思维。为消除老年人担心的安全问题，市民政局专门设计了三重“防护网”：一是人员上岗必培训，二是服务开展必签约，三是纳入居家养老责任险。同时，进一步依托市养老服务联席会议推动行业综合监管，做到事前有预案、事中有记录、事后有奖惩，形成居家养老“安心消费链”。

3.倡导原居安老，推进物业+养老“共建共融链”。为解决服务人员和服务对象的性别匹配、互相适应和及时响应的问题，鼓励物业公司积极参与家庭养老夜间照护。物业公司中的保安人员多为男性，能够平衡居家养老服务队伍中的女性比例，满足男性长者的夜间照护需求；加之物业人员平时与老人们接触较多，熟络感可带来天然的信任感。经市民政局与市住建局和物业协会多次沟通决定，以夜间照护为契机，在苏城打造一批“原居安老响应中心”。响应中心不仅提供代买代购、助餐送餐、深度保洁等生活服务，还将配备养老顾问，链接就医陪诊、家庭适老化改造等专业化资源，老年人想要的都可以在这里“一站式”得到响应。

（供稿：苏州市民政局养老服务处）

擦亮营商环境的“法治名片”
创建法治政府建设示范市

苏州市司法局

作为全国法治建设先行起步地区，苏州认真贯彻落实党中央、国务院《法治政府建设实施纲要(2015—2020年)》，在江苏最早开展地级市依法行政考核、最早开展依法行政示范单位创建活动、最早开展法治政府建设第三方评议、最早探索法治政府建设责任制体系、最早探索重大行政决策程序制度建设，在全国率先确立政府立法全流程评估制度，探索镇域相对集中行政处罚权改革，率先出台《全面推进法治苏州建设的实施意见》《苏州市法治政府建设2016—2020年规划》，致力于以法治政府建设引领带动全面依法治市，以高质量的法治环境助推高质量发展。2020年2月，苏州获评首批全省法治政府建设示范市，7月被中央全面依法治国委员会办公室表彰为首批全国法治政府建设示范市。

一、以统筹协调为抓手，全面加强党对法治政府建设的领导

苏州始终将党的领导作为全面推进依法行政、加快建设法治政府的最根本保证，把党的领导贯彻到法治政府建设各方面。全面落实党政主要负责人推进法治建设第一责任人职责，市政府每年通过组织召开法治政府建设工作会议、建设法治政府工作领导小组专题会议、制定年度工作要点、印发考核评价标准等形式，加大对法治政府建设的组织部署。始终坚持法治城市、法治政府与法治社会一体建设，在全国首倡推进法治型党组

织建设，研究制定《苏州市法治型党组织建设三年行动计划（2017~2019年）》，着力提升党员干部法治思维、党内政治生活质量、党规党纪执行水准、依法决策办事能力、党内监督工作成效、法治引领保障水平等六个方面工作能力。

二、以人民为中心，推动政府依法履行职能

树立群众导向，深化行政审批制度改革，坚持“能放尽放、稳妥下放”，大力削减审批事项，在省内率先出台“不见面审批”清单，成立行政审批局，实行“一枚印章管审批”。建立行政权力清单动态管理机制，实现清单与法律依据同步调整，通过推行“网上办、集中批、联合审、区域评、代办制、不见面”等改革，不断提高审批效率。深入推进“证照分离”试点，着力解决群众反映强烈的“准入不准营”问题，“放管服”改革取得突出成效，苏州被国务院列为“深化商事制度改革成效显著、落实事中事后监管等相关政策措施社会反映好”的地区之一。提升“互联网+政务服务”建设水平，各级政务服务大厅全面接入信用信息共享平台。大力推进政务公开，完善苏州市人民政府网站管理，扩大全过程、全要素政府信息主动公开范围；改进政务服务短板弱项，在全市开展“对标找差·再攀新高”专项工作，依法逐项整改短板。

苏州紧紧围绕打造“苏州最舒心”营商环境，推动法治成为营商环境最硬内核。率先在全国编制《法治化营商环境建设指标体系》，以市场主体和社会公众满意度为导向开展法治化营商环境评估，发挥法治评价引领督促作用。市政府召开全市法治政府建设暨强化营商环境法治保障工作会议，进一步明确构建法治化营商环境的具体目标任务。

三、以制度建设为基石，实现高质量行政立法

以好用管用为导向，健全完善立法体制机制，全面加强党对行政立法

审查工作的领导，建立行政立法审查委员会制度。推进科学民主依法立法，构建以立法前评估、立法中协商、立法后评估三大机制为支柱的行政立法“三步走”体系，在全国率先出台《苏州市人民政府立法前评估办法》，以政府规章形式确立立法前评估制度；率先建立政府立法协商制度，确定基层立法联系点，把立法过程变为普法过程，凝聚社会共识；加大立法后评估力度，每年召开的立法后评估推进会、论证会，以评估意见为导向改进立法质量，实现立法过程评估全覆盖。

紧紧围绕名城保护、民生保障等重点领域抓好立法协调和组织实施，2015年以来，市政府提请市人大常委会审议《苏州国家历史文化名城保护条例》等14部地方性法规，制定《苏州市地下管线管理办法》等25件政府规章，出台《苏州市户口管理准入办法》等41件规范性文件。严格规范性文件管理，建立规范性文件制定主体公示制度，明确市本级64个制定主体资格。创新合法性审查方式，组织开展规范性文件专家公开点评活动，着力提高备案文件实质性审查水平；印发《市政府法律事务工作规则》，建立常务会议涉法议题合法性前置审核机制。

四、严格法定程序，推动科学民主依法决策

积极健全重大行政决策程序，凡重大行政决策都需经过公众参与、专家论证、风险评估、合法性审查、廉洁性审查、集体讨论决定等法定程序。在全国率先探索决策目录化管理和网上运行，依托门户网站探索决策预公开和动态管理。持续开展决策标准化体系化试点，在省内率先出台重大行政决策目录管理办法和决策程序规定实施细则。苏州重大行政决策目录与网上运行工作获“中国地方政府创新实践奖”和“中国法治政府提名奖”，决策目录管理经验被国务院《重大行政决策程序暂行条例》立法所吸收。政府法律顾问制度有效实施。

五、以标准化为目标，严格规范公正文明执法

不断深化行政执法体制改革，整合执法职能和资源，推动重心下移、资源下沉。在全国率先探索镇域相对集中行政处罚权改革，积极探索市场监管、生态环境保护、交通运输、城市管理、文化广电旅游、农业等跨部门、跨行业综合执法改革，在省内率先探索县域综合执法体制改革。不断改进行政执法程序，细化行政执法“三项制度”具体工作内容，大力推进行政执法规范化建设，加强执法人员培训管理，落实行政执法责任制度，行政执法“三项制度”实现全覆盖。

面对疫情防控和优化营商环境需要，探索实施包容审慎监管，梳理制定全省首份市级跨领域“免罚轻罚”清单，涉及涉企免罚轻罚事项454项。健全完善执法裁量基准，在全市推广行政指导和说理式执法工作，行政指导获“中国法治政府提名奖”。强化重点领域执法监督活动，强化行政执法案卷评查，健全公众参与机制，组建苏州市行政执法监督工作“专家库”，参与行政执法监督检查、案卷评查、争议协调和宣传培训等工作。在全省率先开发“行政执法便民通”手机客户端，推进行政执法“指尖上的公正”。探索“区块链+公证”在行政执法全过程记录中的应用，实现全程实时留痕和可回溯管理，维护行政相对人合法权益。

六、畅通多元渠道，依法有效化解社会矛盾纠纷

积极探索社会矛盾纠纷多元化解路径，强化行政纠纷化解与纠纷预防衔接，推进行政复议制度改革，完善告知告示程序，全面推行说理式复议文书，在全省率先推行复议决定书网上公开。积极推动行政机关负责人参加重大复议案件审理、出席听证会，规范行政机关负责人行政诉讼出庭应诉工作。强化行政调解与人民调解衔接，成立社会矛盾纠纷分析研判工作领导小组，引导行业协会商会等组织调解各类涉企纠纷。积极推进非诉讼纠纷解决机制建设，市委、市政府两办召开全市非诉讼纠纷解

决机制建设现场部署会，市司法局指导各地成立非诉讼服务中心，为基层社会治理营造和谐土壤。在全国率先推进公共法律服务均等化建设，加快公共法律服务供给侧改革，建成全国首个宪法宣传教育馆并上线运行网上宪法馆。积极推进法治乡村建设，充分运用行政指导、行政给付等柔性治理措施，引导各类社会主体办事依法、遇事找法、解决问题用法、化解矛盾靠法。

（供稿：苏州市司法局）

创新政府投资基金发展模式
为苏州高质量发展赋能

苏州市财政局

近年来，苏州市财政局主动适应经济发展新常态，迎难而上、创新进取，积极探索政府投资基金发展模式，逐步形成具有苏州特色的多元化政府投资体系，为经济社会发展贡献财政智慧，财政资金“放大镜”效应明显，实体经济“助推器”作用突出，产业升级“催化剂”取得成效，经济发展“贡献度”显著提高，在撬动社会资本涌入苏州市企业、推动经济社会高质量发展等方面处于全国、全省前列。

一、超前谋划，着眼长效管理

建立健全苏州市政府投资基金组织保障机制，于2016年在全省率先成立苏州市政府引导基金管理中心，负责建设政府引导基金数据库，收集、整理和利用各类被投资企业和项目、子基金管理人、社会出资人等信息，推动政府投资基金的可持续发展。在此基础上，苏州市财政局外经金融处于2019年变更为金融和基金管理处，加强了对全市政府投资基金资源的统筹协调管理。

二、高效推进，实施规范管理

加强苏州市政府投资基金制度体系建设，制定出台《苏州市产业引导基金管理办法》（代市政府拟稿）、《苏州市产业引导基金管理办法实施细则》等多项制度，设置科学的考评体系，对基金管理人、托管银行提出具体的风险控制要求，定期梳理、加强整合，制定回购、并购、上市等多元化退出方案。研究制定《母基金合伙协议法律文本》《基金运营报告指引文本》等一系列行之有效的规范文本，实现政府投资基金由经验管理上升到体系管理。通过聘任外部专业顾问的方式加强合规监管，为基金的平稳运行保驾护航。要求各基金管理人自定期制定上报详细的年度投资计划和长期投资规划，为母基金出资安排提供决策依据，积极推行出资人按项目缴付制向母基金缴纳出资，避免在母基金层面出现较多沉淀资金，提高财政资金使用效率。

三、创新模式，提升管理效能

打造投资基金“苏州模式”，创新国有企业资本与社会资本合作模式，2017年通过国有资本和金融资本的对接，设立苏州市创新产业发展引导基金。该基金拥有三大创新优势：一是新颖的“市县联动、二级放大”基金架构，因地制宜地引入知名品牌基金管理团队与区县板块合作设立子基金，采取母子基金模式按照1∶5的带动比例放大，形成各地产业协同发展合力；二是务实的“宏观指导+日常运营”的母基金管理方式，在宏观指导层面设立基金管理委员会，在日常运营层面专门组建苏州股权投资基金管理有限公司，作为基金管理人对母基金实施专业化管理；三是灵活的“市场化、专业化”基金决策机制，基金管理人实施市场化管理，基金管理委员会仅在宏观层面把握基金整体发展方向。

四、长远规划，激发市场活力

根据苏州市委、市政府决策部署，研究制定苏州市天使投资引导基金方案，稳步推动天使基金设立落地，助推苏州初创期天使企业和项目快速成长，进一步激发市场活力和社会创造力，使创新创业与经济社会发展深度融合，为“十四五”时期高质量发展提供有力保障。成立基础设施领域不动产投资信托基金（REITs）工作专班，形成工作机制，积极盘活社会存量资产。

截至2020年12月底，苏州市政府性投资基金共61只，包括32只母基金和29只直投基金，总认缴规模3478.51亿元，其中政府认缴出资251.92亿元。苏州市政府性投资基金累计投资项目共823个，预计带动社会资本形成投资总规模约1826.59亿元。全市财政投资基金累计直接和间接投资企业近1500家，被投企业中已有53家成功在国内IPO（首次公开募股），8家在海外上市。政府性投资基金在四个方面为苏州高质量发展做好赋能：

1.优化营商环境，释放企业活力。针对不同发展阶段和需求，从初期成果转化的天使轮投资，到中期健康成长、后期扶优扶强的各轮投资，不断丰富政府投资基金层次，紧跟企业全生命周期发展步伐，为企业提供金融、智力、人才支持，形成覆盖企业全生命周期的政府投资基金支持体系。充分发挥政府投资基金的撬动作用，政府产业引导基金在具体投资子基金或直投项目上的资金放大效果普遍达到5倍到10倍，如苏州明善睿德投资企业，政府产业引导基金出资占比10%左右，其余90%均为社会资金市场化募集；如聚明一期基金，政府产业引导基金持股比例仅仅为4%，资金撬动作用非常明显。

2.融入发展双循环，推动产业新发展。政府投资基金积极助推苏州产业转型升级和创新发展：围绕打造“中国药谷”目标，苏州市政府投资基金与知名创投机构积极合作，在苏州设立医疗投资基金11只，累计投资45家苏州医药企业，总投资额超过10亿元，培育了一批创新药、仿制药、生物类似药及创新医疗器械明星企业；2012年设立苏州市城乡一体化建设引导基金，引导金融和社会资本投向农业农村，累计成立子基金16只，已定向投资苏州市21个乡镇街道的34个项目，投放资金达90亿元，有力助推乡村振兴战略的实施；支持智能制造产业发展，并购基金助推企业实现先进技术的国产化落地。

A03 苏州日報 要闻 2020年10月20日 星期二 责任编辑·韩铸 美编·阎苏东 组版·顾宇 校对·史逸伟

从企业创立到IPO、从债券融资到股权融资，苏州财政部门出台一体化财政金融政策——

扶持小微企业“全生命周期”发展

□苏报记者 大秋

苏报读——财经

日前，相城区小微企业苏州市普朗斯热处理有限公司获得了苏州银行提供的一笔70万元的“信保贷”，不用抵押而且利率还低；今年年初，国内领先的智慧酒店、智能化场景一站式服务商快住智能科技有限公司不但获得了招商银行、江苏银行共计1.08亿元的低息贷款，而且还获得了1.5亿元的A+轮股权融资。

普朗斯和快住智能科技的成长、发展，是苏州财政金融支持小微企业发展的一个缩影。从“富民创业贷”，到“信保贷”“苏微贷”“小微创业贷”，再到股权投资，苏州财政部门逐步建立起从企业创立到IPO、从债券融资到股权融资的“全生命周期+多渠道”的一体化财政金融扶持政策。

+点料

政府信用撬动社会资本

目前市级现有15支政府产业引导基金，规模25.13亿元

其中财政认缴18.16亿元，撬动社会资本形成的总投资规模达220.66亿元，成功助推了一大批创业创新型中小企业的成长与发展

政府产业引导基金累计投资企业超500家，被投企业中已有12家成功IPO，45家挂牌新三板

拳头产品畅通融资渠道

■“富民创业贷”重点支持个人创业，授信金额最高不超过50万元

■“小微创业贷”主动聚焦有银行流水、有销售合同、有纳税记录、有财务会计制度的“四有”企业，授信金额最高不超过500万元

■“信保贷”精准对接在苏州地方企业征信系统上信用评分良好的企业，授信金额最高不超过1000万元

半数“信保贷”投向制造业

制造业	54%
科学研究和技术服务业	32%
租赁和商务服务业	7%
信息传输、软件和信息技术服务业	7%

■政府产业引导基金以“引人、引资、培育产业”为目标，重点关注Pre-IPO企业

雪中送炭：政银合作助力小微企业成长

融资难、融资贵一直是小微企业成长过程中的难题。苏州市普朗斯热处理有限公司是一家从事高铁、地铁刹车系统热处理的初创企业，受益于苏州财政金融政策，它在成长的关键节点享受到了免息低息的贷款，渡过难关。

这家成立于2016年的公司，创办之初只有2人。到了2018年，公司有了预计的订单量，需要采购第二台设备，大概需要120万元左右。“当时主要就是缺钱，后来就申请了针对创业人员的创e贷，”公司总经理夏光兵告诉记者，“不但免担保而且还全额贴息！”普朗斯很快就从苏州银行贷了30万元，和股东凑的一些钱买来第二台设备，虽然还是亏损状态，但是当年的营业额就达183万元。2019年是普朗斯快速成长的一年，公司发展到12人，营业额一下子达到了440万元，公司也实现扭亏为盈。

今年初，受到疫情影响，公司的现金流遭遇瓶颈，3月份，普朗斯向苏州银行申请了信保贷，获得授信100万元。6月份，公司提取了70万元的贷款用于扩大生产。“免担保而且利率只有4.6%，这笔贷款比之前的30万元贷款作用更大，让我们熬过了最困难的时候。”夏光兵激动地告诉记者。据介绍，尽管受到疫情影响，公司全年营业额预计仍有10%的增长。

记者了解到，2018年普朗斯获得的30万元“创e贷”，2019年升级为“富民创业贷”，填补了财政金融在创业就业方面的空白。“富民创业贷”将最高贷款额度由30万元提高至50万元，支持对象为我市区域内全体城乡创业者，财政通过贴息、担保的方式为就业困难人员、高校毕业生、返乡创业农民工等人群提供金融支持。截至今年8月，“富民创业贷”累计发放贷款37747万元，支持人数2010人，贴息金额1868万元。

随着企业成长，今年普朗斯获得的70万元“信保贷”，是基于苏州综合金融服务平台运行的政银合作拳头产品。“信保贷”以财政出资设立的信用保证基金为增信手段，鼓励银行和担保公司（保险公司）为企业提供单户1000万元及以下、期限6个月及以上的贷款。信用保证基金计划设立规模10亿元，目前财政已累计出资1.11亿元。截至今年8月底，累计有5108家企业获得“信保贷”授信419亿元。

同样针对小微企业的还有财政与工商银行合作推出的“小微创业贷”，通过省、市两级财政共同发起成立2亿元的风险补偿资金池为小微企业增信，并创新性提出“两无四有”的授信标准，为正常合规经营的一大批中小企业提供了低门槛的融资支持。截至今年8月底，“小微创业贷”累计发放贷款约52亿元，支持企业户数3817户。

据市财政局有关负责人介绍，通过“富民创业贷”“信保贷”“苏微贷”“小微创业贷”四大政银合作代表产品，打出财政组合拳，攻坚中小企业融资难题。“四大资金池总计规模5亿余元，有效实现了财政资金的引导功能和杠杆功能，推动银行加强对中小企业的支持力度，解决银行不愿贷、不会贷、不敢贷的问题，从而实现政府支持中小微企业融资的发展目标。”该负责人说。

助推腾飞：畅通“债券+股权”融资双渠道

今年1月7日，快住智能科技有限公司宣布获得了1.5亿元A+轮股权融资，此轮融资由顺融资本、苏高新创投集团、齐家网联合投资。本次融资是目前国内酒店智能行业最大一笔投融资事件，其中顺融资本是一支市财政出资设立的服务业引导基金投资的子基金。

作为智能化物联网企业，快住智能科技成立于2015年，并于2018年获国家高新技术企业认定。尽管从2017年才开始正式销售，但销售收入获指数级的增长，截至目前，快住智能科技在国内智慧酒店市场占有率达到60%，目前已与65家酒店集团、8000余家酒店达成合作，升级智慧客房35万间，全球物联设备已超过452万台。

除了获得股权投资之外，该公司还获得招商银行、江苏银行合计1.08亿元债权融资。记者了解到，这笔贷款是江苏银行提供的“苏科贷”和招商银行的“信保贷”，都是为支持中小微企业而设立的纯信用担保贷款，利率只有4.35%。

在苏州，跟快住智能科技一样，一路发展起来既获得过“信保贷”授信支持又获得政府产业引导基金的投资的企业有64家。

记者从市财政局获悉，为创新财政支持经济发展的方式，苏州市于2011年率先开启政府产业引导基金，并逐步形成了完善的符合市场规律及苏州实际的政府产业引导基金管理体系，财政资金“放大镜”效应明显，经济发展“贡献度”显著提高。

据介绍，目前市级现有15支政府产业引导基金，规模25.13亿元，其中财政认缴18.16亿元，撬动社会资本形成的总投资规模达220.66亿元，成功助推了一大批创业创新型中小企业的成长与发展。“以政府信用作为支持，撬动社会资本，有效缓解了企业融资难融资贵的问题，助力我市企业的发展壮大。”该负责人表示。据悉，政府产业引导基金累计投资企业超500家，被投企业中已有12家成功IPO，45家挂牌新三板。

全生命周期：财政金融扶持政策渐成体系

普朗斯和快住智能科技的成长、发展和壮大，标志着苏州财政部门已经逐步建立起从小微企业创立到IPO、从债券融资到股权融资的“全生命周期+多渠道”的一体化财政金融扶持政策。

中小微企业一直以来被定义为经济和就业的“稳定器”，是衡量社会发展动力的重要因素。近年来，苏州财政部门积极优化地方金融政策，构建普惠金融体系，重点聚焦中小企业融资痛点，以“店小二”精神持续为中小微企业融资难题牵线搭桥。

苏州市以苏州综合金融服务平台、苏州地方企业征信系统、苏州股权融资服务平台三大金融基础设施为核心载体，通过“富民创业贷”“小微创业贷”“信保贷”以及政府产业引导基金等拳头产品，畅通中小微企业“债券+股权”融资的双渠道。财政部门以一张蓝图绘到底的精神，系统性制定一体化财政金融扶持政策，通过市场化的机构、平台等打通政策落地的“最后一公里”。政府与市场各司其职，通力合作，不断提升财政金融政策的科学性和体系化水平。

正是基于这方面的努力和成绩，今年7月，苏州市成为全国财政支持深化民营和小微企业金融服务综合改革的60个试点城市之一。据介绍，下一步，苏州财政部门将从设立政府性融资担保机构和深化政府产业引导基金支持机制两方面入手，统筹完善小微企业全生命周期财政金融扶持政策体系。以政府性融资担保机构为平台推动与银行业金融机构开展财政增信信贷产品的开发与合作，探索建立一体化的政府性融资担保贷款风险分担机制。根据企业发展的各阶段规模标准，分门别类分担不同生命周期阶段的企业融资担保贷款风险，构建既有针对性、又有延续性的市场化合作模式。同时，以政府产业引导基金为改革创新重点，进一步优化提升引导基金对“一头一尾”两个阶段的企业的支持力度：引导天使投资加强对初创期企业的支持力度，帮助企业度过初创关键期；引导并购投资加强对壮大成熟期企业的支持力度，助力企业通过兼并、收购等方式实现跨越式发展，打造地方标杆企业。

环保装备制造业规范条件企业名单公布

苏州4家企业入选

苏报讯（记者 张帅）近日，工信部公布2020年环保装备制造业规范条件企业名单，苏州共有4家企业上榜。

环保装备制造业规范条件是工信部为提升绿色发展水平而制定，包含环保装备制造行业大气治理、污水治理、环境监测仪器和固废处理装备等方面。苏州入选的这4家企业分别是：苏州仕净环保科技股份有限公司，主要业务领域为脱硫、脱硝、除尘、挥发性有机物（VOCs）治理设备制造；江苏保丽洁环境科技股份有限公司，主要业务领域为油烟治理设备制造；江苏力鼎环保装备有限公司，主要业务领域为城镇生活污水、农村生活污水、垃圾渗滤液处理等设备制造；苏州乔发环保科技股份有限公司，主要业务领域为城镇生活污水、工业废水、农村生活污水处理等设备制造。

抢抓线上消费“新风口”

常熟经开区牵手云杉美菜构建长三角生鲜电商产业集群

苏报讯（驻常熟记者 袁鼎）昨天，云杉生态投资总部项目银团综合授信意向框架协议在常熟签约。授信由农业银行常熟分行牵头，联合工商银行常熟分行等5家银行，组建云杉生态投资总部项目银团，助力项目发展，总授信额度达60亿元。

今年4月，云杉美菜与常熟经开区达成战略合作协议，江苏云杉世界总部项目正式签约落户常熟经开区。北京云杉世界信息技术有限公司在2018年被硅谷全球数据研究机构PitchBook估值70亿美元，旗下的美菜网是全球智能领域最先进的农产品移动电子商务平台。目前其业务覆盖全国近300个城市，累计服务商户超过279万家，在32个城市建立了87个仓储中心，仓储面积约75万平方米，日包裹处理量超250万件。江苏云杉世界总部项目将进一步发挥云杉美菜在生鲜电商、智慧零售、大数据等方面优势，建立“一中心、多节点”分布式农产品流通体系，完善集产地分拣、净菜加工、仓储、冷链配送于一体的现代农副产品物流配送基地，力争将常熟打造为“美菜模式”的全国试点。项目首期注册资本4.5亿美元，将在常熟经开区投资设立全国冷链地产总部、区域运营中心、全国冷链物流配送中心、区域中央厨房基地、全国大数据应用分中心、云杉生态投资总部等6个子项目。

据悉，随着云杉美菜等一批生鲜电商总部项目落户，常熟经开区将抓住“后疫情”时代线上消费的“新风口”，围绕生鲜电商产业优化现代服务业和新经济产业布局，加快构建长三角生鲜电商产业集群。

打造新兴产业聚集地

昆山再添省级创业示范基地

苏报讯（驻昆山记者 占长孙）近日，2020年度省级创业示范基地备案名单公布，昆山市皓康科技创业服务中心成功晋级。苏州市有5家单位入选。

作为昆山民营科创企业基地之一，该中心依托昆山国家高新技术产业开发区政策资源，聚集了一批电子信息、软件服务外包、新材料、机器人及智能装备等高新技术领域创新创业领军人才企业。基地强化与常熟理工大学、江南大学等多家高校及科研机构合作，积极对接先进产业资源，创新建设人才数据链，为入驻企业提供公共服务平台、电子商务平台、人才服务平台、投融资平台、科技咨询平台、知识产权服务平台等“六位一体”的一站式服务，成为昆山科技创新策源地、新兴产业聚集地之一。

近年来，昆山着力推进“就在苏州·昆山如意”公共就业创业服务品牌建设，不断加强创业孵化基地政策扶持和规范管理，充分发挥创业带动就业的倍增效应，全力打造创新创业首选城市。

截至目前，昆山共有创业孵化基地40家。其中，省级创业示范基地5家，苏州市级创业示范基地5家。

京东在高铁新城拿地

将建全国第二个“智谷”项目

苏报讯（记者 王安琪）昨日，苏州11号土拍正式开槌，高铁新城65号宅地及66号商务科研用地均底价成交，两宗地块成交金额共47.31亿元，这也意味着京东智谷正式落户相城区。

其中65号地块为住宅用地，位于高铁新城相城大道东、太东路南，由京东、平安及中南联手摘得，成交总价42.76亿元，成交楼面价15600元/平方米。这是本次土拍唯一的住宅用地，总体量近30万平方米。根据监管协议，65号地块未来建设房源的预售（销售）需与建设及产业研发相关投入相挂钩。住宅的允许预售（销售）面积按产业的实际投资额分批发放。此外，住宅项目装修标准要求不低于1500元/平方米，住宅户型面积不小于100平方米（包含公摊面积及套内面积），未来地块上将产生约2500套房源。

而66号科教商服用地则要求未来将引入不少于200家企业，其中全球总部企业不少于1家、全国总部企业不少于5家、长三角区域总部不少于20家；5年内引进人才不低于3000人。可以预见，随着京东智谷的到来，未来高铁新城可以在智慧产业领域率先破局，产业也将加速崛起升级。

据了解，早在2017年9月14日，相城区政府就与京东集团举行京东智谷项目签约仪式，确认项目落户高铁新城。时隔3年，昨日土拍京东成功拿地后，“靴子”终于落地。此次京东计划投建的是全国第二个京东智谷项目，将建设国内领先、国际一流的“云计算+大数据”新经济基础设施，提供城市云、产业云、数据云、电商云、双创云等综合解决方案，输出平台对接、数据支撑、生态孵化、品牌打造四大价值体系，推进相城区乃至苏州市产业转型升级。同时引入京东战略生态合作伙伴共同落地本地，打造产业生态圈。

◆2020年10月20日，《苏州日报》对市财政部门出台一体化财政金融政策的报道（供稿：引力播）

3.区域协同发展，打响“苏州品牌”。创新产业发展引导基金已完成与张家港、工业园区等共8个地区的子基金落地工作，子基金合计总规模296.51亿元，资金放大超8.3倍，国资放大16.6倍，有力促进了区域协同优质发展。此外，通过跟踪子基金投资领域、投资比例进展，采取正向激励方式，不断引导子基金管理团队加大对本地优秀公司的关注力度，已有近1500家苏州企业获得了政府产业引导基金的直接或间接投资。

4.打造服务平台，力促创新发展。发挥“基金招商”优势，广泛接触契合产业发展方向的优秀基金项目，集中力量推动资金、人才、技术落户苏州。聚焦优势产业，围绕各板块产业发展特点和转型需求，加强优势产业引入；扶持优质项目，着力打造政府、产业、资本三方互动平台，吸引生物医药、新能源、智能制造等领域的项目落户。其中，创新产业发展引导基金通过启明创投、通和毓承、中金启辰等18只子基金，已累计吸引泓懿医疗、铁歌科技、怡道生物、麦科奥特等15个项目落户，投资金额达9.43亿元人民币。

2020年11月11日，《新华日报》头版刊登《政府投资基金成为撬动产业升级“大杠杆”——苏州为创新型企业深度赋能》专题报道，作为基层贯彻落实五中全会精神的典型进行宣传。此外，政府投资基金相关工作成效获得《中国财经报》聚焦并进行专题报道，市委研究室《苏州改革》第28期专题刊发，市政府研究室《调研通报》第35期专题刊发，《苏州信息》第24、225、230期专题刊发；获得《苏州日报》两次深度聚焦并进行专题报道；两次获得财政部点名肯定并报道；获得“学习强国”平台刊发；获得《苏州新闻》头条重点报道；相关工作经验获得《新理财》杂志专题刊发。

（供稿：苏州市财政局）

创新综合计算工时工作制
努力将劳动者稳在岗位上

苏州市人力资源和社会保障局

苏州是产业大市、用工大市，市场主体突破200万户，用工规模超600万人。2020年，受疫情及各方面的冲击影响，企业面临潮汐式用工需求矛盾，劳动者规模性和群体性失业风险加大。面对稳就业与保市场主体的巨大压力，苏州创造性贯彻落实国家支持灵活就业等部署要求，在全省率先实施综合计算工时工作制“放管服”改革，指导受疫情影响企业依法实施综合计算工时工作制，努力以改革红利对冲疫情影响、以最优服务助力夺取“双胜利”。中央电视台等国家级媒体予以宣传报道。

一、适时调整，精准优化“放管服”

综合计算工时工作制作为实施灵活用工政策的有益实践，主要适用于需要连续作业、受季节或受市场因素影响较大、无法按照标准工时制度来安排职工工作时间的行业企业。该制度适用范围小、审批严格，2019年全市只有446家企业获批。疫情发生后，苏州准确把握形势变化要求，创新推动综合计算工时工作制“放管服”改革，努力将劳动者稳在岗位、稳在企业、稳在苏州。

1.拓宽“放”的广度。将审批范围扩大至所有受疫情影响的企业，获批企业的行业类型涵盖17个主要行业门类，其中加工制造业占比近7成，外贸企业占比超3成，小微企业占比超8成，涵盖亨通集团、三星电子等大型企业，同程旅游等受疫情影响较大的文化旅游业、住宿餐饮业。

2.强化“管”的力度。坚持护企与维权并重，事中指导、督促申请企业开展民主协商、加强用工管理，事后监督获批企业依法保障劳动者休息休假和健康权，坚决防范可能产生的各种风险隐患，切实维护好职工权益。探索实施包容审慎监管，强化正向激励措施，出台涉企轻微违法行为不予处罚和一般违法行为从轻减轻处罚13项清单。2020年以来，全市工时和休息休假方面的投诉举报案件量同比下降15%。

3.提升“服”的温度。推行告知承诺制，将12项办理材料精简至4项，将20个工作日的办结时限压缩至5个工作日，推动服务便捷高效。目前，全市范围内超半数地区审批实现当日办结，全面实现3个工作日内办结。

二、开拓创新，打好政策“组合拳”

在改革推进过程中，因时因势调整深化政策着力点和结合点，叠加“共享用工”“工伤预防”“技能提升”三项联动政策，打出“1+3”政策“组合拳”，牢守安全生产底线、促进职工技能提升、精准调剂用工余缺，强化保市场主体、保居民就业、保基本民生的政策合力，最大限度释放改革红利。

1.“改革+共享用工”助力企业探索积累用工新模式新经验，推动供求精准对接。结合实行综合计算工时工作制企业生产任务不均衡、用工需求周期波动的特点，以及调剂用工余缺的现实需要，强化综合计算工时制度对共享用工模式的良性引导，借助“苏州市人力资源调剂平台”优势，整合共享用工信息发布渠道，强化企业内部和内外之间用工信息互联互通，促进企业之间、企业与劳动者之间精准对接、高效配置，全力保障就业形势总体稳定。2020年，“苏州市人力资源调剂平台”共注册企业6036家，个人注册10.73万人，提供岗位数15.52万个。同时，加强对美团等平台企业的用工指导，强化平台企业从业人员职业伤害保障，率先探索出台非全日制用工人员参加工伤保险办法，2020年，已为2439名非全日制从业人员登记参保。

2.“改革+工伤预防”助力企业建立健全工伤预防长效机制，牢守安全生产底线。根据实行综合计算工时工作制不可避免地造成员工阶段性工作时间相对较长的实际，同步加载“工伤预防”服务，最大程度降低工伤事故风险。通过发放工伤预防服务手册、定期组织集中培训和政策宣讲等举措，指导企业做好安全生产隐患排查和风险防控工作。委托专家团队上门，指导企业落实改善措施，建立工伤预防长效机制。1466家参与开展工伤预防培训改善项目的企业，工伤事故发生率平均同比下降32.8%左右，最高下降82%以上。

3.“改革+技能提升”助力企业建立健全职工职业技能提升机制，促进职工技能成才。针对实行综合计算工时工作制企业安排职工集中休息的特点，配套推出“技能提升”服务，支持企业组织职工利用集中休息的时间开展职业技能培训。通过针对性指导企业开展岗前培训、定制职业技能培训方案、支持开展企校合作和举办职业技能竞赛等举措，帮助稳定工作岗位的同时提升职工技能水平，助力劳动者技能提升、技能成才。放活技能人才评价机制，实施企业技能人才自主评价，对建立完备的职工培训制度、薪酬激励机制的规模以上获批企业，优先列入自主开展技能等级认定备案单位。

三、求真务实，答好改革“赶考卷”

综合计算工时创新以小切口改革释放出了良好的社会效应。改革实践中，形成了以下几点深切的体会。

1.改革重在破解育先机、开新局的堵点。综合计算工时工作制改革是疫情下应对变局的探索创新，也是积极应对灵活就业新业态蓬勃发展、开拓新局的主动作为，发挥了“四两拨千斤”的作用，有效提振了企业、群众对经济社会发展的信心。

2.改革应当紧盯企业、群众目光的焦点。推进综合计算工时工作制改革的出发点是保居民就业、保市场主体、保基本民生，是站在“惠企利民”视角贯彻落实国家部署的创造性做法，有效拓宽了企业发展空间，全力稳住了就业“基本盘”。

3.改革需要把握各方利益均衡的结合点。综合计算工时工作制“1+3”政策体系发挥了各项改革措施的联动效应，既促使企业吸纳更多就业，维护了企业利益，又坚守底线思维，最大限度保护劳动者合法权益，将解决问题、务实管用有机统一起来，有效激发全社会的创业活力和创新潜能。

（供稿：苏州市人力资源和社会保障局）

生态质量大幅改善　生态宜居日益彰显

苏州市生态环境局

2020年，苏州市深入贯彻习近平生态文明思想，全面践行“绿水青山就是金山银山”理念，特别是面对“十三五”收官、全面建成小康社会、决战决胜污染防治攻坚战的紧迫形势和新冠肺炎疫情带来的空前挑战，全市上下团结一心、攻坚克难，坚决贯彻落实中央和省委决策部署，坚持问题导向、目标导向、结果导向，以改善环境质量为核心，以产业转型升级为路径，统筹推进总量控制、污染治理、风险管控和生态建设，全力打好蓝天、碧水、净土保卫战，顺利完成年度各项目标任务，生态环境质量大幅改善，生态宜居日益彰显，污染防治攻坚战取得标志性成果：在全省“263”专项行动和打好污染防治攻坚战考核中实现“三连冠”；空气质量在全省率先达到国家二级标准，省考以上断面优Ⅲ比例首次迈上90%大台阶；全市生态文明建设群众满意率达到91.8%，同比上升1.7个百分点。

一、坚持全面从严治党，全面锻造苏州生态环境保护铁军

坚持全面从严治党，推动党建与业务深度融合，培养和锻造一支“政治强、本领高、作风硬、敢担当，特别能吃苦、特别能战斗、特别能奉献”的高素质生态环境保护铁军。

1.筑牢一线战斗堡垒。加强生态环境系统基层党组织建设，争当激发组织活力的铁军先锋，推动基层党组织规范化、标准化建设。加强“两山”

卫士行动支部建设，突出理论武装、党性锻炼和实践检验，充分发挥一线战斗堡垒作用。加强领导班子帮带指导基层建设，市生态环境局班子成员落实对各地帮带96人次，重点企业帮扶80余家次，督导检查200余人次，接案下访60人次，有力化解了基层建设中反映的突出问题。

2.建强一线执法先锋。着力抓住业务能力“八个一”提升工程，巩固“543”工作法、现场执法“八步法”和行政执法“三大制度”，实施统一的生态环境行政处罚自由裁量基准，规范执法行为，确保公平公正公开。推动环境监察、固废管理、辐射监督、事故调查等职能深度融合，实现机构队伍1+1+1+1=1、执法效能1+1+1+1>4的改革成效，打造了一支有党性、有血性、有刚性、有韧性的执法先锋队伍。

3.织密一线环保网格。深化利用基层“三整合”改革成果，充分发挥基层网格化管理优势，将生态环境保护融入网格之中，赋予网格巡查员相应的工作职责，形成日常任务清单；整合污染防治和生态环境保护队伍；配齐配强基层环境执法力量，完善环境监管网格化体系。积极探索推行非现场执法、延伸执法、网格下沉执法等创新手段，强化事中事后监管，切实提高了网格化环境保护执法监管能力。

二、坚持以人民为中心，全力改善生态环境质量

始终坚持把良好生态环境作为最普惠的民生福祉，坚持精准治污、科学治污、依法治污，全力改善生态环境质量，不断提高人民群众幸福感、获得感和满意度。

1.坚决打赢蓝天保卫战。重点实施PM2.5和臭氧浓度“双控双减”，年内完成治气重点工程2712项，钢铁行业超低排放实现全流程改造，整治工业锅炉和炉窑892项，VOCs综合治理1577项，减排成效明显。淘汰国Ⅲ及以下排放标准营运中型和重型柴油货车2929辆，淘汰或改造港口水平运输机械395台，“车油路企”实现全方位监管。全年苏州市PM2.5浓度为33微克每立方米，同比下降15.4%；空气质量优良天数比例为84.4%，同比上升6.6

个百分点；PM2.5浓度和优良天数比例均位列全省第二。

2.深入打好碧水保卫战。坚持以不达标断面整治、太湖安全度夏和降磷控氮为重点，年内实施“水十条”81个重点项目，总投资58.1亿元。完成长江2959个入河排污口核查溯源任务，核减排污口456个，完成监测1804个，占全省监测总数的31.4%。开展水源地太湖蓝藻暴发应急响应演练，太湖连续13年安全度夏，实现“两个确保”。持续推动“一江两河两湖”流域治理，狠抓京杭运河整治，落实“一断面一方案”攻坚行动，加强长江入江支流整治。全市50个国省考断面水质优Ⅲ比例为92%，河流断面水质优Ⅲ比例达到100%。

3.扎实推进净土保卫战。坚持保护优先、管控为主，实施建设用地土壤污染风险管控和修复类项目共8项。推进重点行业企业用地调查，完成5069个企业地块调查和207个地块采样工作。落实建设用地土壤污染状况调查评审，完成300余个地块场调评审。有序推进苏化厂原址2号地块等污染地块修复工程。持续强化污染源头防控，完成6个涉重金属重点防控区专项整治和涉镉等重金属污染企业整改销号，全市污染地块安全利用率达到100%。

4.持续加大生态保护力度。深入推进生态文明建设，持续加大生态环境治理和修复力度，实施生态文明建设“十大工程”重点项目100个，投资102亿元。组织开展6个“绿岛”项目建设，推动环保公共基础设施共建共享。推动张家港湾、常熟铁黄沙、太仓七丫口湿地等沿江生态示范工程建设。太仓市、昆山市获评第四批国家生态文明建设示范县市，相城区获评第二批省级生态文明建设示范县区，全市12个镇（街道）、15个村（社区）成功创建第三批省级生态文明建设示范镇（街道）、村（社区）。

三、坚持底线思维，积极防范环境风险隐患

苏州市深入贯彻习近平总书记关于总体国家安全观、防范化解重大风险和安全生产工作系列重要讲话精神，坚持底线思维，增强红线意识，积

极化解防范各类风险隐患。

1.加大环境监管执法力度。扎实开展生活垃圾焚烧发电厂专项整治、太湖安全度夏、长江大保护以及VOCs治理等20多个专项执法行动，查处全国执行国家VOCs无组织排放新标准第一案。稳步推进“互联网+监管”执法模式，开展非现场执法8000余次。全年出动执法队员6.1万人次，检查企业2.95万家次，行政处罚1581件，罚款金额1.6亿元，运用环保法配套办法查处案件138件，其中涉嫌犯罪61件，依法查处大案要案数量位列全省第一。

2.全面完成突出问题整改。紧盯中央环保督察及“回头看”和省环保督察反馈的突出环境问题，系统梳理问题清单，建立销号制度，逐条逐项推进问题整改。中央、省环保督察及“回头看”反馈的70个问题、交办的1402个环境信访件以及与长江经济带有关的20个问题，已全部完成整改。沙钢集团环境问题整改项目入选全国督察整改促进绿色发展典型案例汇编。

3.认真抓好安全生产。协同推进安全生产整治“三年大灶”和“一年小灶”，以危险废物处置专项整治为抓手，深入排查环境安全隐患，共发现隐患问题14561个，其中11306个环境隐患全部完成整改，3255个安全隐患移交相关部门处理。危险废物、工业污泥处置能力分别达到34.7万吨/年、197万吨/年，满足全市处置需求。持续推进危险废物规范化管理，完成1247家产废单位和所有经营单位规范化管理达标建设工作，全市纳入危险废物动态管理系统的企事业单位达到1.5万家，占全省的35%。

4.深入化解环境风险隐患。实施核与辐射安全风险隐患排查治理三年行动，全面推进全市辐射单位排查整治工作，消除辐射安全隐患。新冠肺炎疫情期间，累计出动环境执法人员1781人次，加大对医疗废物、医疗废水的监管力度。出台《苏州市保护和奖励生态环境违法行为举报人实施细则》，完善奖励机制，激励全民参与热情。环境信访量较2019年下降45.3%以上，12369热线受理有效投诉4998件，较2019年下降45.8%。

◆生态金鸡湖（供稿：陈雨禾）

四、坚持统筹高质量发展与高水平保护，加快推进生态环境治理体系和治理能力现代化

苏州市不断加强生态环境保护能力建设，持续改作风、优服务，做到经济社会高质量发展与生态环境高水平保护统筹推进。

1.提升依法行政能力。推进企业环保信用评价，参评企业7988家，2682家企业签订法定代表人承诺书。积极开展生态损害赔偿实践工作，全市启动索赔案件38件，签订生态损害赔偿磋商协议11件，涉及赔偿金额7336.1万元。制定《苏州市环保示范性企事业单位评定实施办法（试行）》，评定首批环保示范性企业100家，树立标杆典型，发挥"环保领跑者"作用，推动全市排污单位落实生态环境保护主体责任。

2.提升环保基础能力。积极推进生态环境综合行政执法改革，整合建立市、县（区）两级生态环境综合行政执法局，执法力量向基层一线倾斜，着力解决"基层看得到，管不了"的实际问题。组建成立苏州市环境监测站，调整重组8个县区环境监测站，提升环境监测监控能力。开发建设打赢污染防治攻坚战协同推进平台，提升数字化、信息化监管水平，并入选第三届数字中国建设峰会优秀应用案例。苏州环保监测实验业务楼顺利竣工并投用，改善了实验、监测、科研等条件。

3.提升服务发展能力。出台企业环境管理服务"苏环十条"，推动政府、企业及社会环境共治共享。优化审批服务，审批（审查）建设项目环评文件8693个，备案20126个，实施告知承诺制的4149个项目审批时间缩短至1天；推进完成开发区环境影响区域评估备案13个，企业通过区域评估数据共享累计节省费用100余万元。开发企业"环保自检自纠"管理平台，实行"一证三图+N码"，服务企业1548家，《中国环境报》专题报道苏州市经验做法。建成3个小微企业危废集中收集项目，服务企业1545家，危废处置价格下降2000元/吨以上。

4.提升一体化发展能力。主动学习上海、服务上海、融入上海，积极推进长三角生态绿色一体化、沪苏同城化发展战略，与上海市生态环境局签

订《生态环境保护战略合作框架协议》，深入学习上海“1+8+5”环评改革试点经验，推动先进经验在苏州市推广复制。落实一体化示范区生态环境监测、执法、标准“三统一”，实现示范区环境监测和空气质量预测预报统一。牵头开展“长三角生态绿色一体化发展示范区应对跨区域突发环境事件三地联合全要素综合应急演练”，提高区域一体化突发预警、应急响应和快反处置能力。

（供稿：苏州市生态环境局综合业务处）

推动老旧小区改造　绘就城乡新画卷

苏州市住房和城乡建设局

苏州市认真贯彻落实党中央、国务院关于加快老旧小区改造工作有关指示精神，始终将老旧小区改造工作作为重大民生工程抓紧抓好，让人民群众生活更方便、更舒心、更美好。自2005年开始，苏州通过小步快走、由低向高，有计划、有组织、有步骤地对老旧小区进行综合整治，并将老旧小区改造列入每年的市、县级市（区）两级实事项目。经过不断摸索实践，老旧小区改造工作逐步实现了从财政单一投入转为改造资金多方共担，从单一小区封闭式改造转向片区联动改造，改造内涵不断丰富，多次被评为“苏州市十大民心工程”。截至2020年底，全市1273个老旧小区，实施改造1144个，建筑面积5187.6万平方米、受益居民53.6万户，累计投入约144.3亿元。

一、精准落实，贯彻城镇老旧小区改造“新思路”

市委、市政府高度重视，成立苏州市城镇老旧住区改造提升领导小组，下设统筹协调组、财政金融组、技术指导组、社区保障组等4个工作组，各县级市（区）政府（管委会）搭建相应工作机构，有关乡镇、街道、社区居委会全程参与改造，层层压实责任；研究制定了《苏州市城镇老旧小区改造项目生成指导意见》《苏州市引进社会力量以市场化方式参与老旧小区改造的指导意见》等9大机制配套政策。

二、多措并举，拓展城镇老旧小区改造“新蓝海”

1.科学兼顾，精准实施，创新统筹新篇章。创新建立城镇老旧小区改造生成机制。在全面普查摸底的基础上，初步建立储备项目库和启动项目库，并根据改造项目库、改造项目实际情况，对项目库进行动态调整。并以居民意愿、社会力量参与、物业管理等作为项目生成的重要考量标准，通过数据汇总分析安排顺序，充分调动各方积极性，科学形成了年度改造计划和中长期改造规划。创新改造工作统筹协调机制。出台《苏州市城镇老旧小区改造试点工作考核办法（试行）》。该办法建立了完善的评价机制，明确评价对象以及评价内容，以激励各部门积极开展工作，从而确保改造项目的实施方案落地。建立健全改造项目推进机制。进一步完善优化流程和项目管理机制，建立城镇老旧小区改造项目审批绿色通道，实施联审联批，充分提升审批效率，保证改造项目有序进展。建立健全动员群众共建机制。明确以人民为中心，强化宣传老旧小区改造成效。培养居民对于老旧小区改造的主人翁意识，促进居民积极参与老旧小区改造。

2.多方共担，推动改造，创新资金新支持。目前老旧小区改造户均成本按成本类型分为较高、中等和较低三类。基础类改造在老旧小区改造中全面展开，作为老旧小区改造的必要内容，包括管线整治等基础市政配套设施、公区维修、拆除具有安全隐患的违章搭建等。同时，完善类和提升类改造也在逐步有序开展，主要内容包括小区绿化环境、社区公共服务等，另外还在有条件的小区尽可能设置日间照料中心、社区卫生院等配套设施，并提供老年人助餐服务等。试点工作开展以来，苏州市共获得中央、省级老旧小区改造专项资金4220万元。在昆山中华园试点项目成功获得建设银行支持的带动下，一批项目紧跟而上，昆山市、吴江区、吴中区、姑苏区、工业园区8个改造项目陆续落实金融机构融资计划3.26亿元、地方政府专项债7000万元，逐步打破了苏州老旧小区改造财政资金一家包干的局面，为可持续的投入机制创造了条件，切实减轻了财政负担。

积极推行改造资金政府与居民合理共担。一是鼓励居民出资，参与家园共建。创新发起“出资‘一块’钱，‘一块’来改造”行动，动员每户业主参与改造，逐步培育居民参与老旧小区改造的意识和主人翁精神。如防盗门改造资金采用财政、居民共同分担，各出资50%的方式进行；常熟市还创新“自选清单”满足居民个性化需求，甬江西路片区等项目151户居民按照“自选清单”内容，自行出资269.4万元进行屋面改造，自选清单改造模式得到群众广泛好评。二是引导管线单位参与改造。昆山市在实施老旧小区管线入地工程时，通过明确市财政和管线单位资金承担比例，调动企业的参与改造的积极性。其中强电设施改造费用由供电公司积极向上争取政策，建立“一事一议”机制；通信设施改造费用由电信、移动、联通三家运营商承担60%，市财政承担40%；有线电视设施改造费用由江苏有线昆山分公司承担40%、市政府承担60%，有效减轻财政负担。

探索社会力量以市场化方式参与机制。转变政府出资单一模式，积极引入社会力量参与老旧小区改造，市场化运作，全面提升老旧小区改造质量。一是充分利用国有企业的有利平台。如昆山中华园试点项目由文商旅集团下属的昆山国衡资产管理有限公司作为实施主体，由国衡公司立项、融资、建设，全面推进中华园老旧小区改造工作。吴中区国泰新村由国有企业尹山湖集团物业管理公司作为改造建设主体，还引入足球畅踢科技公司自建自营3200平方米的笼式足球场作为小区居民文体配套设施。二是引进社会力量参与改造。引进阿里菜鸟等旗舰企业，架设以党建的“1”引领“N”项社区服务的“1+N”老旧小区议事服务平台，促进民呼我应、利益协调、组织实施、服务监督等关键环节，在同一个平台衔接流转。2020年，全国首家菜鸟驿站便民综合服务站已在昆山中华园小区开业。三是通过合理的规划增建、公共物业运营、长期的物业服务收费收益等，获得长期赢利回报，并以此获取金融机构支持。如昆山市中华园项目，通过住宅区内改造后的停车位等运营收入、各种配套产生的租金收入等作为还款现金流来源，为苏州市首个获金融机构支持的案例，获建行融资4500万元。

提升金融服务力度和质效。2020年7月17日上午，在住建部大力推动下，国家开发银行、中国建设银行分别与包含苏州市在内的5省9市签署支持市

◆苏大北小区的多层住宅增设了电梯（供稿：苏州市住建局）

场力量参与城镇老旧小区改造战略合作协议。苏州由此成为全国唯一进行“双试点双签约”的城市。苏州市住房和城乡建设局与建行苏州分行签订了合作备忘录；各市、区政府（管委会）以及苏州市保障房公司、万科、愿景等6家合作企业分别与建行苏州分行签订了战略合作协议。根据签约内容，建设银行苏州分行预计将提供300亿元贷款支持苏州市城镇老旧小区改造，进而加快各项支持政策创新和落地。

三、创新示范，抢占城镇老旧小区改造“新高地”

1.践行“古城新居”理念。着力拓展老旧小区改造内涵，聚焦“古城新居”理念，吸引人才聚集，实现职住平衡。在创新老旧小区改造工作上深度着力，保留古城区、老城区、中心区的“古”韵，呈现改造后的“今”风，吸引各类人才、青年群体居住，提升古城活力。

2.畅通社会化力量参与改造通道。开拓社会化力量参与途径，探索改造、运营、管理全链条实施模式，培育壮大一批城市更新类企业，建立完善社会力量可持续参与机制，形成可推广、可复制的苏州经验。持续推动政银企三方合作，不断提升旧区改造水平。

3.巩固和利用老旧小区改造成效。进一步深化“红色管家”党建项目，着力提升物业管理规范化水平，强化社区党组织、社区居委会对业委会和物业服务企业的指导和监督职能，强化专职物业管理岗位配备。以党建为引领，推动老旧小区改造单元、物业管理单元和社会治理网格单元的“三网融合”。研究通过老旧小区改造，实现物业管理服务全覆盖，姑苏区双塔街道10个零星居住区以“共享物业”整合资源，再将物业管理的基础性成本降到最低，将精简人员等节约下来的成本用在小区基础设施的更新上，在造福小区全体业主的同时也化解物业跟居民之间的矛盾，推动与基层社会治理网格单元深度融合，使物业成为社区治理的重要力量。在组织部门的支持下，让青年党员干部投身基层一线锻炼，进一步巩固基层社会治理基础，不断提升城市治理水平，努力形成“匹配大都市标准”的城市管理和服务。

（供稿：苏州市住房和城乡建设局）

以“四个园林”助力创业者天堂建设

苏州市园林和绿化管理局

2020年，苏州市园林和绿化管理局积极应对新冠肺炎疫情冲击和艰巨繁重的改革发展任务，以“四个园林”工作为抓手，统筹推动苏州园林、公园绿地、林业湿地互融互促、齐头并进，全力打赢复工复产“翻身仗”、打通旅游服务“大动脉”、下好产业升级“先手棋”、弹好城乡生态“协奏曲”，为苏州创业者天堂、创新者乐园建设营造最优环境、提供有力支撑。这一年，市园林局被国际古迹遗址理事会（ICOMOS）授予“特别贡献奖”，苏州创建成为全国唯一的“国家生态园林城市群”，虎丘湿地公园获国际风景园林师联合会（IFLA）“2020年亚非中东地区奖（AAPEM）”最高等级奖项——杰出奖，苏州湿地工作获评中国绿化基金会“生态中国湿地保护示范奖”。

一、做大“园林免”，以促消费回补拉动产业复苏

以主动担当的精神应对新冠肺炎疫情对行业的冲击，充分激活市民和游客消费，成为拉动文旅产业复苏的“压舱石”。

1.以“抢折免”促进“引留返”。因势而动、因时而变，面向全国游客果断推出“一元游园林·百万大馈赠”活动，打出园林门票“抢折免”系列政策“组合拳”，扶持企业200多家，拉动来苏游客400多万人次，其中外地游客占比超过70%；策划举办“首届江南花卉艺术展览会”，免费邀请20家企业展销和长三角地区20万游客参观游览，撬动近千万游客到苏州旅游

◆2020年8月1日，“一元游园林·百万大馈赠”首批幸运团队入留园（供稿：茹军）

消费，带动约50至100亿元消费市场，强固苏州文旅产业链，增强苏州文旅市场信心。

2.以“特惠游”温暖“群众心”。疫情无情，园林有爱，大力践行“稳岗惠企”，切实关爱抗疫先锋，给予64家商户减免租金117万元或顺延租期3个月，14个景点向全国医务人员免费开放一年、春节期间免费向留苏人员开放，受惠群众达300多万人次。

3.以“小雪糕”撬动“大市场”。另辟蹊径、融合创新，以虎丘云岩寺塔、留园冠云峰等苏州园林典型景点为造型，开发5款园林雪糕，利用异地推介会契机，为“园林迷”提供免费试吃，引发“网红”“打卡”热潮，有效拉长园林旅游产业链，为苏州全域旅游经济发展积蓄动能和力量，央视、《人民日报》、新华社、旗帜网作了50多次报道。

二、做实“园林通”，以数字化手段优化营商环境

树立用户思维和客户理念，以数字技术和数字产业破解服务游客最后

◆2020年10月8日，“枫桥夜泊”大运河文化诗会在苏州市枫桥风景名胜区举办（供稿：姚雯青）

一公里问题，提升外地来苏游客的感受度、体验度和满意度。

1.以“分时约”疏通“园内堵”。全面对接“苏周到”一网通行，全面推行网上实名制分时预约机制，通过瞬时游客量监测和科学引流，实现“全园畅通”。“拙政园分时预约经验”成为文旅部在全国推广的“江苏教材”。

2.以“热力图”贯通“游览线”。依托“苏州园林官微”微信公众号，集成加载“推荐线路、园林夜游、活动资讯、休闲体验、商务会奖”五位一体的苏州园林“热力图”，并特别设置“VR”虚拟全景游览，为游客提供“一图玩转园林”的便捷、优质的游园体验。

3.以“签约地”打通“投资链”。复制中新两国在网师园“小姐楼”签约合作建设苏州工业园区的场地布置经验，在拙政园、留园、耦园打造“一站式”多媒体“园林会奖”场所，免费接待来苏投资企业考察团，受到了国家机关事务管理局的充分肯定。

◆2020年，虎丘湿地公园获国际风景园林师联合会（IFLA）“2020亚非中东地区奖（AAPEM）”最高等级奖项——杰出奖（供稿：杭兴徽）

三、做精“园林夜”，以夜经济品牌打造新增长极

发挥园林品牌的核心影响力，借助“文化+科技”耦合，依托“夜景+夜演”模式，全力打造“姑苏八点半”夜间经济示范区。

1.以“惠民之举”激发“霞光经济”。自5月1日起，7个核心景点（虎丘、拙政园、留园、网师园、狮子林、天平山、植物园）实行两个月的半价优惠，受惠群众达100多万人次，姑苏区4大重点商圈每日延时2小时，累计吸引游客超50万人次。

2.以“硬核之招”做大“夜游经济”。提升和打造网师园、沧浪亭、拙政园、枫桥等7个夜游项目，重点全新推出“拙政问雅”“枫桥夜泊”“怡园雅集”等夜游项目，擦亮“姑苏八点半、园林夜相伴”乐游品牌，其中枫桥、虎丘夜游项目双双入选“运河十景”建设规划，沧浪亭《浮生六记》被国家文物局评为“文物建筑开放优秀案例”。

四、做美“园林城”，以“山水林园湖”刷新城乡颜值

加大接轨大上海、融入长三角的力度，以“园内推窗见绿、移步换景，园外处处皆绿、四季皆景”为目标，开启“美丽苏州”“绿色苏州”建设新征程。

1.以“名录体系”打造“百园之城”。全面实施“百园之城”三年行动计划，对列入《苏州园林名录》的园林（108座）进行挂牌监管和专项巡视，詹氏花园、墨园、花神苑等5处修复完成并对外开放，累计开放园林89处，开放率82.4%；组织开展“中国四大名园”交流会、“枫桥夜泊”诗词大会、明轩出口海外40周年纪念、中意文化遗产“云”交流、“百园之城”文化巡展、《走进园林》宣传片发布等活动，不断拓展“园林+”“文化遗产+”的内涵和外延，努力让更多的园林流芳于世，为子孙后代留下美好的“忆江南”。“天堂苏州·园林之城”入选住房和城乡建设部“美丽宜居城市”建设试点项目。

2.以“共享理念”构建“绿意空间”。太仓创建成为“国家生态园林城市”，苏州及下辖4市实现全覆盖。全市新增及改造绿地360万平方米，城市绿化覆盖率达42.4%，人均公园面积12.37平方米，建成并投入运营绿化垃圾处置点34个。组织市四套班子领导参加“3·12”义务植树活动，完成国庆摆花工程，60多万盆花卉扮靓城市形象、烘托节日氛围。全市新建改造20个免费开放公园入选全市“十大民心工程”，苏州公园“静音工程”被生态环境部作为地方经验推广，桐泾公园获评省级“互联网+全民义务植树”基地，石湖景区晋升省级水利风景区。

3.以“系统思维”筑牢“生态屏障”。深入贯彻落实习近平总书记关于长江经济带“共抓大保护、不搞大开发”指示要求，编制《沪苏通铁路绿色空间概念性规划》《苏州长江沿岸湿地生态修复概念规划》，一体化推进城市绿化和植树造林，完成运河风光带、南湖路蠡墅立交、杨林塘航道等重点绿化工程，以及张家港湾生态提升、常熟铁黄沙生态防护林带、太仓七丫口郊野湿地等生态工程，完成成片造林1.3万亩，修复湿地面积6100亩，陆地森林覆盖率达30%，自然湿地保护率达64.5%。组织全市5大类841平方公里自然保护地调查，研究制定全市自然保护地整合优化预案，完成74个自然保护地遥感监测变化图斑自查整改，初步形成市域生态资源底数“一张图”和监管“一张网”。

（供稿：苏州市园林和绿化管理局）

垃圾分类引领低碳生活新时尚

苏州市城市管理局

2016年以来，以习近平同志为核心的党中央高度重视垃圾分类工作，习近平总书记先后十余次对垃圾分类工作作出重要指示批示。2020年9月1日，《中华人民共和国固体废弃物污染环境防治法》正式施行，进一步推动了生活垃圾分类工作的法治化进程。在多年的试点实践中，苏州市勇于探索、超前谋划、争当标杆，架构“大分流、细分类”顶层设计，采取“抓两头、强中间”策略，全要素、全链条推进生活垃圾分类工作，目前在全国46个重点城市排名中处于第一档，持续保持全国地级市第一的水平。

一、打造“一领四动”工作方法

苏州市的垃圾分类起步早，2012年制定《苏州市生活垃圾分类实施规划》，2016年出台《苏州市生活垃圾分类促进办法》，2020年6月1日，《苏州市生活垃圾分类管理条例》（以下简称《条例》）正式施行。市委、市政府高度重视垃圾分类工作，主要领导深入现场、多次调研，提出工作目标和发展方向，确立“党建引领、政府推动、部门联动、全面发动、全民互动”的“一领四动”垃圾分类新方式。

1.氛围空前浓厚。2020年4月11日，面向全市、面向基层召开电视直播大会，发出动员令，形成市委、市政府主要领导“双组长”制，形成全市三级人大联动专项督查、各级纪委监委跟进监督检查、市政府分管领导定期例

◆市级机关“垃圾分类　党员先行”主题党日活动（供稿：苏州市城管局）

会点评等工作机制。全市上下以红色力量推动各级党组织、党员参与垃圾分类工作，借助“党员报到”“海棠花红”等现有机制和平台，发挥党员在社区、单位、家庭中的宣传和示范作用。各级党委、政府、党组织把垃圾分类工作列入议事日程，列入重点工作，列入日常管理。

2.体系日趋完善。累计出台40余部垃圾分类相关规范、标准，打牢制度保障的基础。市级层面抽调9部门34名业务骨干组建垃圾分类工作专班，脱产进驻、集中办公，10个板块各自抽调精干力量共计265人成立区级工作专班。成立苏州市垃圾分类管理中心，配置事业编制人员20名，为长效管理提供组织保障。

3.成效令人鼓舞。2020年，苏州全市生活垃圾累计处置量为548.28万吨（日均1.5万吨），同比2019年下降7.86%，这也是近20年来生活垃圾中的其他垃圾量首次出现负增长。无论在社会层面，还是个人行为，从反馈的情况看，垃圾分类共识愈趋一致，力量愈加汇集，群众知晓垃圾分类、掌握垃圾分类、参与垃圾分类水平不断增强。

二、开展"三定一督"推进模式

2019年试点开展小区"定时定点定人督导"。《2020年苏州市生活垃圾分类处置工作行动方案》正式明确，各地每个街道（镇）完成"定时定点定人督导"四分类模式的示范小区建设，至2020年底，"三定一督"小区占比达到30%以上，其中至少一个街道（镇）实现全覆盖。全市按照撤桶并点要求，大力推进"清洁屋"建设，实现定时定点定人督导。实施前，开展"三评估"：基层组织力是否够强、群众接受力是否足够、收运处理能力是否匹配，有计划稳步组织实施；实施中，做到"六到位"：群众沟通到位、督导人员到位、投放设施到位、巡查机制到位、收运队伍到位、投诉公示到位。统筹社区居委会、业主委员会、村民自治组织、物业公司、党员志愿者队伍的力量，组建"跑楼团""管家团""讲师团"，入户"垃家常"，普法普方法。

◆设在各居民小区的垃圾分类清洁屋（供稿：苏州市城管局）

针对过时投放、随意乱丢，落实第一时间发现、第一时间清理、第一时间溯源、第一时间教育“四个一”，重点做好个别群体靶向宣教工作。同时，将“经得起看、经得起闻、经得起问、经得起查”作为基层建设的评判标准。截至2020年底，全市4704个小区中实行“三定一督”的小区有4652个，覆盖率达到98.9%，取消10多万桶的点位，建有1.34万个清洁屋。

三、建立全链条的建设体系

持续推进垃圾分类精细化、链条化、闭环化管理，精准施策补短板，精细管理强弱项。

1.源头管理环节。在不分类就处罚的硬性要求下，倒逼居民改变习惯，从开袋扔厨余垃圾开始，做好源头分类投放；强化责任约束，及时引导群众分类行为、纠正不当分类，巩固现有成果，防止分类“回潮”。

2.收集运输环节。按照“不同人员、不同车辆、不同要求、不同去向”要求，增车增人加队伍，增线增频强调度，满足分类收运。公示收运单位、收运人员、收运时间，接收公众监督，倒逼企业做好“一日两清”和设施保洁消杀。至2020年底，全市配置收运车辆7731辆（可回收物车辆465辆、有害垃圾车辆240辆、厨余及餐厨垃圾车辆1914辆、其他垃圾车辆5112辆）。

3.终端处置环节。坚持绿色发展优先目标，坚持规划引领、建设领先的工作思路，瞄准2035年发展规划，根据人口规模、终端缺口、分类要求、发展需求，按照适度超前原则，制定“任务书”“时间表”，实现任务项目化、项目目标化、目标节点化、节点责任化；落实“四更”标准：更加先进的技术设备、更加高端的建设水准、更加严格的污染控制要求、更加美观的外观设计，做到清洁生产，让群众接受、接受群众监督，强力推进全市各类终端设施建设。全市拥有生活垃圾焚烧处置设施7座，日处置能力14300吨；集中式餐厨（厨余）处置厂9座，分散式处置点244处，餐厨（厨余）累计日处置能力4290吨；建筑（装修）垃圾资源化利用项目5个，年处置能力365万吨；建成可回收物大型分拣中心10处，为实现垃圾的资源化、减量化、无害化处置奠定基础。

四、形成多元保障工作机制

在生活垃圾分类城乡统筹一盘棋的格局部署下，苏州市生活垃圾的处置能力和市民的分类意识都明显提高，各项保障机制也不断健全。

1.同城同质同步推进分类。苏州市涉农区及下辖4个县市于2015年在全省率先开始同步推进垃圾分类。至2020年底，累计938个行政村（涉农社区）近60万农户全面开展生活垃圾分类，垃圾分类行政村数量和农户参与数位居全省第一，完成18个江苏省级全域农村生活垃圾分类试点镇建设，数量位居全省第一。

2.定期督查掌握基层动态。市、区两级专班分组对行业、板块进行情况督查，查落实、找问题、看成效，发放整改通知书，相关督查通报报各级政府，督查结果在主要媒体公示。

3.平台运用提升管理效能。提档“苏州垃圾分类综合管理平台”，以实现小区源头计量及焚烧、厨余（餐厨）等大型终端实时数据接入为目标，通过投、收、运、处全过程的监督管理和数据展现，体现精准施策、科学管理的优势。

4.严格执法推动行为养成。强化执法查处，推动形成多部门协同监管、联合管理的执法模式，组织开展生活垃圾分类专项执法行动，增强垃圾分类制度的强制力。《条例》实施至2020年底，全市共出动执法力量203153人次，教育纠处违反垃圾分类行为164834起，督促整改53680起，作出行政处罚21419起，罚款1789210元。同时，总结归纳了十项典型案例并通过媒体宣传，达到处罚一起教育一片的效果。

（供稿：苏州市城市管理局环境卫生管理处）

公交出行更加实惠　沿江三市铁路梦圆

苏州市交通运输局

2020年是“十三五”收官之年，也是全面推进交通强国建设的起始之年。在市委、市政府的正确领导下，全市交通运输系统干部职工敢于担当、勇于作为，致力于满足人们对美好出行的需求，在“丰”字形铁路网建设和公共交通服务方面取得重要进展。重大交通项目完成投资218.5亿元，占年度计划的135.7%。沪苏通长江公铁大桥及沪苏通铁路、524国道相城段、东环南延尹山湖立交及跨运河桥等项目建成，沪苏湖铁路江苏段全面施工。新辟、优化调整公交线路258条，新购置新能源公交车1526辆，市区实现中环高架内新能源公交车全覆盖，公共交通换乘优惠政策5月1日落地实施，为“十三五”工作画上圆满句号。

一、苏州市区实施公共交通换乘优惠政策，优惠幅度位居全国前列

为进一步贯彻实施公交优先发展战略，引导市民绿色出行，推动公交轨道两网融合，提升市民公共交通出行的获得感、幸福感、安全感，经多方充分研究论证，2020年5月1日起，苏州市区实施公共交通换乘优惠政策。

该政策在制定过程中，充分征求和听取了乘客的意见和建议，坚持公共交通公益性定位，以降低市民公共交通出行成本为主要目标。根据政策，持市民卡（免费卡除外）或江苏交通一卡通卡，刷卡乘坐苏州市区（含吴江区）常规公交、轨道交通、有轨电车时，连续两次刷卡时间间隔在90分钟

内，第二次刷卡基础票价最高减2元，剩余需支付的票价部分享受对应卡种刷卡优惠。

2020年3月底，相关部门完成了系统开发，4月初开展了内部测试，4月中旬进行了现场测试，4月21日起启动全面试运行，累计完成6315台公交POS机、3451台轨道终端设备的升级工作。测试结果表明，系统稳定性较好，能够保障公共交通换乘优惠政策顺利实施。

据测算，除已免费乘车的高龄卡和教育E卡通等特惠卡种，苏州市区约80%的轨道交通乘客和60%的公共交通乘客使用市民卡付费乘车，在换乘出行时，均可享受到换乘优惠政策带来的票价优惠。苏州此次实施的公交换乘优惠政策，优惠幅度高于上海、南京、杭州、深圳、宁波、无锡等城市，处于全国前列，同时将江苏交通一卡通纳入实施范围，对推进长三角交通一体化起到了积极作用。

2020年起，市区公交取消了老年月票卡和高龄卡的年审要求以及每年

◆苏州公共交通实行扫码支付，十分便捷（供稿：苏州市交通局）

10元的保险费。在疫情防控常态化前提下，换乘优惠政策的实施，使市民的公共交通出行成本进一步降低，既有利于进一步引导市民绿色出行、缓解交通拥堵，也有助于提振居民消费信心、促进社会经济发展，是惠及民众、贯彻落实中央“保民生”要求的重要举措。

二、市市通铁路，市市都有火车站，苏州迎来铁路建设提速期

作为地面交通无可比拟的大动脉，每一条铁路的建设都会对所经地区的经济发展、城市定位乃至未来走向产生至关重要的影响，每一条铁路从线路选址走向，到开工建设，再到运营，都会引来万众瞩目。因此，抢抓机遇、大力开展铁路规划及建设成为苏州交通强市的重要举措。

1908年，沪宁铁路建成通车，苏州境内有了第一条铁路。但多年来，苏州沿江三市没有铁路的现实曾一直是人们的心病。随着沪苏通铁路一期于2020年6月30日开通运营，苏州“市市通铁路、市市有火车站”的梦想终于成真。

铁路建设从规划到落地的过程很艰难。实际施工方案经过了多次调整，沪苏通铁路一期才从蓝图成为现实。2004年1月，沪苏通铁路正式列入《中长期铁路网规划》，2014年3月1日开工建设，2020年上半年一期完工，前后历时16年半。沪苏通铁路一期按时速200公里设计，北起宁启铁路赵甸站，过南通通州，跨越长江，经苏州张家港、常熟、太仓、昆山，向南进入上海接京沪铁路安亭站。

沪苏通铁路的建成运营对苏州来说意义重大。全长137.47公里的沪苏通铁路一期，有100.44公里在苏州境内；沿线设立的9座车站中有6座在苏州境内，即张家港北站（办理货运）、张家港站、常熟站、太仓港站（办理货运）、太仓站和太仓南站，此外根据规划还有一个预留的常熟东站。苏州沿江三市（张家港、常熟、太仓）没有铁路的历史，也随着沪苏通铁路一期的建成而终结。在我国《中长期铁路网规划》（2016年修订版）中，沪苏通铁路是“八纵八横”高速铁路主通道之一的“沿海通道”的重要组成部分，以

◆沪苏通长江公铁大桥（供稿：苏州市交通局）

承担上海、江苏城际旅客运输为主，兼顾货物运输和中长途旅客运输。“搭乘”沪苏通铁路的苏州沿江地区，除了方便本地居民出行外，无疑将大大增强与上海的经济联系，在长三角经济一体化的战略下，具有重要的意义。不仅是与南通、上海连接，在长三角区域迎来跨江融合的机遇，对于苏州沿江三市来说，通过盐通铁路、徐宿淮盐、宁启铁路等江苏铁路网络北上至北京，打开了一条新的南北向大通道。

沪苏通铁路的建成通车，使得苏州的铁路站点“家族”扩容43%。以前，苏州铁路管辖范围内有14个站点，其中8个是客运站，即苏州站、苏州北站、苏州园区站、苏州新区站、昆山站、昆山南站、花桥站和阳澄湖站；还有6个是不办客、负责行车安全的小站，即望亭站、浒墅关站、外跨塘站、唯亭站、陆家浜站和运转车间。7月1日起，随着沪苏通铁路一期的正式运营，再增加6个站，其中4个为客运站，站点总数达到20个。

2020年，苏州已成为全省铁路建设的主战场。已建铁路里程308.3公里，待建铁路里程124.7公里，待建城际铁路约169公里。一条条已经或即将建成的铁路，为苏州铺开了一张“三横一纵”的铁路主骨架网络。2020年底，苏州市还成立了苏州北站综合枢纽建设指挥部，加快苏州北站的扩能改造，开展了站台规模、地区区域交通规划、枢纽交通组织、枢纽站房设计、站城融合设计、沪苏一体化等研究并形成阶段性成果。

（供稿：苏州市交通运输局党群宣传处）

织密太湖安全度夏“防护网”

苏州市水务局

2020年，在严峻藻情及新冠肺炎疫情防控的双重考验下，苏州市提早启动防控，强化监测预警，优化调度机制，加强打捞投入，太湖苏州水域连续13年实现“确保饮用水安全、确保不发生大面积湖泛”的目标。

一、面对严峻形势，各地各部门积极行动

2020年是太湖安全度夏极不平凡的一年。太湖苏州水域藻情呈现“两头紧、中间相对较缓”的总体态势。由于去冬今春气温较高，利于藻种越冬，蓝藻来得早、来势猛。5月，渔洋山水源地藻密度触发预警条件。进入梅雨季，高频率、长时间降雨使太湖藻情严峻形势得以缓解，夏季7、8月藻情总体平稳。进入9月后，局部水域藻密度同比又出现升高趋势。中央、省、市各级高度重视，各界高度关注。4月27日，《苏州信息（综合摘报）》第46期，李亚平市长针对基层反映情况，批示要求苏州市水务局督促各地高度重视，抓好防控。5月13日，江苏省启动太湖治理暨安全度夏专项督查。5月25日，苏州市政府办公室印发《苏州市太湖治理暨安全度夏应急防控专项督查工作方案》，各地、各部门、各供水企业高度警醒起来，切实担起责来，积极行动起来。

◆太湖渔洋山水源地防藻围隔和防藻喷淋曝气装置（供稿：严黎晨）

◆市区白洋湾水厂炭滤池（供稿：吴瑛）

二、立足于早和全，提前布控应对严峻藻情

面对特殊形势的防控任务，苏州提早启动应急防控机制，将安全度夏应急防控启动时间由往年的4月1日提前至3月1日，做到“早预警、早准备、早防范、早处置”，为有效应对严峻藻情赢得了时间、奠定了基础。

1.加密巡查检测。防控期间，每天对太湖6个水源地一级保护区及外围水域的蓝藻情况进行巡测，5月份开始加密监测频次，由每日1次加密到每日3次，各相关供水企业加密原水、过程水、出厂水水质检测，强化手工监测和自动监测数据比对研判，为科学治太提供信息支撑，同步加强制水工艺管控，确保出厂水水质稳定达标。

2.加强打捞能力建设。苏州市目前共有蓝藻机械打捞船82条，人工打捞船462条，移动吸藻泵等吸藻设备205台（套），藻水分离设备15台（套）；水草机械打捞船53条，人工打捞船583条，运输船100条；防藻围隔和拦截网6万米。各地以乡镇为单位组建了蓝藻专业打捞和应急打捞队伍，现有专职打捞人员1298人，应急打捞人员1088人。5月，应急投入6000万元强化水源地围栏工程，保障渔洋山等水源地正常供水。2020年全年累计打捞蓝藻约18万吨。

3.建立应急机制，加强督导。4月20日至24日，苏州市水务局模拟渔洋山水源地蓝藻暴发开展了供水应急演练，提升安全保供能力。5月份，成立了太湖蓝藻防控和供水安全保障应急工作组，加强蓝藻防控和供水安全应急工作督查和指导。5月25日，印发了《关于开展太湖蓝藻防控和夏季供水安全保障工作专项督导的通知》，苏州市水务局领导带队，对吴江、吴中、新区开展专项督导。6月份编制了《苏州市太湖湖泛应急预案》报市政府印发。9月21日，高新区又模拟太湖水位暴涨，针对高水位情况下水源地安全开展了蓝藻应急演练。

4.突出重点，加强防控。为进一步加强蓝藻防控，苏州市政府进一步明确了各方管理职责，压实责任，要求太湖沿线属地政府和相关部门做到守土有责、守土尽责。以水源保护区、风景旅游区、交通干线和集中居住区等

为重点，加强巡查和预警，规范蓝藻处置，杜绝二次污染。吴中区在小石湖进水口门小鲶鱼泵闸外围增设围挡设施，苏州市河道管理处在阳澄湖外塘河口附近设置了围挡设施。

5.全力保障城区水环境。苏州市河道管理处成立蓝藻防控专班，实行专人负责，形成蓝藻防控机制，网格化管理，制定专业队伍和保洁队伍相结合的综合打捞方案，增强蓝藻防控力量；开辟新水源，紧急启用元和塘塘水、金鸡湖湖水以及福星污水厂的尾水作为补给水源改善城区河道水质；在外塘河等重要的进水口门设置钢围栏，在外塘河、石湖地区加装曝气机，促使水体流动，减少蓝藻聚集；针对阳澄湖蓝藻暴发情况，开展专题研究，形成报告报市政府。

三、防控提优并举，从源头到龙头保障供水安全

在加强太湖水源地和城区河道应急防控的同时，提升供水安全保障能力工作仍不放松。

1.制定供水条例和修订应急预案。在原有《苏州市供水办法》（2004年政府规章）的基础上，启动了《苏州市供水条例》的制定工作，条例已由省第十三届人民代表大会常务委员会第十九次会议于2020年11月27日批准并于2021年3月22日起实施；对2017版《苏州市供水突发事件应急预案》进行了修编，并于2020年9月10日由市政府办公室印发。

2.修订完善供水专项规划。遵从“创新、协调、绿色、开放、共享”的新发展理念，开展新一轮供水专项规划的修编工作。规划范围包含苏州市全域，内容涵盖全市供水系统的各个方面，包括水源、供水系统布局等“从源头到龙头”“从建设到管理”各项内容，根据苏州新的国土空间规划编制和2020年长三角一体化规划新要求，供水专项规划同步进行完善。

3.加快推进供水设施建设改造。结合老新村、老街巷综合整治、道路新建改造、轨道交通等城建项目，加快同步推进供水管道和老旧小区二次供水更新改造。2020年，全市新建供水管道282公里，改造供水管道

477公里，完成352个老旧二次供水泵房改造。吴中区三山岛区域供水工程顺利竣工通水，该项目是目前太湖水域难度最大、距离最长的湖底供水管道工程，从根本上解决了三山岛村民和游客的饮水安全问题。加快推进自来水厂深度处理改造，目前除张家港外，其余各地均完成了自来水深度处理改造。

4.强化供水水质监管。根据《江苏省城市供水水质督察管理办法》规定和苏州市《关于进一步加强公共供水水质监管的意见》，苏州市水务局每年对各县市（区）的出厂水、管网水、管网末梢水，每季进行一次常规42项指标抽查，每年进行2次管网末梢水106项指标抽查。苏州城区加密监测频次，全市水质监测结果定期通过政府网站向社会公布。

5.组织供水应急演练。苏州市目前共建有10处清水互连互通管道，自2017年以来，每年有针对性地开展专题性、组团式（多家供水企业）应急演练，将“东水西调”“北水南送”多系统联动起来。2020年4月20日至4月24日，模拟渔洋山水源恶化事件进行应急供水演练，本次演练历时100个小时，演练顺利并达到预期目标，演练过程中实现居民零投诉。通过演练，综合应急能力大大提升，为全市供水安全提供有力保障。

6.强化供水安全监督考核。为提升全市供水企业服务的质量和水平，创新监管方式，苏州市水务局连续3年对全市10家供水企业服务质量进行考查评估，评估以面向用户的直接服务体验为核心导向，从供水压力、设备维护、营商环境、咨询服务、信息化服务等多个方面进行百分制评估，考核评估结果将面向社会公布，此项工作在江苏省也属首例。2020年在江苏省住建厅供水安全保障考核中，苏州市获得优秀等次。

（供稿：苏州市水务局）

积极探索率先基本实现农业农村现代化新路径

苏州市农业农村局

党的十九届五中全会审议通过《中共中央关于制定国民经济和社会发展第十四个五年规划和二〇三五年远景目标的建议》，为做好今后一个时期“三农”工作和农业农村现代化指明了方向。当前，农业农村现代化是一项全新的开创性工作，国内还没有现成的模式可以借鉴。苏州坚决落实上级要求、立足现实基础、回应群众期盼，积极推进工作，为全省率先基本实现农业农村现代化“树样板”，为全国农业农村现代化建设“探路子”。

一、目标上有率先的定位

国家《乡村振兴战略规划（2018—2022年）》明确要求“东部沿海发达地区、人口净流入城市的郊区、集体经济实力强以及其他具备条件的乡村，到2022年率先基本实现农业农村现代化”。2019年，农业农村部、江苏省政府签订合作框架协议，也提出“苏南地区和苏中有条件的地区率先基本实现农业农村现代化”。苏州是邓小平同志最早印证“小康构想”之地，也是习近平总书记“勾画现代化目标”之地。改革开放以来，苏州一直是全国农村改革发展的典型，城乡一体化发展水平连续多年位居全省、全国前列。特别是2011年被列为全国农村改革试验区以来，苏州共承担了19项国家级改革试点任务，基本形成了城乡融合发展的体制机制和政策体系，有力促进了农业转型和农村快速发展，有力促进了农民共享发展成果。目前，全市村均集体经济可支配收入达到1053万元，100个市级相对薄弱村年均收入达到444万元，农村居民人均年可支配收入达到3.76万元，城乡居民收入比缩小到1.889∶1，苏州始终是全国城乡居民收入差距最小的地区之一。“到2022年率先基本实现农业农村现代化”，苏州有着很好的现实基础和发展机遇，是最近两年必须完成的硬任务，这是苏州乡村振兴的第一个重要阶段性目标。

二、行动上有率先的抓手

在探索推进过程中，苏州着力强化顶层设计，健全工作推进机制，确保工作有抓手，行动有方向，引导、激励、监测农业农村现代化的创新实践。

1.提出实现既定目标的解题步骤——出台三年行动计划。2020年3月19日，苏州召开全市农村工作会议暨率先基本实现农业农村现代化动员部署会，并印发《苏州市探索率先基本实现农业农村现代化三年行动计划（2020—2022年）》，这是全国首个设区市党委、政府围绕率先基本实现农业农村现代化既定目标出台的政策文件，文件紧扣“农业现代化”“农村现代化”“农民现代化”和“城乡融合发展”目标，并明确了重要工作任务和20项重点工程。

2.给出评估行动进展的参考依据——形成评价考核指标体系。与中国农科院签订合作协议，开展战略咨询、规划编制等7个方面的合作。结合农业农村部、江苏省合作框架协议，于2020年5月28日在北京与中国农科院联合发布《苏州市率先基本实现农业农村现代化评价指标体系（2020—2022年）（试行）》（以下简称《指标体系》）。《指标体系》的发布得到了中央农办（农业农村部）、省委、省政府领导的高度肯定，并在全国取得了较大影响。《指标体系》框架设定为农业现代化、农村现代化、农民现代化、城乡融合4个领域，制定3级指标，区分市、县、镇3个行政层级，总体形成“四三三架构”，是全国首个农业农村现代化的评价考核体系。指标设置力求既能代表农业农村现代化最新发展水平，又能体现苏州农业农村现代化的探索性、特色性，突出引领性、实用性和可操作性。

3.排出率先推进的重点难点——制定目标任务分解工作清单和考核方案。一方面，根据三年行动计划和评价考核指标体系，制定目标任务分解工作清单，共分解出103项重点目标任务，明确市级责任单位和三年目标任务。苏州各县级市（涉农区）也结合各自实际，制订三年行动计划、目标任务分解工作清单及所辖乡镇三年目标任务、工作实施方案。另一方面，出台《2020年苏州市率先基本实现农业农村现代化实绩考核方案》，对县、镇两个层级分别考核，通过考核排名推动各地切实补短补弱，保障苏州大市农业农村现代化水平整体推进。

4.打造率先推进的示范标杆——开启市级示范镇和县级示范镇同步建设。一方面，建立完善市领导挂钩联系乡村振兴工作制度，22个市领导分别挂钩一个乡镇，一挂三年，配套定制《挂钩联系工作手册》，努力将市领导挂钩联系乡镇打造成率先基本实现农业农村现代化市级示范镇，并纳入苏州市级考核对象。另一方面，各县级市（涉农区）参照苏州市级制定本区域领导挂钩联系乡镇工作制度，其他未被市领导挂钩乡镇作为县级示范镇建设，由各地根据实际制定办法，予以统筹安排，确保全域推进，不落下一个乡镇。

5.把握率先推进的有力抓手——开展制度化调研和常态化调度。围绕率先基本实现农业农村现代化，每季度开展一次专题调研；围绕重点、难点工作，开展不定期调研；围绕重要指标任务，适时调度任务完成情况。通过高密度调研调度，及时跟踪掌握面上的工作动态，研究分析存在的共性和个性问题，加强分类指导，编发专题调研情况通报，推动各地查漏补缺；注重信息采集和经验总结，汇编《苏州乡村振兴》工作简报，宣传各地各部门工作亮点。

三、成果上有率先的模样

自工作启动以来，全市上下聚焦率先目标，凝心聚力，扎实推进，农业

◆常熟市古里镇坞丘村的稻米良田（供稿：常熟市委党史办）

农村现代化的蓝图逐渐在苏州大地上展现出现实模样，农村居民的获得感、幸福感不断提高。

1.“农业强”的基础地位进一步巩固。在全国率先出台支持新型农业经营主体共渡难关的十条政策意见，获得农业农村部高度肯定。智慧农业等全国农村改革试点任务深入推进，中国农科院华东农业科技中心落户苏州。“三高一美”实现全覆盖，农业现代化指数连续多年位居全省、全国前列。农业供给侧结构性改革取得新进展，生产能力和水平有了根本性提高，农产品品牌建设成果初显，成功创建“苏州大米”“苏州水八仙”等18个特色鲜明的农产品区域公用品牌，农产品地理标志登记产品达到14个，数量居全省前列。不断促进乡村产业融合发展，发布“乡村产业合作指引图”，2020年县级以上龙头企业实现销售收入1530亿元、带动农户270余万户，农产品电商销售额达到71.02亿元。

2.“农民富”的幸福指数进一步提升。全市村均集体经济年可支配收入

◆美丽乡村海虞镇七峰村（供稿：常熟市委党史办）

从2015年的776万元增长到2020年的1053万元，农村居民人均年可支配收入从2.57万元增长到3.76万元，城乡居民收入比缩小到1.889∶1。农村产权线上交易基本实现“应进必进”，累计达4.32万笔，签订合同金额超过71.87亿元，所有涉农市（区）全面完成农村集体经济组织登记赋码工作。农民就业创业政策体系日益完善，社会保障体系率先实现城乡并轨，城乡最低生活保障标准由2015年的750元/月提高到2020年的1045元/月。集体经济薄弱村挂钩帮扶工作持续推进，所有相对薄弱村年收入达到444万元。

3.“农村美”的形态进一步凸显。全面完成镇村布局规划优化完善和“多规合一”村庄规划试点工作。农村人居环境整治三年行动在全省率先实现市域任务销号，长效管护行政村占比达到100%，昆山市、太仓市分别入选2019年、2020年全国开展农村人居环境整治成效明显的地方，太仓市被评为“2019年全国村庄清洁行动先进县”。全市累计命名45个省级特色田园乡村，数量和质量领先全省。修订出台苏州市特色田园乡村评价命名办法和评价标准，启动30个特色康居示范区试点。全市共有14个中国传统村落、31个省级传统村落，数量均居全省第一。建立跨界河湖联防联控联治体系，吴江区“跨界联合河长制”入选“中国改革2020年度案例”。

4.“社会文明程度高”的实践内涵进一步拓展。率先在全省开展县、镇、村三级综治中心规范化建设与管理地方性标准制定，2175个村、社区小微权力清单和流程图全面在线公示。民主法治示范村占比为48.57%，新时代文明实践中心和新时代文明实践所实现全覆盖，县级及以上文明乡镇、文明村占比分别为100%、78%，梅李镇获评“全国乡村治理示范乡镇”，7个村获评“全国乡村治理示范村”。

（供稿：苏州市农业农村局）

成功举办“双12苏州购物节”

苏州市商务局

自2020年11月上中旬开始，“双12苏州购物节”贯穿“双12”“冬至”“元旦”“春节”“元宵”等重要节庆时点，历时三个多月。

一、举办“双12苏州购物节”的背景

举办“双12苏州购物节”，是苏州市委、市政府在新冠肺炎疫情影响下深入贯彻落实党中央、国务院关于形成强大国内市场、构建新发展格局战略部署的重要举措，通过线上赋能线下、线上线下融合系列活动的高效开展，强力提振市场消费，有力促进“苏州制造”卖向全国、卖向全球，有效推进“江南文化”加快走向全中国、全世界。

二、“双12苏州购物节”活动基本情况

“双12苏州购物节”以“百亿让利，笑拼苏州”为主题，突出“数字经济赋能产业制造”“流量平台激活实体商圈”“网上直播引领消费新时尚”等三大特色，策划了“双12”启动阶段活动140场、跨年活动120场、“2021苏州年货节”活动64场、元宵主题活动78场，累计400余场，切实做到“古城新韵、全城参与，日日有活动、周周有亮点”。坚持线上赋能线下、线上线下融合发展，国内10余个头部电商平台深度参与、上百家本地电商代表企

业全数出动、数万家线下商家火力全开，形成了线上线下同频共振、全城联动的浓厚氛围。阿里、京东、苏宁、拼多多、美团、叮咚买菜等国内头部平台以及同程、食行生鲜等本地重点电商企业让利金额超110亿元。观前、石路、狮山、金鸡湖等12个标志性商圈，苏州中心、龙湖天街等40余家综合体以及人民商场、美罗百货、久光百货等近万家商贸企业同步推出营销活动，让利金额超50亿元。

三、推进“双12苏州购物节”的举措

“双12苏州购物节”期间，按照“1+8+N”的模块体系，举办“1+N”场具有标志性的重点节庆城市消费活动，大力营造欢乐购物氛围。即以“双12苏州购物节”启幕仪式为发端，在8个领域开展系列促销活动，引领全市举办N场具有标志性的城市消费重点活动，再以十大板块为辐射范围，全市联动、因地制宜，举办400多场特色鲜明的消费促进活动。

1.全力打造“双12苏州购物节”落地活动。12月11日晚举办“双12苏州购物节”启幕仪式，主会场设在苏州中心三楼的凤园，另在各市（区）设立11个分会场，进一步加强地域联动，扩大活动影响力。

2.推出系列主题活动。围绕“新型零售消费”“休闲娱乐消费”“餐饮美食消费”“汽车消费”“数字信息消费”“文化消费”六大消费领域，聚焦夜间经济、品牌经济两大形态开展系列促销活动。

四、“双12苏州购物节”取得的成效

1.消费潜力充分释放。12月11日晚启动仪式举行，仅仅24个小时，苏州地区线上消费金额就达到84.6亿元。12月当月，全市实现社会消费品零售总额766.58亿元，同比增长11.75%，单月增幅当年首次突破两位数。十大板块结合地区优势联动推出特色主题活动，常熟市、太仓市、昆山市、相城区、工业园区实现了2020全年社会消费品零售总额正增长。“双12苏州购

物节”掀起全市网络零售高峰，“双12苏州购物节”期间，全市网络零售额合计达1060亿元，同比增长10%；全市快递包裹揽收量近10亿个，同比增长44%。全市限额以上企业零售额实现突破性增长，大宗商品如汽车类实现330亿元，同比增长30.45%；石油及制品类实现零售额106亿元，同比增长20%；传统消费品如粮油、食品、服装等均实现两位数增长；住宿餐饮等服务消费稳步回暖，实现零售额246.88亿元，同比增长11.04%。全市2021年社会消费品零售总额增幅迎来开门红，1—2月实现社会消费品零售总额1465亿元，同比增长41%，较2019年同期增长13.1%。

2.平台合作落地落实。“双12苏州购物节”有效提升了“苏州制造”的影响力和城市影响力，各大平台加快在苏投资布局。互联网新兴巨头字节跳动于1月在工业园区注册苏州字节跳动科技有限公司，现已启动在线教育和广告业务的人员招聘工作；抖音电商产业带吴江丝绸产业直播基地已确定落户；生鲜电商领军企业叮咚买菜投建生鲜综合体暨区域销售总部项目于1月初牵手昆山，计划总投资6亿美元，达产后年产值预计可达20亿元；阿里巴巴本地生活在苏州的首条数字化街区——观前街“口碑街”正式开街；1688超级工厂项目达成落地苏州高新区意向，将举办“苏州超级品牌周暨苏州超级产地节”活动，共建“苏州超级产地名片”数字化阵地。

3.苏州消费品牌一炮打响。“双12苏州购物节”期间，《人民日报》、新华社、中新社等中央媒体刊发《让利超150亿元，启用首批数字人民币消费红包　苏州“双12购物节”启动》《“双12苏州购物节”启动，花式“操作”促消费》《三千万！苏州再发数字人民币红包》等系列报道；央视《新闻直播间》在12月12日当天围绕数字人民币消费红包播出了近7分钟的专题报道，央视新闻客户端会同市广电总台推出30分钟现场体验直播；CGTN中国国际电视台推出外文报道，将活动信息传播到了海外；央视《朝闻天下》《东方时空》《第一时间》《经济信息联播》等多个栏目在3个多月中连续推出“双12苏州购物节”新闻报道。解放日报、新华日报等刊发《“苏州双十二购物节”正酣，不仅是一场一次性的消费盛宴　用“苏造好物”下一盘消费大棋》《产业结构之变，凸显“苏州动能”》等报道，聚焦苏州制造和数字经济发展；江苏卫视上星播出30分钟的“双12苏州购物节”特别报道。“双12苏州购物节”微博话题分别登上上海、苏州地区微博热搜的前三位。

五、“双12苏州购物节”的创新突破

“双12苏州购物节”成为苏州打造大规模节庆活动的全新探索，不仅实现了提振消费信心、促进消费回补的预期目标，更是通过线上赋能线下、线上线下融合发展，把“苏州制造”更好地卖向全国、全球。主要实现了三大创新突破：

1.理念突破。“双12苏州购物节”打破了传统的促消费活动理念，极大地改变了政、企等各方面人员的传统理念，加快发展数字经济和打造苏州产品流通平台成为共识。政府部门从行政思维转向市场思维，搭平台、亲上阵促消费。引导国内头部平台、本地知名平台、商协会、苏州品牌企业、传统商贸企业跨界合作形成合力，推出多项市长“探店”、政府站台活动，市政府分管领导为苏州老字号直播带货，各板块政府分管领导纷纷化身好物推荐官为本区域的品牌产品代言。商家加快营销方式的网络化、数字化进程，不断应用新科技提升消费体验。

2.模式突破。跳出苏州1500万服务人口的传统购物消费模式局限，通过头部平台和线上赋能，进一步加快线上线下融合，提速了消费品市场转型升级和供给结构优化步伐。头部平台深层参与。阿里、京东、拼多多、苏宁、美团、哔哩哔哩、喜马拉雅、小红书、抖音、叮咚买菜、东方国际、绿地全球贸易港等头部平台和企业，以及同程生活、食行生鲜等本地平台深度参与，举办“趣GO生活节”“嗨GO双十二”“乐购舶来十二品”“双12五五折”“暖冬嗨购节”等系列线上线下展销促销活动，带动商圈、商场、专卖店开启购物狂欢，有力带动全市实体零售企业数字化转型。

3.内容突破。围绕“苏州制造”“江南文化”和数字人民币试点等优势特色，创新打造独具特色的“双12苏州购物节”品牌。江南文化赋能。依托

抖音、哔哩哔哩、小红书等平台，讲苏州故事、卖苏州产品、传播苏州文化。突出餐饮、文旅消费中的江南文化底蕴，推出“美食江湖”“请你看戏看电影”“文旅消费新年好物”以及商旅文互动IP展和市集等活动，全市2021年春节假期共接待游客248.7万人次，实现旅游综合收入约30.3亿元。“苏州制造”赋能。支持各苏州品牌企业积极参与并充分借力购物节，加强各类营销活动策划，打响“苏州制造”品牌。阿里“全民淘宝节”打造苏州“质”造专馆、新国货“苏州有礼”专柜、淘宝云市场。

（供稿：苏州市商务局）

苏州疫情防控工作取得阶段性成果

苏州市卫生和健康委员会

2020年，面对突如其来的新冠肺炎疫情，苏州市卫健委认真贯彻落实习近平总书记关于疫情防控“人民至上，生命至上”等重要指示精神，在市委、市政府的坚强领导下，认真落实分区分级精准防控举措，积极发挥专业优势，主动作为、勇挑重担，从遭遇战到全面总体战，再到常态化防控战，实现了“病人零死亡、医护零感染”，为疫情防控胜利、有序复工复产和保障正常生产生活秩序作出了突出贡献。

一、疫情防控面临严峻形势

自2020年初新冠肺炎疫情暴发至3月，经过近百天的艰苦奋战，全市疫情传播基本阻断，生产生活逐步恢复。之后，全市一直处于低风险状态，但作为服务人口超1500万的开放大市，疫情输入风险持续加大，防控工作不容丝毫松懈。疫情防控面临两大风险挑战：一是境外疫情形势严峻，境外报告新冠病毒发生变异，传染力进一步增强，多个国家虽已启动疫苗接种工作，但免疫效果、供应能力、覆盖水平等都还存在不确定性，全球疫情持续蔓延的趋势难以在短期内遏制；二是国内部分地区疫情反复，多地出现多点、零星、散发病例，个别地区突发聚集性疫情，疫情传播呈现出“从物到人”和“从人到人”并存的特征。

二、有力举措严守疫情防控防线

市卫健委认真研判疫情，主要通过三大举措，严守疫情防控第一线。

1.全方位守住疫情防控“关键防线”。一是做好疫情监测报告。每天发布疫情通报，做好疫情监测工作，3月以后，苏州一直处于低风险地区。二是强化发热门诊哨点作用。充分发挥医疗机构预检分诊和发热门诊前哨作用，严格落实首诊负责制，及早鉴别诊断发热病人并规范留观。三是快速启动流行病学调查。发现阳性检测者立即开展流行病学调查，追踪14天内行动轨迹，追溯感染来源，全面细致排查密接和次密接人员，规范开展14天隔离医学观察。四是落实重点人群检测。积极落实应检尽检、愿检尽检人群和重点环境、生鲜食品核酸检测。

2.毫不放松做好常态化防控工作。一是科学开展分析研判。加强境内外疫情信息收集，强化疫情发展态势研判，撰写研判报告，及时报告指挥部针对性制定和动态调整防控策略，为更好发挥“大数据+网格化+铁脚板”作用提供专业支撑。二是有效开展技术指导。优化完善全方位全流程防控卫生学指南，为各防控组精准有效防控、规范到位处置提供技术指导，严格养老机构、儿童福利院、监狱、精神卫生医疗机构等特殊单位管控。三是强化入境人员管理。做好上海入境人员“7+7”“3+11”模式“点对点”转运，全市超过300名医务人员赴昆山花桥参加省、市转运专班。制定《苏州市集中医学场所设置和工作规范》，科学设置集中医学观察场所，开发集中医学观察人员信息管理系统，实现信息全面掌握和精准对接。四是持续强化发热门诊建设。严格落实“三区两通道”要求，推动二级以上综合医院、中医医院和传染病医院发热门诊标准化建设。

3.前瞻谋划做好应急处置准备。一是开展补短板研究。完成《苏州市公共卫生应急管理体系补短板对策研究报告》，针对公共卫生应急管理体系存在的硬件设施、机制建设和全民参与等三方面短板，提出20条补短提升举措。二是制定应急预案。8月，市卫健委牵头制定《苏州市秋冬季新冠肺炎疫情防控应急预案（试行）》，根据科学防治、精准施策的原则，明确低、中、高风险地区管控措施条款，按照风险等级由低到高，措施逐级提升，实行分地区、分级别、差异化应急响应。三是储备医疗救治力量。以援鄂医务人员为骨干，加强专业人员后备队伍建设，增加呼吸机、人工膜肺等关键救治设备配置，开展病区床位应急转换和实战推演，全面提升救治能力。

三、疫情防控取得阶段性成果

苏州疫情防控五大能力明显提升，防控的阶段性成果得以巩固。

1.快速流调能力。全市共建立流行病学调查队伍645支、1290人，累计开展流行病学调查2.04万次。在接到阳性报告、外地协查函、省市流调指令任务后，能够立即启动流行病学调查并同步开展核酸检测标本采集，12小时内出具核酸检测结果，24小时内完成初步流调报告。每周都对集中隔离场所工作人员（医护、公安、消杀和服务工勤人员等）开展核酸检测。率先开发了集中医学观察人员信息管理系统，基本实现了信息掌握精准化、人员管控规范化、服务贴心人性化。

2.核酸检测能力。全市新冠病毒核酸检测机构达43家，最高日检能力达8.5万份。全市有核酸检测采样点1681个，储备核酸检测采样人员2.2万人，核酸检测应急队伍4支共100人，全市持有省感染类PCR实验室上岗证人员1607人，2个市级、5个县级核酸检测基地正在全面加快建设，建成后每个基地可达到1万份/日的检测能力。

3.发热门诊建设能力。经前期扩能升级，截至2020年底，全市开设发热门诊61家，设置率、达标率均达100%。已建成规范化发热门诊25家，尚有23家正在加快规范化改造。规划建设了全市统一的发热门诊监测预警云平台，为医疗机构与疾控机构协同监测疫情加强信息化支撑，能够有效保障第一时间发现并规范有效处置疑似病例。

4.冷链协防能力。苏州明确建设市级进口冷链食品集中监管仓后，市卫健委立即行动，制定《苏州市冷链食品集中监管仓工作方案》《冷链食品集

◆2020年2月9日，苏州市第三批260名医疗队员驰援湖北出征（供稿：徐志强）

医疗队出征仪式
不辱使命
苏州

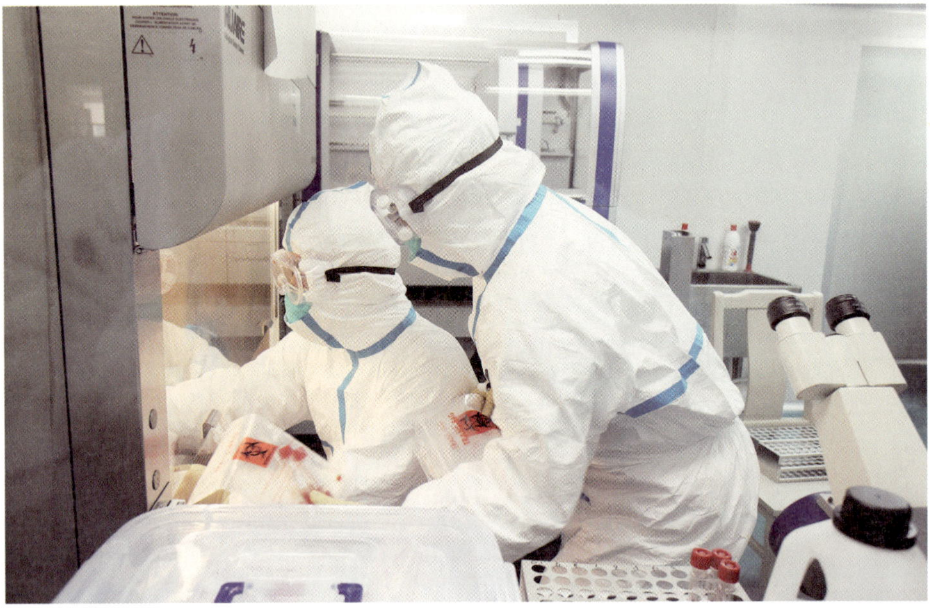

◆苏州市疾控中心新冠病毒核酸检测实验室（供稿：苏州市卫健委）

中监管仓储从业人员健康管理及个人防护指引》《集中监管仓消毒工作指引》《集中监管采样工作指引》《集中监管仓工作人员防护指引》等一系列专业技术文件，指导科学精准防控。主动强化部门协同，一旦发现样本初筛阳性，立即启动流调并向专班报送初步信息，复核呈阳性的在2小时内向专班报初步调查报告及具体核查信息，同步落实阳性物品接触人员医学管控，指导做好核酸阳性食品处置。

5.应急处置能力。有序推进定点医院重症监护室改造，重点加强三区两通道、供氧、通风、供暖、污水污物处理等设施改造。组建由呼吸、重症、院感、感染、儿科、中医、影像、检验等专业的36位专家组成的市级医疗救治专家组和650人的后备医疗队，可根据疫情发展情况，随时整建制接管定点医院病区。组建市级突发事件卫生应急专家咨询委员会专家组5个，建成市级突发事件卫生应急救援队伍6类8支，可在战时状态下有效应对处置各类叠加风险。成立全市医疗机构感染防控知识网络培训工作协调小组，强化分层实施，线上线下全覆盖开展院感培训。建立应急物资储备清单，组织市属医院与相关企业合作建立渠道储备机制，确保物资储备安全。强化舆情风险监测处置，及时妥善回应市民关切。

四、疫情防控中的经验启示

在这场抗疫大战、历史大考中，全市卫生健康工作者经受住巨大考验，交出了合格答卷，总结了宝贵经验。

1.科学精准防控，织密疫情防控“防护网”。坚持人民至上、生命至上，不惜一切代价保护人民生命安全和身体健康。第一时间成立防控领导小组，牵头组建市级工作专班，严格落实24小时应急值守和信息报告制度，组织专家队伍开展科学研判，推动苏州最早宣布延长假期、推迟返苏。全市3800多家医疗机构党组织争分夺秒、全时全域“临战动员”，充分发挥了基层党组织的战斗堡垒作用。12万医护工作者迅速响应，积极应战，全力投入防疫抗疫一线，全市91例确诊病例全部治愈出院，守住了“零死亡、零院感”底线。积极响应习近平总书记举全国之力支援武汉的号令，党员干部带头请战，全市6批次349名医疗队员出征援鄂，奋战70昼夜，谱写了一曲“苏武沐阳”的友谊赞歌。此外，33名医务人员先后援疆援冀，贡献了“苏州力量”。

2.主动担当作为，锻造疫情防控“主心骨”。充分发挥党组织战斗堡垒和基层党组织的红色引擎作用，让党旗在疫情防控一线高高飘扬。发挥专业优势，严格落实“四早”防控要求，因时因势动态调整防控策略，有效开展“人物同防”。发挥党员先锋模范作用，争当“两个卫士”，广泛开展“我是党员我先上、做维护核心的忠诚卫士、做守护群众的健康卫士”主题实践活动，苏州援鄂医疗队“医路先锋”行动支部旗帜飘进中央电视台《新闻联播》节目，12名援鄂队员火线入党，市五院、市疾控中心等医疗卫生单位均成立“医路先锋”行动支部，全市医护人员累计140万人次参与基层社区防控。

3.激情燃烧攀高，共筑疫情防控“同心圆”。贯彻落实习近平总书记关于“要全力做好常态化疫情防控工作”“健全预警响应机制”等重要指示精神，紧紧依靠人民群众，让“大健康”理念深入人心。在统筹疫情防控和经济社会发展中，将健康理念融入相关政策，坚持建设“健康中国典范城市”的战略定位，建设面向未来、面向全球的符合超大城市定位的、符合市民健康需求的以人为本的整合型卫生健康体系，不断提升全方位、全周期保障群众健康的能力，当好健康“守门人”，共筑疫情防控“同心圆”。

（供稿：苏州市卫生和健康委员会）

军民携手　军地合力
苏州市荣获全国双拥模范城“七连冠”

苏州市退役军人事务局

2020年，苏州市双拥工作攻难点、抓重点、补弱点、解痛点、创亮点，在助力经济和社会发展、疫情防控、脱贫攻坚、抗洪抢险中积极发挥军地合力，全市双拥工作水平进一步提升。2020年，苏州市再次荣获“全国双拥模范城”称号，夺得“七连冠”，张家港市、常熟市、太仓市同获殊荣，获评数量位居全省第一、全国第一方阵。

一、全面服务大局，积极支持疫情防控

2020年初，面对突如其来的新冠肺炎疫情，全市党政军民上下同心，全力以赴，打响疫情防控阻击战，驻苏部队、各级拥军力量成为抗疫战役中的“硬核力量”。

1.持续开展走访慰问。率先在全省出台《苏州市关于发挥双拥工作优势全力支持新冠肺炎疫情防控工作的意见》，即“苏州双拥10条”，明确了发放联系卡、赠送拥军包、印制慰问信等10条具体举措。主动走访慰问苏州市辖区一线军队医务人员，摸排其家庭工作生活中的实际困难，特事特办，优先解决。

2.完善同城同等待遇。率先将抗疫军人军属落实同城同等待遇，第一时间将驰援武汉抗疫一线的解放军904医院苏州院区医务人员及其家属，纳入苏州市“实施激励关爱驰援湖北医务人员八条举措”的优待保障范

◆2020年10月20日，苏州市委副书记、市长李亚平在北京京西宾馆参加全国双拥模范城（县）命名暨双拥模范单位和个人表彰大会（供稿：周宇驰）

围，构建了横向到边、纵向到底、覆盖全员的优待保障体系。

3.迅速组织物资捐赠。率先在全省组织开展抗疫物资捐赠活动，鼓励和动员爱心企业、拥军协会、社会组织、拥军先进个人捐赠物资，有关企业发挥行业优势生产储备一批抗疫物资和设备，支援疫情一线和驻苏部队抗疫，受到了全国和省双拥办的充分肯定。

二、带头响应号召，全力开展定点扶贫

脱贫攻坚是我国全面建成小康社会的底线任务和标志性指标，是党的十九大部署的三大攻坚战之一。为助力脱贫攻坚战顺利收官，2020年4月，苏州市双拥办受领支持部队定点帮扶脱贫攻坚2个村的任务，成为全国首家支持部队定点帮扶脱贫攻坚工作的双拥部门，针对性帮扶贫困程度深、脱贫难度大的云南省怒江州泸水市洛本卓乡色德村和甘肃省临夏州东乡县凤山乡岭村。此项工作时间紧、任务重，受领任务后，市双拥办立即制定方案，协调部署。

1.深入摸底，实地对接。积极与支持两个贫困村的军方工作组取得联系，了解当地情况，经综合协调，市政府明确由张家港市对口支援云南省色德村，由常熟市对口支援甘肃省岭村，并组成对口支援考察团赴实地考察，深入了解当地现实需求。

2.明确措施，稳步实施。在考察基础上，全面分析2个贫困村现状，整合各类扶贫资源，精准研究帮扶措施，在结对助学、扶产到户、基础设施建设、企业帮扶、就业技能培训等方面，积极争取项目和资金支持，实现帮扶到户全覆盖。

3.因地制宜，成果显现。张家港市累计投入200多万元，帮扶云南省色德村硬化村间道路，新建排污沟、公厕，安装太阳能热水器；支持村小学改善教学设施和学校生活设施，组织部分师生来张家港开展双拥夏令营活动。常熟市累计投入150万元支持甘肃省岭村扩大小尾寒羊养殖规模，解决村民“衣食住行”问题等。

◆2020年7月,驻苏某部官兵在安徽省马鞍山市参与抗洪抢险(供稿:张文举)

三、巩固军政合力,持续推进军地共建

人民厚爱子弟兵,子弟兵更爱人民。苏州市军民协同合作,同呼吸、共命运、心连心的新型军政军民关系得到进一步巩固。

1.建立拥军支前军地协调机制。2020年,全市共成立11支拥军支前队伍,坚持“打仗需要什么、支前就保障什么,部队缺什么、支前就准备什么”,做好拥军支前宣传教育、服务练兵备战、保障多样化军事任务等工作。

2.加大社会化拥军力度。积极鼓励本地优质企业和有条件的社会组织、个人加入社会化拥军行列,建立覆盖衣、食、住、行、用等各方面拥军企业目录和优惠项目清单。先后开展“拥军邮路”“拥军金融”“拥军创业”“拥军扶贫”等系列活动,为部队官兵送温暖、献真情。

3.服务部队完成任务。2020年7月下旬,驻苏某部奉命赴安徽合肥、马鞍山等地全程参与抗洪抢险,部队不怕艰险,连续奋战,涌现出了一批先进人物，出色完成抗洪抢险任务，受到了中央军委主席习近平的亲切接见，市委、市政府、军分区及时赴一线慰问，送去党委、政府和第二故乡人民的关心问候，极大地激发了官兵斗志。

四、丰富拥军内涵，情系边海防部队官兵

为深入贯彻习近平总书记关于军民合力稳边固防的重要指示，按照上级统一部署，2020年7月起，苏州市全力开展“情系边海防官兵”拥军优属活动，服务边海防艰苦地区驻军部队。

1.全力援助边防部队营房建设。得知驻藏边境某部困难后，苏州市第一时间落实资金、落实企业、落实专人、落实进度，与西藏军区紧密携手，做到军政企三方联动、省市区镇四级合力。吴江赛马钢架彩板制造有限公司建设队伍长途奔袭5000公里，克服山体塌方滑坡、人员高原反应、施工条件恶劣等诸多困难，用30多天时间高质量完成营区援建任务，得到了西藏军区、边防官兵的一致认可。

2.真情走访边海防官兵家庭。全市各地双拥部门主动对接人武部门，排摸本地边海防官兵家庭底数和基本情况，持续开展上门走访慰问，针对“三后”（后路、后院、后代）难题，解决实际困难20多件，发放慰问金100万元。

3.持续保障苏州舰下水、入列。以苏州城市命名的海军舰艇“苏州舰”于2018年12月13日下水，2021年1月15日加入人民海军东海舰队战斗序列。市双拥办积极协调，开展走访慰问，了解实际需求，解决舰内装饰和特殊纪念品设计制作，让苏州历史文化元素融入“苏州舰”，更好体现军民鱼水深情。

五、广泛宣传教育，营造双拥浓厚氛围

全市上下坚持把广泛深入开展双拥宣传教育活动作为推进双拥创建工

作、提升双拥工作水平的重要组成部分常抓不懈，在全社会营造了浓厚的双拥氛围。

1.围绕主题主线抓宣传教育。充分利用“八一”建军节、国庆节、烈士纪念日等重大时间节点，综合运用广播电视、报纸杂志、政府信息网等新闻媒体和新兴媒体及宣传标语、印发宣传资料等形式，加大双拥宣传力度。持续开展国防教育进企业、进乡村、进学校、进社区、进机关、进连队活动，依托爱国主义教育基地，进一步赓续红色基因，增强广大军民的国防意识。

2.突出先进典型抓宣传教育。广泛动员开展省级“拥军先进典型”评选推荐工作，将推荐上报的7名代表人物的先进事迹在《苏州日报》进行同步宣传；同时在《苏州日报》开设“最美退役军人”宣传栏，每周刊登一位最美退役军人的先进事迹，进一步掀起致敬“最美”、学习“最美”、争当“最美”的热潮。

3.依托双拥活动抓宣传教育。广泛动员各级各界参加省级双拥公益短片大赛，择优上报11部双拥公益短片，其中市本级2部，常熟市、太仓市、昆山市、吴江区、姑苏区共9部，内容有宏观的双拥成果展示，也有微观的感人故事，充分展现了苏州拥军优属、拥政爱民的优良传统以及军民鱼水情深的生动局面。经省厅专家审定和社会投票，苏州市共有7部公益短片获奖：荣获一、二、三等奖各1部、优秀作品奖4部，同时，市双拥办荣获优秀组织奖，极好地展现了双拥风采。

（供稿：苏州市退役军人事务局双拥办）

安全生产专项整治工作取得显著成效

苏州市应急管理局

2020年，全市安全生产专项整治“小灶”共排查整治突出问题26项、重大隐患239项；关闭取缔、停产整顿问题企业661家；总结上报典型经验做法27个，转发推广5个，实现全市大幅度“两升两降”（即事前执法立案起数、行政处罚总额大幅度上升；生产安全事故起数、死亡人数大幅度下降）目标。全市安全事故起数和死亡人数同比分别下降71.55%和64.27%。其中，工矿商贸领域事故起数和死亡人数同比分别下降65.76%和65.66%；道路运输领域事故起数和死亡人数同比分别下降73.19%和63.09%。

一、提高政治站位，坚决贯彻落实中央和省关于安全生产的决策部署

牢固树立安全发展理念，切实强化红线意识、底线思维，坚持把安全生产工作放在经济社会发展的全局中谋划部署，严格落实党委、政府领导责任，行业部门监管责任和企业单位主体责任，全力推动安全生产各项举措落到实处。

1.坚持“党政同责”，进一步筑牢安全生产责任体系。市委、市政府主要负责同志定期召开会议研究部署，重要时段带队督促检查，多次批示全力做好安全生产工作。省委常委、市委书记许昆林对安全生产有关事项均是第一时间迅速批示，第一时间指导工作落实；市委副书记、市长李亚平对27个专项整治工作方案逐一审议研究，经常性调度进展情况；市四套班

◆2020年7月2日，苏州市委理论学习中心组召开“安全生产”专题学习会（供稿：苏州市应急管理局）

子领导通过分地区、分行业挂钩联系，督查督导基层落实安全生产责任。2020年召开市委常委会会议、专题会议13次，市委理论中心组专题学习报告会2次，市政府常务会议、安委会专题会议29次。同时，以党政领导干部为示范，全面开展“百团进百万企业”安全生产专题宣讲，组织上百个宣讲团，到基层一线、广大企业集中开展宣讲，苏州市、市（区）两级党政领导班子成员全部参与宣讲，开展宣讲172人次；市、市（区）两级安委会成员单位负责人宣讲878人次，累计宣讲3345场次，参加人数38.8万人次。

2.坚持法治思维，进一步强化安全生产依法监管意识。不断加大监管执法力度。按照“两法衔接”有关要求，加大明察暗访、随机抽查行政执法力度，查处安全生产违法违规企业数量和安全生产行政处罚金额逐年上升；对涉嫌犯罪的，政法机关第一时间介入；对严重违法企业，及时将其纳入失信企业“黑名单”管理，进行联合惩戒。2020年，全市应急管理系统对企业安全生产违法违规行为立案查处6211件，实施经济处罚2.46亿元。其中，事前立案6077件，同比上升18.16%；事前处罚金额2.1亿元，同比上升12.55%；事前处罚案均值3.45万元。

3.坚持制度保障，进一步提高安全生产监管水平。制定《苏州市党政领导干部安全生产责任制规定实施办法》《市委常委会成员、市政府领导班子成员2020年安全生产重点工作清单》等，进一步细化和落实领导干部安全生产责任，市委办公室每季度调度工作进展情况，推动工作落实。制定《市安委会成员单位等部门安全生产工作职责任务清单》，明确27个部门安全生产监督管理内设机构实行安委办实体化运行，梳理明确14个市级安全生产专业委员会工作职责和制度。印发《县级市（区）党委政府和市安委会成员单位履行安全生产工作责任考核评价指标》，每年对各地区、各相关部门目标责任落实情况开展专项考核。制定安全生产警示提示、安全生产约谈、重要工作事项督办、述职报告、履职报告等5项制度以及安全生产巡查工作规程，落实落细各项工作。2020年召开安全生产约谈会议4次。

二、突出重点导向，高效开展安全生产专项整治

1.坚持联动督导，深入开展安全生产问题整改。市委、市政府成立10个督导组，对11个板块（含太仓港口）和11个部门（单位）开展督导，聚焦国务院安全生产督导组集中督导问题交办、反馈“四个清单”、常驻督导和“回头看”发现问题整改，以及省、市督导反馈问题，切实紧盯紧守、紧抓不放，将安全责任传到基层、专项整治要求落到一线。2020年完成整改国家、省、市督导发现的412项问题。市级督导组先后对各地各有关部门人员个别谈话622人，走访调研县级部门单位53个，下沉督导镇（街道、开发区）75个、生产经营单位756家。各市（区）共派出67个督导组，对117个镇（街道、开发区）、102个县级部门进行全面督导，对2743名党政领导干部个别谈话，检查督导生产经营单位2394家。4月，市人大常委会分5组共60余名领导干

部对全市安全生产法进行执法检查，提出检查意见和对策。3—5月，市政协联动开展安全生产民主监督，分5组共90名领导干部参加，提出民主监督意见。市纪委监委将专项监督工作细化为28项具体任务，建立市纪委监委班子成员联系督导工作机制，每名班子成员联系1个市（区）、2个职能部门，实现对10个板块、27个安全生产行业领域部门全覆盖。

2.坚持实体化专班运行，聚力解决消防安全领域突出问题。市委、市政府部署启动"331"专项行动，以实体化专班为牵引，汇聚60余名相关职能部门人员常驻办公，建立市级指引、县级细化、镇级实施三级责任体系，制定"9876"任务清单、履职清单、追责清单，发布安全整治通用标准，形成任务引领、履职遵循、标准验收全链条工作闭环，聚力整治与"三合一"场所、群租房、电动自行车三类要素有关的、面广量大且监管责任交叉模糊的问题隐患。"一年小灶"期间，火灾起数、死亡人数同比分别下降37.1%、81.8%。"331"专项整治领域已连续20个月未发生较大以上火灾事故，增容扩面以来，"9+1"场所继续保持"零亡人"。

3.坚持"大数据+网格化+铁脚板"模式，深化危险化学品安全综合治理。持续加大化工企业排险除患力度，企均一般隐患从38条下降到26条，重大隐患从1.2条下降到0.2条，隐患问题存量大幅下降；按照"三升三减一降低"要求，通过减量、替代、缓和等方式，完成8家危化品企业本质安全水平提升改造，压减重大危险源25个、高危工艺装置39个、生产区域从业人员505人，固有安全风险逐步降低；按大数据指引、网格化联动、铁脚板查点、大整治问题归零方式，开展违法违规"小化工"百日专项整治行动，排查发现各类"小化工""小作坊""黑窝点"132家，查实违法违规"小化工"116家，处罚470余万元，移交司法机关11人。

三、积极探索创新，建立"部门强监管"和"企业抓落实"双核驱动新机制

全市在扎实推进安全生产专项整治过程中，创新建立"部门强监管"和"企业抓落实"双核驱动机制，落实安全生产责任制长效机制，为提升安

全生产管理质效助力。

1.集聚保障安全生产合力推动齐抓共管。2019年12月，苏州市委政委法印发《关于充分发挥政法机关职能作用为全市安全生产提供法治保障的意见》，对推进安全生产制度化规范化、强化安全生产行政监管力度、公正高效办理涉安全生产类案件、健全完善安全生产领域两法衔接机制、聚力推进安全生产法治宣传、持续推进扫黑除恶专项斗争、部署落实铁路护路联防工作、筑牢内部管理安全防线等8个方面的22项重点内容进行责任细化和分工明确，强力推动全市安全风险防控工作，为全市防范化解安全生产风险提供政法支撑。

2.创新打造危化品企业“保险+服务”苏州模式。保险机构按照《安全生产责任保险事故预防技术服务规范》，建立以提高投保企业生产安全事故预防能力为重点的保险服务体系。将当年保费收入总额的30%至50%作为事故预防资金，用于对投保企业的事故预防技术服务。坚持“保费与风险”挂钩，制定全市统一的基准指导费率，根据企业类型、风险程度、产业规模、从业人员数等6类因素实行差别化调整，根据企业标准化等级、近三年生产安全事故、行政处罚等3类因素实行浮动费率，建立费率动态调整机制。其间，全市危险化学品企业共143家投保，保费1257.78万元。“保险+服务”模式正在全市工矿企业全面推动借鉴。

3.组建“安全生产联盟”助力企业安全发展。全市借鉴推广苏州工业园区创新成立安全生产联盟做法，通过以点带面、政企联动形式，激发企业做好安全生产工作内生动力，进一步深化“安全互助、管理互查、经验互鉴、应急互援”理念，助力企业安全发展。通过成立“安全生产联盟”，将“亲商”理念同安全生产紧密结合，实现部门监管服务与联盟企业“四互”工作充分融合，将原来安全生产工作政府“独角戏”变成“政府积极主导、企业广泛参与、社会共同关注”大合唱。面向参盟企业开展安全知识联学、优势资源联享、实践活动联办、人才队伍联建、提质增效联促、重点工作联抓“六联”活动。

（供稿：苏州市应急管理局）

建立审计容错纠错机制　为干事创业者护航

苏州市审计局

为贯彻落实习近平总书记关于审计工作的重要指示精神，苏州市审计局围绕市委、市政府中心工作，创新审计理念，在应审尽审、凡审必严的前提下，对改革创新中出现的偏差或失误，坚持具体问题具体分析，在全市范围内逐步构建审计发现问题容错纠错机制，激励审计监督对象“对标找差、再攀新高”和“挑战极限、勇攀高峰”。“建立审计容错纠错机制为干事创业者护航”项目获评苏州市2020年度改革创新“特别奖”三等奖，并入选2020年度全省审计系统“十大新闻”。

一、出台操作办法，确保审计发现问题容错纠错有章可循

在充分调研的基础上，2019年7月，市审计局开始起草《审计发现问题容错纠错操作办法（试行）》（以下简称《办法》）。经过广泛征集意见和修改，2020年2月，《办法》经市委审计委员会第二次会议审议通过，并以市委审计委员会的名义印发。

《办法》共11条，结合苏州市审计工作实际，从具体、实用、可操作角度对容错纠错的依据、原则、适用情形、办理程序、注意事项和解释权、施行时间作出了明确，尤其对适用容错纠错的10类23种情形进行了具体阐述。

《办法》明确，容错纠错坚持“鼓励担当，支持创新；实事求是，区别

对待；严格甄别，容纠并举”原则，结合动机态度、客观条件、程序防范、性质程度、后果影响以及挽回损失等情况，历史地、客观地、全面公正地进行审计评价。

《办法》规定，容错纠错按照申请与启动、复核审核、集体审定、归档、反馈等程序进行。除审计机关能启动容错纠错外，还赋予审计对象容错纠错申请权，并强调了结果反馈机制和过程资料纳入审计项目档案管理。

《办法》强调，坚持容错和纠错结合、容错纠错和问题防范并举。对可容错的问题仍应在审计报告中如实全面反映，督促审计对象认真整改，健全制度机制，避免类似错误和问题再次发生。对审计中发现的苗头性、倾向性、普遍存在的共性问题，研究其表现形式、成因及对策措施，及时建议相关部门和单位予以关注，认真研究，及时建立健全有关制度；对实践中行之有效的创新经验，应及时总结提炼，形成典型案例，建议相关部门研究推广。

《办法》出台得到时任市委主要领导的充分肯定，新华网、省委新闻网、审计署网站以及《苏州日报》、苏州广播电视台等对《办法》出台进行了广泛报道。

二、注重贯彻落实，
发挥审计发现问题容错纠错积极作用

《办法》出台以来，市审计局积极作为，按照学习宣传、规范操作、协作配合、案例整理有序推动审计发现问题容错纠错机制落实，使市委、市政府的好政策、好措施发挥出好作用。

1.广泛宣传《办法》，让激励机制得到响应。通过法治宣讲、审计进点会宣讲、印发宣传材料、通报典型案例等方式，做好审计发现问题容错纠错相关政策宣传，营造支持改革、鼓励创新、宽容失败、允许试错的良好环境。2020年6月和9月，结合市级机关“法治开讲”活动和“百名局长百场宣讲”活动，市审计局组织对《办法》进行专题培训宣讲，做好审计发现问题

容错纠错政策解读，积极推进市委激励担当作为政策贯彻落实。

2.严格规范操作，杜绝滥用容错纠错机制。审计实践中，审计机关解放思想，紧扣党委和政府中心工作，将“全面落实三个区分开来”和审计发现问题容错纠错纳入审计工作的总体要求，审计机关内部按照分工对发现的符合容错纠错情形提出容错建议。对申请的容错纠错事项，法规审计机构对审计组提供的审计取证材料进行严格的复核审核，切实查清真相，弄清原委。市委审计委员会办公室、市审计局召开审计业务会议，严格按照《办法》确定的原则和“看问题性质”等六看要求进行充分的集体讨论并集体审定。审计机关审定后，对属重大问题容错或上级审计机关审计项目分别报经市委审计委员会或省审计厅批准执行。对审定的容错事项，审计机关做好跟踪督查，认真督促审计对象落实审计整改工作，对属共性问题，提请相关部门和单位予以关注，及时做好问题防范工作。

3.总结好案例，发挥案例的示范传导效应。2020年2月，市审计局在疫情防控物资专项审计中，发现承担市级疫情防控物资存储任务的苏州市金仓粮食物流中心有限公司存在仓库管理不完善、成本费用核算不及时、财务账目不明晰等问题。对此，市审计局从问题产生原因、主观动机、纠错态度等方面审慎研究，联合市纪委监委派驻市财政局纪检监察组启动了容错纠错程序，以其“在推动民生实事工作领域敢于担当、积极履职，有力保障了防疫物资收储和发放”，经市审计局审计业务会议集体审定，决定予以容错。金仓物流中心以此次容错纠错为契机，积极整改，大力推进了市级应急防疫物资储备能力建设提档升级。时任市委主要领导在市审计局呈送的审计专报上批示要求“在实践中不断总结好案例”，新华网、中共江苏省委新闻网、江苏省审计厅官网等媒体报道了苏州首次启动容错纠错的工作。

三、及时总结经验，
推动审计发现问题容错纠错机制在全市范围内逐步建立

市审计局不断深化审计发现问题容错纠错机制应用，在审计实践中，

坚持“三个区分开来”，审慎定性和处理，形成可复制、可推广的经验和案例，积极推动容错纠错相关规定在全市范围内的贯彻落实，做好审计“容错纠错”案例的总结、收集和工作亮点总结通报，发挥好典型案例的引导作用。全市审计机关深入学习《办法》，将审计容错纠错理念融入审计工作实践，姑苏区修订了《姑苏区审计局项目质量控制操作指引》，将审计“容错纠错”工作要求纳入“审计评价”，昆山、太仓、张家港、常熟、吴中等地也陆续出台了相关办法，审计发现问题容错纠错机制在全市范围内逐步建立，较好地发挥了该机制的导向作用，在全市营造了支持改革、鼓励创新、宽容失败、允许试错的良好环境。

（供稿：苏州市审计局）

打造服务开放“最舒心”品牌
助力苏州高质量发展“再出发”

苏州市人民政府外事办公室

2020年，苏州市对外工作战线以习近平新时代中国特色社会主义思想和习近平外交思想为指导，在苏州市委、市政府坚强领导下，切实加强党对外事工作的集中统一领导，全力做好防范境外疫情输入工作，抓紧、抓实、抓细常态化疫情防控。在疫情常态化背景下，深化疫情防控国际合作，切实加强工作谋划，抢抓发展机遇，创新开放模式，优化涉外环境。苏州市外办牵头的苏州市涉外疫情防控专班获评全国抗疫先进集体，苏州市外办获评外交部表彰的“全国地方外事工作优秀集体”。

一、全力抓好涉外防疫工作，持续筑牢“防”的安全线

作为境外经上海口岸入境赴江苏旅客中转站和分流中心，苏州涉外疫情防控工作任务艰巨繁重。为坚决打赢涉外疫情防控阻击战，市委、市政府统一调配力量，推动数据共享，加强联防联控，持续做好常态化防控、长线防控的日常运行和管理工作；主动牵起防控闭环运行的“龙头”，筑起苏州涉外疫情防控的“大堤”，奋力夺取疫情防控和经济社会发展“双胜利”。

1.当好涉外疫情防控主力军。苏州市疫情防控指挥部涉外防控协调组密切关注疫情形势变化，主动加强对境外来苏人员特点进行研判，统筹做好境外入境赴苏人员转运及分流有关工作。制定《涉外防控协调组工作方案》，建立信息共享、疫情研判、联防联控、应急联动4项制度机制，确保涉

◆苏州市涉外疫情防控专班在开展接收转运工作（供稿：华雪根）

外疫情防控工作制度化、规范化、科学化运行。全市先后启动派驻昆山、北京、南京专班，开展相关国家赴苏州人员接收转运工作，构建落实省—市—县（区）3级联动闭环运行模式。积极保障花桥中转交接基地运行，高质量完成3月6日至4月1日第一阶段转运工作，第一轮共转运入境苏州人员6092人，占江苏省转运总人数的三分之一。7月中旬开始，根据国家统一部署和长三角涉外疫情联防联控机制，为适应国际航班数量增加的新形势、新变化，缓解上海等地涉外疫情防控的压力，江苏重新启动自上海机场入境来苏人员接转工作。8月2日重启昆山专班，开展入境人员接转模式，有力支撑全省疫情防控向好态势。

2.率先构建涉外防控新常态。疫情发生以来，累计发布面向在苏外籍人士的多语种通告600多篇（次），成为全国第一个采用多国语言进行疫情信息发布的城市，有关内容得到外交部书面肯定并转发各国驻华大使馆、各国际组织驻华代表机构。编纂的《苏州市防控疫情常见涉外问题解答》

◆苏州是全国第一个采用多国语言进行疫情信息发布和开展抗疫工作的城市。图为翻译员在进行防疫宣传（供稿：华雪根）

获全省推广。苏州在全国率先开通24小时多语种服务热线，全天候解答外籍人士、市民、企业咨询，共受理疫情防控涉外事宜近5000项。联合苏州日商俱乐部、韩商会发布共同抗疫倡议书，积极走访企业、高校、社区，提醒在苏外籍人士关注权威信息、加强自我防护，确保在苏外籍人士零感染。

3.多层次开展领事保护工作。认真贯彻落实习近平总书记关于“加强对境外我国公民的关心关爱”的重要指示精神，切实践行外事为民宗旨，打造“平安出国最‘苏’心”党建服务品牌，通过本地媒体和“苏州游子海外防疫群”，发布致海外侨胞、海外苏州学子的温馨提示和直播节目50余次，提供防疫科普、心理疏导和其他领事保护专业指导，筹集口罩驰援部分海外疫情严重国家，通过我驻外使领馆等渠道或寄送发放等形式，助力苏州籍海外公民战胜疫情。为海外公民搭建“生命通道”，无缝衔接加拿大突发病情恶化的苏州籍留学生通过“快捷通道”归国回苏。选取国际学校开展领事保护宣传宣讲，为同学们发放带有外交部“12308小程序”二维码设计的行李贴纸，进一步强化领事保护意识。共协调外国驻沪总领馆涉及侨民保护、防疫政策和企业复工复产方面相关事项近400项，用实际行动践行了人类卫生共同体和人类命运共同体理念。

二、强化助力复工复产，持续拓展“进”的大方向

积极服务企业发展，重点围绕在苏外资企业、“走出去”企业、高新技术企业的实际需求，切实发挥好对外桥梁纽带作用。把入境人员服务、管控放在首位，持续做好“快捷通道”、包机服务，有效助力返岗复产、项目落户。

1.持续做强对外开放平台。高质量保障苏州市2020年“开放第一会”——苏州开放再出发大会，以及产业链全球合作云对接活动，对接使领馆开展相关重要工作，有力促进苏州对外开放交往，充分发挥外事资源优势，开展务实举措有力服务企业发展。积极响应国家中日合作发展战略，助推中日（苏州）地方发展合作示范区建设。以高质量打造中日地方发展合作示范区为核心，着力构建日资企业创新汇聚高地，助力19个日资重大项目集中签约，总投资额达14.6亿美元。以用户思维、客户体验的工作理念，召开中韩、中日企业座谈会，联合公安局、科技局、苏州欧洲商会举办外籍人员入境政策座谈会，回应企业和外籍人员关于在申请来华手续、居留许可等证件申办中主要关心的问题，实现政府与企业的无缝对接，帮助企业解决困难。

2.助力构建最优营商环境。坚持以企业诉求为导向，建立线上政企对话会、外国商会群、企业服务群等“三项制度”。助力返岗复产。完善“邀请函—入境接驳—隔离观察”工作链条，有力解决企业急需的商务、科技、生产等方面的工作人员的来华难题。成功协调入境包机14架次，服务157家企业的584位员工及家属入境苏州，其中经由“快捷通道”来苏人员累计289人，涉及企业数37家。以苏州高新区万都底盘部件有限公司为例，该企业35名韩籍工程师通过首批“快捷通道”接转入境，彻底扭转了其生产线停

产导致的每月5000万元人民币亏损的局面。助力招才引智。开辟第12届苏州国际精英周创业周法国专场，推动人才项目“云”对接，为精准招才引智开拓新形式。通过视频交流，向法国当地学联组织以及15所法国高校的中国留学生，介绍苏州经济社会发展、创新创业和人才政策等情况，吸引致力于在苏州创新创业的高层次人员落户。助力项目落户。协调疫情期间使领馆认证办理，帮助企业解决因公证认证业务暂停办理导致的外资落户难等问题，累计协助落户总投资额逾4亿美元。

3.强化统筹全市外事管理。落实市委、市政府印发的《关于开放再出发的若干政策意见》，为苏州市申请单位邀请外籍人士来华办理访问类、商务类签证提供便利，为先进“两新”组织办理APEC（亚太经济合作组织）商务卡提供绿色服务通道，促进企业人员赴APEC经济体入境通关便利化。推动建设苏州市邀请外国人来华管理系统，进一步为申请单位为外国人办理访问类、商务类签证提供便利，推进“不见面审批”和无纸化操作，切实规范邀请来华管理工作有序开展。持续完善因公出国（境）信息管理系统，形成前端后端工作联动。指导全市“云上”国际会议、使领馆交往归口报批，落实涉外事（案）件处置、社会组织对外交往等事项的统筹管理。

三、深化对外合作交流，持续推进“优”的“云交往”

切实加强与国际友城的沟通联络，高质量开展国际“云交往”，实现对外合作交流的稳定性和连续性，涵养国际友情更深入，与国际友城同心同力共克疫情，精诚合作共谋美好未来。

1.推进国际战“疫”更有力。持续加强疫情期间与国际友城的沟通联络，与友城和友好交流城市通过邮件共享苏州防疫、抗疫经验和做法。疫情初期，苏州共收到61个国际友好城市、友好交流城市慰问和捐赠；国际疫情蔓延后，为与国际友城一道风雨共担、共克时艰，苏州立足苏州实际和国际友城需求，累计向48个国际友城和友好交流城市发送慰问信息，向日、韩、意等11个国家37个城市捐赠口罩81万只、手套11万双等防疫物资，助力其战胜疫情，推动民心相通，进一步夯实了双方民意基础。指导社会组织和企业参与抗疫国际合作，协调苏州优力弗生物科技有限公司向纳米比亚、智利、美国、日本等国的友好城市、友好交流城市捐赠口罩13万只；池田市日中友好协会、三井住友银行、苏州新加坡俱乐部等11个机构、21家在苏港澳企业慷慨捐助遭受疫情严重的苏州国际友城。

2.拓展云上交流更多元。用好中国和新加坡建交30周年契机，省委常委、市委书记许昆林与英兰妮部长运用视频会议，推进苏新共同打造改革开放新高地，拓展“一带一路”互利合作新空间，培育服务业投资贸易合作新亮点，推动科技创新合作取得新成效，挖掘人文交流合作新内涵。苏州市与日本金泽市、池田市首次举办“友城市长云对话”活动，苏州市市长李亚平、池田市市长冨田裕树、金泽市市长山野之义共同出席视频连线会议，3位市长分别介绍了疫情形势下各自所在城市的国际交流新政策、新计划，表达了与苏日友城携手发展、互利合作的积极意愿。深度参与“苏州国际精英创业周”，牵头涉外营商环境政策汇编翻译工作。结合产业链全球合作云对接活动，积极联络在苏日资银行和韩资银行，探讨通过银行客户关系网络推介苏州产业链全球合作对接图，助力日韩产业链合作。与法国友城格勒诺布尔市合作，在其官方社交媒体上举办“春回姑苏”在线摄影展，协同苏州交响乐团制作了“音乐与你‘战’在一起”抗疫音乐作品，向苏州友城发去祝福与问候。

3.涵养国际友情更深入。走访看望在苏非洲友城留学生；举行苏州端午民俗文化节，推动端午节与威尼斯龙舟节、新加坡端午文化元素互鉴；赠送友城威尼斯苏州书画艺术家“同舟共济”主题画作，传递合作抗疫情谊。《参考消息》整版报道苏州对友城的火速驰援，助力其战胜疫情，国外主流媒体意大利安莎社和国营电视台、日本NHK（日本广播协会）、《华尔街日报》等国外媒体累计报道苏州对于国外友城捐赠防疫物资和在苏外企复工复产举措38篇。

（供稿：苏州市人民政府外事办公室）

做强做优做大国有资本和国有企业
为建设社会主义现代化强市贡献更大力量

苏州市人民政府国有资产监督管理委员会

2020年，面对新冠肺炎疫情带来的严峻考验和艰巨繁重的改革发展任务，苏州市国资系统坚持以习近平新时代中国特色社会主义思想为指导，坚定不移深化改革创新，多措并举推进高质量发展，奋力夺取疫情防控和改革发展“双胜利”。截至2020年底，全市国有及国有控股企业资产总额2.77万亿元，同比增长8.54%；所有者权益8940.35亿元，同比增长7.34%；营业收入1949.81亿元，同比增长11.89%；利润总额252.46亿元，同比增长44.52%；净利润191.84亿元，同比增长46.39%。其中，市国资委监管企业资产总额9097.20亿元，同比增长11.01%；所有者权益2538.32亿元，同比增长10.20%；营业收入606.28亿元，同比增长14.91%；利润总额94.36亿元，同比增长18.95%；净利润75.05亿元，同比增长21.67%。

一、大战大考勇担当，提升国资关键作用

1.周密部署，科学防控。认真落实党中央、国务院和省、市关于疫情防控的决策部署，市国资委出台7个针对性文件，依法科学做好疫情防控工作。

2.“六稳”“六保”，国资当先。全市国资系统在应急保供、医疗支援、稳定产业链供应链等方面发挥“顶梁柱”和“压舱石”作用。创元集团所属企业承担生物安全柜、负压救护车等国家抗疫物资生产任务，苏州金龙获国务院新冠医疗物资保障组致信表扬，苏净集团被列入国家防疫生产企业

◆苏州市第五人民医院“临时医疗隔离病区搭建项目”（供稿：孙夏楠）

名录，城投公司奋战7天7夜建成临时病房100个床位，新城公司通过“中欧班列”从欧洲采购620吨猪肉保障市场供给和战略储备，农发集团所属粮食集团完成3500吨市级成品粮的临时储备任务。

3.纾困惠企，共克时艰。全市国有企业克服自身经营困难的同时，全面落实减免中小企业房租、降低小微企业融资成本、支持新型农业经营主体、高速公路免收车辆通行费等政策，直接政策性减费让利累计达22亿元。其中，减免所辖物业租金12.2亿元，惠及2.6万多家中小企业（含个体工商户），为全市疫情防控和经济社会平稳运行作出了重要贡献。

二、围绕中心作贡献，提升服务大局水平

1.加大投入，保障重大项目。市属国企新增项目投资890亿元，其中带动社会资本投资613亿元。文旅集团加大古城保护更新力度，完成江南小剧

场、太傅第琼林小馆、顾廷龙故居等项目的修缮工作;城投公司稳步推进燃气管网安全改造、虎丘综改、“两河一江”、城市能源等项目建设;轨道集团高效运行4条线路,在建5条线路,首次尝试跨年夜通宵运营;保障房公司积极参与首批政策性租赁住房试点,推出350套房屋,服务青年人群700余人次;交投公司加快推进城北路改建、桐泾路北延等重点工程建设;会议中心启动实施综合提升工程。

2.聚焦主业,服务实体经济。利用国家货币政策“窗口期”,优化债务结构,市属国企直接债务融资539亿元,较间接融资节约成本6.5亿元。国发集团充分发挥苏州市创新产业发展引导基金、汉德基金等基金示范引领功能,助推苏州传统产业智能化改造和数字化转型;东吴证券首次配股发行成功,募集资金规模总计59.88亿元,资本实力进一步壮大;苏州银行深入参与央行三大创新试点,成功接入数字人民币,率先探索中小银行合作模式,试点应用长三角征信链平台;东吴人寿创新推出全民商业补充医疗保险“苏惠保”项目,首次参保人数达67.5万;资管公司发起设立转贷基金,累计与21家金融机构签订协议,服务67家中小企业。

3.走在前列,推进“沪苏同城化”。推荐苏州城投公司加入长三角一体化发展国资百企合作联盟;苏州新城公司与上港集团合资新设了上港集运通物流信息科技(苏州)有限公司,推动沪苏双方在现代物流领域共建共享、互联互通;苏城天然气公司投资建设苏州—上海天然气管道联络工程项目,推动沪苏天然气管网实现跨区域联通,为解决苏州用气缺口提供坚实保障;苏州水务集团与上海建工股份、上海市政设计院组成联合体参与常熟洪洞水质净化厂PPP(Public-Private Partnership,政府和社会资本合作,简称PPP)项目。

三、破解难题增活力,提升改革攻坚能力

1.国企改革三年行动方案印发实施。市国资委起草的《苏州市国企改革三年行动实施方案(2020—2022年)》先后经市政府常务会议和市委常委

◆全市国资国企融合发展推进会暨“1+10”项目合作集中签约仪式（供稿：苏州市国资委）

会审议通过并印发实施。高质量完成列入2020年的改革任务。

2.创新建立“1+10”项目合作机制。2020年6月，市国资委聚焦体制机制改革创新，在全国率先推出“1+10”项目合作机制，构建市域范围内“上下联动”的国资监管、融合发展大格局。该机制建立以来，汇集合作项目102个，预期投资规模达1145亿元。截至2020年底，已落地项目59个，占比58%；落地投资908亿元，占比79%。该项创新工作被国务院国资委和省国资委网站介绍推广，市委、市政府主要领导在多个场合给予高度评价，省国资委主要领导专门作出批示给予充分肯定，“学习强国”、《新华日报》《苏州日报》等多次以较大篇幅宣传报道。

3.混合所有制改革稳妥推进。全市新增混合所有制企业129户，其中市属22户。全面摸排市属国企上市资源，梳理可培育上市企业9家，创元集团所属苏轴股份成功晋升新三板精选层，苏州电瓷顺利进入新三板创新层，创元期货入选全省第二批混改试点。选择园林集团所属3家企业开展经理层成员任期制和契约化管理试点，7人走上二级企业副总及以上岗位。国有企业法人治理结构不断健全，外部董事人才库扩充至70人，市属国企董事会“外大于内”的改革工作有序推进。全面完成市属国企公司制改革、“三供一业”分离移交和退休人员社会化管理主体工作。

四、聚焦资本转职能，提升国资监管水平

1.强化出资人监管。加大对企业授权放权力度，激发企业发展活力动力，该项工作获市委主要领导批示肯定。市国资委动态调整2家企业主业，引导企业突出主业、发展壮大。调整市属国企功能界定与分类，商业类6家、公益类10家，实行分类定责考核。出台《苏州市市属国有企业工资总额管理办法》，建立健全与劳动力市场基本适应、与企业经济效益和劳动生产率挂钩的工资决定和正常增长机制。开展投资项目后评估，共抽查16家企业194个项目，发现86个问题，提出46条建议。发挥专职监事预警作用，履职过程中检查发现问题54个，提出建议274条，促成企业完善制度13项。内审工作取得新突破，市属国企均建立了较为完善的内审工作体系，创元集团内审稽查部获评“全国内部审计先进集体”。

2.健全责任追究体系。市委办公室、市政府办公室印发了市国资委起草的《关于建立国有企业违规经营投资责任追究制度的意见》，与之相配套，市纪委机关、市委组织部、市国资委联合印发《苏州市市属国有企业违规经营投资责任追究实施细则》。推动市属国企和县级市（区）国资监管机构健全责任追究组织体系，全面建立覆盖全市各级国资监管机构及国有企业的违规经营投资责任追究工作体系和工作机制。

3.狠抓安全生产工作。深入学习贯彻习近平总书记关于安全生产的重要讲话精神和对江苏安全生产工作的重要指示精神，统筹推进“一年小灶”和“三年大灶”工作部署，落实企业安全生产主体责任，开展“百团进百万企业”安全生产专题宣讲，对市属国企滚动开展4轮安全生产督查检查，累计督查企业96家，发现并排除安全隐患52条，全年市属国资系统实现

“零事故、零死亡”，安全生产形势持续平稳可控。

五、不忘初心强根基，提升党的建设质量

1.狠抓市委巡察反馈问题整改。市国资委党委坚决扛起市委巡察问题整改主体责任，先后召开5次党委会专题研究推动整改，针对巡察反馈的36个问题，制定64项整改措施。截至2020年底，问题整改到位率达75%，措施到位率达84.4%，均按时序进度要求提前整改到位。

2.压实党建主体责任。开展市属国企党委书记抓基层党建述职评议，抓好党建工作书记项目，制定《市属国有企业党支部建设规范》，认真开展“四史”学习教育，对市属国企党委理论学习中心组开展理论学习旁听活动，组织两次十九届五中全会精神集中宣讲。坚持党建引领，开展“万企联万村　共走振兴路”行动，市属国企与50个村（镇）开展项目合作，助力乡村振兴。

3.强化企业人才支撑。印发《苏州市市属国有企业引进重点领域紧缺人才认定和激励办法（试行）》，发布首批紧缺人才岗位139个，支持市属国企在“双一流”高校设立“苏州育才奖学金”5个，组织市属国企参与“校园苏州日”活动17场，推出47个定岗特选岗位。持续实施“香山人才计划”，加强专业技能人才培养，首批23名学徒参加古建筑职业技能等级认定，15人晋升高级工、8人晋升中级工。

（供稿：苏州市国资委）

构建基层“互联网+政务服务”平台
推进政府公共服务向基层延伸

苏州市行政审批局

深入推进“互联网+政务服务”，是推动政务服务便利化、基层治理现代化的重要手段，也是推动苏州高质量发展走在前列的重要支撑。为破解基层社工业务需面对众多专网专线，多头登录、二次录入等难题，苏州市将基层“互联网+政务服务”作为为民服务的重点工程，全力推动基层政务服务建设，改革举措得到省、市相关领导的肯定和支持。

一、形成以“规定动作+自选动作”为特色的基层公共服务事项清单

印发《关于建立完善基层“互联网+政务服务”体系的工作方案》（苏府办〔2018〕275号），明确基层“互联网+政务服务”工作目标任务。

1.梳理事项目录。市行政审批局会同市民政局召集市业务主管部门，对各市、区梳理出的基层公共服务1083项事项清单进行规范、汇总、去重，形成基层基本公共服务事项103项，各县（区）个性化事项377项。

2.细化业务手册和办事指南。聚焦办事频率高、服务范围广的事项，由市、县（区）两级审批局牵头，会同相关业务主管部门，按照“谁管理、谁梳理”的原则分级分类梳理、编制事项业务手册和办事指南，明确工作职责、审查要点以及注意事项等信息。

3.推进实施标准化清单。针对镇（街道）和村（社区）业务分工层级不同，分别制定不同类型的标准化认领清单，形成“规定动作+自选动作”相

结合的基层“互联网+政务服务”苏州模式。

二、建成以多业务专网对接为支撑的基层“互联网+政务服务”平台

建设统一的基层综合受理平台，把解决基层工作人员办理不同业务需要切换不同系统问题作为基层“互联网+政务服务”平台建设工作中的重中之重。

1.打造线上服务平台。按照“一级开发、三级使用”的总体思路，打造市、区县“1+10”基层“互联网+政务服务”线上平台，市级平台依托现有各局办业务平台体系，提供全市基层政务服务应用系统接口和相关的统计、分析、管理、考核等功能；10个县（区）平台主要提供统一窗口办理界面，同时充分依托部门原有信息系统资源，通过打通业务流和数据流，让窗口工作人员在一个平台一个界面办理业务。

2.打通部门业务专网。在明确市、县（区）两级差异和定位的基础上，统筹规划整体推进全市电子政务网络建设，实现市、县（区）、镇（街道）、村（社区）四级电子政务外网（社区网）全覆盖，与各板块平台和局办业务枢纽实现市、县（区）两级无缝对接。经过全面调研、摸底公共服务事项涉及的网上申报系统和业务受理系统，发布了《苏州市基层“互联网+政务服务”平台对接标准规范》。

3.压实工作责任。按照“工作项目化、项目目标化、目标节点化、节点责任化”的要求，督促各部门对照任务进度表严格倒排进度，市行政审批局逐月通报工作进度，结果纳入高质量考核，对工作明显滞后的部门启动问责、约谈机制。

三、夯实以基层公共服务数据共享为基础的管理体系

坚持“互联网+”思维，以大数据汇聚应用为突破口，为基层管理和服务赋能，让数据多跑路、让社工少登录，切实为基层减负。

1.拓宽数据对接交互广度。苏州市以基层“互联网+政务服务”平台为枢纽，全面打通除省部级部门以外的系统网络的壁垒，横向打通了区县89个自建系统，纵向对接市级管理平台，与市级业务部门系统实现100%对接。

2.提升数据分析利用高度。将市级人口库、证照库接入基层“互联网+政务服务”平台，以企业群众身份信息为索引，将业务受理、办件过程及结果信息与主体信息关联，实现主体数据空间动态自动更新，为企业群众办理事项提供信息预填报、信息定向推送等服务，减少用户信息重复填报工作。

3.发挥系统考核督查功能。对网上政务服务开展全流程电子督查，配齐实时监控、预警纠错、督查督办等功能，对不认真履行职责、工作明显滞后的部门落实问责机制。做好系统故障预防及应急处理保障，确保快速定位、及时修复、满意答复。

四、实现以“全科+通办”服务模式为硬核的基层政务服务实体大厅全覆盖

围绕群众办事少跑腿、就近办的工作目标，全面实现基层公共服务重心下移、布局均衡、一窗受理、联动办理，不断提高基层群众的获得感和满意度。

1.推动基层实体大厅全覆盖。充分利用党政机关服务设施、村（社区）服务设施等场地，推进基层实体服务大厅建设，全面实现基层公共服务重心下移、布局均衡、一窗受理、全天候服务。目前，苏州市已建成99个镇（街道）为民服务中心、1791个村（社区）便民服务中心，基本实现实体服务大厅全覆盖。

2.推进公共服务事项标准化。对公共服务事项的受理条件、办事材料、办理流程等进行标准化、规范化，编制统一的《办事指南》和《业务手

◆2020年11月13日，苏州市优化营商环境工作现场推进会在昆山市召开，启动基层“互联网+政务服务”平台（供稿：王亭川）

册》，出台相应通办规则，推动实现同一事项全市无差别受理和办理。目前，60%的基本公共服务事项在苏州大市范围内业务受理通办，70%的县（区）个性化服务事项在县（区）范围内业务受理通办。

3.普及全科社工服务模式。各县（区）形成“中心+社区”“联合工作站”“无柜台、AB角”等“全科社工”模式，基本实现“全科社工”全覆盖。基层大厅全部接入本地政务服务平台，全面形成线上线下标准一致、功能互补、无缝衔接的政务服务模式。

五、探索以“一件事”改革为方向的基层服务新实践

推进政务服务向基层下沉，关键要坚持以人民为中心，把“用户思维、客户理念”融入政务服务工作全链条。

1.加快材料电子化运用。按照国家标准，加快推进与电子证照库、电子签章、信用库、人口库、地理信息库等公共支撑能力单元的对接、共享工作，确保各类政务数据“一次采集、一库管理、多方使用、即调即用”。

2.实现“一件事”向基层延伸。推出“出生一件事”“入学一件事”“退休一件事”等“一件事”服务。吴江区推出了“出生一件事”跨省办理；常熟市率先将“出生一件事”下沉到各派出所、“退休一件事”下沉到村（社区）就近可办，实现了全域覆盖，提交材料平均减少34.9%，办理时间平均减少69%。

3.创新“一件事”基层服务载体。太仓市通过开发“太e办”微信，实现“入学一件事”掌上办；昆山推出掌上服务App、微平台和综合性自助办理一体机等服务；苏州工业园区依托一网通办平台，构建“全生命周期”“整合一类事”“办成一件事”“办好单事项”四级多维、无死角全覆盖的政务服务体系。

基层“互联网+政务服务”是密切联系群众的重要纽带，也是提升政府治理体系和治理能力的重要载体。苏州市行政审批局始终将基层“互联网+政务服务”工作摆在突出位置，按照市级统筹与分层建设相结合的原则，既规范了市级统筹事项规定动作、对接标准，又充分考虑了各地自选动作、特色动作，妥善处理好线上与线下、规范与创新、管理与服务之间的关系，打通服务群众“最后一公里”，实现基层政务服务“零距离”，努力让群众办事“找最少的部门、跑最少的路、花最少的时间、交最少的材料”，以最贴心、最舒心的服务，不断满足人民群众的新需要、新期待，让新时代苏州的发展更有“温度”。

（供稿：苏州市行政审批局行政审批制度改革处）

突出用户思维　坚持特色导向
打造最优营商环境

苏州市市场监督管理局

2020年，苏州市委、市政府提出打造“苏州最舒心”营商环境服务品牌的目标。市市场监管局迅速贯彻落实，坚持以机构改革为契机，优化机制，整合资源，奋力开拓创新，有效服务大局。特别是面对新冠肺炎疫情的严峻挑战，市市场监管局牢牢抓住保市场主体这个“牛鼻子”，坚决落实“防”的前提、守住“保”的底线、巩固“稳”的基础、拓展“进”的态势，当好打造苏州最优营商环境热血尖兵。在全省市场监管系统中率先出台抓“六保”促“六稳”十项措施，为市场主体的生存发展提供了切切实实的全过程支持，助力畅通产业循环、市场循环、经济社会循环。苏州深化商事制度改革、落实事中事后监管工作受到国务院和省政府督查激励表彰，实施知识产权战略受到省政府督查激励表彰。建设全链条、全生态知识产权运营服务体系和技术进出口“不见面”备案入选国务院深化服务贸易创新发展试点“最佳实践案例”。根据全国工商联《2020年万家民营企业评营商环境报告》，苏州营商环境位列全国第三，其中政务环境和市场环境排名全国第一，创新环境排名全国第二。2020年，全市新增市场主体56.2万户，总量达244.3万户，同比增长29.8%，总量和增量均保持全省第一。

一、简政放权营造优质高效的政务环境

1.在下放审批权力方面。推动13项省级市场监管行政权力事项赋权苏

州自贸片区，7类审批事项委托县级市场监管部门。

2.在压减审批事项方面。推进工业产品许可持续“瘦身”，将产品目录从2019年的24类压缩至现在的10类。

3.在压缩审批时间方面。对省局委托的5类工业产品（危险化学品除外）100%实施“先证后核”或“告知承诺”制，审批时限从2018年的60个工作日压缩至2个工作日；食品生产许可审批时限从2019年的20个工作日压缩至10个工作日。

4.在简化审批手续方面。积极推行“不见面”审批，实现所有审批事项全程网上办理，在省内率先实现线上“一地认证、全网通办”、线下“收受分离、异地可办”。核发全省首张线上跨省办理的电子营业执照。整合优化驻政务中心窗口，进驻事项全部实现“一窗”分类受（办）理。精简申报材料，办理食品生产许可不再要求申请人提供营业执照、食品安全管理制度文本等材料。

二、放管结合营造公平竞争的市场环境

1.建立健全公开透明的监管规则。完善公平竞争审查工作机制，共梳理规章、规范性文件和其他政策措施文件6128份，全面清理和废除含有地方保护、指定交易、市场壁垒等内容的规定和做法。出台行政处罚程序执行意见，梳理规范行政执法工作流程。在全省市场监管系统率先出台行政执法公示制度、行政执法全过程记录制度和重大行政执法决定法制审核三项制度。

2.积极创新公平公正的监管方式。在全国首创“区块链+公证”应用模式，实现行政执法全程实时留痕和可回溯管理，开辟“阳光执法”新模式。建立部门“双随机、一公开”联合监管常态化工作机制（即在监管过程中随机抽取检查对象、随机选派执法检查人员，抽查情况及查处结果及时向社会公开），实现“进一次门、查多项事”。大力开展信用监管，健全涉企信息归集共享、部门协同监管机制，全市288个政府部门通过平台交换行政许

可和行政处罚等信息208万条、失信联合惩戒信息9万条。建立信用修复机制，帮助46家企业完成信用重塑。推进“互联网+监管”，完成苏州市地方法人库项目建设任务，实现全市各级各部门依托电子政务外网查询、共享和利用数据目标。积极探索包容审慎监管。市市场监管局出台市场监管领域轻微违法行为免于处罚的指导意见，实施免于处罚71个事项的清单化管理，办理相关案件2546件，减免处罚金额1.68亿元，典型案例先后被《人民日报》、中央电视台报道。

3.持续强化重点领域的监督管理。市委、市政府出台党政领导干部食品安全工作责任清单、深化改革加强食品安全工作实施方案等文件。开展食安守护、食安利剑攻坚等行动，落实保健食品、国产婴幼儿奶粉等专项整治。开展网络订餐平台净网行动，与阿里巴巴、美团等签订政企共治协作备忘录。组织“星期四查查吃”透明执法检查29期，超10万人次参与“你点我检”活动，开设“苏小检食验室”科普专栏。食品和食用农产品抽检总量达97788批，合格率98.56%；千人抽检率达9.1批次，创历史新高。全市学校食堂“明厨亮灶”实施率达100%，“五常法”实施率达95%。开展食品安全责任保险试点，成立“苏食卫士”食责险服务综合体。市委、市政府发文完善疫苗管理体制，实现疾控机构、疫苗接种单位全覆盖检查。开展中药饮片、二类精神药品、药品网络销售、无菌植入类医疗器械等专项整治，部署900批次药品、100批次化妆品监督抽检任务。家庭过期药品收集点增至1297个。全面开展特种设备安全风险隐患排查整治，现场监督检查24322家次，发现并消除隐患10385条，事前立案查处700起，全年特种设备事故起数和死亡人数同比均下降七成。推动《苏州市电梯安全条例》立法。组织工业产品质量监督抽查2634批次，苏州地产产品质量合格率全省领先。加强工业产品生产许可证获证企业监管、电动自行车质量监管，开展危险废弃物、成品油、头盔等专项整治，开展“小小质量官”护眼行动。新增消费品缺陷信息监测点150个，对16万件产品实施召回。

4.严厉打击破坏市场秩序的违法行为。围绕市场监管领域群众反映强烈、社会影响恶劣、行业潜规则特点明显的各类违法违规行为，依法查办了一大批食品药品、产品质量、特种设备、制假售假、虚假宣传、不当竞争、商标专利等方面的违法案件。2020年，全市市场监管系统累计查办案件24490件，罚没款金额23048万元，查办案件数和罚没款金额位居全省第一。口罩执法案件被国家市场监管总局在国务院疫情新闻发布会上点名肯定，苏州贝壳儿童用品公司刷单炒信案入选国家市场监管总局反不正当竞争执法十佳案例。

三、精准服务营造高质高能的发展环境

1.质量发展提升新水平。在全国首创开展首席质量官职业技能竞赛、质量专业职业技能等级认定。4家企业获评2019、2020年度省长质量奖，数量位居全省第一，4家企业的5个产品（服务）获首批“江苏精品”认证。在全省质量工作考核中连续5年获评A级。成功举办中国（苏州）国际品牌博览会。太仓市推进质量工作成效突出，获省政府督查激励表彰。

2.标准化战略实现新突破。全年新增11项国际标准、3个国际专业标准化工作组召集人和1位国际电工委员会IEC1906奖获得者。发布全国首个中德“标准化+职业教育”合作成果以及质量提升、志愿者服务积分管理地方标准。编制纳米技术应用产业标准化发展报告，3个标准项目获评中国标准创新贡献奖，吴江区老有所养项目入选首批国家基本公共服务标准化试点。

3.知识产权保护再上新台阶。全市万人有效发明专利拥有量68.85件，专利授权量13.88万件，商标申请量14.95万件、注册量9.09万件，PCT（专利合作条约）申请量3905件。中国（苏州）知识产权保护中心正式运行，重点产业专利审查周期大幅缩短。发行全省首单知识产权海外侵权责任保险，率先开展知识产权纠纷检验鉴定技术支撑试点、编制企业海外维权指引，建立知识产权重点保护企业名录，推出苏州首单地理标志保险。实施知识产权强企工程，在全国首创成立企业上市知识产权服务中心，推动光电等8个重点产业的知识产权运营中心的建设。全省金融服务直通车在苏州开

通，全省首单知识产权证券化产品成功获批，省知识产权质物处置平台、省首笔投贷联动落户苏州。举办首届苏州市专利检索和撰写技能大赛。

4.长三角一体化迈出新步伐。在全国首创成立“长三角光通信产业知识产权联盟和专利池”。率先探索跨省“双随机、一公开”联合监管，签署嘉昆太市场监管合作协议。推进17地网络协同监管，建立青苏嘉标准化战略合作机制，推动成立浦东吴中检验检测区域合作联盟。两起案例入选长三角地区市场监管联动执法十大典型案例。

（供稿：苏州市市场监督管理局）

逆势而上　苏州体育交出亮丽答卷

苏州市体育局

2020年，在新冠肺炎疫情的冲击下，苏州全市体育健身场馆暂停开放，各类体育赛事活动暂停举办，体育类线下培训全部取消，全市体育行业按下了暂停键。在市委、市政府的坚强领导下，全市体育系统深入贯彻落实习近平总书记关于统筹推进疫情防控和经济社会发展的重要讲话指示精神，按照体育强国、健康中国建设部署要求，以“增强人民体质，提升城市品质”为根本任务，大力弘扬新时代体育精神和女排精神，圆满完成“十三五”收官任务，入选国家体育消费试点城市，被国家体育总局授予“抗疫情保备战突出贡献纪念奖”，再获“全国体育事业突出贡献奖”。

一、主动化危为机，推动复工复产稳进致远

疫情暴发初期，市体育局向苏州所有市属体育社会组织发布倡议书，倡导全市体育人增强防疫意识，凝心聚力、全力以赴、共克时艰。在市疫情防控领导小组的统一指导下，全市体育系统及时传达、研究部署体育系统疫情防控工作，组织党员干部坚守防疫卡口，发动体育社会组织开展防疫志愿活动、开展线上比赛，向武汉体育学院等合作单位筹集捐赠防疫物资，向苏州援鄂医护人员送出免费健身“大礼包”。在疫情最严重的时刻，保障国家女足在苏集训并使其顺利赴澳大利亚参加东京奥运会预选赛。通过“苏州体育”官微连续推送50期简便易行、科学有效的居家健身方法，倡

◆2020年10月30日，“苏州农商银行杯”苏州市第十五届运动会在苏州市体育中心开幕（供稿：贾志伟）

导健康生活方式。

随着疫情防控形势转好，推出了苏州体育“惠十条”，从政策扶持、金融支出、租金减免、拉动消费等方面支持体育企业复工复产，适时制定发布复工复产指南，推动体育场馆有序开放，指导体育组织、体育企业恢复常态化生产秩序。修订《苏州市市级体育产业补贴项目实施细则》，出台《苏州市市级体育产业贷款贴息项目实施细则》，有效降低体育企业融资成本。争取16个项目获得1370万元省级体育产业发展专项资金扶持，评定22个项目获得975万元市级体育产业发展专项资金支持。为促进消费回补，助力经济发展，创新开展“姑苏八点半·体育夜市”主题活动，全年共举办30余场活动，现场发放补贴25万元，直接消费金额275万余元，间接带动消费3000万元。深入开展体育惠民消费行动，累计发放惠民补贴2400万元，直接刷卡消费近1.5亿元，间接带动消费3.6亿多元。聚焦体育消费核心要素，以“逛夜市+享运动+看球赛+品美食+领福利”的新模式，举办“体育消费节”系列活动，联合400多家体育商户举办体育夜市30余场。结合“来苏州旅游都挺好”2800万元文旅消费券发放，邀请广大球迷来苏州看中超联赛，以“姑苏八点半·中超来相伴”为主题，助力打造“姑苏八点半”夜经济品牌，挖掘体育消费潜能，带动城市消费升级。体育彩票积极应对政策调控和疫情影响，年销量38.04亿元，连续十六年位居全省第一，持续保持全国大中城市前列。

二、坚持人民至上，当好惠民为民服务标兵

坚决贯彻“六稳”“六保”要求，超额完成政府实事项目建设任务，33家百姓健身房投入试运营，新建社会足球场34片、健身步道200公里，横山体育公园、体彩大楼、江苏省苏州体育训练基地、公共体育服务中心等项目均已建成。苏州市第二青少年业余体校以及苏州市网球和水上运动业余体校开工新建，苏州市体育中心提升改造项目启动前期工作。在提升“硬件”的同时，不断优化“软件”质量，全年为37个社区和单位提供免费健身指导，新增全民健身大课堂教学点3个，全市社会体育指导员达4.7万人。大力弘扬有苏州地域特色的体育文化，江南船拳成为全省唯一入选2020中华体育文化优秀项目的项目。

2020年恰逢苏州市运会举办之年，在疫情影响下，上半年大量体育赛事取消、推迟或改为线上举办。为使市运会能顺利举办，市体育局制定《苏州市第十五届运动会疫情防控工作指南》，要求一赛一案，精准化做好市运会期间的疫情防控工作。横跨4个月的赛程中，全市进行了11个组别118项次比赛，参赛总人数超过2万人，比赛期间做到“零风险”“零感染”，确保了所有参与人员的健康安全。在“一赛一案”“一项一策”原则的支撑下，假日体育、大众体育联赛、第十二个“全民健身日”系列活动稳步开展，大众体育联赛“完赛率”超过90%。同时持续推进体育社会组织改革发展，承接公共体育服务能力不断增强，指导市属体育社会组织举办赛事活动396项，吸纳社会资金3600余万元。

◆2020年11月12日，在苏州奥林匹克体育中心，江苏苏宁易购队取得2020中超联赛冠军（供稿：张健）

三、扛起前哨担当，树立敢想敢干领先意识

进入新时代，体育被赋予了提升城市消费能级、展现城市美好形象等重要使命。7月1日，中国足协正式官宣2020赛季中超联赛分赛区比赛在苏州举办，而此时，距离7月25日开赛只有3周时间。中超联赛的复赛标志着我国疫情防控形势向稳向好，具有重大的政治意义和示范意义。在和中国足协以及各相关单位的高度配合下，苏州圆满完成了中超联赛分赛区和争冠组比赛共80场。8月22日，中超苏州赛区率先开放观众看台，近1600名观众入场观赛。11月12日总决赛第二回合，入场球迷高达9386人，创下本赛季单场最高。中超联赛开放观众看台，是全国体育产业复工复产的重要标志。2020年，苏州承办省级以上体育竞赛53项次，其中全国及以上比赛25项次，省级比赛28项次，继续保持全省领先位置。2023亚足联中国亚洲杯苏州赛区筹备工作也在稳步推动，昆山足球场启动建设。苏州东吴、昆山足球

队晋级中甲联赛，分别获得了联赛第八名和第三名。出台《苏州市足球改革发展实施意见》，配套制定职业足球俱乐部奖励、扶持办法，为苏州足球运动发展提供指导。

（供稿：苏州市体育局）

实施苏州小微企业数字征信实验区建设

苏州市金融监管局

2020年，苏州市金融监管局紧抓长三角一体化、沪苏同城化和多个国家金融政策试点在苏州叠加联动的发展机遇，扎实履行金融支持实体经济天职，持续深化金融改革创新。在深入了解掌握企业对金融的需求、期盼的基础上，以小微企业数字征信实验区建设为契机，推出系列工作举措，加大力度建设综合金融服务体系，不断完善征信平台等基础设施，将综合金融服务与系列创新政策高效结合，助力小微企业融资发展，引导金融资源更加精准、高效地为实体经济“输血供氧”。

一、工作背景

2015年，苏州市出台《苏州市金融支持企业自主创新行动计划（2015—2020）》，该文件首次提出打造苏州综合金融服务体系。推动建立以综合金融服务平台为代表的“三大平台”，配套出台“二十项政策工具”，撬动金融资源向小微企业配置，帮助更多企业实现融资发展。苏州做法得到了江苏省委以及财政部领导的充分肯定，要求总结推广苏州经验。2019年5月，中国人民银行总行办公厅正式批复同意设立苏州小微企业数字征信实验区（以下简称“实验区”）。2019年10月，中国人民银行在全系统推广实验区建设经验。2020年12月，中国人民银行对实验区建设情况进行验收。

二、苏州综合金融服务体系的特色和经验

1.综合金融平台提升效率。针对企业对金融产品不熟悉，缺乏专业金融对接渠道，加上自身缺质押少担保，融资手续烦琐、成本高的问题，苏州建立综合金融服务平台，让企业“找对门”。平台依托互联网，实现企业需求与金融资源的实时传送、高效对接，帮助企业和金融机构“多走网络，少跑马路”。截至2020年12月，综合金融服务平台企业合计13.65万家，为3.45万家企业实现8368.21亿元融资，企业融资服务效率得到切实提升。

2.地方征信平台高效服务。针对银行对民营企业、小微企业缺乏了解，获得的企业数据准确性不高的问题，苏州建立地方征信平台，让银行“看得清”，有效解决金融机构与企业之间信息不对称的难题。截至2020年12月，苏州地方征信平台已累计征集企业授权54.15万户，为金融机构累计提供查询量171.84万次。

3.股权融资平台拓宽渠道。针对信贷难以满足初创期高新技术企业的股权融资需求的痛点，苏州上线苏州股权融资服务平台，有力推动企业对接资本市场。截至2020年12月，苏州股权融资服务平台共有157家机构，已为292家企业实现融资100.39亿元。

4.出台政策分类精准施策。从政府政策层面来看，通过征信体系建设，利用征信大数据整合完善政府扶持措施，让政策“活起来”，初步实现了“精准施策”。一是聚焦风险分担的问题，推出“信保贷”政策。政府设立规模10亿元的信用保证基金，设置差别化的贷款风险共担比例、差别化担保费率，降低信用良好企业的融资成本，为有成长性、轻资产的创新企业融资增信。其中，地方征信平台评分高的企业，信保基金、银行按照80∶20比例分担风险，为企业提供无抵押、纯信用贷款支持，累计5945家企业获得“信保贷”授信452.86亿元。二是聚焦信用贷款难问题，完善“信用贷”政策。鼓励银行以线上审批形式为企业提供方便快捷且单户1000万元及以下的信用贷款，政府按照银行新增贷款总额的一定比例给予银

行奖励，专项用于逾期后补偿银行损失，累计1.81万家企业获得1754.17亿元的信用贷款。三是聚焦首贷难问题，出台“首贷”政策。鼓励各类金融机构积极帮助企业实现首笔融资。按照年度新增单户1000万元及以下“首贷”金额的1%给予金融机构奖励，累计共帮助1.66万家企业获得首贷资金366.28亿元。

三、征信体系建设的主要做法

1.创新完善体制机制，单位各司其职。市政府委托市金融监管局负责地方企业征信平台等金融基础设施的建设工作，实现征信数据的全量归集。各板块、信息源单位配合做好综合金融服务体系建设、信息归集等工作。苏州征信公司由市金融监管局负责业务管理，人民银行苏州市中心支行负责行业监管。苏州征信公司等专业化机构受市金融监管局委托承担相应苏州地方征信平台的运维工作，切实履行信息安全责任。苏州市政府以建设苏州地方征信平台为抓手，探索推进信用体系建设。市政府成立了由分管市领导任组长的征信体系建设领导小组，历任分管市领导亲自抓、逐个推。苏州市金融监管局在市政府领导下，扎实推进苏州征信体系建设各项工作落地，研究制定信息采集目录和接口规范，全力推动苏州地方征信平台与各信息源单位签订合作协议，落实具体责任部门，确保各政府部门及相关单位将采集目录中的信息进行共享。出台《长三角标杆性征信机构建设三年行动计划（2020—2022）》，完善“政府+市场”征信建设模式，指导苏州征信公司形成可持续发展模式，打造具有引领性、标杆性的市场化征信机构，制定征信行业标准规范，实现制度、机制、资本输出效益。

2.实现征信信息归集。要让政府部门、公共事业单位定期提供信息，就必须解决信息采集的合法性问题。为此，市金融监管局指导苏州征信公司专门设计了两个授权：一是企业授权征信公司采集各部门、事业单位信息，二是企业授权金融机构查询使用征信公司的信息。截至2020年12月，已累计授权54.15万户，约占全部法人企业的60%以上，涵盖了全部有贷企业及近年来新设立企业。扩大信息源头。苏州地方征信平台从识别企业还款意愿、还款能力、发展趋势三个维度出发，实现了与工商、税务、海关等78个政府部门、公共事业单位之间的信息常态化采集，累计采集信息3.76亿条。平台重点采集纳税、财务报表、社保公积金、水电气缴费等能定性、定量反映企业经营情况的信息，对央行征信、社会公共信用信息平台数据形成了有益补充，满足了金融机构对信息的需求。

3.政府、市场双轮驱动。在推进征信体系建设的过程中，苏州始终坚持政府和市场双轮驱动，政府负责高标准建设金融基础设施，配套财政资金奖励、风险分担支持政策，撬动金融资源向小微企业配置。金融机构坚持市场化原则，依托政府配套风险分担政策，创新金融产品，帮助更多企业实现融资发展。同时，在信用软约束作用下，让更多守信企业将信用财富变现为经济财富，提高失信企业和企业主的失信成本。

四、实验区建设取得实效

1.企业端。实验区设立后，苏州在融资扩面、降低成本、优化体验等方面积极探索，助力小微跑出“加速度”。一是融资余额稳步上升。截至2020年12月，苏州小微企业贷款余额1.15万亿元，较年初增加1324亿元，较实验区设立时增加1555亿元。二是有贷户数迅速增加。苏州有贷户企业53663户，较实验区设立时增加14691户，其中小微企业有贷户42846户，较实验区设立时增加11538户。三是融资成本稳步下降。苏州企业对公贷款利率4.65%，较实验区设立时下降0.52个百分点，其中小微企业贷款利率4.71%，较实验区设立时下降0.58个百分点。

2.机构端。实验区建设以来，征信平台等基础设施不断完善，加速释放小微信贷“网络效应”，充分释放金融征信“化学效应”，为金融创新不断添加“源动力”。一是金融征信融合发展。征信平台查询量增长迅猛，从2018年的26.3万次增长到2020年的78.8万次。二是小微企业获客方式创新。地方征信平台已为27家银行提供批量企业筛选5106次，为银行推荐优质企业上亿户次。三是风险控制效率提升。多数银行的内部信贷审批、风险管理等系统和苏州征信公司系统数据和产品已无缝对接，将原来靠人海战术解决的小微、民营企业的信贷尽调、风险控制，交给客观公正的征信信息来判断。

（供稿：苏州市金融监管局金融发展处）

推出关爱服务青年劳动者“惠青二十条”1.0版

共青团苏州市委员会

为落实苏州市委提出的“要多措并举吸引劳动力，出台实实在在的政策措施，关心关爱来苏务工人员”“把苏州打造成为劳动者就业创业首选城市”工作要求，不断提升苏州对广大青年的吸引力，团市委于2020年3月创新推出关爱服务青年劳动者“惠青二十条”1.0版，并获得时任市委主要领导批示肯定。2020年全市五四纪念大会上配套“惠青二十条”1.0版的“苏青惠”青年服务云平台上线，为青年劳动者提供特色指引、就业创业服务、生活服务、文体活动、家庭关爱服务、社会融入服务等一揽子服务，为全国首创，被写入苏州市《关于建设劳动者就业创业首选城市的工作意见》，受到《中国青年报》、新华社、江苏卫视、《苏州日报》等多家国家、省、市级主流媒体的报道和关注。

一、“特色指引”帮助青年劳动者排忧解难

1.推出遇见苏州攻略集。通过汇总青年初到苏州面临的常见问题，提供行居苏州的基本攻略，让遇见苏州攻略集成为青年初到苏州的必读、必查、必看栏目。

2.打造圆梦苏州资源包。链接创业就业政策、产业分布情况和企业就业信息，搭载“苏州开放创新合作热力图”，链接姑苏人才等各类平台，分享苏州人才新政、落户苏州新政等资讯，助力青年在苏州创梦圆梦。

3.绘制青春苏州导引图。开放全市团属青年活动场地和服务阵地，依托“苏青惠”平台公布145家“青年之家”、32家“笑果店”、10家“希望来吧”的阵地名称、地址、联系人和联系方式，便于来苏青年组织和参与各类活动。

4.展播苏州好风光方言汇。邀请外地来苏青年录制视频“我在苏州等你来”，并通过线下活动、微信微博等渠道广泛传播，在苏州市五四纪念大会上正式推出，在线观看青年达270万人次，成为苏州向外地青年推介苏州的一张“影音名片”。

二、“就业创业服务”为青年劳动者保驾护航

1.开展就业岗位推荐。推送2020年苏州市人才政策申报月历，直通“苏州日及校园引才平台”“苏州市人才服务中心”“苏州高端网络引才平台”等人才平台；开发就业岗位推荐功能，有意在苏州就业的青年可自行进行就业岗位登记；开展知名高校大学生来苏暑期实习工作，2020年收到来自海内外知名高校的1200余人报名，拿最硬的担当帮助稳就业、用最大的诚意强力聚人才。

2.提供创业辅导培训。整合青年创新创业咨询服务中心、“青年创新创业机关服务团”“青年创新创业导师团”等资源，依托各类青创孵化基地，为在苏创业青年免费提供创业培训，开展免费、精准的创业辅导。联合多家单位组织实施姑苏人才“青春无忧”计划，通过“苏青惠”云平台共向青年推介就业岗位4.7万个，向1147名青年提供创业辅导。

3.提供金融授信服务。开发专属“惠青贷”线上申请绿色通道，为在苏创业青年提供金融授信机会。向1413家创业青年企业提供金融授信，授信额度达3.6亿元，同时助力农村青年创新创业，发放“新农菁英贷”1.36亿元。

三、“生活服务”对青年劳动者寸步不离

1.服务相亲交友联谊。依托“苏青惠”青年服务云平台推送“激情五

月·青春邀约”8090俱乐部、“青青相印·团聚江城”“单身Go”“姑苏八点半，遇见你遇见爱”等49场活动，共有5760余名单身青年参与相亲交友联谊活动。

2.推出“青享汇”生活消费优惠。围绕青年“衣、食、住、行、乐、学”等需求，在百货、餐饮、楼市、车市、娱乐、教育等多领域发动全市商家503个，共推出优惠福利762条，发放30万元“青春消费券”。

3.做好心理咨询及维权。做好苏州12355青少年中心提档升级工作，重点建设热线接听、分析研判、线上派单、线下处置、政策宣传等5大功能区，打造“青春维权港湾”实体阵地。联合苏州市救助管理站开展“合力监护 相伴成长”儿童保护公益宣讲服务，走进52所学校，覆盖青少年9800余人次。开展中高考减压行动，开展专业减压讲座，并制作短视频，开展“我和我·城市灯塔”苏州12355中高考减压专场活动3场，为面临中高考的学生家长进行现场减压疏导。

四、“文体活动”让青年劳动者生活多姿多彩

开展苏式文化体验活动。全市各级团组织广泛联系本地文博场馆，精心创设贴合来苏务工青年实际的古镇游览、非遗体验、文创观展等文化体验项目17个，贯通10个市区，涵盖近30个苏式手工艺门类。为助力市委、市政府打造“姑苏八点半”夜经济品牌建设，2020年“五一”期间，团市委围绕夜购、夜娱、夜食和夜游，推出“姑苏八点半　青春不散场”苏式文化体验周品牌活动，长效打造“青匠BOX”“青星SHOW”“青食BAR”“青享PARTY”等4大“青YOUNG”品牌，持续助力苏城夜经济。

五、“家庭关爱服务”让青年劳动者暖到心坎

开办爱心暑托班，为来苏务工青年子女提供暑期陪伴、自护教育等服务。指导各市（区）团组织在2020年8月开设47个爱心公益暑托班，直接服

◆2020年7月，张家港团市委举办“爱心暑托班”（供稿：张家港市锦丰镇书院社区）

务34个乡镇（街道）的1800余名青少年，解决来苏务工青年的后顾之忧。设立大病特困慰问金项目，持续为家庭困难且患有重大疾病的来苏务工青年及其子女提供帮扶。

六、“社会融入服务”让青年劳动者更好地融入苏州

在全市范围内摸排十个重点志愿服务平台，为来苏青年提供垃圾分类指导、疫情防控、文明交通、社区便民等多样化志愿服务体验活动，提升来苏青年的城市融入感。开展垃圾分类“蜂巢计划”志愿服务行动，组织来苏青年加入“小蜜蜂”志愿队伍，强化分类培训，做靓“小蜜蜂”志愿品牌。2020年，首批“小蜜蜂”志愿者进社区、学校、企事业单位开展垃圾分类专题讲座、实践演练、经验分享等宣传教育活动共300余场，线下服务市民8000余人，线上受益市民达15万人次。开展“最美逆行者”青春守护行动，

针对新冠肺炎疫情突发情况，坚持“本地化、社区化、组织化、安全第一”原则，开展“最美逆行者”青春守护行动，组织来苏青年投入防疫物资生产一线、高速卡口防疫联防联控检查，为驰援湖北的苏州医务人员家庭提供顺风车，开展零点行动等志愿服务。开展文明城市迎检志愿服务，组织来苏青年开展交通文明宣传、路口安全指挥、文明劝导等志愿活动，累计服务时长超过1万小时。

（供稿：共青团苏州市委员会）

构建女性创业创新支持服务体系

苏州市妇女联合会

2020年，苏州市妇联紧紧围绕市委、市政府关于创业创新的工作部署，深化创业创新巾帼行动，着力构建女性创业创新支持服务体系，自觉承担在创业创新服务工作中引导妇女群众听党话、跟党走的政治任务，带领全市广大妇女为夺取疫情防控和经济社会发展“双胜利”贡献巾帼力量。

一、推动地方立法，优化女性创业创新环境

《苏州市妇女权益保障条例》（以下简称《条例》）于2020年6月28日苏州市第十六届人民代表大会常务委员会第二十七次会议通过，2020年7月31日江苏省第十三届人民代表大会常务委员会第十七次会议批准，并于2020年10月1日起施行。《条例》共八章四十三条，在妇女的政治参与、就业保障和劳动保护、文化教育权益保障、人身保护、公共服务等方面作出了规定。《条例》是全省首部地级市制定的关于妇女权益保障的地方性法规，通过地方立法的形式优化女性创业创新环境，促进妇女就业，鼓励和扶持妇女创业，其中有3条规定涉及促进女性创业就业的内容。

二、搭建载体平台，激发女性创业创新活力

紧扣女性创业创新需求，主动助力“苏州最舒心”营商环境打造，充分

发挥女企业家协会、巾帼创业创新基地、长三角G60巾帼创业创新科创联盟等载体作用，开展女性创业大赛、创业指导、政策咨询、资源链接等暖心服务。

1.实施“女企业家创业创新领航计划”。培树女性创业和女性科技创新领军人才，引领女企业家和女科技工作者在高质量发展中把握机遇、做优做强。提升巾帼公益园和女性双创园建设水平，为女性创业创新提供高质量培训、交流、体验、对接、孵化活动。

2.实施“女大学生创业创新启航计划”。培养女性创业创新后备力量，2020年首次开展的“木兰启航”苏州市女大学生创业就业实践行动，有100多家单位为女大学生提供1000多个实践岗位。

3.举办各类创业创新大赛。携手青浦区、嘉兴市妇联举办“逐梦长三角　慧创赢未来”长三角一体化发展示范区三城女性创新创业大赛，收到参赛项目55个，评选出十佳项目和优秀项目各10个，建设银行苏州分行为获奖项目提供最高1000万元的特惠利率贷款。积极参加长三角G60九城女性创业项目大赛，苏州市入选十佳项目1个、优秀项目2个。在全省“十行百星”巾帼创业创新典型评选中，苏州市11名同志脱颖而出，获得全省“巾帼科技之星”等荣誉。开展农村妇女直播带货培训，联合中国邮政苏州分公司举办首届苏州直播达人大赛，吸引更多的女性投身在线新经济，推动“互联网+女性产业”发展。

三、突出传统产业，挖掘女性创业创新优势

2020年，在第九届创博会上，以“巾帼创意手工创新”为主题的江苏巾帼手工产业对话活动成功举行，邀请了姚建萍、许忠英、盛春等从事刺绣、核雕、苏扇等不同领域的女性手工艺大师，共同分享传统手工产业在技艺传承、品牌设计与创新发展上的见解经验。苏州市妇联打造的巾帼手工业创业创新云平台——“苏·女红”手创汇也同步上线。该平台涵盖手工艺作品展示，女性手工艺活动预告和线上报名，行业导师的各类培训、教学、分

◆2020年12月11日，长三角一体化发展示范区三城女性创新创业大赛在吴江宾馆举行（供稿：苏州市妇联）

享视频等内容，为苏州市女性手工业者提供了展示、交流、服务和共享的平台。此外，市妇联加大联系、服务力度，筹备成立苏州市巾帼手工艺联盟、苏州市巾帼家政员联盟、苏州市民宿女主人联盟，帮助这类女性群体抱团发展，扩大影响力。2020年，张家港市蔚蓝园艺家庭农场等3家单位被评为“省级巾帼示范电商服务站”，张家港市永联菜篮农业专业合作社等4家单位被评为“省级巾帼示范专业合作组织”，吴中区光影墅民宿等3家单位被评为“省级巾帼示范精品民宿”。

四、强化资金支持，坚定女性创业创新信心

2020年疫情期间，部分企业因国外疫情加剧、国际物流不畅、欧美高端制造业暂停生产、全球供应链断裂、大宗商品原材料价格波动等诸多因素，面临着现金流压力增大和资金链断裂的风险。苏州市妇联积极搭建金

融“输血供养”渠道,联合中国人民银行苏州市中心支行推出了“巾帼荣誉贷”业务,为获得省、市、县级荣誉的巾帼建功标兵、三八红旗手、双学双比女能手、优秀女企业家、女性创业者等各类女性先进典型提供高效便捷的金融服务。“巾帼荣誉贷”采取“一次获奖、一次授信”的管理模式,通过新设产品、现有产品内嵌、综合利用创业担保贷款、央行直通车等政策支持方式,为有贷款需求的各类女性量身打造相应产品和服务,贷款利率不超过贷款行同等条件下该类贷款平均利率水平。2020年,“巾帼荣誉贷”共扶持创业女性101人,发放贷款6.86亿元,切实帮助受疫情影响生产经营遇到困难的中小企业共渡难关,坚定女性创业创新信心,带动社会就业。

(供稿:苏州市妇女联合会)

创新服务保障新模式
推动苏州残疾人事业高质量发展走在前列

苏州市残疾人联合会

2020年以来，苏州市残联认真贯彻落实群团改革要求，通过构建政策保障体系，实施“主动、靠前、精准”服务，强化社会公益助残，在省内率先打造“均等化普惠、专项化特惠、个性化善惠”的苏州残疾人社会保障和服务新模式。

一、多项创新举措强化残疾人民生保障服务

1.创新开展“四知两不”入户大调研，为打造新模式找准方向。2020年，市残联以“知真情、知最忧、知最盼、知最急，一户不落、一个不少”为主题，在全市开展入户调研活动，通过深入基层、进村入户，查实情、解民意，在残疾人工作中做到精准识别、精准施策、精准帮扶。4月至8月期间，全市残疾人工作者深入14万残疾人家庭，收集问题、诉求累计3781件，并组织对调研情况进行数据分析和专题研讨，摸清了残疾人事业发展存在的短板和残疾人的急难盼愁问题，为打造新模式找准方向。

2.创新“普惠+特惠+善惠”保障和服务举措。一是拓展均等化普惠服务，兜牢民生底线。创新推出聋人沟通无障碍在线服务平台——“滴语7655”手机App，精准解决聋人对外沟通障碍问题；调整残疾人辅具适配政策，率先在全省将补贴对象扩大到具有本市户籍的持证残疾人，实现6个类别的残疾人全覆盖；突出残疾人就业服务，开发残疾人高质量就业

◆2020年5月17日，市残联在桂花公园举办“苏州第三十个‘全国助残日’系列活动”，市残联代表与爱心企业负责人签订助残协议（供稿：尹经纬）

“线上云服务”平台，“一对一”精准推介就业，主动靠前服务，扶持创业；提高听力、言语残疾人信息（流量）补贴标准，并将视力残疾人群纳入补贴范围；将残疾人团体综合保险的保障对象年龄段扩面至0—64周岁，并增加重大疾病保障，提高保险理赔额度。二是强化专项化特惠服务，体现弱有所扶。突出残疾儿童和学生、重度或困难残疾人群体教育、康复和医疗保障，出台政策给予重点扶持。疫情期间向全市3.2万生活困难残疾人发放临时生活补贴400余万元；率先将儿童康复补贴对象从0—14周岁扩展到0—18周岁，将残疾儿童人工耳蜗补贴标准从6万元提高到12万元；率先将听力、言语二级残疾人纳入城乡医疗救助范围，将三级精神和智力残疾人纳入低保边缘重病困难对象救助范围；出台残疾人托养服务护理补贴办法，重度残疾人的托养服务补贴提升20%—50%；提升残疾学生和贫困残疾人家庭学生的教育助学补贴标准，新增对贫困残疾人家庭学生高中阶段的教育补助。三是创新开展个性化善惠服务，满足个性需求。充分发挥群团优势，广泛动员社会力量，筹划并实施一系列扶残助残活动，惠及有个性需求的残疾群众。先后与工行、建行等多家单位签订党建助残合作协议，共建共联扶残助残；召开助残联盟年会表彰先进，多渠道持续宣传助残企业典型事迹，大力弘扬人道主义思想和助残扶困的民族美德，吸引更多爱心企业加入助残扶残队伍；以“助残日”“肢残人日”“99公益日”等为契机，着眼残疾群众的所急所盼，推出一大批助残项目，广泛动员爱心企业、慈善机构认捐认领。

3.创新构建残疾人政策保障体系，为打造新模式提供法治保障。实施了1部地方性法规——《苏州市残疾人保障条例》；出台了1个市政府文件——市府办印发的《关于贯彻落实苏州市残疾人保障条例的实施意见》，推动条例落细落地实施；推动11个政策出台，提高了残疾人工作的制度化、法治化水平。

二、残疾人各项事业取得突出成就

1.残疾人民生兜底保障得到强化。先后推出了7项惠民政策，对原有政策进行了提标扩面，涉及康复、就业、托养、社保、无障碍等各保障领域，惠及视力、听力、精神、智力等各残疾类别和全年龄段残疾人群，全年向3.2万名生活困难残疾人发放临时生活补贴3.7亿元，近20万人（次）残疾人享受到政策红利，有力提升了全市残疾人民生保障水平。

2.残疾人基本公共服务均等化水平持续提升。建立监管平台对市区21家定点康复机构进行实时监管，全年为3281名残疾儿童实施康复救助，较往年提升29.1%；累计支持建成“残疾人之家”250个，为4万多名残疾人提供托养服务和护理补贴，并吸纳辅助性就业残疾人2000余人；全年新增实名制就业497人、电商创就业212人，本市户籍残疾人应届高校毕业生就业率达到97%；全年4082名残疾人享受各类托养服务，较往年增长23.4%；推动新建5家融合教育资源中心，义务教育阶段残疾儿童入学率100%；“滴语7655”手机App上线运行以来，月均服务达300人次。

3.残疾人多样化、个性化需求不断得到满足。动员40多家爱心企业（机构）认购了“幸福亮居工程”“助医助购助游”“Tony老师上门理发”等37

个助残项目，参与公益助残的资金近千万元，惠及有个性需求的群众上万名，残疾群众的生活品质得到持续提升。

4.残疾人事业的影响力不断扩大。培育的残疾人创业平台——北联新翼众创空间和“比心影像”项目包揽全省残疾人创业创新大赛两个一等奖。全市有8名个人、7个集体在第六次全省自强模范暨助残先进表彰大会上获得了省级表彰。一批残疾人自强典型被央视持续关注报道。“幸福亮居”工程项目在苏州市“第四届慈善奖”评选中获评“最具影响力公益慈善项目”。社会公益力量踊跃参与残疾人事业，近100家爱心企业加入助残联盟，爱心助残成为“美丽苏州”“人文之城”的新名片。

（供稿：苏州市残疾人联合会组织人事处）

深化供应链保税监管改革
助推经济高质量发展

苏州海关

2020年，苏州海关以便利化为目标，以信息化为抓手，优化监管模式，创新监管理念，推进以供应链为单元的保税监管模式改革。

一、改革项目背景

现代制造业发展到一定阶段后会出现产业集群式发展现象，这是地方政府推动产业链供应链发展的必然产物，也对海关监管改革提出了更高要求。《国务院办公厅关于积极推进供应链创新与应用的指导意见》（国办发〔2017〕84号）指出：推进供应链创新发展，是落实新发展理念的重要举措，是供给侧结构性改革的重要抓手，是引领全球化提升竞争力的重要载体。海关总署全面深化改革总体方案，提出要“拓展管理时空，实现互联共享，从关注单一货物或单一企业向更加注重物流链及供应链管理转变，从单向垂直管理向多元综合治理转变”。

苏州市是制造业大市、加工贸易重镇，加工贸易在外贸进出口中的占比保持在50%左右。苏州地区加工贸易企业产业集群特征明显，龙头骨干企业带动上下游产业链同步发展，促进配套产业的国产化和相关生产性服务业发展，形成稳定的上下游产业链，具备实施改革的先决条件。比如，名硕电脑作为全球知名的电脑主机板和显卡生产厂商、笔记本电脑生产厂商，其对上下游企业具有强大的辐射带动能力。现有紧密合作型的上下游企业700多家，公司产值占到整个供应链产值的近一半。其供应链企业间全天24小时不间断供货，每日进出卡口车辆630多车次，日均进出货物1300余批次，年申报报关单12万多票、核放单47万多票。2020年，突如其来的新冠肺炎疫情对产业链供应链安全产生负面影响，推进“六稳”工作、全面落实“六保”任务的责任和压力巨大，苏州海关立足新发展阶段，认真贯彻新发展理念，聚焦构建新发展格局，深入调研了解企业需求，千方百计为企业解决最急、最忧、最盼的问题，开展以供应链为单元的保税监管改革，支持外贸龙头企业畅通供应链运转，积极提升贸易便利化水平，营造良好的营商环境。

二、改革项目的具体措施

1.以供应链为对象实施整体监管。将供应链上下游的生产、物流等企业视为一个虚拟化的主体，对整个产业的供应链实施整体监管和风险防控。梳理加工贸易企业之间的业务联系，建立“企业关系图谱”，推动供应链核心企业及其上下游企业密切合作，选择相同核销周期，协同办理海关手续。充分发挥核心企业在供应链的关键节点作用，借助其对供应链的辐射带动能力，实现对保税货物供应链的有效管理。

2.简化流程手续，实施顺势监管。顺应现代供应链生产协作模式，适应供应链内部货物流、信息流、资金流快速运转需要，最大程度简化供应链企业之间的海关业务手续，减少对企业的直接干预，促进全产业链生产要素自由流动。简化业务核准手续，变审批管理为资质管理，赋予企业内销集中申报、货物分送集报、特殊区内外发加工、特殊区域内出区维修检测、模具外发加工等多种业务资质。优化深加工结转和外发加工的事前备案审批、收发货记录登记，外发加工业务有效期总体上按核心企业与上下游企业之间的合同有效期确定，实现自主申报、自由进出。对境内入区的不涉关税、不涉证件且不纳入海关统计的货物、物品，实施便捷进出区管理模式，以卡口登记方式进出区，根据货物风险情况科学合理地确定核放单验核比例，实现区内外保税业务无缝对接。

3.加快大数据应用，实现数字监管。对试点企业实施信任管理，突出试点企业加强自身管理的主体责任，同时优化海关监管模式。重点创新海关联网管理方式，大力运用大数据等新技术，对供应链上下游企业数据，包括货物的订单、合同、发货、运输、到货、过卡、验收、入库、后续处置等环节数据，开展智能模型精准分析，找准风险点薄弱点，加强抽核验证，以数据链监管供应链，提升风险防控水平。

三、改革取得的成效

1.提升了试点企业竞争力。一是大幅降低资金成本。核心企业安全库存金额大幅下降，年均节省资金过千万元。同时，上下游企业减轻了资金压力，减免有关企业担保金额超2亿元。二是大幅提高货物周转效率。企业进出区域的货物查验更加精准到位，货物通关时间压缩比例达三分之二以上，业务办理时间平均缩短到1个工作日以内，供应链企业间货物实现保税自由流转。对非保税的货物实施便捷进出区管理，实现无感通关。企业实现Harbor仓2小时上线供料，部分大体积料件1小时供料，畅通生产要素的快速流动。三是带动新型业态迅猛发展。助推产业链向中高端延伸拓展，便于试点企业更好承接全球知名品牌的保税维修和保税研发业务，2020年试点企业全球保税维修业务同比增长670%，提升了企业的市场竞争力。

2.树立了海关改革新样板。供应链监管改革是海关以企业为单元的改革的继续和深化，是海关监管从管好“一片树叶”和“一棵树木”向管好“一片森林”转变，走在了全国海关改革创新的前列。改革项目受到了海关总署、南京海关及相关职能部门的悉心指导和帮助，相关经验被海关总署、南京海关吸纳，为海关全产业链保税模式改革提供了样板。

3.优化了全市营商环境。提振了企业发展信心，稳定了地方经济发展，2020年试点企业进出口129.2亿美元，位居全国加工贸易企业前十位，为稳定外贸外资作出了巨大贡献。尤其是复工复产期间，带动供应链近700家企业重新激活并顺畅运转。国家、省、市多家主流媒体持续关注报道这些改革成效。改革项目获评2020年度苏州市及苏州高新区改革创新“特别奖”。

（供稿：苏州海关）

“三项制度”助推民营经济高质量发展

苏州市工商业联合会

2019年底，苏州市召开重点民营企业座谈会，会上提出建立企业家月度沙龙、企业家微信群、企业信息直报“三项制度”。2020年，苏州市委、市政府把“三项制度”写入《苏州市优化营商环境创新行动2020》，以文件形式明确“畅通企业政府交流互动渠道。坚持‘有求必应、无事不扰’，让企业的声音听得到、意见看得到、诉求办得到。用足用好民营企业和外资企业月度沙龙、企业家微信群联系、企业信息直报三项制度，为企业家提供定制服务”。

一、“三项制度”在民营经济中的生动实践

1.“月度沙龙制度”让民营企业的声音“听得到”。作为“三项制度”之一的月度沙龙由苏州市委统战部、市工商联共同主办，联合市金融监管局、市工信局、银行等多家单位，每期沙龙前搜集与会企业的问题、建议、意向等，邀请政府相关部门负责人到现场答疑解惑。在疫情防控期间，沙龙采取视频连线方式每月开展，由苏州市委、市政府主要领导与企业家“面对面”，协调解决特殊时期的特殊问题。企业家是沙龙的主体，月度沙龙的报名入口向企业家常年开放。截至2020年12月，苏州全市举办民营企业家沙龙160期，2373位企业家共提出意见建议2227条，办结率97.86%，即使是疫情最严重的2月份，市委主要领导仍坚持以网络视频方式与28位企业家

◆《民营企业信息直报》（供稿：苏州市工商联）

交流，给企业家加油鼓劲、传递信心。通过民企沙龙这一模式，政企双方面对面交流，直面问题、共话发展。每期沙龙结束后，企业家提出的意见建议都第一时间被整理形成民营企业信息直报，报送市委、市政府主要领导，并转由市工信局进行任务分解，限时交相关部门办结。市工商联及时协调相关办理部门适时回访参会企业家，对意见建议办理情况进行满意度调查，并进一步征求意见建议。苏州市注重以“保姆式”的高效服务，为企业发展提供实实在在的“红利”。

2.“微信群联系制度”让民营企业的意见“看得到”。民营企业家微信群联系制度的定位是让市委、市政府主要领导随时随地“看得到”企业家的意见建议，保证服务企业24小时“不打烊、秒回复、零时差”。市工商联在明确建群范围、上线时间、专人管理并细化运行办法的基础上，按照分类型、分层次建群的原则，市级层面共建立“新火花守护侠”群、“扎根苏州勇创大业”群等6个微信群，入群企业家3664人，覆盖全市4万多名工商联会员，共收集意见建议706条，做到服务企业“24小时不打烊”。为便于市主要领导浏览企业家群的意见建议，相关部门负责人、金融机构还与企业家直接联系对接，做好问题答复、解决工作。

3.“信息直报制度”让民营企业的诉求“办得到”。通过落实民营企业信息直报制度，企业家的诉求让市委、市政府“办得到”，是“三项制度”的根本宗旨。市工商联专门印发《关于建立民营企业信息直报制度的实施办法（试行）》，明确了呈报内容、直报形式、内容来源和工作流程。在落实信息直报制度的过程中，市工商联注重把调查研究、行业企业直接反映与企业家月度沙龙、微信联系群结合起来，多渠道收集汇总企业家的诉求和意见建议，让“听得到”“看得到”最终落脚到“办得到”。截至2020年12月，上报信息直报143期，反映诉求1264条，党政主要领导批示推动相关政策出台与完善，民营企业满意率达99.46%。直报信息经市委、市政府主要领导批示后，在市委督查室的全程介入下，进行任务分解并按程序转由相关部门办理，打出了服务民企高质量发展的“组合拳”。市工商联将意见建议的办理过程和办理结果及时反馈至相关企业或人员，推动了相关政策的出台与完善，民营企业满意率达到98%。

二、“三项制度”奏响政府服务企业“最强音”

“三项制度”实施以后，多渠道、全天候、全流程畅通了市委、市政府与民营企业家高效沟通联系的通道，从制度层面为打造“最舒心”一流营商环境提供了最真实的苏州“政策蓝本”，取得了精准提供定制化服务、全力护航企业高质量发展最显著的苏州“政策成效”，广受各界好评。特别是新冠肺炎疫情发生后，“三项制度”及时为企业纾困解难，勠力同心保市场主体、保产业链供应链稳定，勇当支持企业发展的“守护侠”，奏响政府服务企业的“最强音”。

各市、区工商联和商会积极收集、传递民企心声。在疫情期间，市餐饮商会代表行业提出的意见建议被市委、市政府充分吸纳，成为助企复工“苏惠十条”的主要内容；市茶业商会反映茶叶市场复工复产受阻，市工商联核实后通过信息直报的方式上报，获得市委主要领导批示。随后，在一周内，苏州茶叶市场等21家大型专业市场均有序复业。“三项制度”要求事事有回复、件件有落实，因各种原因暂未办理完成的，要及时进行沟通解释。市领导对信息直报的快速批示，协调企业解决燃眉之急，为民营企业发展中遇到的困难“开良方”，对民营经济发展的障碍“下猛药”。苏州市围绕“三项制度”已初步形成上下联动、网格化发展、整体推进的工作格局，实实在在地为企业发展和企业家成长保驾护航。

（供稿：苏州市工商业联合会宣教信息处）

04 市（区）委和开发区工委工作

深入镌刻现代化建设开篇起步的港城印记

中共张家港市委员会

2020年，张家港市委紧扣高质量发展总要求，与时俱进大力弘扬张家港精神，统筹推进新冠肺炎疫情防控和经济社会发展工作，港城高质量发展在大战大考中取得新成就。

一、经济运行稳中向好

年内完成规上工业总产值4811亿元，同比增长4.1%。沙钢集团连续12年入围世界500强；4家企业入围中国企业500强；9家企业入围中国民营企业500强，总数列苏州第一。爱丽家居主板上市，广大特材科创板上市，新增上市报会企业10家、过会企业4家，注册获批待发行1家。累计认定张家港“小巨人”企业44家。新增市场主体3.16万户，同比增长12.1%。发布“惠企十条”“惠外十四条”等政策礼包，累计减税降费超50亿元，阶段性减免各类社会保险费用31.8亿元。出台服务企业发展“三项制度”，常态化举办“暨阳面对面”企业家沙龙。与沙钢、永钢、国泰签订战略合作协议，98项合作内容清单化推进。创新开展“多彩夜沙洲”“嗨购张家港”活动，全面推进线下无理由退货，全力促进消费回补。创新实施“港城金融服务万企百亿融通工程”，新增社会融资总量811亿元，同比增长49%，促成银企合作项目1642个、授信1727亿元。产业资本中心入驻基金管理规模达835亿元。

二、创新动能持续迸发

“创新张家港”建设全面启动，与省科技厅建立“厅市会商”工作机制，入选科技部、财政部“百城百园”行动计划，科技创新积分制在全省和国家级高新区推广。高新区与高铁新城融合发展。新增产学研合作项目260项。净增高新技术企业217家，同比增长95.5%。新认定科技型中小企业643家。新增国家级众创空间3家、省级众创空间及社区5家、科技企业孵化器1家。上海张江·张家港创新中心建成运营，深圳·张家港创新中心成功揭牌。新增“国家级重大人才工程”人才1人、省“双创计划”人才16人、“姑苏计划”人才35人。“张科贷”和“创业沙洲”投融资对接有序实施。万人有效发明专利拥有量达55.5件。广大特材获得苏州年内最大单笔知识产权质押融资。永钢集团荣获省长质量奖。

三、改革开放纵深推进

全面抢抓长三角一体化发展重大机遇，与上海杨浦区、虹桥商务区、上港集团、临港集团及苏州工业园区等达成战略合作，上海市张家港商会正式成立，江苏自贸区苏州片区张家港联动创新区建设有序推进。深度融入共建“一带一路”大格局，全国供应链创新与应用试点经验获8部委联合推广，率先运用全国“单一窗口”船舶转港数据复用功能，张家港综保区2.0建设稳步推进。完成口岸货物吞吐量2.5亿吨、外贸运量6480万吨、一般贸易进出口1838.7亿元；新批境外投资项目15个、中方协议投资总额5.1亿美元。80%的政务服务事项实现“一网通办”，工程审批制度改革在苏州处于领先地位，营商环境列全省同类城市第一方阵。基层“三整合”改革高标准通过评估，金港“镇改街道”工作全面启动。实现乡镇金库设立全覆盖，镇级财政资金收支运行更加规范，政府性债务管理持续强化。农村集体“三资”实现常态化监管。

四、城市建设迈开新步

推进国土空间总体规划编制，完成综合立体交通网规划编制。沪苏通长江公铁大桥开通运营，盐通张铁路工程基本完工，南沿江铁路张家港段快速推进，铁路枢纽站区快速集疏运体系加快构建。东渡大道南段开工建设，晨丰公路改造、港华路拓宽等重点交通工程加快实施。高新区（塘桥镇）提速建设，黄泗浦生态公园东园建成运营。南横套滨水生态廊道建设按序实施，常沙河闸改建工程基本完工。张家港作业区集装箱码头改扩建工程基本完成。“双清”攻坚深入开展。安置房竣工79.7万平方米，安置过渡户2200户。

五、绿色发展全面深入

坚持“共抓大保护、不搞大开发”，高效落实长江干流禁捕退捕各项任务，严厉打击长江非法采砂。完成长江沿岸造林绿化2800亩，4个项目入选

◆2020长江文化艺术节（供稿：张家港市文体广电和旅游局）

2020年度江苏省推进长江大保护和绿色发展特色工作清单。深化绿色港口建设，到港船舶污染物接收率达99%，码头岸电覆盖率达100%。深入推进“三优三保”，拆旧复垦、“腾笼换凤”土地面积分别达1万亩、1900亩。新建高标准农田2.1万亩，原粮储备增加至7.58万吨，建成省级现代农业产业示范园。高质量承办中国农民丰收节江苏主场活动。凤凰水蜜桃获评“国家地理标志农产品”。建成5个特色精品乡村、5个苏州市康居特色村、99个三星级康居乡村。

六、民生福祉全面增进

常态化抓好疫情防控工作。扎实做好重要农产品稳产保供，城镇新增就业超2.1万人。在苏州率先全面建立村级股份经济合作社，全市村均可支配收入达1200万元。民生微实事项目实现区镇全覆盖，相关做法获民政部肯定并推广。困难群众精准救助率达100%，保持全省第一。以第一名的成绩通过新时代首批义务教育优质均衡发展县（市、区）省级验收。全面实现苏州市医保一卡通，江、浙、沪、皖异地就医直接刷卡结算。成功创建2家三级甲等医院、1家三级综合医院，数量和等次均列全省县市第一。社区居家养老服务中心（站）在全覆盖的基础上，实现社会化运营的占比超90%。获评2020中国最具幸福感城市。

七、社会文明持续进步

年内成立精神文明建设张家港研究与交流中心，承办全国文明实践志愿服务工作培训班和第五届江苏志愿服务展示交流会，“虹筑之家·工友驿站”入围全国100个“最佳志愿服务项目”。南丰镇获评第六届全国文明镇，永利村、福前村获评全国文明村。新增全国劳模3人，累计达13人。成功举办2020长江文化艺术节，锡剧《云水谣》入选2020年度全国舞台艺术重点创作计划，小品《打折》等8个作品获江苏省五星工程奖。累计建成24小时

◆生态修复的成功范例——张家港湾（供稿：陈勇）

图书馆驿站47家。成功创建省级全域旅游示范区。推进社会治理现代化试点，成立市社会治理现代化指挥中心，市、镇、村三级网格化联动指挥平台一体运行。“快警务”实战模式、公检法大协同工作机制发挥实效，“雪亮工程”深入推进，全市违法犯罪警情下降21%。食安指数位列全省第一。实施退役士兵（士官）“积分进村”模式。全国农村社区治理实验区建设有序推进，创新打造“邻里港湾”品牌。推行“全员全科”服务新模式，万人拥有持证社工23人。

八、党建引领高质量发展

坚决用新思想统领一切工作，深入学习贯彻习近平总书记视察江苏重要讲话指示精神。集结650个行动支部，带头守住疫情防控前沿阵地。开展“党建暖心·红堡惠企”专项行动，精准助力企业复工复产。部署实施“美美乡村·扎根计划”，建立村书记队伍“三级梯队”。总结提炼产村联合、能人带动、资本撬动等党建引领乡村振兴的8大路径，党群议事会、红堡阵地群、党员志愿团等党建引领基层治理的8种形态，以高质量党建引领保障高质量发展。继续深化综合考核工作，推动“考事”与“考人”有效衔接，确保中央、省委和苏州市委各项部署精准落地。深入贯彻“三项机制”，推动激励干部担当“1+N”系列政策落地见效，大力营造干事创业的浓厚氛围。

（供稿：张家港市委党史工办）

强化担当作为　推动高质量发展再上新台阶

中共常熟市委员会

2020年，常熟市委统筹疫情防控和经济社会发展，聚焦“促发展、补短板、解难题、精管理、抓落实”工作主线，各项工作逆势奋进。

一、营造良好的营商环境

在抓好防控疫情的同时，加快恢复生产生活秩序，及早实现规上工业企业全部复产。集中精力抓“六保”促“六稳”，出台常惠12条、惠外16条等政策，推行“点对点”包车、国际包机等举措，推动经济企稳回升。深化“全链审批”“一件事一次办”、工程建设项目审批等改革，推进基层整合审批服务执法力量改革，取消证明事项107项，下放经济社会管理权限139项，企业开办、外商投资备案实现1个工作日办结，兑现各类税收优惠202亿元，减免社保费31.2亿元、租金1.9亿元，获评国际化营商环境建设示范县。2020年，主要经济指标逆势上扬。一般公共预算收入213.7亿元，同比增长5.2%；全社会固定资产投资630亿元，同比增长20.6%；实际利用外资9.3亿美元，同比增长45.3%。

二、经济转型升级

新增工业互联网应用企业140家、智能化改造项目320个、苏州市级及

◆2020年7月1日，沪苏通铁路通车，常熟站投用，结束了常熟没有铁路的历史（供稿：常熟市委党史工办）

以上智能车间38个。培育“专精特新”产品（企业）31个（家），新增“小微进规”企业超200家。波司登登峰系列羽绒服荣获第四届“中国优秀工业设计奖”金奖。首批21个老旧工业区改造项目启动建设。246个市级重点产业项目开工建设，工业投资总量突破300亿元大关。高技术产业投资增长130%。新兴产业产值突破2000亿元。引进投资达百亿元的防务科技产业园，15个超亿美元外资项目顺利落地。新增省级跨国公司地区总部2家。完成进出口总额192亿美元，一般贸易占比61%，提高6.4个百分点，“市采通”平台在全国37个口岸实现常态化通关。全社会研发经费支出占地区生产总值的比重达3.6%。“苏州·中国声学创新谷”启动建设。苏州市产业技术研究院同位素技术研究所顺利落户。常熟高新区获批国家高新技术产业化基地、新型工业化产业示范基地。新认定高新技术企业280家、科技型中小企业625家、瞪羚企业27家、苏州市独角兽培育企业2家。立项国家级人才计划1项、省“双创计划”9项、姑苏领军人才计划22项，新增苏州杰出人才奖2个。新增高技能人才8200余人。获批建设省级现代农业产业示范园，“常熟大米”获国家地理标志证明商标，“董浜筒管玉丝瓜”“王庄西瓜”获国家农产品地理标志认证，15万头生猪养殖项目开工建设。

三、城市能级提升

沪苏通铁路开通运营，常熟正式进入高铁时代。南沿江城际铁路建设快速推进，通苏嘉甬铁路常熟段线位、站位基本确定。新世纪大道北延三环至常昭段建成通车，完成珠江路等19条城区既有道路改造，升级农村公路39公里。城铁片区主要道路竣工投用。常熟首座商用加氢站试运营，20辆氢燃料电池公交车、120辆氢能源物流车投入使用。实施“常熟港振兴”战略，吞吐量增长23%。累计建设5G基站近1500个，基本实现中心城区、重点乡镇和重要产业载体连片覆盖。泰引线、碧溪转盘等34个征收搬迁项目实现攻坚清零。既有建筑更新改造入选全省“美丽宜居城市建设专项试点项目”。19个单元城中村自主更新稳步推进。报本、西泾岸区域试点启动历史街区整理。北门大街等5个区域17万平方米老旧住宅小区改造完成。既有多层住宅试点增设电梯成功。

四、生态环境持续优化

全市生态环境持续优化。中央环保督察等反馈的各类突出环境问题整改，以及486项大气和74项水环境年度重点项目全部完成。做好长江流域禁捕退捕工作，深化长江沿线环境整治，消除沿河污水直排口569个，长江干流、入江支流稳定达到Ⅲ类水质。创新开展重点村（社区）污染防治专项帮扶，获省政府主要领导批示肯定。环保设施加快建设。第二生活垃圾焚烧发电厂扩建项目、金陵海虞热电替代扩建项目建成投用。城东净水厂具备调试条件，3家城镇污水厂扩建完工，5家工业污水厂提标改造完成，新增生活污水日处理能力10.5万吨、污水管网超150公里，完成419个村庄、1.2万多农户生活污水收治，获评省城镇污水处理提质增效示范城市。全力推进“千村美居”工程，投入14.5亿元，优化提升861个村（组），新增省特色田园乡村5个。生活垃圾“四分类”扩面提质，建成“定时定点定人督导”小区579个，获评全国农村生活垃圾分类和资源化利用示范县。新增造林绿化面积近3000亩。城区防洪大包围及畅流活水工程全面建成，成功抵御1951年以来第二强梅雨季。

五、民生福祉日益改善

民生支出占一般公共预算支出比重保持在75%以上。15项民生实事全部完成。琴湖小学等13所学校竣工，苏州外国语学校常熟校区等15所学校开工，学位供需基本平衡。11所新市民子弟学校“补短板工程”实现全覆盖。学前至高中段毛入学（园）率达100%，高等教育毛入学率达74%。常熟市第一人民医院与南京医科大学康达学院共建常熟临床医学院。常熟市第二人民医院北部院区建成投用，与苏州大学附属第一医院开展“院院合作”。“常熟智慧健康”微信服务平台实现公立医疗机构全覆盖。建成智慧中医专科联盟。每万人全科医生数5.4人。获评国家慢性病综合防控示范区。长三角异地就医直接结算率超90%，大病保险报销比例提高10个百分点，职工和居民医保政策范围内住院医疗费用基金支付比例分别达90%和75%。长期护理保险待遇享受人数超过6000人。中华慈善总会药品援助项目累计发药近4000万元。新增就业3万人，城镇登记失业率为1.77%，高校毕业生就业率为98.5%。农民工工资支付保障工作获评苏州考核A级。本地户籍养老保险参保覆盖率保持在99%以上。支出困难群众保障资金2.4亿元。退役军人三级服务保障体系全面建成，实现全国双拥模范城“五连冠”。31个集体经济相对薄弱村全部完成脱贫转化任务。助力贵州省思南县顺利脱贫摘帽，对口帮扶思南案例被国务院扶贫办列为典型。常熟博物馆晋升为国家一级博物馆。

六、社会大局和谐稳定

安全生产事故起数、死亡人数分别下降81%和76%，火灾事故实现“三连降”。建立安全环保消防联动工作机制，深化镇村工业集中区综合整治，扎实推进重点领域、违法违规“小化工”、危化品使用安全等专项整治，滚动挂牌整改重大隐患152个。深化雪亮技防工程建设，初步建成新一代智能泛在感知“天网”。全面深化扫黑除恶专项斗争，刑事发案数实现“十三连降”，电信网络诈骗案件破获数增长83%。

（供稿：常熟市委党史工办）

攻坚克难　精准施策
经济社会发展再创新业绩

中共太仓市委员会

2020年，太仓市委在严防控、战疫情的同时，加快恢复生产生活秩序，实施太“惠”十二条、助企“十一条”等政策组合拳，有效帮助企业渡过难关、增强信心，经济运行迅速企稳。全年实现地区生产总值1386.09亿元，较上年增长3.9%；一般公共预算收入171.12亿元，较上年增长5%。蝉联省推进高质量发展先进县市、全国双拥模范城、中国最具幸福感城市等多项重磅荣誉。位列全国县域经济综合竞争力百强县第六位、中国县级市全面小康指数第三位。成功摘得全国文明城市桂冠。

一、抓投入，项目建设提速增效

深入开展“项目建设提速年”活动，太仓省重大项目个数和年度计划投资、苏州市重点项目计划投资额实现苏州“三个第一”，123个市级以上重点项目上半年全部开工，省、苏州重点项目投资完成率分别达125%、128%，项目开工率、投资进度始终领跑苏州。完成全社会固定资产投资468.59亿元，同比增长16.4%。引进项目792个，总投资超2065亿元，其中先进制造业项目数占比近60%；外资超亿美元项目19个、超5000万美元项目26个；内资超10亿元项目10个。

二、促转型，高新产业实现新突破

高端装备制造、新材料产业产值均突破千亿大关，生物医药产业产值增长9%。成功举办航空航天产业发展峰会，上海交大太仓空天技术创新中心等平台签约入驻，累计引进航空产业项目32个。高新产业、新兴产业产值占比分别达49.3%、58.2%。百强企业产值增长7.4%。新增省星级上云企业61家、苏州市级以上示范智能车间23个。宝洁入选全球灯塔工厂，贯龙获评国家级专精特新“小巨人”企业。净增有效高企超200家。新入选苏州市级以上领军人才35人，获评苏州市人才科技工作创新进步地区。

三、优环境，营商效能大幅增长

获评全国营商环境百强县第六名。纵深推进“放管服”改革，审批事项总承诺时限压缩60%以上。企业开办只需0.5天，重点项目平均审批时限9.2天。全国首创土地出让“双信三即”模式，工程建设项目审批“全链改革”案例获“智慧赋能金数奖”，被列为政务服务“好差评”全国试点。完成基层整合审批服务执法力量改革。新增市场主体超2.1万户。累计兑现各类优惠95亿元、政策性减税17.5亿元。盘活存量土地5875亩，完成腾地5000亩。设立50亿元产业引导基金。帮助2800多家企业获授信466亿元。

四、重开放，区域合作持续拓展

完成实际利用外资8.15亿美元，同比增长78.6%，创历史新高。完成进出口总额133.35亿美元。举办沪太协同发展推介会等活动，新引进沪上项目182个，总投资103亿元。沪苏通铁路通车营运，上海嘉闵线（含北延伸）至太仓段项目合作备忘录成功签署，岳鹿路对接嘉定城北路正式通车。德国中心二期、中德智能制造联合创新中心建成投运，德资实际利用外资增长28.8%，德企总数超360家，中德智能制造峰会、中德中小企业合作论坛

◆德国中心二期（供稿：太仓市委党史工办）

等活动顺利举办。发布全国首个双元制职业教育领域合作标准。太仓港四期集装箱码头工程交工验收，沪太通关一体化全面落地，综保区获批一般纳税人资格试点，获评全省唯一港口型国家物流枢纽。

五、强统筹，城乡环境宜居宜业

国土空间规划编制扎实推进，镇村规划体系不断完善。娄江新城“1+5”规划体系加快成型，西北工业大学太仓校区、西交利物浦大学太仓校区两个校区提速建设。恒大、复星文旅项目扎实推进。太浏快速路全线贯通。城区农贸市场提档升级全面完成。生活垃圾分类“三定一督”实现全覆盖。PM2.5平均浓度下降至26微克每立方米，空气质量优良天数比例达85.2%，省考以上断面水质优Ⅲ比例达100%。长江岸线清理整治任务全面完成。长江禁捕退捕工作严格落实。新增成片造林2205亩。获评国家生态文明建设示范市、节水型社会建设达标县。

六、厚民生，公共服务扩面提质

城乡居民人均可支配收入增长4.4%，村均可支配收入达909万元。粮食产能稳定提升，生猪保供任务全面落实。建成三星级康居乡村68个、省特色田园村4个，获评全国村庄清洁行动先进县。城镇新增就业1.1万人，登记失业率1.8%。获评省义务教育优质均衡发展县（市、区）、社区教育示范区。新改建日间照料中心20家。位列全国健康城市建设示范市县级市第四位。“发展型”幸福社区建设项目获省基层社会治理创新成果奖。风险防控“四项机制”试点工作扎实推进，扫黑除恶专项斗争取得实效，公众安全感达98.8%。深入开展“1+26+1”安全生产专项整治行动，安全生产形势持续稳定向好。

七、守初心，党的建设从严从实

意识形态领域“红色长城”2.0版建设持续深化，网络安全工作责任制全面落实。出台激励干部担当作为“1+N”系列文件，实施年轻干部选拔培养“六才”工程。村干部职业化体系建设走在全省前列，村（社区）“两委”换届选举稳步推进。城市基层党建“融合力”工程、农村党建“红色领航计划”、党支部和党员“动力工程”不断深化。深入开展“作风效能建设提速年”活动，设立改革创新“特别奖”，用好转变作风“曝光台”，整治形式主义、官僚主义取得实效。省委专项巡视整改全面完成，本届市委任期内提前实现巡察全覆盖。

（供稿：太仓市委办公室）

抢抓重大战略机遇　全力打造标杆城市

中共昆山市委员会

2020年，昆山市委按照“强化企业服务优存量、加大招商引资强增量、加快创新驱动促转型、落实安全责任稳基础、加强队伍建设燃激情”的工作思路，高质量完成现代化建设试点工作，夺取“双胜利”、打好“十三五”收官战、决胜高水平全面建成小康社会各项任务圆满完成。全年完成地区生产总值4276.7亿元，同比增长4%；一般公共预算收入428亿元，同比增长5.1%；规上工业产值达9000.8亿元，同比增长7%，工业总产值历史性迈上万亿元新台阶；新增实际使用外资10.5亿美元，同比增长40%，进出口总额868.4亿美元，同比增长5%，创五年来新高；居民人均可支配收入62238元，同比增长4.2%。

一、慎终如始战疫情，防控工作成效显著

超前谋划部署疫情防控，周密细致落实外防输入、内防反弹举措，扎实推进“大数据+网格化+铁脚板”防疫模式，落细监测预警、核酸检测、防控救治、物资保障等常态化防控举措，配合做好上海口岸入境来苏人员接驳转运工作。派出4批47名医护精英驰援湖北、新疆，2家单位、9名个人被授予全省抗击新冠肺炎疫情先进集体和先进个人。率先谋划开通复工专车、专列、专机，创新实施产业“扩能补缺”、投资“扩面提速”、消费“扩容升级”、服务“扩版增效”四大专项行动，生产生活秩序迅速回归常态，经济社会发展全面企稳向好，产业链协同复工等创新做法多次获央视报道推广。

◆2020年3月13日，星巴克中国“咖啡创新产业园”项目签约仪式在昆山举行（供稿：昆山市融媒体中心）

二、凝心聚力促发展，经济运行稳中提质

打造“昆如意”营商服务品牌，出台优化营商环境28条，推行“1311”挂钩服务机制。举办金秋经贸洽谈会、重大项目集中开工开业等活动，成功引进星巴克、迈胜、恒力等行业龙头项目。培育国家级“双创”领军人才7名，高新技术企业突破2000家。国家超级计算昆山中心通过科技部验收，深时数字地球研究中心通过国家“国际大科学计划”项目专家论证。新增上市企业8家、过会企业3家。大力开展消费促进活动，完成社会消费品零售总额1400亿元。

三、解放思想求突破，改革开放不断深化

举办昆山融入上海合作发展推介会，48个对接上海合作项目签约落地，锦淀周一体化研究成果正式发布，12个重点项目启动实施，设立长三角

◆昆山夏驾河科创走廊(供稿:昆山市融媒体中心)

科创共同体产业投资基金昆山专项基金。成功举办昆台融合发展30周年座谈会。国务院批复同意昆山深化两岸产业合作试验区范围扩大至全市，《昆山深化两岸产业合作试验区条例》获省人大常委会审议通过。昆山试验区第八次部省际联席会议成功召开。获批全国首家具有两岸特色的金融改革试验区，设立50亿元台商发展基金。获批国家进口贸易促进创新示范区，成为全省唯一入选城市。创新设立对接东盟货物的贸易跨境平台，新增进出口额4亿美元。实施工程建设项目审批“6524”改革，创新推出重点项目“拿地即发证、出证即开工、完工即验收”全链代办服务模式，建设用地规划许可证、不动产登记证（土地）、建设工程规划许可证、建筑工程施工许可证的审批时限压缩至7天。

四、多措并举提品质，城乡建设扎实推进

大力实施交通体系提升三年建设计划，全面提升基础设施现代化、交通管理智能化水平，以打通道路“小循环”促进城市交通“大循环”，全力构建现代化综合交通体系。获评全国农村人居环境整治激励县，入选全国农村宅基地制度改革试点县，中国农科院华东农业科技中心成功落户。新增高标准农田1.2万亩、现代农业园区2万亩。新增省级特色田园乡村4个，计家墩村获评中国美丽休闲乡村。新增危废处置能力1.8万吨每年、生活污泥处置能力10万吨每年，PM2.5平均浓度降至30微克每立方米，优良天数比例提高到83.6%，国省考断面水质优Ⅲ比例持续保持100%，成功创建国家生态文明建设示范市。

五、千方百计优供给，民生福祉日益增进

昆山市人大常委会成为全省首个国家级基层立法联系点。周市、巴城高中建设加快推进，昆山市花桥高级中学、上海华二昆山国际学校等12所学校建成投用，新增学位1.2万个。昆山市第一人民医院、昆山市中医医院创成三甲医院，实现“零”的突破。新增养老床位704张，阳澄湖康养院开工建设。探

索建立解决相对贫困长效机制，创新设立解决因病致贫返贫保险基金。减免企业社保医保等费用69.5亿元，新增就业人数3.2万人。连续三年举办戏曲百戏（昆山）盛典，深化新时代文明实践中心国家试点建设，高分创成全国文明城市。巴城昆曲小镇、周庄水乡风情小镇成功入围省级特色小镇创建名单。

六、精准施策抓治理，社会大局安定和谐

深入开展安全生产专项整治、化工产业整治提升、违法违规“小化工”整治，扎实做好省委危化品安全生产专项巡视整改落实，创新推出蓝盾护航、列规增收、群租厂房综合治理、工业区改造升级“组合拳”，整治提升群租厂区2355个，腾退企业576家，改造20个工业区，打造16个小微特色产业园，安全生产事故起数、死亡人数分别下降78%和74%。积极探索数字赋能城市治理，高标准建设社会治理现代化综合指挥中心，推动“一网通用”“一网通办”“一网统管”协同发展。纵深推进扫黑除恶专项斗争，大力开展“无黑”城市创建，群众安全感满意度达99.17%。

七、一以贯之强党建，政治生态持续向好

市融媒体中心获评全国媒体融合先导单位。出台激励干部担当“1+N”系列文件，实施年轻干部三年行动计划，推进“青蓝结对一线攻坚”。创新出台干部教育培训“1+4”文件，开展全市一把手培训班、年轻干部“半月谈”和“党情、国情、市情”教育。率先开展高质量机关党建助力营商环境建设主题活动，深入实施“红管先锋引领基层治理”书记项目。出台加强党外干部培养选拔工作意见、加强新时代民营经济统战工作实施意见。全面深化护航一流发展环境“五大行动”，实施改革创新廉洁风险备案。打造基层廉勤监督平台，深化运用监督执纪“四种形态”，持续推进“评审联动”，深入开展群众反映突出问题“1+N”联动治理。

（供稿：昆山市委办公室）

聚焦沪苏同城化　聚力建设示范区

中共苏州市吴江区委员会

2020年，吴江区委深入贯彻落实习近平总书记对江苏、对苏州以及对长三角一体化发展系列重要讲话和指示批示精神，紧扣打造“创新湖区”、建设“乐居之城”发展定位，扎实做好“六稳”工作，全面落实“六保”任务，在构建“双循环”新发展格局中主动作为，在一体化示范区建设中走在前列，全区经济社会发展稳中有进。

一、经济社会发展成果丰硕

面对突如其来的新冠肺炎疫情，严格落实“外防输入、内防反弹”总体策略，慎终如始抓好常态化疫情防控，保持了“患者零病亡、医护零感染”。42名医护人员主动请缨，千里驰援湖北。发布“惠企18条”等系列政策措施，兑现政策资金超60亿元。用好自贸区联动创新区改革举措，稳住外贸、外资基本盘，有效挖掘和激发强大内需潜力，把疫情影响降到最低。首次以央企合作为主题举行北京投资推介会，与中建、中车等重量级央企建立更紧密的合作关系。全区经济展现巨大韧性，全年地区生产总值首次突破2000亿元，同比增长2.3%；完成一般公共预算收入236.5亿元，同比增长6%；完成全社会固定资产投资586亿元，其中工业投资215亿元，同比增长23.3%；实际使用外资4.6亿美元，同比增长13%。全区市场主体克难奋进、化危为机、打开新局，新增上市公司4家，累计境内外上市公司20家；有

◆大美长漾（供稿：邱树新）

效高新企业数达920家；恒力、盛虹上榜世界500强企业。

二、示范区建设取得显著成效

紧扣“一体化”和“高质量”两个关键，带头做好对接上海大文章，深化与青浦、嘉善的协同发展，共同推进示范区建设。精心编制“十四五”规划和国土空间规划、产业规划，排定143项示范区建设重点工作，全部启动实施，其中136项取得实质性进展。出台支持先行启动区建设定向支持政策和组织保障举措，建立3个指挥部高位协调、驻点攻坚。恒力长三角国际新材料产业园、京东智能制造产业园等一批重量级项目签约落地，沪苏湖铁路正式开工，“水乡客厅”汾湖高铁科创新城和苏州南站高铁枢纽加快设计。康力大道东延段、元荡生态岸线贯通工程示范段、英诺赛科三个展示项目受到好评；一体化制度创新和项目建设入选典型案例数位居三地首位。“跨界联合河长制”入选“中国改革2020年度50个典型案例”，为苏州大市唯一上榜的案例。整合组建长三角一体化、城市投资、资本运作、文旅开发、水务运营等5大集团公司，更好地发挥国有资本示范引领作用。全区营商环境不断优化，在2020年赛迪营商环境百强区榜单中排名全国第十、全省第二。

三、全域功能布局更加优化

统筹城乡布局和产业发展，协调推进五大经济培育、新型基础设施建设、传统产业转型、城市有机更新、美丽吴江建设等重点工作。主导产业之一的装备制造业首超千亿能级。吴江现代农业产业园成功被纳入国家现代农业产业园创建名单，为苏州大市唯一入选的产业园。坚持创新驱动和人才优先发展战略，“工业企业资源集约利用信息系统”升级为3.0版大数据云平台，新增国家级重大人才工程A类1人、省“双创计划”12人，获评中国领军智慧城区、江苏省大数据开放共享与应用试验区。举办“双12苏州购物节——乐购吴江”等系列活动，带动消费超5.9亿元。聚焦空间格局、水韵、田园、古镇、产业、人文等“六美”特质，推进美丽吴江建设21项重点任务，长三角绿色智能制造协同创新示范区、融创桃源国际生态文旅度假区、开弦弓村综合提升等项目相继落地，1家上榜“中国美丽休闲乡村”，10家获评“江苏省特色田园乡村”，入选省级全域旅游示范区。推进大运河文化带建设，精心策划“通运小镇”“四河汇集”“丝绸水路”等地标性项目。完成治违拆旧11024亩，“三优三保”复垦5280亩，获“江苏省国土资源节约集约利用模范县（市、区）”称号。

四、民生福祉持续增进

坚持就业优先政策，稳步提升兜底保障水平，确保居民持续增收。高标准配置教育、医疗、文化等公共服务资源，高水平全面小康成色十足。苏州大学未来校区、苏州中学附属苏州湾学校加快建设，南京师范大学、上海世外教育集团等合作办学项目签约，建立示范区教师发展学院。吴江区中医院异地新建、京东方（苏州）数字医院建设有序推进。苏州湾文化中心全

◆元荡慢行桥——沪苏两岸“同心结”（供稿：殷红）

面竣工，苏州湾大剧院开门迎客。老有所养基本公共服务标准化列入国家试点项目，省级健康镇建设在全省率先实现全覆盖。扎实推进区域社会治理现代化，有序推广网格化管理2.0版。全面落实防汛抗灾工作，顶住了太湖超保证水位、太浦闸大流量泄洪等巨大压力，确保了堤防安全。抓牢抓紧安全生产“一年小灶”和“三年大灶”，事故起数、死亡人数同比分别下降66.3%和66.7%。

五、生态环境明显改善

中央环保督察“回头看”问题通过销号验收，12项中央环保督察问题、34项省环保督察反馈问题全部整改完成。与生态环境部环境规划院开展战略合作，在全市首先试行区镇空气质量补偿制度，全区PM2.5年平均浓度降至30微克每立方米，空气优良天数占比升至82.5%。全面落实长江“十年禁渔”重大任务，实现1701艘渔船应退尽退、3266名渔民应保尽保。深入推进太浦河“沪湖蓝带”规划、元荡生态岸线贯通工程，启动太浦河共保联治江苏先行工程，规划实施40个生态美丽河湖建设，全面建设干线航道生态走廊，成功创建潜龙渠省级水利风景区，水环境国省考断面优Ⅲ比例达85.7%，全面消除城乡黑臭水体。新增危废4万吨每年、生活垃圾及一般工业固废3000吨每日处置能力，生活垃圾分类“三定两清一督”居民小区实现全覆盖。

◆朝气蓬勃的苏州湾（供稿：钮泉娜）

六、全面从严治党扎实推进

深入学习党史、新中国史、改革开放史、社会主义发展史，持续巩固深化“不忘初心、牢记使命”主题教育成果。深入实施“融入式党建”创新工程，打造乡村振兴党建联盟，实现街道“大工委”、社区“大党委”全覆盖，扎实推进模范机关创建。创新开展“百人百企、助力发展”挂职惠企行动，推动41个省级机关党组织、37个省属企业党组织与吴江基层党组织结对共建。制定“对标找差、再攀新高”常态化机制，出台激励干部担当“1+N”系列文件，开展新时代吴江精神大讨论，“敢干事、能干事、干成事”的导向愈加鲜明。筑牢意识形态主阵地，制定意识形态工作“三张责任清单”。持之以恒抓好省委乡村振兴战略专项巡视反馈意见整改，开展两轮区委常规巡察和两轮对村（社区）巡察，实现常规巡察全覆盖，对村（社区）巡察覆盖率达67.8%。

（供稿：吴江区委党史工办）

当好高质量发展“优等生”
绘就新时代最美太湖画卷

中共苏州市吴中区委员会

2020年，吴中区委立足新发展阶段，贯彻新发展理念，构建新发展格局，统筹推进常态化疫情防控和经济社会发展，扎实做好“六稳”“六保”工作，高质量发展稳中有进、稳中向好。

一、抓好疫情防控和经济发展，书写“双胜利”满意答卷

坚决打好疫情防控阻击战，吴中区成为全省首批低风险地区，11名援鄂医护人员为打赢武汉保卫战贡献了吴中力量。统筹“五业并进”，出台“金九条”“援企十条”等21项政策35条举措，全力以赴保就业、保企业、保民生，累计为企业减税降费45.7亿元，减免各类租金超9500万元。全面推行信用承诺、容缺受理、查证查验三项机制，242个区级重点项目完成投资372亿元，同比增长5.5%。全年实现地区生产总值1343.8亿元，同比增长3.6%；一般公共预算收入188亿元，同比增长7%。规上工业总产值1817.5亿元，其中机器人与智能制造规上企业实现产值600亿元，同比增长14.9%；生物医药产业规模达140亿元，工业投资98.6亿元，同比增长31.2%。实现社会消费品零售总额767.4亿元，进出口总额达82.1亿美元；实际到账外资4.3亿美元，同比增长7.8%。

二、抓好项目招引和创新转型，夯实高质量发展根基

成立区投资促进服务中心，发布投资“热力图”，招引投资额3000万元以上产业项目288个，投资总额380亿元，其中10亿元（1亿美元）以上项目10个，微软中国、360安全、中交集团、中建公司等一批龙头项目先后签约。积极构建“1+4+N”工业互联网平台生态体系，发布12个智能制造解决方案平台，苏云工业互联网平台成为全市首个国家级综合型工业互联网标识解析二级节点。围绕产业链部署创新链，提升企业创新主体地位，苏州信创产业园挂牌，赛迪研究院苏州分院开园，科技镇长团创新研究院成立，汇川、科沃斯、赛腾精密入围全省民营企业创新百强，新认定高新技术企业440家。瑞可达、精濑光电获国家级专精特新“小巨人”企业认定，绿的谐波、欧康维视、伟创电气成功上市，味知香、迈信林过会。加快国有企业市场化转型，控股2家上市公司。新兴产业、高新技术产业产值占规上工业产值的比重分别提升至59.1%、57.9%。深入推进国家检验检测公共服务平台示范区创建，“浦东·吴中检验检测区域合作联盟”正式成立，检验检测产业规模位列全市第一。

三、抓好生态治理和实验示范，提升太湖美品质内涵

统筹推进生态文明建设十大工程，全面完成中央、省环保督察反馈问题整改销号，切实做好太湖蓝藻防控和安全度夏工作。打好蓝天、碧水、净土三大保卫战，PM2.5浓度、空气优良天数指标实现“双达标”，国省考断面水质达标率保持100%。高标准推进苏州生态涵养发展实验区建设，绩效评估指标体系通过专家评审，4大类55个项目完成投资15.9亿元，三山岛区域供水工程等一批示范项目建成投用。环太湖城乡有机废弃物处理利用示范区建设纳入国家《国民经济和社会发展计划》，临湖示范点建成试运行，东山、金庭示范点建设有序推进。长江流域太湖水域禁捕退捕任务全面完成。牵头成立“长三角太湖民宿联盟”，发布省内首个区域民宿产业品

牌——太湖民宿，入选首批全国美好环境与幸福生活共同缔造活动培训基地，农村产业融合发展示范园创成国家级，金庭镇入选自然资源部生态产品价值实现典型案例。

四、抓好城乡建设和精细管理，优化一体化区域格局

科学编制国土空间分区规划，加快城市更新和片区改造，完成征拆项目清零105个，腾退土地面积6878亩。落实全市产业用地更新“双百”计划，划定工业和生产性研发用地保障线7.42万亩，获评江苏省土地执法模范县（市、区）、江苏省国土资源节约集约利用模范县（市、区）。开发区入选国家级绿色工业园区，太湖新城获评全省首个国家级三星级绿色生态城区。苏锡常城际铁路吴中太湖新城、太湖度假区、光福站点纳入线网规划，南湖快速路一期、尹山湖立交建成通车。启动率先基本实现农业农村现代化三年行动，高标准推进角直、临湖、光福三个市级示范镇试点建设。推行农村人居环境“红黑榜”考核机制，农村人居环境整治三年行动目标任务率先通过省级验收。角直镇江湾村获评全国乡村特色产业亿元村，新增8个省级特色田园乡村。率先全面完成农村集体经济组织登记赋码发证工作，农民集体收益分配权退出改革国家级试点成果获专家组高度肯定，村级集体总资产196亿元、村均稳定年收入1402万元。开展文明城市创建复评迎检12大专项行动，居民区和农村生活垃圾分类覆盖率达99%。

五、抓好民生实事与安全稳定，赢得人心与群众口碑

民生支出144.1亿元，同比增长18.5%，占一般公共预算支出的比重为79.5%。新投用学校6所，苏苑高级中学异地新建、苏州外国语学校吴中校区等项目扎实推进，义务教育阶段集团化办学实现全覆盖，中、高考成绩再创新高。太湖新城医院、吴中人民医院新院开工建设。启用综合为老服

◆2020年6月28日，吴中博物馆（苏州吴文化博物馆）建成开馆（供稿：莫剑毅）

务中心，获评全省第二批智慧健康养老创新基地。获评国家全域旅游示范区，苏州吴文化博物馆开馆。1人获评中国曲艺牡丹奖表演奖，14人入选省非遗传承人。完成中超保障工作，苏州湾马拉松赛被中国田径协会评为金牌赛事。启用苏州现代农产品物流园，基本建成生猪稳产保供基地。统筹推进安全生产专项整治行动，生产安全事故起数和死亡人数实现双下降。持续推进“天穹计划”，深化人民调解进网格，推进矛盾纠纷多元化解机制建设，创新非警务类警情分流处置，打造网格化联动机制“升级版”。荣获“全省‘七五’普法中期先进县（市、区）”称号。

六、抓好思想引领和队伍锻造，形成担当实干氛围

建立“夺取双胜利、争当优等生”常态化机制，推动各级党员干部对标找差、再攀新高。制定激励干部担当作为若干意见，深化“优苗精培”工

程。建成启用党校新校区，大力推进“先锋枢纽”体系建设。严格落实意识形态工作责任制，出台政商交往正、负面清单，建立健全“一人一委一网”工作机制，镇、街道基本实现巡察全覆盖，全面从严治党三年行动取得显著成效。坚持让党旗在防控疫情斗争第一线高高飘扬，成立320个疫情防控行动支部，1200多名区级机关党员干部加入“党员先锋队”参与防疫志愿工作，“零点行动”志愿服务队获评团中央“抗击新冠肺炎疫情青年志愿服务先进集体”。

（供稿：吴中区委研究室）

把握发展机遇　全力打造高质量发展标杆地区

中共苏州市相城区委员会

2020年，相城区委积极融入国内国际双循环，加快抢抓长三角一体化发展机遇，全力借助“四大国家级战略优势”，推动经济社会发展取得重大成果，获评江苏省2020年度推进高质量发展先进县（市、区）、苏州市2020年度综合考核县级市（区）第一等次。

一、坚持潜心发展，竞争优势不断集聚

全区经济发展实现逆势上扬，全年实现地区生产总值935.66亿元，同比增长3.5%；一般公共预算收入136.3亿元，同比增长13.5%；全社会固定资产投资454.19亿元，同比增长8.1%，其中工业投资96.1亿元，同比增长42.9%；规上工业总产值1343.86亿元，同比增长7.3%；实际利用外资及港澳台资4.04亿美元，同比增长74.53%。获批中日（苏州）地方发展合作示范区，成为全国6个示范区之一，并获批苏州自贸片区联动创新区，覆盖相城全域；承接法定数字货币试点，成为全国首批4个试点城市之一。国家级高铁枢纽加快打造，虹桥——相城同城化加速推进。新增税收超亿元产业企业7家，3家企业成功上市，净增高新技术企业302家，稳步实现量的增长和质的提升。

◆2020年10月26日，长三角数字金融数据中心在相城区落成启用（供稿：相城区委党史工办）

二、坚持做强产业，新兴动能不断攀升

成功举办国际经贸恳谈周并在上海、重庆、合肥、成都、深圳等地开展主题推介活动110余次。引进伊藤喜中国总部、中国电信产业云（苏州）基地等产业项目627个，总投资2319.4亿元，其中超10亿元项目60个。55个省、市、区重点项目年度投资达165亿元。京东长三角智能电商产业园、中国计算机学会业务总部及学术交流中心等75个项目开工建设。新增数字金融、智能车联网、工业互联网、先进材料、区块链、生物医药“六大新经济”企业513家。人工智能和大数据产业联盟获评省“两业融合”试点；布瑞克入选商务部数字商务企业，实现苏州“零”的突破。新安电器、美的、立胜科技获评省级工业互联网标杆工厂。长三角数字金融数据中心落成并被纳入国家重大项目储备清单；长三角金融业发展联盟（江苏）落户；规模50亿元的相城母基金二期正式发布。牵头建设国家首批、长三角唯一的5G车联网

城市级验证与应用项目，高标准建成智能网联测试道路超63.4公里，发布全国最长的智慧公交示范运营路线。长三角先进材料研究院集萃新材料获全省首个国家重点研发计划“大科学装置前沿研究”重点专项。引进长风药业全球总部项目，相城生命科技港开工建设。新兴产业、高新技术产业产值占规上工业总产值的比重分别达57%和57.5%。获批江苏省唯一区块链产业发展集聚区、省唯一数字金融产业集聚区、省首个数字交通示范区、省唯一区块链产业产学研协同创新基地、省“互联网+先进制造业”特色产业基地、省科技服务业特色基地、长三角区域品牌建设示范基地、长三角G60科创走廊工业互联网标杆园区，实现全省县域金融生态环境综合评估“三连冠”，并因金融生态良好连续两年获省级督查激励。长三角国际研发社区启动区竣工启用，苏相合作区实体化运作，中荷（苏州）科技创新港建设加快推进，建成全市首家数字融媒体产业园。

三、坚持科技赋能，创新底色不断丰厚

与69所高校院所开展各类产学研合作项目135项，引进江苏省产研院未来城市应用技术研究所、西安交大—砥创（苏州）石墨烯应用产学研合作实验室。新增3家国家级、7家省级、9家市级众创空间，入选数均居全市前列；新认定省级科技企业孵化器3家，列全市第一；数字研发与应用众创社区获批省众创社区试点；新增离岸孵化器38家。科创板企业培育中心（苏南）在相城揭牌。全区专利申请量和专利授权量分别增长26.76%和67.18%。连续三年获评质量强市先进地区。相城高新区全省综合评价上升7位。引育国家级人才16人，培育市级及以上领军人才37人，干勇院士团队获评苏州市首批顶尖人才团队，连续三年获评苏州市人才科技工作创新进步地区。精英创业周落户项目有262个，列全市第二。落户国际创新创意产业投资合作促进中心长三角分中心。成为中国长三角人才发展高端论坛永久会址。举办首届中国长三角国际品牌高峰论坛、中日（苏州）地方发展合作示范区—东京云对接会等数十场具有全国甚至全球影响力的重大活动。

四、坚持更高标准，城市能级不断跃升

完成镇村布局规划、230平方公里建设用地规划，各地规划展示馆加快实现全覆盖。G524改扩建，G312与G524、S228节点工程提前通车，春申湖路快速化、澧湖大道改造等主体完工，轨交7、8号线全面开工。征收搬迁154万平方米，建成安置房145万平方米。新增人才公寓4376套。苏州市第二工人文化宫、吾悦广场等建成启用，苏州市国际会议中心、苏州工匠广场等加快建设。产业用地更新“双百行动”深入推进，黄桥街道入选国土空间全域综合整治国家试点。坚决打好污染防治攻坚战，实施41个生态文明重点工程，整治提升93个村级工业区，获评省级生态文明建设示范区；深入实施乡村振兴战略，建成省级特色田园乡村4个、市级农村人居环境整治示范镇（村）14个、市级三星级康居乡村25个。率先在全省建成区、镇两级集成指挥中心，84个平台实现数据互通共享；率先在全省建成区级线下全生命周期自然人法人大厅；获2020年度全国“智慧政务奖”。

五、坚持优化供给，共享民生不断增进

困难群体达到相当于人均年收入2万元的生活水平，“弱有众扶”项目获评江苏高质量现代民政十大优秀成果，获批服务类社会救助全国试点地区，也是全市唯一的试点地区。发放稳岗返还资金1.16亿元。文徵明实验小学等4所新校竣工，完成3所中小学改扩建，美国荟同、英国诺德安达、新加坡伊顿、香港沪江维多利亚等国际学校启动建设。建成健身步道37公里、体育场馆2.85万平方米，加快建设活力环、望亭镇大运河文体馆。成功承办“双12苏州购物节”数字人民币红包发放活动。“相城活力夜”夜经济品牌有力打造。圣堂庙会入选国家级非遗名录，阳澄湖旅游集散中心获批国家级文化和旅游公共服务机构功能融合试点，元和塘文化产业园入选国家级文化产业示范园区创建名单。相城区获批省级全域旅游示范区。相城人民医院获评三级综合医院，加快推进苏州市妇幼保健院、苏州市疾控中心、

长三角合作医院健康管理中心等的建设。长三角地区跨省异地就医门诊费用直接结算率达92.8%，列全市第一。深入开展文明城市创建暨人居环境综合整治“百日攻坚”行动。推进安全生产“小灶”专项整治行动，生产安全事故数、死亡人数分别下降64.4%和66%。深化扫黑除恶专项斗争，推进市域社会治理现代化建设，群众获得感、幸福感、安全感进一步提升。

六、坚持牢记使命，担当风气不断提振

严格落实意识形态工作责任制，启用区融媒体中心、区新时代文明实践中心。依托365先锋馆、老书记讲习所等推进学习型党组织建设，累计举办党员干部教育培训48期、培训超5000余人次。冯梦龙村获评全国文明村。相城区获评全省基层党员冬训工作示范县（市、区）。成立“抗疫”行动支部187个，20人在防疫一线入党，参与疫情排查、助企服务等1.3万余人（次）。全面实施党支部和党员“先锋指数”评价，创新推出基层党组织晒榜机制。开展“先锋聚力·暖心营商”专项行动，助企解决实际问题3104个、节约成本4.9亿元。率先在全省通过基层整合审批服务执法力量改革评估验收。举办冯梦龙廉政文化论坛，启用全国首个特色田园乡村“水上廉政课堂”；区块链+“三资”监管实践案例获评全国“十佳案例奖”；力抓省委巡视反馈意见整改，开展区委第九轮、第十轮常规巡察、危化品安全生产专项巡察；开展干部作风整治行动，严肃查处群众身边的不正之风和腐败问题。

（供稿：相城区档案馆）

凝心聚力谋新篇　开启古城全面振兴新征程

中共苏州市姑苏区委员会

2020年，姑苏区委主动适应国内外疫情防控和经济运行新形势，在准确识变、科学应变、主动求变中战胜挑战、化危为机，全区经济社会发展交出来之不易的成绩单。

一、在保护更新中持续彰显古城魅力

研究制定历史文化名城保护“十四五”规划和姑苏区古城保护与更新三年行动计划。启动分区规划和城市更新规划研究，《苏州历史城区保护补偿补助工作指导意见》制定出台，与国家开发银行在城市更新等方面开展金融合作，姑苏古城保护与发展基金首期募资14亿元。文化旅游深度融合发展，大运河文化带姑苏段建设加快推进，“姑苏运河文化节”系列民俗活动成功举办，古城文化魅力持续彰显。

二、在转型升级中稳步提升发展质效

着力促投资，桃花坞等36个省、市、区三级重点项目有序推进，区级项目储备量达220个。着力促消费，依托“双12苏州购物节”“姑苏八点半”等活动效应，主要商业体销售额较2019年同期增长迅猛，观前商圈获评“省级夜间文旅消费集聚区”。着力促转型，制定出台全区文化产业发展三年行

◆2020年7月25日，“姑苏八点半　舒心夜相伴”第三季在观前街启动（供稿：周亮）

动计划，15个产业园完成改造升级。北部经济区“一区四园”规划落地，数字经济、信创产业有力推进，载体发展势头良好。着力优环境，在全市率先成立区级营商服务中心，构建“直通车、联动轴、服务网”三级服务闭环机制，实现省“质量奖”企业和国家知识产权优势企业“零”的突破。加速融入长三角一体化发展等国家战略，以上海黄浦区为主要对标借鉴对象，积极顺应“沪苏同城化”发展趋势，喜马拉雅、中联投等沪苏合作项目正式落地，各条线、各街道常态化交流合作机制初步构建。

三、在攻坚克难中全面优化城市形象

开展“靓丽姑苏”违法建设专项治理，以“一环三路两片区”沿线周边和全区重点工程项目为试点，拆除违法建设9.3万平方米。征收搬迁成效显著，62个项目实现清零。城市风貌持续优化，绿化景观提升工作三年行动计划加快实施，5个老旧片区“优+”工程全部完成，河道背街水巷面貌明显改善，170余条街巷完成架空线整治。垃圾分类有序实施，“三定一督”小区覆盖率达100%，21个厨余垃圾终端处置点建成投用。全力以赴打赢蓝天、碧水、净土保卫战，空气质量首次达到国家Ⅱ级标准，省考断面优Ⅲ比例达100%，中央、省环保督察交办信访件全部办结销号。

四、在固本强基中均衡发展民生事业

就业形势平稳向好，全年新增就业岗位5.8万个，其中大学生就业岗位1.6万个，援助困难弱势群体就业3995人。公共服务持续做优，江乾路小学等10所学校开工建设，公办小学集团化办学实现全域覆盖。新建、改扩建5家社区卫生服务机构、8家综合为老服务中心、8个日间照料中心和50个社区助餐点。惠民实事有序推进，17个农贸市场改造完成，40个“智慧菜篮

◆姑苏夜色美（供稿：查正风）

子”社区服务网点投入运营，23座公厕实施改建维护，首批55个惠民“平价菜摊”“1元菜”“特价菜”投放力度不断加大。

五、在多元共治中保持社会大局稳定

按照“外防输入、内防反弹”要求，疫情防控深化落实“大数据+网格化+铁脚板”工作机制，创新实施“小区严封闭、片区大包围”，做实联防联控、群防群控。企业复工复产有序推进，专业市场、商贸、餐饮等服务业在全市率先恢复营业。创新推出社区“美好指数”，社区治理“六项能力”明显加强。区级城市运行联动指挥平台正式启用，建立民生小事快速处置机制。中央扫黑除恶督导“回头看”反馈意见整改和“六清”行动扎实开展，社会治安整治专项行动卓有成效，信访形势整体平稳。双拥工作成效显著，“心心向戎”退役军人工作品牌持续深化。围绕房屋安全、火灾防控等18个行业领域，深入开展安全生产专项整治，集中消除了德合水果市场等114处重大隐患，安全隐患整改率达100%。

六、在全面从严中不断加强党的建设

严格落实意识形态工作责任制，社科类社会组织意识形态工作逐步健全。启动火红年代干事创业主题奋斗年，5大类43个“主题奋斗年”项目全部完成，干事创业激情不断激发。基层党建全面加强，社区“两委”集中换届规范有序开展，22个示范社区、26个规范化社区、15个产业园党建示范点完成建设，8个软弱涣散党组织全部整顿到位。监督执纪精准有效，省委巡视反馈问题得到全面整改，开展3轮常规巡察和1轮危化品安全生产专项巡察，做到重点领域专项和协同监督全覆盖。作风建设持续巩固，城市社区“廉网”工程和“姑苏廉洁文化生态圈”加快推进。

（供稿：姑苏区党政办公室综合一处）

争当表率　争做示范
奋力走在社会主义现代化建设新征程前列

中共苏州工业园区工作委员会

2020年，工业园区党工委结合自身实际，创造性地落实中央和省、市重大决策部署，聚焦项目建设、科技创新、自贸区建设，全力以赴在危机中育新机、于变局中开新局。全年实现地区生产总值2907.09亿元，同比增长4.6%；一般公共预算收入377.28亿元，同比增长1.9%；进出口总额941.77亿美元，同比增长8.1%；实际利用外资20.41亿美元，同比增长100.4%，创历史新高；固定资产投资453.84亿元，同比增长3.7%；居民人均可支配收入增速与地区生产总值增速相当；创造了72项国家及省、市"第一、唯一"的成绩和荣誉，在全国经开区、高新区排名中实现争先进位，入选全国第三批大众创业万众创新示范基地（全球化创业方向）。

一、抓保障抢复工，疫情防控精准高效

坚持人民至上、生命至上，把群众利益放在最高位置，着力构建联防联控、群防群控体系，守住"零死亡、零院感"的底线。按照"分批分类分级、有力有序有情"方针，指导、服务企业有序复工复产，建立服务企业"四项机制"，推出"惠企15条"措施，加大金融和财政支持力度，着力做好援企稳岗工作，组织包机、专列打通物流通道，跨国、跨省接回员工，探索"共享员工"机制，较早实现"三必需一重要"企业、规上工业企业、世界五百强企业、税收百强企业四个100%复工，园区成为疫情冲击下经济恢复

最快、发展势头最好的开发区之一。

二、抓项目促转型，开放活力持续增强

中新合作持续深化，缅甸新加坡工业园获批建设，成功召开第21次中新联合协调理事会、第14次新苏理事会。苏州自贸片区建设成果丰硕，年度80项创新任务、182项工作任务全部实施，累计形成制度创新案例66项，首创率达60%以上，进口研发（测试）用未注册医疗器械分级管理、智慧物流服务平台获评国务院深化服务贸易创新发展试点“最佳实践案例”，空运直通港、中欧卡航等14项经验在全省推广，设立全国首个地方法院国际商事法庭，在全省率先推进资本项目收入支付便利化、货物贸易和服务贸易外汇收支便利化、跨境人民币等创新业务试点，在全省率先开展制度性QFLP（合格境外有限合伙人）试点，成功举办全国自贸区高质量发展现场会、苏州自贸片区一周年建设成果汇报会。扎实做好稳外贸工作，设立全国首家自贸区公平贸易工作站，开通国内首条自贸区直达国际的“服贸通”中新数据专线，获批扩容建设苏州国际互联网专用通道，推出高端产业全产业链保税监管新模式，成功举办第三届中新合作服务贸易创新论坛，离岸贸易企业数量增长23%，外贸规模、增速继续领跑全市，园区外贸增量占全省外贸增量的70%。持续推进转型升级、创新发展，以项目高质量推动发展高质量，注册外资37.62亿美元，增长81.4%；新设外资项目301个、增资项目142个，新兴产业的占比达70%以上。投资结构持续优化，高技术制造业投资占制造业投资的比重列全市第一。总部经济、现代服务业加速集聚，飞利浦企业服务、艾杰旭等6家企业入选新一批省级跨国公司地区总部和功能性机构，占全市的三分之一；15家企业入选苏州首批生产性服务业领军企业，园区获评“2019年度苏州市生产性服务业综合评价优秀地区”，金鸡湖商务区获评“2020年度全国楼宇经济领军发展城区”。率先实现5G信号全覆盖，48家企业获评国家、省、市智能制造、工业互联网工厂，园区入选“国家5G车联网城市级验证与应用项目”、全省首批“互联网+先进制

造业”基地。文旅融合成效显著，数字文化产业增幅超10%，科教创新区入选国家级文化产业示范园区重点培育名单。境外投资加快推进，累计服务616个境外投资项目，中方协议投资额达116.8亿美元。“飞地园区”建设蹄疾步稳，苏相合作区实体化运作，苏宿园区实现全省共建园区考核“十一连冠”，苏滁高新区加快拓园进程，苏锡通、苏银、中新嘉善等项目保持良好发展态势。

三、抓创新谋未来，发展动能加速转换

全年新引进科技创新项目1086个，其中新兴产业的占比为82%。生物医药、纳米技术应用、人工智能产业总产值达2494亿元，同比增长22.9%；生物医药创新成果倍增，产值突破千亿元，累计一类新药临床批件280个、上市销售新药9款，生物医药产业竞争力、人才竞争力排名全国第一；国内半导体MEMS（微机电系统）十强企业一半来自园区。集成电路产业产值达400亿元，同比增长11%，13家企业入选苏州市优秀集成电路企业20强，全市占比近七成。全年认定国家高企744家，有效期内国家高企1837家，同比增长31%；13家企业上榜中国潜在独角兽企业榜单，占全省的一半；2630家企业入库国家级科技型中小企业，较2019年翻番。积极打造企业上市全链条服务体系，新增上市企业12家（含已过会），占全市的近三分之一。R&D（研究与试验发展）经费支出占地区生产总值的比重达4.58%；企业研发投入达186亿元，增长29%；新认定省级以上研发机构125家，占全市的40%；信达生物、旭创科技获评国家企业技术中心。出台“人才新政30条”，建成全省首个外籍高端人才工作、居留“单一窗口”，设立全省首个工程系列高级职称评审基地，全年新增市级以上领军人才138人，创历史新高；新增国家级重大人才引进工程人才13人，其中创业类7人，占全国的17%。中科大苏州高等研究院签约并启动建设，材料科学姑苏实验室揭牌并入选首批江苏省实验室，苏州超级计算中心投入运行，国家生物药技术创新中心、国家第三代半导体技术创新中心方案

通过科技部论证，牛津大学高等研究院（苏州）分子诊断技术创新中心启用，与澳大利亚蒙纳士大学合作建设苏州科学技术研究院。开放创新版图不断拓展，设立北京、深圳、成都金鸡湖创新合作中心，新增6家海外离岸创新中心，硅谷创新中心取得显著成效。国资全面加速产业结构调整，26亿元生物医药产业园类REITs（不动产投资信托资金项目）取得发行批文，新增产业载体面积210万平方米；设立100亿元政府产业投资基金、20亿元天使母基金、首期规模20亿元代建地产基金，撬动各类社会资本超1100亿元。发行全国首单知识产权质押创新创业债券、全省首单知识产权证券化产品，知识产权质押融资实现5倍增长，万人有效发明专利达175件，均列全市第一。

四、抓关键带全局，改革效能有力彰显

高质量完成全省社会主义现代化建设试点任务，一批改革创新举措落地见效，在全国首创“10+N”产业用地出让模式，率先试点土地用途综合利用，创新实施政府投资基金协议转让，获批地方金融机构设区市级审批权限。出台“营商环境新30条”，实施政务营商环境六大工程，开展“数字政府”顶层设计，迭代升级“一网通办”平台，企业开办一窗受理时间压缩至1个工作日，“证照分离”改革事项平均办理时限比国家承诺时限减少15个工作日；在16个高频领域探索行业综合准营改革；国内首创多元参与政务服务下沉“融驿站”模式；积极推行包容审慎监管，园区位列长三角营商环境发展水平园区类第一名。设立企业家微信群，建立企业家沙龙、领导挂钩联系企业等服务制度，及时解决企业发展痛点、难点问题。前瞻谋划园区未来发展，高质量做好“十四五”规划编制。开展新一轮体制机制改革，完成“1+7”一揽子制度设计，顺利实施街道“三整合”改革。参与苏州市国资国企“1+10”项目合作，投资规模达220亿元。

◆工业园区九龙仓国际金融中心（供稿：徐志强）

五、抓民生补短板，城市魅力不断提升

金鸡湖隧道、独墅湖第二通道、星湖街隧道等重大工程加快推进，九龙仓国际金融中心竣工投用，中南中心、自贸商务中心等重大项目开工建设，智慧城市运行管理中心一期建成启用。民生实事工程进展良好，东沙湖实验中学、金鸡湖学校苏桐路校区等9所新学校竣工启用，园区获评国家级信息化教学实验区、江苏省中小学校责任督学挂牌督导创新区；独墅湖医院、兆佳巷社区卫生服务中心、斜塘区域养老中心、水坊路邻里中心、龙湖星湖天街建成投用，北部市民中心工程完工。文体事业高质量发展，社区综合性文化服务中心实现标准化全覆盖，成功举办中超联赛、第五届金鸡湖双年展、龙舟赛、iSING!Suzhou唐诗名篇音乐会等重大文体活动，公共文化中心成为国家级文化和旅游公共服务机构功能融合试点单位。长效

常态开展文明创建，新时代文明实践中心（所、站点）实现全覆盖，融媒体中心被评为全国开发区融媒体工作杰出单位。构建和谐劳动关系综合配套改革试点9项举措在全国复制推广。蓝天、碧水、净土三大污染防治攻坚战成效明显，空气质量优良率达86.7%、列市（区）第一，水环境考核断面达标率达100%，垃圾分类“三定一督”四分类小区实现全覆盖，连续四年获评“国家级经开区绿色发展最佳实践园区”。中新社会治理合作新三年试点顺利收官，在全省首创社工法治实训。安全生产专项整治“一年小灶”和“三年大灶”强力推进，“无黑园区”创建深入开展，网络综合治理成效显著，公共安全感测评位居全市前列。

六、抓责任担使命，党的建设更加有力

制定“对标找差、再攀新高”常态化机制实施办法，出台书记项目考核细则，推进基层党组织“标准+示范”建设，开展首批五星级党组织评选。“益企园梦”党建惠企、自贸区党建、环金鸡湖楼宇党建共同体、苏州中心商圈党建等创新项目不断涌现，“红色管家”获评全国城市基层党建创新优秀案例，园区被列为中组部党建工作联系点。干部队伍建设全面加强，干部跨区域、跨领域交流使用力度不断加大，年轻干部引进、培育机制更加健全。抓牢全面从严治党政治责任，突出纪委政治监督基本任务，推动主体责任和监督责任贯通协同、形成合力。高质量做好省委巡视反馈意见整改，组织开展两轮常规巡察、危化品安全生产专项巡察，推进“六稳六保”、三大攻坚战、重大项目落地见效等专项监督。创新实施自贸区容错免责制度，鼓励干事创业担当。狠抓正风肃纪反腐，园区政治生态监测评估位居全市前列。园区法院获评全国优秀法院，检察院获评第六届全国文明单位。

（供稿：苏州工业园区档案管理中心）

奋力谱写"两区一前列"崭新篇章

中共苏州国家高新技术产业开发区工作委员会

2020年，苏州高新区工委（虎丘区委）统筹疫情防控和经济社会发展，全力打造创新驱动发展示范区、高质量发展先行区，奋力走在国内作示范的创新型科技园区建设前列（简称"两区一前列"）。年内，获评全国首批开展专利代理对外开放试点工作地区、国家第一批绿色产业示范基地、第二批省级全域旅游示范区、江苏省"互联网+先进制造业"基地。实现地区生产总值1446.32亿元，同比增长3.6%；一般公共预算收入175.01亿元，同比增长3.8%；全社会固定资产投资500.03亿元，同比增长6.3%。

一、经济质量效益稳步提高

创新设立首期2000万元的国企"战疫"专项基金，发行规模1亿元的全市首单疫情防控专项债券，有力推动经济企稳回升。聚焦新一代信息技术、医疗器械和生物医药、集成电路等先导产业，分别设立总规模100亿元的医疗器械和生物医药、集成电路发展专项基金。新兴产业加快发展，新兴产业产值占规模以上工业产值的比重达62.8%，列全市第二。积极推动制造业企业"上云上平台"，累计获批省级星级上云企业28家，获批各级工业互联网项目37个；新增14个市级智能车间，累计市级以上智能制造车间（工厂）超百家，累计省级智能制造领军服务机构总量位居全市第一。现代服务业优化发展，生产性服务业增加值占地区生产总值的比重超过

30%，狮山金融集聚区和医疗器械产业园成功获评省级生产性服务业集聚示范区。124个总投资1391亿元的重点项目签约。新增外资项目125个，引进高质量产业类项目152个，超额完成“双十双百”任务。苏州市集成电路创新中心挂牌，全国股转系统江苏服务基地、全国唯一的上交所战略新兴产业培育基地落户。日资企业突破600家，“日资高地”品牌进一步擦亮。重点项目加快推进。成立项目推进专班，创新建立“慢进度”督查机制，15个省集中开工项目一季度全部取得施工许可证，30个市重点项目上半年全部实现开工建设；125个区重点项目超额完成全年目标任务，比2019年同期高7.5个百分点，其中新开工超亿元项目47个。南京大学苏州校区项目等项目启动建设，新一代信息技术产业园（太湖云谷）、医疗器械产业园加速器、生命健康小镇产业园一期等竣工开园。

二、科技创新能力持续增强

太湖科学城启动建设规划，完成战略规划研究和核心区概念性城市设计国际方案征集；胡润长三角独角兽培育基地设立，全国第二家国家平板显示产业计量测试中心揭牌。新增科创载体超100万平方米，盘活国有存量载体30万平方米。净增国家高新技术企业280家，新增上市公司3家、苏南自创区潜在独角兽企业15家、省瞪羚企业29家、创新型企业1031家、省级民营科技企业721家、省级企业技术中心11家；获批市数字产业化发展头雁企业5家、“头雁”培育企业4家，列全市第二。新增国家备案众创空间2家、省级众创空间16家，中科院苏州医工所获批国家级“双创”示范基地。在全市率先发布“创业者乐园、创新者天堂”人才新政，获批科技部创新人才推进计划2项、省“双创”团队1个、省“双创人才”13人、市级以上领军人才65人。国家知识产权局专利审查协作江苏中心审结发明专利占全国总量的17%，新增PCT专利申请257件，万人有效发明专利拥有量达133件，同比增长8%。金融小镇累计集聚金融机构677家，管理资金规模达1000亿元。推出“高新贷3.0版”，服务区内企业118家，授信总规模达3.64亿元。

◆2020年9月8日，南京大学苏州校区建设启动（供稿：丁达祥）

三、发展动力活力充分显现

平均每个工作日新注册企业33户，同比增长74%，相对集中行政审批服务网上可办率达100%，审批时间较法定时限压缩80%，行政审批提速76%。全市率先推出新市民“一件事”改革，率先实现“企业开办、投资建设、民生事务”三大领域帮办代办全覆盖；率先实现“六合一”企业开办全流程服务，0.5天最优化登记成为常态；全市首创经营场所申报承诺制；新建示范型村（社区）便民服务中心28家。商事制度改革获省政府督查激励。技术进出口“不见面”备案服务，入选全国深化服务贸易创新发展试点“最佳实践案例”。农村土地承包经营权有偿退出率从72%提高到93%。出台企业发展支持政策汇编，重点企业实施“一企一策”支持，挂牌运行区企业服务中心。成功发行苏州首单投资级海外债。综保区开展保税研发中心监管改革试点，完成全省首票跨境电商退货业务，成功打通跨境电商逆

◆2020年9月27日，改造升级后的淮海街全新亮相（供稿：丁达祥）

向物流；自贸区联动创新区建设加快，复制推广改革举措12项、重点事项21项。深度融入长三角一体化发展，狮山商务创新区正式挂牌，浒墅关地区一体化发展。对口帮扶支援协作取得新成效，铜仁万山区脱贫攻坚成效考核列贵州全省第一。

四、城乡协调发展加快推进

轨道交通6号线、8号线开工，3号线沿线配套提升工程、何山路西延等工程竣工投用。建成5G基站1378个。新辟优化公交线路6条，开通微巴线路5条，树山、杵山公交枢纽投入使用，新能源公交车辆的占比达97.5%，居全市第一。狮山广场项目入选省文化产业重点项目，苏州博物馆西馆主体结构封顶、科技馆完成基础结构施工、艺术剧院完成桩基施工，浒墅关古镇建设加快推进。264个居民小区842座清洁屋全部建成，金山路、科技城生活垃圾集运中心投运，率先实现“三定一督”垃圾分类模式全覆盖。全市最大富民载体“星韵宝龙广场”投入使用。改造提档8个工业小区，关停淘汰落后低效产能企业94家，腾退盘活低效用地6388亩。树山村成为国家森林乡村、全国乡村旅游重点村；全市首创农村人居环境星级示范户积分管理办法；获评省级全域旅游示范区。全市率先完成生猪保供任务。大力推进长江流域退捕禁捕，退捕渔民参保率达100%。建成3个体育公园，新增健身步道35千米，人均公共体育场地面积3.6平方米，人均公园绿地面积14.8平方米。新增海绵城市达标面积242万平方米。PM2.5浓度下降18.8%，降幅全市排名第一，空气优良天数比例同比上升6.8%。完成11条骨干河道综合整治、5座污水厂提标改造，省考断面水质优Ⅲ比例、重点水功能区达标率、水源地水质达标率实现3个100%。

五、公共服务水平不断提升

36项为民实事项目全面完成，城乡公共服务支出占一般公共预算支出的比重达75%。约1.03万名有偿退出土地经营权人员100%纳入社保体系。科技城外国语高级中学、新区第一初中滨河路校区等11所新学校建成投用，增加学位1.37万个；省、市优质幼儿园覆盖率达90.5%，高考本科达线率达96.5%，中考高分人数、最高分、高分段比例3项指标均位列全市第一。基本医疗保险参保人数达52.3万人，基本养老保险参保人数达39.8万人。完成重点慢病筛查8.4万人次，开展协同管理2404人次，完成家庭医生个性化签约1.13万人次。新增社区居家养老服务中心3个，新增机构养老床位287张。保障性安居工程棚改项目争取中央预算内投资4200万元，列全市第一。安置房竣工7921套112.4万平方米，解决过渡群众4100多户。安全生产事故起数及死亡人数分别下降68%和61.9%。新时代文明实践中心建设全面推进，高分高位通过全国文明城市“大考”，狮山街道办事处获评全国文明单位，科技城老年大学获评全国“敬老文明号”。深入开展基层“三整合”改革，全省率先高水平建成集成指挥中心，全市率先建成市域社会治理指挥调度平台。

六、全面从严治党扎实推进

严守政治纪律、政治规矩，坚决贯彻全面从严治党向纵深发展的部署要求。巩固深化“不忘初心、牢记使命”主题教育成果，深入开展“四史”专题教育，切实把学习成果转化为推动高质量发展的能力和干劲。加强审计监督，重大政策措施落实情况跟踪审计、重大项目审计、国有企业审计和领导干部经济责任审计成效明显。始终保持惩治腐败的高压态势，加大对违纪违法案件的查处力度。

〔供稿：苏州高新区（虎丘区）档案馆〕

建设具有国际竞争力的现代化港口

中共江苏太仓港口工作委员会

2020年，太仓港口党工委统筹推进疫情防控和港口建设发展，做到两手抓、两手硬、两手赢，全力推动太仓港实现高质量发展。

一、疫情防控取得阶段性成果

成立疫情防控领导小组，建立口岸联防联控机制，全港携手共同织起严密的抗疫防线。太仓海关共登临船舶1636艘次、检疫船员30166人次；太仓海事局成立24小时值守的党员突击队，做好疫情防控期间重点船舶排查、船员信息核对和重要物资运输保障工作；太仓出入境边防检查站累计推送入境船员和境外返太人员信息2.6万余条，检查出入境（港）人员120772人次；太仓引航站引领专班船舶2516艘次，加强船舶防护2702艘次；长航太仓派出所承担起三个地点的查控执勤任务；长江太仓航道处抓好疫情物资保障，确保航道畅通。全年全港未发生输入性病例，守住了苏州这个最大的“国门”。开通“绿色通道”，向湖北运送防控和保供物资150多万吨、集装箱3.2万标箱，为全国疫情防控取得阶段性胜利作出了太仓港贡献。

二、港口生产呈现先抑后扬再拉高的态势

全力帮助企业实现返岗复工达产，将疫情对企业生产经营的影响降到

◆2020年9月28日，太仓港口管委会与上海港举行长江港航区块链综合服务平台签约仪式（供稿：徐峰）

了最低。制定稳集装箱吞吐量6条举措、稳货物吞吐量3条举措，快速拉起企稳止跌、回暖上扬的发展“阳线”，单月箱量创出历史新高，连续突破55万标箱，全年集装箱吞吐量、货物吞吐量均实现了正增长。以主动的“开”对冲航运市场的“撤”，全年新辟航线6条，航线总数净增2条，达到211条（班）。出台安商惠企系列政策措施，为企业节省物流成本4000多万元，14家码头物流企业营业利润平均增幅达两位数。

三、投资建设任务超额完成

全年完成港口投资24.8亿元，编制完成《太仓港交通基础设施空间规划》《港口岸线5年利用规划》，集装箱四期工程水工部分通过竣工验收，疏港铁路专用线、海通汽车码头等重大项目均超额完成年度投资计划。华能港务被国家发改委评为优质工程。

四、安全生产平稳有序

落实三个责任，聚焦港口八大重点领域，扎实推进安全生产专项整治并取得阶段性成效。组织开展“百团进百万企”专题宣讲，提高从业人员安全素质。举一反三抓整改，各级督导检查发现的问题全部整改闭环。持续推进安全生产标准化和双重预防机制建设，港口危货企业标准化达标率、重大危险源企业一级标准化达标率、港口企业双重预防机制建设完成率均达到100%。修订港口突发事件应急预案及专项预案，强化港口应急演练，港口安全生产基础进一步夯实，安全发展水平进一步提高。

五、生态环境质量持续提升

全年完成生态环保投资1.87亿元，新增绿化面积10.9万平方米、维护出新设施面积1.5万平方米、硬化道路面积12.5万平方米，建成太仓港船舶污染物接收处置站，所有码头实现船舶污染物应收尽收，新建雨污水接收池3个共2.2万立方米、防尘网3623米，改造岸电设施4套，淘汰或改造港作机械108台，正和兴港码头被评为江苏省三星级绿色港口。

六、“智慧港口”建设成果不断展现

实现全港船舶统一申报、集装箱船舶统一调度。基本实现集装箱物流全程无纸化，率先在全省推行了集装箱港口作业环节的单证无纸化。数据融合对接取得重要突破，实现了在太仓港“一站式”申报平台进行本港引航业务申报，与江苏海事局港航信息一体化共享系统深度融合，向南京海关争取海关报文收发统一通道，基本完成海关运抵数据通道建设。太仓港指挥中心按照全港数据中心、智慧管理中心、应急监控中心和资源调度中心的功能定位，实现常态化运作。

七、党建工作进一步加强

切实加强理论武装，坚持以新思想引领指导港口发展新实践。扎实开展“四史”学习教育，增强爱党爱国、兴港强港的家国情怀。切实扛起意识形态主体责任、守好用好主阵地，通过专题辅导、名家讲座和警示教育，大力弘扬主旋律。

（供稿：太仓港口党政办）

奋力走在港城现代化建设新征程前列

中共江苏省张家港保税区工作委员会

2020年，张家港保税区党工委与时俱进弘扬张家港精神，扎实做好“六稳”工作，全面落实“六保”任务。全年完成一般公共预算收入55.45亿元；完成规模以上工业总产值1233.4亿元；全社会固定资产投入99.2亿元，其中工业投入53.59亿元，服务业投入45.61亿元；实际利用外资4.02亿美元。区镇经济社会发展呈现全面复苏、稳中有进的向好态势。

一、抢抓项目，推动经济复苏持续向好

按照张家港市“项目提速年”统一部署，根据疫情防控形势及时组织复工复产，集中力量加快推进重大项目建设，更大力度推进新旧动能转换，顺利实现“经济复苏战”的全线突围。全年35个项目入选三级重大项目名单，“中车氢能”“灿勤5G”2个项目入选省重大项目名单。总投资超198亿元的28个项目成功落地，全年签约项目数量、质量、到账外资均创历年新高。总投资超75亿元的12个项目竣工投产。总投资超330亿元的26个项目开工建设，全年产业用地挂牌出让2100余亩。入选“国家级重大人才工程”1名、省“双创计划”人才5名、“姑苏计划”人才7名，新增产学研合作57项、国际科技合作7项，科创园二期通过主体工程验收，长三角生物医药和新材料创新中心、兰化所华昌研究院、中车氢能研发中心等一批独立研发机构加快推进。成功引进中汇金、汇活、国本等优质企业，数字经济、流量经济、平台经

济等新业态加快发展。化工、纺织、汽车等六大市场现货成交超2500亿元。高点布局启动生物医药产业园建设，首个项目“江苏绿合”实现签约落地。

二、深化改革，放大政策功能集成优势

获批江苏自贸区苏州片区张家港联动创新区，完成《设立中国（江苏）自贸区张家港片区前期研究》报告。在全国供应链试点城市中期评估中获评优秀档次，公共信息服务平台和物润船联被商务部等8部门评为供应链创新与应用试点第一批典型经验做法。获批江苏省首家灵活用工委托代征业务。正式启动区镇行政管理体制改革，深化推进行政许可权改革试点，行政服务效能得到有效提升。

三、综合施策，促进环境质量整体提升

张家港湾生态修复工程全面完工，永兴村特色田园乡村建设一期工程启动实施，江海交汇第一湾初具雏形。综合施策打好各项环境保卫战，全力推进大气环境治理，持续深化“河长制”改革，40条上级挂牌黑臭河道完成整治，化工园污水明管化改造建成投用，有效拆除各类违章搭建97万平方米、“三优三保”拆旧复垦完成2078亩。扎实推进化工园区提档升级，总投资6.5亿元的国内首个危化品运输综合管理中心竣工投用，获评中国智慧化工园区试点示范单位。加快实施环保领域重点问题整治，上级交办的43件督办件全面完成整改销号。

四、共建共享，提高区镇群众幸福指数

加大力度提升城市功能，完成11块经营性用地出让，金港大桥建成通车，金港文化中心即将竣工。总投资约8亿元的6大类15项民生实事工程和总投资230多万元的54个民生微实事工程有序推进。全面开展垃圾分类工作，总投资

◆张家港金港文化中心（供稿：苏栋汇）

1.8亿元的生态环保创新发展中心项目启动建设。切实强化社会治理，安置小区管理“三社联动”实现全覆盖，扫黑除恶专项斗争深入推进，安全生产形势保持稳定，亡人事故起数实现大幅下降。深入开展文明创建，实现全国文明镇“二连冠”，长江村郁全和家庭获评张家港市首家“全国文明家庭”。

五、强基固本，强化服务发展组织保障

做强“张家港湾党建综合体建设”“家门口的乡邻客厅”两个市级项目，做亮区镇十大党建项目，做优115个书记项目。有效落实意识形态工作责任制。全面落实“三项机制”，注重在疫情防控一线考察干部，进一步选优配强干部队伍。全面启动“小微权力”立体监督，正式启用“香山清风”家风银行，持续保持正风肃纪的高压态势。

（供稿：张家港保税区党政办公室）

大力弘扬张家港精神　高质量发展走在前列

中共张家港经济技术开发区工作委员会

2020年，张家港经济技术开发区党工委坚持稳中求进，突出高质量发展主题，与时俱进弘扬张家港精神，圆满完成了高水平全面建成小康社会各项目标任务。获评“苏州2020年度推进高质量发展先进地区”。

一、经济发展稳中有进

主要经济指标平稳增长，全年完成地区生产总值793.4亿元，同比增长3.2%；一般公共预算收入57.54亿元，入库税收118亿元，全社会固定资产投资202.68亿元，实现进出口总额80亿美元。实际利用外资超4亿美元，同比增长111%。项目建设不断加快，总投资202亿元的长城宝马光束汽车项目正在推进建设，总投资11亿美元LCD偏光片项目签约落户，采埃孚三期、天鹏锂电二期等项目竣工投产。

二、改革创新不断深化

深化行政审批改革，打造“暨时办”品牌，全年办结事务77800件，新增各类市场主体10886家，新增注册资本379.6亿元。产业转型持续加速，新兴产业产值达509亿元，同比增长4.54%；高技术制造业投资17亿元，占工业投资的36%；推进“智能制造”“两化融合”，获评省级智能制造车间

2家、苏州市示范智能车间11家，国家两化融合贯标体系认证企业超30家。科创效应不断显现，研发投入占地区生产总值的比重达3.1%，新增国家级众创空间2家、省级以上企业研发机构14个，净增高新技术企业70家、国家级“小巨人”企业2家，万人有效发明专利拥有量125件。新增省“双创人才”6名、姑苏人才15名。

三、城乡发展深度融合

深化完善城乡功能，张家港智慧科学城建设有序推进。开工建设总面积77万平方米的安置小区5个，交付3个。新建、改建道路7条，完成3家农贸市场标准化改造，建成口袋公园3个。竣工交付高标准公厕27座。精细推进城市管理，推行“联动+”“城警联动”城市管理新模式。持续推进乡村振兴，“万企联万村　共走振兴路”村企合作在全市率先实现全覆盖；完成6个经济一般村项目，扶持资金投入2665万元；新建高标准农田2808亩，累计培育绿色食品、有机农产品34个。善港村获评全国“一村一品”示范村、省级生态循环农业试点村，神园葡萄获评省级主题创意农园，文华家庭农场获评省级示范点。9家农业龙头企业实现销售收入超30亿元，东渡纺织、梁丰集团获评中国农业企业500强。

四、生态环境品质提升

不断推进绿色生产，实施企业节能项目6个，获评苏州市环保示范性企事业单位6家，东渡纺织获评国家级绿色工厂。大力开展污染治理，完成环保督察交办案件整改28件；空气优良天数比例提高4.4个百分点；开展生活污水“十个必接”，完成小区、城中村雨污分流；疏浚河道100条，整治黑臭水体10条；生活垃圾分类全覆盖。大力实施生态保护，拆旧复垦近1300亩，新增绿化超900亩。实施河道生态修复11条，建成美丽河道20条，创建省级“绿美”村庄2个，新增苏州农村人居环境整治示范村2个、三星级康

◆2020年9月29日，张家港经开区“庆国庆 迎中秋”特色文体项目展演举行（供稿：肖湘）

居乡村2个。

五、民生福祉持续增进

推进总投资近10亿元的民生实事项目建设。全年新增就业岗位17078个，应届高校毕业生就业率达99%以上，退役军人就业安置率达100%。社保和综合保险实现应保尽保。发放民政救助资金3300万元，设立慈善项目25个。交付使用市二中南校区等学校3所，塘市小学通过全国文明校园复评。打造“邻里港湾”10个，“虚拟养老”服务21万人次。澳洋优居壹佰如意家院、吉祥家院入选首批长三角异地养老机构名单。新增文体设施面积20万平方米。小品《一张罚款单》获第四届省“五星工程奖”金奖。构建安全生产网格化监管体系。完善“互联网+”政务服务体系，促进“全科社工”向“全员全科”转型。实施网上议事会、楼道议事会等“微自治”模式。

六、强基固本党建为先

启动“暨阳夜学”，全面夯实基层堡垒，扎实推进“堡垒指数、先锋指数、七问党建组织力体检”，实施“先锋力量·城市温度　党建引领城市治理现代化”书记项目。设立作风建设“曝光台”，依托“一人一委一网”，立体监督权力。开展农村集体“三资”信息化建设，在苏州率先建成“四网融通”监管平台，实现人财物实时监管、同步监管。

（供稿：张家港经开区党政办）

提质增效　推动经开区高质量发展

中共常熟经济技术开发区工作委员会

2020年，是常熟经济技术开发区“奋战一千天，打造一个新经开区”的首战之年，也是全区上下经受新冠肺炎疫情挑战的奋进年。常熟经济技术开发区党工委围绕破局突围展开新的行动，取得新的发展成果。

一、经济实力显著提升

坚持高位谋划，破局开路，全区完成地区生产总值450.4亿元，同比增长8.7%，完成工业总产值1131亿元，同比增长6.4%。全年完成一般预算收入37.36亿元，同比增长10.39%；工业投资70亿元，同比增长33%。完成注册外资16.2亿美元、注册内资336亿元、到账外资3.9亿美元，同比分别增长647%、429%、38%。在全省经开区综合考评中排名第5，获评“苏州市2020年度推进高质量发展先进地区”。

二、招商引资持续发力

紧扣“总量大、税源型、少消耗、适当先进性”原则，围绕新一代信息技术、互联网经济、新动能汽车及零部件、海洋经济、绿色化学、5G新材料、超高清显示七大产业开展招商引资。全年累计签约落户项目38个，总投资407.19亿元，其中超100亿元项目1个。每日优鲜华东总部、每日优鲜智慧菜场全国总部、云杉生态总部等总部项目及一批关联公司注册。

三、项目建设提质提速

新开工项目共29个，总投资约164亿元，总建筑面积约185万平方米。完成120个技改、扩建、新增项目，总投资约123亿元。完成基建投资近1.28亿元。抓好中德（常熟）新兴产业示范园、欧洲绿色产业示范园、长三角生鲜港产业园等特色产业载体建设。紧抓商务部与国家开发银行合作支持开发区创新提升机遇，撬动75亿政策性融资，启动片区开发“提质更新”。

四、科技创新蓬勃发展

引进网易（常熟）联合创新中心、海外人才网2个创新平台，落户科创项目71个。聚复高分子获批瞪羚入库企业，锦艺新材料入选苏州独角兽培育拟入库企业，亨通海洋光网获批省重点工业互联网平台、2020年苏州市智能工厂，成为常熟首家国家级专精特新“小巨人”企业，亨通高压获批省工业互联网标杆工厂。区内企业新增4000多万元科技信贷。全年获评苏州市级以上领军人才项目9个，引进国家级人才2名。区内2个人才项目团队获得国家科技进步二等奖，1个项目获得国家重点研发计划项目立项。规模以上工业企业研发投入达24.85亿元，大中型企业及规上高企研发机构建有率达89.7%。新增专利申请1336件，其中发明专利申请374件；专利授权866件，其中发明专利授权57件，累计拥有发明专利742件。经开区获评省留学回国人员“双创”示范基地、省级“互联网+先进制造业”基地。

五、产业布局不断优化

联合南京大学、中国声学学会等多元主体，共同打造“苏州·中国声谷”。总投资近160亿元的27个声学项目签约。高效率推进声谷核心区拆

◆2020年11月30日，苏州·中国声学创新谷全球推介会（供稿：常熟经开区党政办）

迁、展示中心建设和产业技术研究院设立，重点落实声谷城市设计、声学项目招引以及产业、人才政策制定。创新打造新经济总部大厦。加快布局生鲜电商、工业互联网、总部经济等现代服务业，新经济总部大厦完成开票200亿元。立讯智能科技产业园在2020年实现开票30亿元。

六、改革开放向纵深推进

组建行政审批局、科技创新局，合并招商局、综保局。落实碧溪街道“三整合”改革。启动国资整合重构，综保区增值税一般纳税人试点获批。出台《经开区全面融入上海实施意见》，围绕6大任务、48条清单全面对接上海。举办常熟港开放再出发大会，总投资160亿元的20个产业、赋能项目落地。举办全市绿色化学合作交流会，促进30家化工企业达成60亿元合作订单。

七、安全环保深耕不辍

完成苏州市级重大隐患挂牌整改项目1个、常熟市级重大隐患挂牌整改项目5个，完成化工企业安全诊断16家、化工企业“五位一体”信息化建设31家；安全生产违法立案数31起，处罚金额总计600.6万元。化工集中区管理办实质化运行，理文化工通过国家一级标准化企业考评。全省VOCs治理工作现场会在区召开。芬欧汇川继2017年被工信部评选为首批国家级“水效领跑者”后，2020年再次获得此殊荣，此外该企业还获评国家级“绿色工厂”。

八、党的建设全面推进

成立五个“疫”线行动支部，教育和引导广大党员干部和基层党组织在疫情防控中发挥先锋模范和战斗堡垒作用，全力保障163家重点企业复工复产。实施经开区（碧溪街道）“书记大擂台”比武、“三大法宝”实境教育等系列品牌活动，开展“蹲苗行动”干部双向挂职锻炼活动，出台高层次人才新政，提档人才奖励标准，制定碧溪街道绩效考核实施方案，促进区镇融合发展。

（供稿：常熟经开区党政办）

攀高比新聚动能　实干先行创优绩

中共常熟高新技术产业开发区工作委员会

2020年，常熟高新技术产业开发区党工委以实干创实绩、以先行争前列，综合实力迈上新台阶。完成地区生产总值460.85亿元，同比增长9.18%；完成一般公共预算收入53.2亿元，同比增长5.31%；完成工业总产值1495.06亿元、工业开票销售收入1418.51亿元，同比分别增长9.45%和9.43%。在国家高新区综合排名中位居第69位，比上一年上升了3位。

一、坚持项目立区、产业强区，发展活力竞相迸发

常态化疫情防控有力有效，推出“国际包机”等硬招实招，以“快复工”促进了“稳回升”，实现了“一季正、半年红、三季进、全年胜”。招商引资实现新突破，完成注册外资4.6亿美元，同比增长10%；到账外资2.5亿美元，同比增长25%；注册内资45亿元，同比增长27%。全年累计新签约项目90个，总投资122.3亿元。其中，新引进世界500强企业投资项目6个，总投资超亿美元和总投资超10亿元项目各5个。区内规上工业企业亩均税收达28万元，税收超亿元企业达12家。汽车零部件产业产值同比增长16.8%，新能源汽车产值占汽车零部件产值的比重达57.4%，比上年提升5.7个百分点。培育孵化数字经济企业累计达200家，年产值超60亿元。

二、坚持创新引领、内生驱动，高新氛围日渐浓厚

争当科技创新领跑者，R&D（研究与试验发展）占比、发明专利拥有量、常熟市级以上“双创人才”数量等科技创新核心指标稳居常熟市首位；新认定高新技术企业50家，其中净增28家，累计298家。英华特成功纳入2020年度苏州市独角兽培育企业库，成为常熟市首次入选的两家企业之一。亨弗劳恩获评常熟市首家由外企设立的新型研发机构。获批国家创新型特色园区、国家新型工业化特色产业示范基地、国家汽车零部件高新技术产业化基地，入围江苏省大中小企业融通型特色载体和江苏省创业投资集聚发展示范区。新增国家领军人才1人，累计19人；省“双创人才”5人，累计35人；姑苏人才10人，累计64人。新增国家级众创空间3家、省级1家，新入驻创新团队43个。新申请发明专利731件、授权118件，发明专利拥有量超1000件。省级智能网联汽车先导区加快建设，引进京东物流智能发展研究院，成为全球首个智能配送城；智能液晶所、金属所等建成13个研发中心，累计引进孵化项目超50个。

三、坚持建管并举、完善功能，精致新城焕然一新

推进南部新城东部中片区、核心片区等多个区域规划编制工作。世华学校等一批民生实事工程建成投用；东南大道改造全新亮相，银丰路、丰树路竣工投用，金门路、银通路全线贯通，常台高速常熟东互通连接线工程序时推进。实施区域农村天然气扩面和污水管网工程，完成污水管网敷设31公里。昆承湖生态修复项目持续实施，整治河道6.6公里，新建生态护岸6.45公里，昆承湖及周边河道水质得到有效提升。深入推进全区生活垃圾分类工作，实现垃圾分类全覆盖。持续推进安全生产、“331”专项整治常态化管理，安全生产事故发生率稳中有降。形成“1+3+N”治理模式，城市管理实现常熟全市考核三连冠。

四、坚持党建引领、担当作为，发展动能更加强劲

打造“星火”大党建品牌，建成昆承湾党性教育实训馆，实施外企党建“星火炬力”行动，打造外企“红色矩阵”。组织机关、国企党员干部在疫情防控和复工复产一线成立行动支部，深入开展“党建惠企、虞路同行”专项行动，开展一对一项目辅导，开设重点项目服务绿色通道等举措帮助企业解决难题。文明城市创建纵深推进，严格落实党风廉政建设责任制，深入开展系列专项督查，激励干部担当作为，形成风清气正的良好氛围。

（供稿：常熟高新区党政办）

勇立潮头　奋力推动港区现代化建设

中共太仓港经济技术开发区工作委员会

2020年，太仓港经济技术开发区党工委主动融入“双循环”新发展格局，统筹抓好疫情常态化防控与经济高质量发展，交出了一份特殊之年的不凡答卷。在全省省级以上开发区排名中上升至第17位。获评全省唯一港口型国家物流枢纽，获评省智慧园区，顺利通过全省化工园区认定。

一、经济发展增量提质

主要指标稳中向好，全年实现一般公共预算收入29.85亿元，同比增长4.1%；完成工业总产值1004亿元，其中规模以上工业产值843.4亿元，同比增长3.9%；先导产业产值同比增长26.4%，占全市39.6%；战略性新兴产业产值的占比达49.9%，较上年提高5.4个百分点；高新产业产值、新兴产业产值的占比分别为40%、64.4%；物贸主营收入1005亿元；太仓港完成集装箱吞吐量521万标箱，再创历史新高。产业招商成效显著，完成注册外资6.9亿美元，同比增长114%；实际利用外资3.3亿美元，同比增长94%，取得历史最好成绩；注册内资108亿元，同比增长109%。引进百亿级投资的清洁能源数字产业园、百亿级销售的苏宁环上海电商产业园等4个世界500强投资项目。成功举办春季重点项目签约周和夏季、秋季重点项目开工开业活动。项目建设再掀热潮，完成全社会固定资产投资118.9亿元，其中工业投资38.8亿元，同比增长21.2%。集装箱码头四期交工验收。江苏宝洁获评全

◆太仓港口集装箱码头（供稿：计海新）

球灯塔工厂。年内新增规上工业企业25家。

二、改革创新深入推进

创新主体持续集聚，全年净增高新技术企业69家。获评省工程技术研究中心2家，同高科技、海路生物获评江苏省科学技术奖。获批省知识产权示范园区创建单位。政策载体日趋完善，调整优化《太仓港经济技术开发区创新发展奖励实施办法》《太仓港经济技术开发区社会化招才引智激励实施办法（试行）》等政策，进一步加大招才引智力度。太仓港科创园一期开工建设，生物港三期结构封顶，亿达太仓港创智空间投入运营，东软太仓信息产业学院暨数字工场启用，同济科创联（太仓）产业化基地签约落地。改革发展不断深化，苏州自贸片区港区联动创新区加快建设。深化“放管服”改革，政务服务中心累计办理各项审批1.5万余件，实现外资工业项目“成交即发证，交地即开工”。港口投资公司首次探索市场化股权投资业务。

三、城乡统筹进程加快

港城建设提档升级。加快推进新港城和老镇区融合发展。港区医院、港城中专等项目进展顺利。七浦塘三期、七丫口郊野湿地工程完成，新增绿化面积2300亩，生态系统不断完善。深入推进新一轮美丽乡村建设，三家市古村落完成江苏省特色田园乡村验收，新建牌楼社区万家宅等11个三星级康居乡村。获评“苏州市美丽城镇建设先进集体”。新时代文明实践所投用。动迁安置重点突破，长江大道等5个重点地块实现拆迁“清零”。完成安置房分房683套，下发不动产权证书696本，完成注册证办理6632套。

四、乡村振兴迈出新步

现代农业加快布局，因地制宜打造“1111”（1000亩菜篮子工程、1000亩太仓白蒜基地、1000亩中华绒螯蟹种蟹基地、10000亩粮食生产基地）特色工程。太仓白蒜成为国家农产品地理标志产品。创建江苏省绿色优质农产品基地面积3.66万亩，主要粮食作物耕种收机械化水平达97%。富民强村加快实施，村企联建“富桥模式”不断推广，全年村均可支配收入突破1000万元。茜泾村“桃李”文化项目实现亩均增收3000元。土地集体流转率达91.4%。综合治理加快推进，持续开展“331”“散乱污”“三沿”等专项整治。完成化工园区封闭式管理，化工专业消防站和危化品车辆专用停车场加快建设。入江支流水质均值达标，净水湿地工程获评省生态安全缓冲区建设示范项目。常态化做好疫情防控、文明城市建设和信访维稳等工作，社会保持和谐稳定。

◆太仓港区的格桑花海(供稿:陆方舟)

五、党的建设持续加强

党建责任压严压实，深化“红色港湾”“金九月”等党建品牌，“太仓港区党群服务中心”建成投用。“港湾红贝2.0”动力指数评价体系发布，“红色显微镜”党建体检定期进行。开展“党建领航、企业远航”党建惠企系列行动，塑造了一批“红色工匠”典型群像。意识形态工作全面加强，传递“港区声音”，讲好“港区故事”。

（供稿：太仓港经开区党政办）

实施创新引领　打造超一流国家级经开区

中共昆山经济技术开发区工作委员会

2020年，昆山开发区党工委全面实施创新引领战略，坚决打赢疫情防控和经济社会发展两场硬仗，疫情防控相关经验做法多次获央视报道推广，经济指标再创历史新高、招商引资取得重大突破、各项评比实现争先进位，在国家级开发区评比中保持第五，在全省开发区评比中保持第二，在全国开发区营商环境评比中位居第二。

一、经济运行逆势上扬

面对复杂严峻的经济环境，坚持强化企业服务优存量、加大招商引资强增量，各项经济指标实现低开高走、逆势增长。全年新增到账外资超8亿美元，同比翻番，创历史新高；完成规上工业产值5417.4亿元，同比增长6.6%；全社会固定资产投资达254.66亿元，同比增长8.7%；一般公共预算收入152.88亿元，同比增长1.5%；完成进出口总额675.50亿美元，同比增长6.6%。路易达孚、三井物产等世界500强项目相继落户。三一创智云谷、和硕投资性总部等一批行业龙头项目成功引进。

二、科创动能持续增强

科创载体建设取得重大突破，获批国家级创新人才培养示范基地。人才项目数量再创新高，引进人才项目120个，新增市级以上“双创人才”83人。对接大院大所成效显著，新增高校技转中心等创新平台22家，签订产学研合作协议210项。创新企业集群不断壮大，认定高新技术企业151家，同比增长60%。国显光电获批国家级博士后科研工作站。华天科技获评昆山祖冲之计划金π奖。留创园牵头制定“双创”领域首个国家标准——《科技企业孵化器服务规范》。龙腾光电成功登录科创板，成为全省首家科创板上市的国资控股企业；伟时电子在上交所主板上市，成为国内首家在主板上市的日资控股总部企业。

三、发展活力充分释放

主动融入“双循环”新发展格局，创新搭建“昆盟通”货物贸易平台，全年完成进出口贸易7.49亿美元，持续提升东盟贸易额比重。不断放大综保区一般纳税人资格试点成效，全年新增试点企业5家，累计达29家，开票金额63亿元，同比增长103%；实现税额7.8亿元，同比增长88%。深化“放管服”改革，创新实施“一轴两端三保障”审批模式，全面推进网上办、掌上办、远程办、预约办，全程保障重大项目建设。

四、城市形象焕然一新

不断完善“四轴三廊”生态空间格局，新增绿化43万平方米，完成闲置地覆绿54万平方米。加快青阳港城市客厅更新步伐，全年征迁企业34家，收回土地481亩。全面开展工业区改造升级，收储400余亩。完成蓬朗老街一期工程，二期修缮有序推进。扎实做好中央环保督察和上级挂牌督办问题整改。完成83项大气污染防治项目、16家重点企业清洁生产改造、87家重点企业规范化管理达标建设，空气优良天数比例提升至85.4%，PM2.5平均浓度降至31微克每立方米。全面落实河长工作制，水环境状况持续好转。

◆2020年9月，上海华二昆山国际学校启用（供稿：昆山开发区）

五、民生保障扎实有力

加大就业服务保障力度，为创业、就业人员提供技能培训、创业贷款等“一站式”服务。持续加大教育投入，上海华二昆山国际学校投入使用。加快推进福利院公建民营。深入实施文化体育惠民工程，不断完善公共文化设施和15分钟体育生活圈。顺利承办2020海峡两岸（昆山）中秋灯会等活动。全面推行“三定一督”模式，健全完善生活垃圾“投收运处”体系，垃圾分类工作实现全覆盖。

六、社会大局和谐稳定

统筹推进安全生产专项整治“一年小灶”“三年大灶”、危险化学品安全综合治理、蓝盾护航百日行动、群租厂房综合治理等重点工作，关闭、取缔非法违法生产经营单位156家，立案处罚1911件，事故起数和死亡人数同比下降82.1%和73.7%，火灾起数同比分别下降52.1%。探索形成二维码点检制、企业交叉互查检查制、特种设备安全监管工作站等一批可复制、可推广的创新做法。常态化推进扫黑除恶专项斗争。完善信访矛盾包案化解机制，化解信访积案35件。

七、党的建设不断加强

深入推进“党建+科创”书记项目，创新推行“党建+金融+X”模式。制定完善中层干部管理办法、社区干部管理办法，持续放大“三项机制”正向激励作用。有序推进社区“两委”换届工作。推进新时代文明实践全域工程，助力昆山市成功创建全国文明城市。扎实做好苏州市委优化营商环境专项巡察整改工作，实现三级廉勤监督体系建设全覆盖，持之以恒保持反腐高压态势，处置问题线索113条，运用“第一种形态”处理67人，党纪政务立案26件。

（供稿：昆山经济技术开发区党政办）

实干创新　奋勇争先
努力实现经济社会更高质量发展

中共昆山高新技术产业开发区工作委员会

2020年，昆山高新区党工委围绕奋力争当建设创新驱动发展示范区和高质量发展先行区排头兵的目标，统筹疫情防控和经济社会发展，擦亮“昆如意”营商服务品牌，启动“六创六高六跨越”三年行动，实干创新、奋勇争先，顺利交出“国批”十周年优异答卷。地区生产总值900.2亿元，同比增长4.3%，迈上新台阶；工业总产值1525亿元，同比增长10.5%，实现新跨越；一般公共预算收入100.4亿元，同比增长5.6%，突破历史大关；到账外资5.25亿美元，同比增长169%，创下近年最高纪录。连续3年获评苏州推进高质量发展先进地区。实施创新驱动发展战略，推进自主创新和发展高新技术产业工作成效获省政府点名表扬。成为唯一入选首批企业创新积分制试点的县域国家级高新区，获批国家生态工业示范园区。国家高新区综合排名位列39名，“五连升”24个位次。

一、产业竞争力持续攀升

中科可控“苏梦”智能化产线建成投产，中科晶上工业5G终端芯片等核心技术落地转化，安全可控信息技术产业集群加快成型。集中力量打造产业地标，迈胜质子医疗产业化基地实现“当年签约、当年开工、当年生产”，泽璟制药采用第五套标准首发上市科创板。单体投资超10亿美元的丘钛智能视觉模组、富士康5G毫米波连接器等一批重大增资项目落地建

◆中科院安全可控信息技术产业化基地（供稿：昆山高新区）

设，总投资超200亿元的恒力产业园等龙头项目接续推进。好活科技等“四新”经济蓬勃发展。建成投运“智慧高新”平台，工业互联网与实体经济加速融合。

二、创新引领性显著增强

国家超级计算昆山中心通过验收，成为全国第8个国家超算中心。深时数字地球国际大科学计划顺利通过科技部评审论证。发布全国首个创新发展“双指数”。小核酸及生物医药产业集群培育工作获国务院办公厅督查激励。周成虎院士团队获“头雁人才”计划项目资助，引进院士团队9个，新增国家级人才3名。鑫欣科创综合体加快建设，昆山智谷小镇“城市眼”规模初显。产教融合基地全面起势，中科长光研发中心、中标院昆山基地、紫竹·麦垛（昆山）科技企业加速器等平台集中落地。高新技术企业总数达

◆昆山小核酸及生物医药产业园（供稿：昆山高新区）

568家，18家企业入选苏南瞪羚企业。

三、环境宜居度集成提档

高标准推进“美丽高新区”建设，新改扩建市政工程重点项目31项。实现轨交S1线等点位征迁“清零”。拆除违法建设超100万平方米。乡村振兴全面推进，粮食种植面积、亩均产量实现“双提升”，农民收入再攀新高。“一月双考”狠抓推进农村人居环境整治，新乐村荣获“苏州市示范村”称号。率先开展“绿岛”设施建设试点，空气质量优良天数比例达80%。重点河道IV类以上比例提高26%，国省考断面水质稳定达标。新增绿化面积21万平方米。

四、人民幸福感加快提高

新改续建学校13所，引进民办学校2所。居家养老服务突破5万人次。

发放城乡居民创业小额贷款2445万元，新增就业岗位2万余个，就业率达99%。改造老小区近19万平方米。解危D级危房7处。“三定一督”生活垃圾分类小区实现全覆盖。玉山镇蝉联全国百强镇第一。对口支援帮扶等工作扎实有效，获省脱贫攻坚集体记大功表彰。全力打好安全生产专项整治“一年小灶”、蓝盾护航、违法违规“小化工”等专项行动“组合拳”，实现生产安全事故起数和死亡人数“双下降”，社会大局保持和谐稳定。

五、党建引领强基固本

开设“高新讲坛”，打造“尖兵课程”，开展“百姓名嘴”“点赞中国之治”等各类主题宣讲。落实“打造‘红管先锋’引领基层治理”要求，试点推广“红色物业”，建强18个社区“大党委”。实施“党建引领‘1+2’助力科创”书记项目，牵头成立长三角区域国家高新区党建联盟。累计培育星级党建品牌45个。

（供稿：昆山高新区党政办）

加快推进产城融合　奋力提升城市品质

中共苏州吴江经济技术开发区工作委员会

2020年，吴江经济技术开发区党工委积极抢抓长三角一体化重大历史机遇，有效应对新冠肺炎疫情的影响，在构建“双循环”新发展格局中，攻坚克难，稳中求进，推进开发区高质量可持续发展。

一、积极应对严峻考验，经济发展质效并进

统筹推进疫情防控和经济社会发展，狠抓经济运行分析研判，完善高质量发展扶持政策，精准有序推动企业复工复产，出台“暖企八条”“不见面审批”“调剂用工”“夜经济”等一系列政策措施，打造全链条闭环审批模式，提供帮办代办、延时审批等特色服务，全力护航经济平稳健康增长。全年完成地区生产总值532.6亿元，同比增长5.30%；工业总产值1640亿元，同比增长2.03%；一般公共预算收入64.1亿元，同比增长5.85%；注册外资6.35亿美元，同比增长33.03%；到账外资2.06亿美元；进出口总额153.4亿美元，同比增长7.73%；全社会固定资产投资152.4亿元，同比增长12.33%。京东方（苏州）智慧产业基地一期建成投产。投资超50亿元的京东方创新中心、南玻节能玻璃全球总部等高显示度项目签约落地。全年新增上市公司3家、过会2家。

◆吴江开发区鸟瞰（供稿：范俊彦）

二、不断强化创新驱动，发展动能加速集聚

加大对科技型企业、新兴企业扶持力度，促进企业智能化建设，“智能制造创新港”正式揭牌，获评省首批“互联网+先进制造业”基地、长三角G60科创走廊工业互联网标杆园区，获授中国（江苏）自由贸易试验区苏州片区联动创新区。博众精工成为国家级工业互联网试点示范项目，绿控传动入库苏州市“独角兽”培育企业名单。目前拥有省级智能车间51家、省级智能工厂2家、星级上云企业58家、智能制造系统集成商9家、智能制造领军服务机构4家、工业互联网标杆工厂2家、国家级及省级智能制造领域示范项目9项，智能工业发展水平在全省保持前列。科技人才加速汇聚，累计有效发明2700多件，每万人发明专利拥有量144件；拥有各类人才7.6万人，其中高层次人才8700多人；拥有各类工程研发中心、技术研究中心200多家，博士后科研工作站12家。

三、坚持加快绿色发展，生态环境持续改善

大力推进大气污染防治，开展12台企业天然气锅炉的低氮改造，完成5家企业VOCs污染治理项目。扎实推动水环境污染防治，有效推动217家企业开展雨污分流工程改造。开展危废规范化管理达标建设，推动41家

◆吴江开发区不断激励企业上马智能装备。图为重点企业明志科技（供稿：徐志强）

危废重点监管企业标准化建设。全面完成太湖退捕工作，回收“三合一”证书145张，移交拆解渔船145艘，退捕渔民数达815人。持续推进“退二优二”“退二进三”等工作，超额完成区委、区政府下达的“三治”“三优三保”任务，“三治”工作全年完成累计销项1233.74亩，完成进度135.13%；“三优三保”全年完成复垦面积约896亩，通过市级验收891.36亩，完成进度146.85%，空间拓展成效显著。

四、加速增强城市功能，产城融合日益显著

围绕“一路一河一湾一区一谷”五大功能载体建设，加快提升城市功能品质。持续构建大交通格局，提高与苏州中心城市的交通对接水平，交通基础设施加速成网。有序推进文明城市创建与农村人居环境整治，推进小区雨污分流改造、燃气入户、停车位建设与道路改造。同里5A景区管理质

◆震泽古运河（供稿：钮泉娜）

量有效提升，带动周边村庄农家乐、民宿旅游业态发展，农文旅深度融合加速变现，全域旅游全面铺开。

五、全力服务民生保障，社会大局和谐稳定

大力推进惠民实事工程建设，着力优化公共服务，开发区实验初中二期、山湖花园小学二期、淞南阳光小学北校区等学校竣工并交付使用，屯村卫生院完成建设，同里镇养老服务中心等工程均稳妥推进。京东方（苏州）数字医院建设有序推进。启动街道卫生服务中心和养老服务中心建设。实施残疾人康复工程，提供精准康复服务、就业服务。持续推进村级日间照料中心建设，提高老年人生活品质。加大对低保、特困、低保边缘对象等弱势群体的补助。深入开展扫黑除恶专项斗争。抓紧抓牢安全生产“一年小灶”和“三年大灶”，开展安全生产“雷霆行动”，全面推进“百团进百万企业”安全生产宣讲活动。

六、持续推进党的建设，作风效能明显提升

深入实施“融入式党建”，启动“双十”行动支部工作，筑牢意识形态主阵地，全面落实从严治党“两个责任”工作，持续落实“三项机制”，用好监督执纪“四种形态”，专项开展“为官不为”“在岗不在状态”查改行动，切实加强机关作风效能建设。全力配合做好市委优化营商环境专项巡察与十二届市委第九轮巡察暨对村（社区）提级巡察“回头看”工作，坚持立行立改、真抓实改，切实推动巡察工作成果转化。

（供稿：吴江开发区党政办）

紧盯高质量发展　不断增强区域发展后劲

中共苏州太湖国家旅游度假区工作委员会

2020年，苏州太湖国家旅游度假区党工委紧盯高质量发展总目标，奋力夺取疫情防控和经济社会发展“双胜利”，连续两年获评苏州市推进高质量发展先进地区。

一、发展动能持续增强

以增强区域发展后劲为导向，始终聚焦创新转型，经济运行稳中有进。全年实现一般公共财政预算收入17.05亿元，实现地区生产总值81.7亿元。完成服务业增加值58.8亿元，同比增长0.8%。36家规上工业产值完成50.7亿元，同比增长4.13%。完成全社会固定资产投资22亿元（不含房地产）。重点项目建设加速推进，32个区级重点项目完成投资额35.6亿元，在建率达100%。视源股份苏州产业园建成投用，远荣、地贝、世沃等3个制造业项目完成供地并开工，三屹晨光作为全区首个“拿地即开工”项目，刷新开工建设“太湖速度”。近五年新招引项目2020年实现税收达1.18亿元，同比增长7.94%。国有公司AA+主体评级顺利完成，成功进入直融市场。

二、旅游服务业亮点纷呈

消费市场充分激活，全年接待游客675.75万人次，旅游总收入104.45亿

◆2020年5月，女足国家队在太湖国家旅游度假区备战东京奥运会（供稿：苏州太湖国家旅游度假区）

元，分别恢复至2019年的74%和75%。统筹实施入住度假区酒店民宿免景区门票政策，已登记酒店民宿251家，万豪万丽、会议中心（香山酒店）、太美香谷里、太美逸郡等酒店实现总营收3亿元。文旅载体有序升级，汉舍项目一期地块上市准备工作就绪。光福苏作红木展示馆主体完工，香雪海景区扩容提升工程完成规划方案。太湖国际会议中心游客集散功能改造及安防提升到位，太美雪绿民宿、渔洋码头二期建成投用。体育品牌加速创优，2020赛季中超联赛苏州赛区和2020中国足协杯参赛球队封闭驻训保障圆满完成，举办女足国家队备战东京奥运会集训、全国足球运动小将选拔赛等赛事训练30场，带动辖区酒店直接营收6860万元。太湖体育运动休闲小镇入选体育类省级特色小镇创建名单，国家全域旅游示范区验收迎检工作全面完成。

三、生态环境持续优化

太湖水环境“五位一体”综合管理深入实施，打捞蓝藻共计82349余吨

（含水），打捞水体漂浮物共计33655余吨（含水）。涵养区建设精准发力，金庭白塔湾生态河道完成建设，“2019年苏州市级土地出让金工程”后堡江生态挡墙开工建设。太湖生态岛建设前期工作加速推进，金庭镇“生态文旅”促进生态产品价值实现案例入选国家自然资源部生态产品价值实现典型案例，光福平台山获批市级湿地自然公园。土地空间有效释放，完成重点拆迁民房103户、企业4家，地块清零560亩。全年实施“三优三保”307亩，占补平衡1128亩。完成10家低效产能企业腾退，腾出工业用地空间60余亩。文明城市创建工作全面推进，农村人居环境集中整治力度持续加大，城乡环境明显改善。

四、民生福祉全面改善

民生项目稳步推进，香山街道孙武花园二期926套住宅完成交付，三期272套住宅北侧两幢主体封顶，中心区第四幼儿园建设完成，度假区人民医院完成内装。金庭医院血透室建成投用，光福香雪海小学附属幼儿园、福惠花园4幢172套主体结构封顶。市政设施提档升级，科福污水处理厂完成尾水提标改造，日处理污水能力达3万吨。美丽乡村持续深化，66个自然村美丽乡村开工建设，涉及居民近7000户，建成后基本实现美丽乡村建设全覆盖。富民增收取得实效，村均稳定收入超过500万元，市、区两级经济薄弱村全部脱贫摘帽，农民人均年纯收入突破3.4万元，农村股份合作社实现分红全覆盖。社会大局和谐稳定，来信来访办结率、及时率均达100%，安全生产责任制深入落实，全年安全事故起数和死亡人数分别下降53.9%、75%。

五、党建基础有效夯实

着力构建区域大党建工作格局，研究确定“党建引领战‘疫’后旅游产业复苏”的年度基层党建工作书记领办项目。组织党员干部参与景区和中

◆美丽乡村墅里社区（供稿：苏州太湖国家旅游度假区）

超后勤保障志愿服务。组织各支部参与到辖区企业复工复产工作当中，用实际行动践行初心使命。深化“区域联动、支部联建、党群连心”特色品牌，梳理并研究确定拆迁清障等58个联建项目。制定出台《度假区工作纪律督查工作实施方案》等制度，坚持从制度层面规范管理、扎紧篱笆。强化党工委及镇（街道）领导班子履行管党治党政治责任，突出主要负责人第一责任和班子其他成员一岗双责，抓好党风廉政建设责任落实。围绕太湖水环境“五位一体”综合管理、263污染防治、特色田园乡村建设等工作，开展督查检查。

（供稿：苏州太湖国家旅游度假区综合科）

聚焦产业发展　构建开发区高质量发展新格局

中共苏州吴中经济技术开发区工作委员会

2020年，吴中经济技术开发区党工委在扎实做好疫情防控的同时，全力以赴稳增长、促发展，招商引资和项目建设取得丰硕成果，整体投资环境得到优化提升，高质量发展新格局加快构建。全年实现地区生产总值709.7亿元，同比增长9.6%；一般公共预算收入82.9亿元；规上工业总产值1331.9亿元，同比增长13%；服务业增加值290.6亿元，同比增长8.9%；全社会固定资产投资362.7亿元，同比增长35.6%，其中工业投资64.5亿元，同比增长26.1%。在全国国家级经开区综合排名中位列第39位。

一、经济发展稳步向前

围绕细分产业链开展精准招商，全年完成外资注册5.34亿美元，外资到账3.06亿美元，内资总投资286.5亿元，招引10亿元以上项目5个，微软中国、大众埃诺威、中交集团等行业领先企业成功落地。推动61个区级以上重点项目完成投资160.6亿元，石川制铁、味知香等一批重点产业项目正式开工，浪潮智能、精濑光电等项目竣工投运。编制《存量工业用地更新规划》，组建苏州融新建设发展有限公司，积极引导社会资本参与开发，全面推进存量工业更新改造，城南科技产业园等8个项目正式开工，宝仁科技产业园等3个项目正式开业，总计993亩低效利用土地进入存量更新流程。

二、改革创新层层深入

坚持以“改革创新、转型升级”为主线，加快特色载体提质升级，新动能加快培育壮大。着力推进重点改革领域融合协同，复制推广“新兴产业用地10+N弹性出让”等改革举措，“保税+”业务有效拓展开发区检验检测业务范围，中欧卡航、区港联动等业务使物流贸易更加灵活便捷。深化行政审批改革，实现赋权事项平均审批承诺时限较法定时限压缩70%，新办企业营业执照实现0.5个工作日常态化。纵深推进国资国企改革，经发集团成为吴中区首家拥有全资控股上市公司的国有企业。企业创新主体地位更加凸显，电科院、中认英泰获评国家中小企业公共服务示范平台，瑞可达、精濑光电获国家专精特新“小巨人”企业认定，汇川技术、科沃斯、赛腾精密入围全省民营企业创新百强，欧康维视、伟创电气实现上市。转型升级方面，推动互联网与先进制造业融合发展，加快智能工厂、数字车间建设等智能化改造，开发区获评省“互联网+先进制造业”基地，协同创新中心获国家级综合型标识解析二级节点项目。引进爱数信息、达梦数据库等软件产业链关键企业，赛迪研究院苏州分院实现开园运营，软件特色名城展馆顺利开馆。大力发展信创产业，获批省级信创协同攻关基地。设立生物医药产业专项基金，吸引仁东医学、乐明医药等创新企业落户。综保区落地一般纳税人资格试点，获评省级重点物流基地。做精做强生物医药、精细化工两大主导产业，高质量完成省安全风险等级评估，通过省级化工集中区认定。

三、民生福祉蒸蒸日上

压紧压实疫情防控责任，运用“大数据+网格化+铁脚板”工作模式，实现防控网络全覆盖，保障了人民群众的生命安全和身体健康。严格落实“惠企暖企”政策，累计减免317家中小企业3100多万元租金。提升优质公共资源供给水平，成立3个教育集团，建成投用溪秀实验小学及附属幼儿园

◆2020苏州湾马拉松比赛（供稿：吴中经开区党政办）

等3所学校，开工建设澄湖路学校、独墅湖中学等7所学校，竣工投用郭巷文体中心。开展精准就业帮扶和阳光惠农走访，提供就业岗位近6万多个。持续开展“263”“散乱污”专项整治，入选国家级绿色工业园区。部署开展24个重点领域安全隐患排查整治，实现全年安全生产事故起数、死亡人数“双下降”。加快推进社会治理智能化建设、垃圾分类、扫黑除恶等重点工作，做好信访稳控化解，确保社会大局和谐稳定。

四、城乡建设欣欣向荣

积极推进片区提升更新，提档升级城南、郭巷等成熟片区。完善太湖新城综合配套能力，中信泰富新经济科创湾等项目正式启动，能源中心、核心区商务中心加快建设，太湖新城创建成为全省首个国家三星级绿色生态城区。以推进重点项目落地建设为目标，腾出用地约1400多亩。新开工6个约

◆吴中太湖新城（供稿：吴中经开区党政办）

102.8万平方米的安置房项目，交付3个约62万平方米的安置小区。大力推进九里湖高标准农田等工程。加快“农文旅”融合发展，越溪旺山文旅风情小镇入选省特色小镇创建名单，获评省乡村旅游重点村。横泾与同程旅游组建的文旅公司正式运营，东林渡获评江苏省特色田园乡村。

五、党的建设牢牢抓紧

将意识形态工作纳入各级党组织重点工作，抓好阵地管理、风险研判、网络安全等工作。持续优化“三个梯队”干部储备，选拔任用了一批优秀中青年干部。持续抓好中央八项规定精神和省、市、区委各项规定办法的贯彻落实，深化日常综合研判成果运用，干部管理监督取得新成效。

（供稿：吴中经开区党政办）

奋力推动浒墅关高质量发展迈入新征程

中共苏州浒墅关经济技术开发区工作委员会

2020年，浒墅关经济技术开发区党工委统筹打好疫情防控阻击战和经济社会发展攻坚战，稳步推进浒墅关一体化管理，高质量发展取得新成绩。全年一般公共预算收入36.1亿元，同比增长5.5%；规上工业总产值446.7亿元，同比增长1.2%；全社会固定资产投资152.8亿元，同比增长6%，其中工业投资16.7亿元，同比增长43.6%。在国家级经开区综合排名中上升61位，位列53名。招商引资成效显著，新增合同外资3.35亿美元，同比增长122.4%；实际使用外资1.44亿美元，同比增长34.8%；注册内资139.5亿元，同比增长119.6%。

一、开拓奋进、蓄势积能，增强了“浒墅关实力”

引进怡道生物、中软国际、光羿科技等高质量产业类项目43个，投资规模超亿元产业类项目10个。载体空间提速释放，全面加快“退二优二”“退二进三”步伐，全年盘活低效用地约1700亩。重点项目加快建设，5个省集中开工项目、4个市重点工程和17个区重点项目顺利开工，完成投资18.75亿元。矽兴半导体测试基地等项目建成投产，开市客、骊住建材一期等项目按序推进。

二、聚焦创新、转型升级，彰显了“浒墅关活力”

创新主体加快培育，净增高新技术企业78家，同比增长70%；获批省民营科技企业136家，同比增长74%；新立项省级工程技术研究中心6家，市重点研发产业化项目4个；认定省、市独角兽培育企业6家次，省、市瞪羚企业19家次。科技人才不断集聚，获批各级领军人才66人次，同比增长144%，获批数超历年总和。全新组建科创服务联盟，打造“贤聚浒溪”人才服务品牌，设立“苏南科创”人才服务工作站，启动产业引导基金。创新生态持续优化，获批市级以上众创空间6家；成功引进上海大学智慧城市研究院、华东理工大学技术转移中心等5个优质科创平台；首个产业研究院项目——西交大电子功能材料项目正式落户。科技招商全面提速，成功举办深圳招商推介会和“绿色技术小镇智能制造产业发展论坛”，引进科技人才项目23个。强化高质量科技项目招引，全年引进创新型企业246家、市外高新技术企业24家。

三、完善功能、提升品质，刷新了“浒墅关颜值”

重点项目加快推进，紧紧抓住大运河文化带建设契机，加快推进浒墅关古镇建设，蚕里街区顺利竣工，浒墅关绿色技术小镇获批省级特色小镇。城市管理日趋精细，大力开展垃圾分类专项行动，完成58个居民小区247座清洁屋建设。纵深推进“331”专项整治工作，如期实现群租房、“三合一”等5个整改到位。征收动迁持续攻坚，开展征收拆迁“百日攻坚”行动，累计完成征收拆迁项目12个。乡村振兴成效显著，做好乡村振兴“三化一融”工作，荣获“苏州市农业农村现代化先进集体”称号。大力实施农村人居环境整治三年行动，三星级康居乡村达标率超60%。加快“三村一体”特色田园乡村建设，花野圩特色田园乡村顺利通过省级验收。

◆2020年3月，浒墅关经开区阳东林场迎来春茶采摘季（供稿：引力播）

四、注重民生、统筹兼顾，增进了“浒墅关福祉”

民生工程扎实推进，紧抓总投资14亿元的16项为民实事工程建设，新建浒墅关实验幼儿园，改扩建阳山实验幼儿园分园，15所学校安防技防改造等项目如期竣工，白豸山体育公园建成启用。惠民举措更加有力，发放各类民政助困、助残救助金2600余万元；完成近3000名被征地大龄居民基本养老保险缴纳工作，居民参保率达99.9%。有效保障重点群体就业，举办各类招聘会46场。公共服务快速发展，优化教育资源配置，成立浒墅关实验小教集团和浒墅关实验幼教集团。

五、坚守底线、维护稳定，体现了“浒墅关担当”

科学施策，精准防疫，切实打好疫情防控攻坚战，实现“零传播”“零

◆2020年3月30日，浒墅关经开区全面推进辖区居民小区生活垃圾分类工作（供稿：引力播）

风险”的优异成绩。安全生产常抓不懈，持续开展长江农贸市场、租赁厂房、“小化工”等专项整治行动，清退搬离企业36家，16家三级重大安全事故隐患挂牌单位全部完成整改。污染防治综合施策，持续开展水环境整治工作，完成114家企业排水情况摸底工作。着力抓好危废处置专项整治行动，清退搬离企业3家。社会治理卓有成效，全面启动社区“三大工程”建设，成立二级网格14个、三级网格177个。顺利完成扫黑除恶三年任务，违法犯罪警情持续下降。领导信箱、寒山闻钟等各类平台答复办结率达99.85%，成功化解省、市、区重点信访积案8件。

六、转变作风、实干笃行，展现了“浒墅关作为”

顺利完成浒墅关地区一体化管理改革。选优配强干部队伍，进一步理顺管理体制机制，优化机构设置和人员配置；实行机关事业单位职员制、社区（村）工作人员社工管理制，全面规范干部人事管理；扎实推进社区“两委”换届，选优配强社区“两委”班子；完成综合行政执法体制改革。扎实做好党建工作，积极培育区域及行业党建联盟集群，着力树立一批“六有一好”基层党建品牌；建强“海棠花红”先锋阵地集群，多点打造社区“红色驿站”。纵深推进廉政建设，持续开展“清风”行动，严纠“四风”新表现；落实激励干事担当“1+5”制度体系，着力营造干事创业良好氛围。

（供稿：苏州浒墅关经开区党政办）

创新实干　全力打造高质量发展新标杆

中共苏州相城经济技术开发区工作委员会

2020年，相城经济技术开发区党工委积极应对疫情冲击和内外部环境考验，认真落实“六稳”“六保”要求，聚精会神抓好发展大事，全力打造高质量发展新标杆。全年完成一般公共预算收入15.40亿元，同比增长10.24%；固定资产投资33.88亿元，同比增长1.15%，其中工业投资4.77亿元，同比增长27.78%。

一、抢时间快冲刺，跑出趋稳向好有效速度

推动复工复产“走在前”，全方位落实疫情防控措施，复工复产复业速度走在全区前列。按下审批速度“快进键”，推进企业设立不见面审批，深化“放管服”改革，完成法人全生命周期政务服务“大综窗”改革。拉快经济发展“进度条”，宝丽迪、康平科技2家企业成功上市。新安电器获评省级工业互联网标杆工厂，美特科技入选省两业融合试点优秀试点单位。经开区获评长三角G60科创走廊工业互联网标杆园区、江苏省工业互联网示范工程“互联网+先进制造业”基地；在苏州自贸片区联动创新区首次考评中位列全市第一；省商务厅综评排名挺进前20强（第19位）。

二、抓建设重治理，绣出品质城镇崭新画卷

城乡配套新建改造有速度，蠡塘河路、澄云路等5个道路改造项目顺利完

◆2020年10月26日，首届长三角数字金融产业创新周在相城举办（供稿：今日相城）

成；新增村级停车场7个、环卫公厕4座；完成生活污水管网接管21公里，改造标准化闸站12座；澄阳邻里中心完成主体建设；生活垃圾分类实现居民小区“三定一督”全覆盖。空间腾退精准高效有维度，累计完成搬迁签约794家，腾出地块1100余亩；整治村级工业集中区2个、家具仓储物流集中区20个，清理家具类物流600余家，拆除违建近8万平方米。安全生产监管整治有强度，整改隐患6600余处，事前处罚立案93件；开展“百团进百万企业”安全生产专题宣讲；安全生产重点领域排查整治、家具类企业火灾隐患“双月攻坚”等行动扎实开展，事故数、死亡人数实现“双下降”。社会环境优化提升有力度，经开区规划环评获得生态环境部批复，56家企业完成危废管理标准化达标建设。

三、强后劲增动能，奏出产业发展铿锵音符

招商引资掀起更高浪潮，开展各类招商推介活动17场、“不见面招商”26次，成功签约方普电子智能制造研发中心、大族激光等产业项目109个，总

投资超220亿元，其中投资10亿元以上项目13个，年纳税额超5000万元项目2个；突出对日招商，新引进三菱重工等高端日资项目15个，注册资本6000万美元；成功举办福布斯中国中日未来产业论坛、首届长三角数字金融产业创新周等重大活动。科技创新激发更强活力，实施“科技载体531”“高企人才倍增”“研究院所跨越发展”行动计划。北京、上海、独墅湖等地的创新中心相继投用；国际创新创意产业投资合作促进中心长三角分中心（简称“GCIPC长三角分中心”）等平台成功落地；全年净增高企44家，新引进国家特聘专家4人，矽典微团队入选区科技领军人才创业团队；出台“经开科创研究院所”专项扶持政策，未来城市应用技术研究所、融合基建技术研究所项目顺利注册。成功举办首届全国机械工业设计创新大赛；百余篇“经开科创”相关报道登上人民网、商务部官网等各大媒体。项目落地创造更快速度，项目开工审批跑出“加速度”，一般工业项目开工审批时间压缩至20日以内；宝丽迪、柯依迪等4个市、区重点产业项目全部开工；本级重点产业项目中亿丰未来建筑研发中心开工建设。现代农业作出更新示范，启动2000余亩高标准农田建设，3900亩绿色优质水稻生产基地通过验收；灵峰牧谷农场获评全国休闲农业与乡村旅游五星级企业，漕湖农产园获评江苏省主题创意农园。

四、办实事干成事，画出民生幸福微笑曲线

民生配套“强质量、增总量”。北桥中心幼儿园分园顺利开园，苏大第二实验学校（中学）完成首批招生；漕湖人民医院通过二级医院复评，盛北社区卫生服务站、蠡塘日间照料中心完成建设，春申湖路老年人活动中心启动运营。社会保障“有温度、见实效”。累计提供就业岗位超过11000个；健全帮困救助体系，开展“一户一档一册”精准扶贫，累计发放各类救助金、慰问金等超过1100万元。文明新风“树亮点、立品牌”。成功举办首届长三角戏曲·曲艺文化艺术周暨中日地方文化艺术交流活动等活动；大力开展第四届体育节暨全民健身系列活动，倡导绿色健康生活；周六妹“中国好人精神”得到进一步弘扬。

◆2020年11月16日，“经开有戏”2020首届长三角戏曲·曲艺文化艺术周暨中日地方文化艺术交流活动在相城经济技术开发区启幕（供稿：引力播）

五、守初心担使命，迈出党的建设坚强步伐

严格落实意识形态工作“一岗双责”制，新时代文明实践阵地全年累计服务群众1.1万人次；在《新华日报》《苏州日报》等市级以上媒体发布稿件1100余篇。党的组织基础坚强有力，开展“强双基”党性体检，实施“初心领航”党建提质工程，“先锋核动力”品牌成为党建新名片；成立行动支部，创新开展“亮灯行动·党员先锋作表率”实名制志愿服务活动；干部队伍建设多措并举，出台全员绩效考核办法，树立实干实绩选人用人导向，着力提升干部综合素质，举办中青年干部培训班、“雏凤筑梦营”等重点班次，选派青年骨干到重点岗位挂职锻炼。管党治党要求全面从严，强化干部梯队建设，充分运用监督执纪“四种形态”；抓好省委联动巡视巡察反馈意见整改，反馈问题全部整改到位；纪检监察部门实现监督检查和执纪审查分离，创新制定“监督执纪以案治本操作办法”，“大监督”体系逐步健全。

（供稿：相城经开区党政办）

集聚改革新动能　黄泗浦畔立潮头

中共张家港高新技术产业开发区工作委员会

2020年，张家港高新技术产业开发区党工委积极推进党建工作与区镇中心工作有机结合，以党建为引领，奋力谱写现代化高新区建设新篇章。全年完成规模以上工业总产值218亿元；一般公共财政预算收入10.48亿元，首次突破10亿元大关；固定资产投资35.5亿元；实际利用外资3000万美元，创历史新高。2020年，张家港高新区在全省51家高新区（园）创新驱动发展综合评价排名中列第21位，排名超过8家国家级高新区，较2019年前进6位。

一、经济运行总体平稳

骨干企业支撑有力，华芳、鹿港、华程、新东旭、逸洋等企业服从大局，在有序实施产能转移的同时，继续为区、镇经济发展贡献力量；银河、联宏、康力、友诚、箭牌、索尔等企业加大科技创新力度，不断集聚发展后劲。招商引资成果丰硕，围绕数字经济、智能制造、生命大健康等领域，外出招商200余次，易华录、新易联、阳地钢等总投资192亿元的12个重大项目签约落地。项目建设稳步推进，深化“一对一”服务，全力推动绿地AI城际空间站、德尔智能家居等9个重大项目开工建设；亚秦泽瑞、丰州新能源等4个智能制造示范项目有序推进；苏高新（张家港）节能环保产业园、兰生新能源装备产业基地等专业园区及中锐星未来、金厦阳光锦上等商业地产项目进展顺利；鸿盛电子、光学仪器入围“小巨人”企业。招才引智务实高效，成功举行2020苏州·张家港全国创新创业大赛上海站（智能制造）分赛等系列推介活动，打造苏高新创客驿站和青创长三角创新中心，高分通过省级知识产权试点园区验收；全年落户市领军人才13名，获评姑苏人才1名；规上企业全年投入研发经费6亿元，净增高新技术企业15家，有效发明专利拥有量达319件。

二、城镇建设步伐加快

规划体系基本成型，进一步深化总规和总体城市设计，开展了12项控制性详细规划及26项专项规划编制，为区镇开发建设绘定蓝图。倾力服务高铁通车，全力配合枢纽站站房建设，打通铁路枢纽区域周边交通节点，成立高铁派出所、铁路护路站、站前管理中心等配套机构。基础配套不断完善，累计开工11条道路建设，启动65万平方米安置房项目和四干河新建工程；引进苏大附属学校等高品质公共服务项目。城市形象持续提升，加快老城更新，完成202县道等老镇区主干道形象提升工作，收尾鹿苑老街综合整治工程；加快新城开发，精心设计高铁新城景观等新城空间，引入伟光汇通东渡古镇等文旅项目，黄泗浦生态公园形象初显。文明质态持续提升，深化文明创建，全力打好素质提升、城市管理、环境整治三大攻坚战，实现连续六届获评全国文明镇。

三、民生事业持续发力

强村富民措施有力，全镇各村累计投入发展资金3亿元，11个村级联建项目有序运行，4个项目进入“万企联万村”平台，村级平均可用财力首破1000万元；全面完成村级股份经济合作社登记赋码发证工作；大力发展现代农业，建成高标准农田5600亩，引入总投资超亿元的黄泗浦田园综合体项目；切实维护农民利益，全年发放各类惠农助农资金7000多万元。社会事业持续进步，塘桥农贸市场、塘桥社会福利中心完成改造；民生茶坊等16

◆2020年7月，张家港结束了无铁路时代。图为张家港高铁站（供稿：张家港高新区党政办）

个民生微实事项目全部完工；社区居家养老服务站实现全覆盖；保障体系不断完善，塘桥社区卫生服务中心通过“国家优质服务基层行”基本标准评审；公积金缴存、居民参保等工作有序推进；扶贫帮困力度持续加大，累计投入各类保障资金超2000万元。惠民服务深入人心，坚持以文化人，全年累计举办各类文体活动500余场，惠及群众10万人次；深化志愿服务，民生法治基层行、“四点半”学校、青年公益、老兵“微心愿”等群众服务项目扎实开展。

四、党建引领坚强有力

基层党建扎实推进，推动先锋驿站“村村有”，新增苏州“三大法宝”点位2个；搭建“红色高铁”党建大联盟项目集架构，打造“塘桥先锋”等红堡系列党建文创产品；实施《加强村（社区）干部队伍建设的意见》，推进

◆张家港高新区镇区鸟瞰（供稿：张家港高新区党政办）

村干部“专职化”体系建设；继续实施“双向挂职”“轮岗锻炼”培养法，机关干部在拆迁、信访一线成长成才。干部作风持续改善，切实抓好市委巡察反馈问题的整改落实工作；建立廉政评估机制，落实“联动问责”机制，构建农村小微权力规范运行立体式监督机制，建立“清廉家风银行”首家特色分行，持续加强群众身边的腐败问题和作风问题的整治。

（供稿：张家港高新区党政办）

逆势攀高　奋进高科技园区建设新征程

中共太仓高新技术产业开发区工作委员会

2020年，太仓高新技术产业开发区党工委以实施项目招引建设加速年、社会治理效能提升年、城市建设攻坚突破年“三个年”行动为抓手，慎始慎终战疫情，迎难而上抓发展，实现了两手抓、两手硬、两手赢。主要经济指标逆势攀高，全年完成地区生产总值565亿元，同比增长7.2%；一般公共预算税收收入75.01亿元，同比增长7%；规上工业产值971.3亿元，同比增长7.2%；全社会固定资产投资157.3亿元，同比增长31.2%；注册外资7.3亿美元，同比增长112.7%；实际利用外资3.45亿美元，同比增长89.9%。获评苏州市推进高质量发展先进地区、苏州市“激励干事创业、奉献火红年代”先进集体。位列全省省级高新区综合评价第二位。太仓国家汽车核心零部件高新技术产业化基地被科技部认定为国家高新技术产业化基地，高新区获评国家火炬汽车关键零部件特色产业基地、省生产性服务业集聚示范区、省智能制造产业产学研协同创新基地、苏州市产学研合作示范区、苏州市数字经济产业园，获得省政府科技创新奖励。

一、坚持稳中提质，发展动能加快集聚、持续增强

项目引建成效明显。成功举办中国（太仓）航空航天产业发展峰会暨“新产业新动能”太仓高新区重点项目集中签约等活动，新设外资项目47个、增资项目25个，28个省、市重大重点项目有力推进，德珂斯自动化等14

◆2020年5月14日，在中德标准化合作交流大会上发布了全国首个中德在职业教育领域合作的标准化成果——《双元制职业教育人才培养指南》，其英文、德文版同步上线。图为首期学员毕业典礼（供稿：太仓高新区党政办）

个产业项目竣工投用。高新技术产业产值、新兴产业产值占规上工业产值的比重分别达65.1%和57.2%。创新动能加快集聚。认定国家科技型中小企业217家，新增高企71家，总量达222家。新增苏州市级以上人才项目14个，落户科技人才项目超100个。获批省、市级工程技术中心9家，省、市级示范智能车间（工厂）12家。西北工业大学长三角研究院获批省新型研发机构，中德智能制造联合创新中心、中科院计算所科创中心、苏南自主创新示范区一站式服务中心等建成投用，清华力合科技谷全面开工建设，太仓激光智能制造创新研究院签约落地。获评省级众创空间2个，天镜湖创新核心区获评省众创社区。对德合作持续深化。新引进德国项目17个，全国首个中德职业教育合作标准化成果对外发布。深化国资国企改革，制定实施2020版改革方案，国资国企在服务经济发展、城市建设、保障和改善民生等方面的作用更加突出。

二、坚持产城融合，新城建设全面起势、加速推进

完成天镜湖区域、石头塘东侧、党校北侧、毛太路西侧等22个地块清零，释放建设空间3300余亩。拆除违建超27万平方米。全力推进新城建设，实体化运作娄江新城建设指挥部。学院西路、花园西街等竣工通车，推动和保障了沪苏通铁路太仓站、太仓南站和岳鹿路对接上海嘉定城北路竣工通车。两所大学（西北工业大学太仓校区、西交利物浦大学太仓校区）、复星复游城、铂尔曼酒店、天镜湖商业综合体等重大功能性项目加快推进。提升生态环境质量，市民公园、娄江新城滨河公园、江南路十八港城市绿肺等建成开放，新增绿化面积60万平方米。完成19条河道疏浚整治、19个小区雨污分流、114家企业危废规范化管理达标建设。全区166个小区“三定一督”垃圾分类完成率、达标率均达100%。发挥了全国文明城市创建主阵地、主战场、主力军作用。

三、坚持民生优先，人民生活更高品质、更加幸福

坚持人民至上、生命至上，疫情防控精准有力、扎实有效。累计兑现政策资金超1.2亿元，用3天时间使全区300多家德企全面复工复产。牢牢守住安全防线，深入开展“1+22+1”安全生产专项整治行动，全面落实各级督导反馈问题整改，共排查隐患1646条，整改完成率达100%，如期完成“一年小灶”目标任务，火灾事故起数同比下降74%，交通事故起数同比下降24%。不断增进民生福祉。扎实推进6大类41项民生实事工程。全力稳就业、保居民就业，提供工作岗位5万余个。全力确保社会稳定，完成基层“三整合”改革并通过验收，扫黑除恶专项斗争实现收官全胜，建立实施风险防控“四项机制”，全区政法综治工作考核位列全市第一。

四、坚持政治统领，党的建设纵深推进、坚强有力

以党的政治建设为统领，深入推进区城街一体化管理，制定高新区干部队伍建设三年规划、“两轮一转”轮岗交流方案，重视编内编外人员一体化管理。开展支部“标准+示范”建设，形成了“聚力高新·悦动新城”党建品牌、“高新发展·担当先锋”队伍品牌和“太高新·最舒心”服务品牌。深化基层监督体系建设，开发建设国有资产全程化监督平台，委托第三方开展作风效能暗访，在巡察整改、民生服务、工程建设等领域查处9名党员干部的违纪问题。

（供稿：太仓高新区党政办）

积极打造产业创新高地和创新资源集聚地

中共相城高新技术产业开发区工作委员会

2020年，相城高新技术产业开发区党工委积极抢抓全区四大战略优势和省级高新区挂牌历史机遇，统筹推进疫情防控和经济社会发展，各项工作取得新成绩。获批江苏省唯一区块链产业发展集聚区、江苏省唯一数字金融产业集聚区、江苏省首批车联网先导区、江苏省首个数字交通示范区、江苏省唯一区块链产业产学研协同创新基地、江苏省科技服务业特色基地、江苏省众创社区、江苏省创业投资集聚发展示范区和长三角区域品牌建设示范基地、长三角G60科创走廊工业互联网标杆园区等。

一、咬定目标、攻坚克难，经济发展成效显著

主要经济指标持续向好，实现地区生产总值592.31亿元，同比增长4.96%；一般公共预算收入80.52亿元，同比增长10.83%；工业总产值971.68亿元，同比增长4.55%；规模以上企业总产值672.87亿元，同比增长4.89%；全社会固定资产投资277.96亿元，其中工业性投资32.77亿元、高新技术产业投资17.21亿元；注册外资23877万美元、实际利用外资28059万美元。高新技术产业快速发展，高新技术产业产值411.66亿元，占规模以上工业产值的比重达61.18%；新兴产业产值367.14亿元；集聚“数字金融、智能车联网、工业互联网、先进材料、区块链、生物医药”等6大新经济产业企业1047家。区域创新能力持续扩增，新增专利申请12057件，新增发明专

利申请2601件、授权715件、PCT（专利合作协定）申请116件，同比分别增长36.8%、5.3%、95.5%、39.8%。累计建有省级以上各类企业研发机构143家。全年净增高新技术企业168家，总数达484家；科技型中小企业887家，省技术先进型企业1家，获评江苏省高新区独角兽企业1家（苏州大市唯一）。艾尔发智能等7家企业获批省级企业技术中心，领裕电子等4家企业获批省级工程技术研究中心，纽克斯等3家企业获批省级示范智能车间。全年引进国家级重大人才工程专家8人，培育省"双创计划"人才2人，新建院士工作站1个。长三角先进材料研究院集萃新材料获全省首个国家重点研发计划"大科学装置前沿研究"重点专项。

二、深化改革、创新引领，经济活力持续增强

制定《关于在疫情期间鼓励企业加快推进智能化改造升级的通知》，出台"当年度兑现奖补政策"鼓励，减免企业租金5704.9万元，惠企1721家；持续深化"放管服"改革；整合构建新型镇级集体资产、国有资产资源及工程建设项目资金的监管平台；建成区级线下全生命周期自然人法人大厅，推出"企业开办一件事"服务，最短0.5个工作日完成企业设立环节的所有事项；通过基层整合审批服务执法力量改革评估验收，涉改职能机构平均精简率达81.5%。做大科创载体，不断提升储备项目质量，培育元和大厦等亿元税收楼宇6幢；形成"孵化器+加速器+产业园"培育模式，武珞大数据产业园、苏州数字健康产业园等创新载体已投用；新增国家级众创空间3家、省级孵化器2家、省级众创空间7家、离岸（飞地）孵化器8家；举办相城高新区首届创新创业大赛、阳澄湖创客大赛，吸引547个海内外高层次人才项目参赛，评选优质项目46个；114家企业入选"苗圃"工程企业名单。强化招才引智，举办福布斯中国中日未来产业论坛、中国移动2020年5G自动驾驶峰会、MIT全球新兴科技峰会等活动，引进海外高层次人才107人；建设人才公寓4064套。

三、完善配套、优化环境，城市发展能级跃升

加强民生工程建设，获评省建筑产业现代化装配化装修示范工程项目1个、省级建设优秀勘察设计项目6个、“姑苏杯”优质工程3个；苏州市第二工人文化宫等民生工程正式启用；苏州元和塘文化产业园区入围国家级文化产业示范园区创建名单（全省唯一）。严格落实安全生产，完成365家企业落实安全总监备案；完成6家市级、19家区级和31家镇级挂牌督办单位整改工作；完成165家双重预防机制和183家出租厂房标准化建设。加大环境保护力度，开展环境影响评价区域评估工作；全面推进“十百千万”生态美丽河湖建设；实施土壤环境质量动态监测；加强农用地分类管理，严格防控建设用地土壤污染。

四、党建引领、从严从紧，示范效应不断提升

抓好思想政治建设，筑牢意识形态堡垒；强化理论学习中心组学习，举办“高新讲坛”，办好冬训“5+X”课堂；发布《千年元和的高新叙事》专刊。抓好基层队伍建设，完善“街道大工委”“社区大党委”联席会议议事制度，抓好党风廉政建设，开展专项督查100余次，设立转变作风“曝光台”，举办冯梦龙廉政文化论坛，启用全国首个“水上廉政课堂”。构建基层廉勤监督网络，配齐村级廉勤监督员。

（供稿：相城高新区党政办）

打造社会主义现代化建设标杆城市先行区

中共昆山花桥经济技术开发区工作委员会

2020年，昆山花桥经济技术开发区党工委面对疫情防控和空前严峻的经济形势，积极践行新发展理念，主动融入新发展格局，取得了令人振奋的成绩。获评苏州市“激励干事创业、奉献火红年代”高质量发展先进集体。

一、疫情防控在众志成城中取得关键胜利

始终把维护人民群众生命安全和身体健康放在第一位，周密细致地落实外防输入、内防反弹举措，构筑起群防群治、联防联控的严密防线。积极推行“大数据+网格化+铁脚板”防疫模式。全力服务保障上海口岸入境来苏人员接驳转运工作，坚决守好全省涉外疫情防控“东大门”。同时，坚持分类施策，超前谋划推动复产达产、复商复市，大力实施列规增收专项行动，通过出台“惠企十条”、开展招商护商服务月活动等举措，积极帮助企业解决劳动用工、产业配套、防疫物资等实际困难，兑现扶持奖励资金超4亿元，极大提振了企业发展信心和市场主体活力。

二、产业发展在逆势奋进中积蓄强劲动能

全年实际利用外资2.65亿美元，同比增长341.7%，创花桥历史新高。花桥国际创新港加快建设，新引进时空电动全国运营总部、航天九院商用

◆2020年2月，在312国道安亭检查站，安亭、花桥两地创新通勤互认（供稿：朱婷婷）

无人机系统项目、怡宝化妆品运营总部等一批旗舰型项目。苏银凯基消费金融公司成为江苏省第二家获批筹建的持牌消费金融公司、昆山市金融支持深化两岸产业合作改革创新试验区获批后首个落户的法人金融机构。获评国家新型工业化产业示范基地。新增科创空间25万平方米。新引进科创平台3个、人才科创项目101个，其中国内外院士项目3个、国家级重大工程人才项目3个。获评省“双创人才”4名、姑苏领军人才8名。褚君浩院士获评昆山“头雁人才”，实现零突破。新增高新技术企业46家。西安交大花桥科技企业孵化器获评省级科技企业孵化器，西安交大“1896青年创客”获评国家级众创空间。成立“215”招商护商领导小组，常态化开展服务企业发展、搜集企业诉求等“零距离”服务，全年走访企业超1040次，企业问题答复解决率达100%。

◆2020年，建设中的花桥国际创新港（供稿：昆山花桥经开区宣传办）

三、城市建设在攻坚克难中展现靓丽颜值

14个重大产业项目年度投资完成率达115.1%，107项重点实事工程开工率达90%。项目化推进安亭、花桥、白鹤城镇圈一体化高质量发展。新改建公交候车亭30座、智能公交站牌45个。奋力打好动迁拆违、环境保护等攻坚战，实现轨交S1线（花桥段）动迁清零，完成危房解危23处。水环境治理工程顺利完成。全区河道水质稳定达标。优良天数比例提高到85.8%。新增绿化面积6.2万平方米、闲置地覆绿16.8万平方米。完成光明路绿化、全区绿化景观提升等工程。获评江苏省生态文明建设示范乡镇。落实“减量发展”，腾出发展空间269亩，实现低效用地再利用973亩，完成“三优三保”拆旧复垦168.18亩。在省级产城融合型开发区土地集约利用评价中位列第一。

◆2020年10月，落日余晖中的花桥中央公园（供稿：昆山花桥经开区宣传办）

四、民生福祉在全面提升中更呈质感

建成投用花桥高中、金城小学、枫浜幼儿园，新增学位3150个，新招聘各类教师217名。完成昆山市中西医结合医院土建工程。引进上海曙光医院、上海瑞金北院等医院的专家团队。实现45周岁以上户籍人群健康体检全覆盖。推广居家养老服务，惠及80周岁以上老人1046户。设立昆山首个“婚姻家庭建设指导中心”。投运花桥历史陈列馆。获评全国文明城市创建工作先进集体。花桥新时代文明实践所获评苏州市首批新时代文明示范所。强势推进蓝盾护航、安全生产专项整治、消防安全百日攻坚等专项行动，整改隐患2.7万处，关闭取缔企业213家。深入开展“无黑”城市创建、突出治安问题专项整治。“法治中国”普法馆获评苏州市法治文化建设示范点。

五、党的建设在固本强基中纵深推进

举办“弘扬‘三大法宝’再创火红年代”系列主题活动，创新推出“先锋课堂”党课品牌。启动“党群+”服务体系，新成立行动支部60个，推出24类、99项专项服务。出台花桥经济开发区“1+N”系列文件，实现社区“大党委”工作全覆盖，建立功能型网格党支部40个。获评江苏省基层党员冬训示范镇。打造“五红五争”“红管家”工作法，横塱江社区党支部获评苏州先锋社区。扎实做好上级巡视巡察、安全生产巡查反馈意见整改。深入开展“评审联动”，创新实施“廉勤监督员+”模式，制定完善“小微权力”清单。

（供稿：昆山花桥经开区党政办）

抢抓新机遇　努力打造长三角最佳文旅融合城市

中共昆山旅游度假区工作委员会

2020年，昆山旅游度假区党工委统筹推进疫情防控和旅游经济发展，努力克服疫情给旅游行业带来的冲击和影响，各项工作取得新成效。昆山市获评长三角最佳文旅融合城市。

一、突出项目为王，交出了增量提质的“招商答卷”

坚持项目带动，聚力招商推介，先后赴杭州、南京、温州、上海、芜湖等地开展招商推介活动，深化长三角旅游产业合作和资源对接。其中，在2020昆山（长三角一体化）旅游发展推介会上，签约旅游项目18个，总投资超50亿元，签署环淀山湖旅游基础设施建设合作协议，率先推进环淀山湖旅游一体化发展。深挖排摸各区、镇存量旅游载体资源，整理并推出了周庄水乡生活小镇等12个旅游发展载体，加强与宋城演艺、浙江鸿艺等有影响力的文旅上市的企业对接洽谈，全年累计完成新增旅游项目注册资金超2.56亿元。承办2020中国文旅上市公司（昆山）峰会，搭建文旅资源与产业资本对接合作平台。

二、突出规划建设，交出了稳步趋优的“功能答卷”

对照长三角一体化发展要求和当前旅游产业发展趋势，结合昆山市资规局编制的《昆山南部三镇（锦淀周一体化）战略研究》，加快编制《昆山全域旅游发展规划》，梳理确定全域旅游重点区域、重点内容，主动承接长三角生态绿色一体化发展示范区产业外溢，以高质量规划引领高质量发展。加快推进重点工程项目复工建设，进一步完善旅游配套基础设施，“昆韵大道”淀山湖慢行系统工程、马援庄乡村振兴工程和江南圩田尚明甸项目收尾工程全部完工，累计投入3870万元。完成与吴江同里、上海青浦的旅游标识互通，分别在周庄段、锦溪段、淀山湖段设置标识标牌6块。

三、突出精准营销，交出了复苏回暖的“市场答卷”

积极应对新冠肺炎疫情带来的冲击和影响，研究出台《昆山旅游度假区关于应对新冠疫情促进旅游业发展的实施意见》，设立旅游纾困专项资金，累计补助旅游企业155家，发放奖补资金1059.6万元。中秋、国庆黄金周，昆山共计接待游客120.9万人，同比恢复约75%，实现旅游收入23.3亿元，同比恢复约73%。紧盯苏浙沪重点客源市场，利用户外广告、电视、网络、移动App等多媒体渠道，开展精准营销，提升昆山旅游目的地品牌形象。深挖昆山文化内涵及旅游资源，与央视《发现之旅》栏目组合作拍摄制作《江南水乡　灵秀昆山》纪录片，与喜马拉雅合作制作推出品牌电台“听见昆山”，赴上海、南京等地举办业内交流推介会和公众推介活动，宣传推介昆山旅游产品资源和纾困政策。指导开展巴城郁金香文化节、淀山湖稻香节等“乡伴好时光”乡村旅游主题活动，举行“逛吃逛吃游周庄”“乐意生活、多彩成长”专场带货直播，参与“双12苏州购物节—昆山狂欢购”展销活动等，大力塑造昆山旅游品牌。开发建设昆山旅游客情大数据平台。

四、突出夜享昆山，交出了活力十足的“消费答卷”

围绕“姑苏八点半、共享夜昆山”打响夜间经济品牌，牵头打造“夜周庄”夜间消费精品项目，衍生出“夜渔”“夜戏”“夜画”“夜喜”“夜

◆2020年，昆山旅游度假区打造的环淀山湖慢行系统（供稿：昆山旅游度假区）

宴”“夜禅”“夜月”“夜泊”等8大胜景，举办2020海峡两岸（昆山）中秋灯会。举办“魅力长三角，精彩夜昆山”2020长三角文旅消费产业峰会暨昆山夜经济发展论坛，邀请10多位专家学者为昆山夜经济发展出谋划策。

五、突出生命至上，交出了两位一体的“安全答卷”

坚决贯彻落实疫情防控各项部署要求，严格落实返工隔离、体温监测等防疫措施，积极筹措防疫物资，加大防疫知识宣传力度，提升防控意识和能力。牢固树立“安全生产，一失万无”的理念，压紧压实安全生产责任，签订递交领导干部2020年安全生产目标责任书。在元旦春节、疫情防控和全国两会等重要节点，开展安全生产专项督查，既督促乡镇责任部门做好问题销号式整改，又检查景区疫情防控各项要求是否落实到位，以强有力的监督一体推进生产、防疫“两个安全”，保障旅游景区恢复正常运营。

六、突出党建引领，交出了忠诚担当的“政治答卷”

创新冬训形式，将冬训课堂前移到疫情防控第一线，组织党员干部在物资运输、社区窗口、设点卡口等一线开展疫情防控志愿服务，累计服务时长达2875小时，圆满完成各项防疫任务。全力配合优化营商环境专项巡察，推进问题整改落实，以巡察监督实效，督促全体党员干部担当作为。强化意识形态责任落实，组织开展理论学习、知识培训，加强网络信息安全管理，牢牢掌控主流舆论阵地。狠抓人才队伍建设，制定《昆山旅游度假区关于加强普通干部平时考核工作的实施方案》，创新开设青年干部能力提升班，开展课堂学习、调研分享、读书交流，为年轻干部打造学习、锻炼和展示的平台。

（供稿：昆山旅游度假区党政办）

勇当沪苏同城桥头堡
推动一体化建设和高质量发展走在前列

中共江苏省汾湖高新技术产业开发区工作委员会

2020年，汾湖高新技术产业开发区党工委紧扣“一体化”和“高质量”两个关键，以高质量党建推动汾湖党员干部凝心聚力、克难奋进，党的建设和经济社会高质量发展取得了显著成效。

一、努力抓机遇，先行启动区全面起势

创新出台长三角一体化工作机制，围绕143项工作要点推动64个先行启动区项目取得实质性进展，恒力、京东、中建八局等一批项目签约落地，高质量承办示范区成立一周年现场会。交通一体化取得实绩，康力大道东延工程顺利通车，沪苏湖铁路正式开工，苏州南站和高铁科创新城建设加快推进。生态绿色一体化形成示范，“跨界联合河长制”入选中国改革2020年度典型案例，环元荡生态岸线贯通先导段按期完工，跨区域慢行系统为示范区首创。公共服务一体化实现共享，与复旦大学附属儿科医院共建医疗协作点，长三角（汾湖）人力资源服务产业园获苏州市级产业园认定。

二、聚力谋创新，产业能级加快跃升

坚持“高”“新”导向，汾湖开发区成为苏州市首个被列入自贸片区联动创新区的省级高新区。全年签约重大优质项目20多个，总投资超1100亿

元，其中超百亿元项目4个，储备五大经济项目近百个。英诺赛科进入试生产，永鼎总部建成启用，恒力、亨通、京东等重大项目有序推进。全年完成工业技改投入14.7亿元，智能工业投入19.8亿元，高新技术产业产值197亿元。举办中东欧国家商务座谈会、长三角世界高校人才洽谈会、国际精英创业周等高级别会议、高规格活动，推出并发布吴江首批科技创新券，与华中科技大学等高校院所深入合作，全年完成双招双引项目认定23个，入选国家级人才1人、省“双创人才”3人、姑苏领军人才3人。获批省工程技术研究中心2家、市级智能车间4家、省级示范智能车间1家；亚德林等4家企业入库苏州市“独角兽”培育企业名单；中广核胜达跻身专精特新“小巨人”企业“国家队”，安特威阀门参与项目荣获国家唯一科技进步奖特等奖；汾湖投资集团信用评级升格为AA+，已成功发行总额6.2亿元的政府专项债。

三、着力护生态，绿色事业强基提质

打好“两群一河”生态建设组合拳，美丽湖泊群项目方案获水利部批复，美丽乡村群建设序时推进，太浦河共保联治江苏先行工程完成前期项目。联合河长制公园等顺利完工。统筹推进土地资源优化配置、集约利用和持续利用，全年累计完成“三治”面积1705亩、“三优三保”面积671.89亩；推进资产回购工作，启动国赵路片区更新，回购地块10宗共计176亩；关停并转化工企业7家，去产能56家，整治“散乱污”企业（作坊）4000余家。河长制“一事一办”清单全部完成。超额完成全年1.3万亩退渔还田任务。拆除三地养殖水域交界分隔簖7000米，互聘三地联合河长73名，形成河湖生态共建共治新局面。

四、致力抓统筹，城乡品质内外兼修

推进镇村协调发展，开工建设美丽城镇项目30个，“厕所革命”新改

◆2020年10月30日，长三角生态绿色一体化发展示范区协同治水再深化主题活动在汾湖太浦河畔举行（供稿：吴江融媒体）

建城乡公厕113座，完成73个自然村生活污水治理建设，投入超700万元推进“四好农村路”建设，金家坝垃圾填埋场整治提升基本完成。一体抓好“农村人居环境、文明城市、垃圾分类”攻坚战役，统筹推进“文明不打烊”“青清汾湖”系列活动，杨文头村通过全国文明村复查。精神“内涵”加速聚集，汾湖高新区（黎里镇）新时代文明实践所正式开馆，周根宏家庭获评全国五好家庭。乡村振兴持续推进，制订农业农村现代化三年行动计划，股份经济合作社实现全覆盖，雄锋村成功申报省级农民合作示范社。全年创建三星康居村14个、康居特色村1个，东联村许庄获评江苏省特色田园乡村，并入选省级传统村落名录。黎里古镇以融入“一体化水乡古镇文旅圈”为抓手，打响了“江南水乡游黎里”品牌。

五、全力补短板，民生福祉显著增进

越江路幼儿园完成建设，规划建设职教产业园。基层医疗机构“减薄提升”工程有序推进，18个社区卫生服务站完成中医阁建设，日间照料中心实现全覆盖。举办线上线下招聘47场，创业就业培训1400人次。认真开展“雷霆行动”“百团进百万企业”“331”以及违法违规“小化工”百日专项整治等行动，挂牌督办隐患攻坚任务全部完成。开展“1+5+1”综合网格试点，“雪亮工程”基本实现技防全覆盖。积极开展重点信访化解和矛盾纠纷调解，为先行启动区建设提供安全稳定的社会大局。

六、竭力筑忠诚，党的建设扎实有力

强化党建引领，优化组织设置和基层治理，完成10个行政村撤并调整，机关部门实现融入式党建“书记项目”全覆盖。深入实施“红色党建圈引领绿色一体化”书记项目，建立“吴根越角”毗邻村发展互学机制。实施“头雁工程”，丰富“周末讲堂”“书记讲给书记听”等培训形式，出台农村干部综合能力提升实施方案，制定机关干部交流轮岗实施办法。做实做细区委第十一轮对村（社区）专项巡察整改“后半篇文章”。发布“汾湖清来”廉洁文化品牌。综合运用监督执纪“四种形态”，严肃查处各类违纪违法行为，常态化整治“四风”问题，推进全面从严治党在汾湖落地生根。

（供稿：汾湖高新技术产业开发区党政办）

05 先进经验

苏州立法守护生态
——湿地保护率八年增四倍

2020年4月16日《人民日报》14版　　记者 王伟健

随着公众生态意识的提升，保护湿地逐渐成为许多人的共识。但是，保护工作以什么为依据？

已经实施8年的《苏州市湿地保护条例》，为湿地保护提供了有力保障。如今，苏州的自然湿地保护率从2011年的13.5%提升到2019年的59%，湿地保护效果显著。

从热闹的吴江老城区往东约15分钟车程，穿过繁忙的千亿级工业开发区，记者来到了位于同里镇的“另一个世界”——高大的银杏、水杉，茂密的竹林，河流、沼泽、湖泊织成了密集的水网，鸟儿在鸣唱，野鸭在嬉戏……

这里是同里国家湿地公园。近年来这里发生的变化，要从8年前出台的地方性法规《苏州市湿地保护条例》（以下简称《条例》）说起。2012年2月2日，苏州市正式实施该《条例》。

如今，苏州市自然湿地保护率从2011年的13.5%提升到2019年的59%，鸟类种数增加了100种，湿地公园的鸟类种数增加了40%。

《条例》实施以来，苏州的湿地公园不断增加

在高速发展的同时如何保护生态环境，成为苏州人面临的难题。

苏州市人大常委会农村经济工委副主任赵晓红介绍，从2005年到2009

年，苏州773个自然湿地斑块中，有50%以上的斑块面积发生了变化，自然湿地面积净减少365公顷。

“围垦和基建占用是导致湿地大幅度减少的两个关键因素。”苏州市湿地保护管理站站长冯育青说。为了遏制湿地的减少，2009年4月，苏州市成立了江苏省首家独立建制的湿地管理机构——湿地保护管理站，但很快实践证明，仅靠行政手段远远不够。

“湿地保护与开发的严峻形势，呼唤对湿地保护立法。”赵晓红说。虽然国家出台了多部与湿地保护有关的法律，但从湿地保护的角度看，还是存在着局限性。

2010年，苏州市人大常委会将湿地保护立法列入立法预备项目，2011年列入年度立法计划，并于2012年2月2日起开始实施《条例》。《条例》进一步明确了湿地保护行政管理主体，重点对湿地保护管理体制、重要湿地认定、湿地征占用管理等方面作了具体规定。

随着《条例》实施，位于吴江肖甸湖村的湿地也发生了变化。2013年，一个占地1.5万亩的大型湿地公园被纳入保护范围，通过7年努力，累计投入5亿余元，于今年1月被正式授牌为同里国家湿地公园。在公园核心区域，为了不惊扰野生动物，甚至连一盏路灯都没有安装。这片湿地的保护成果，也成为《条例》实施8年多来的缩影。有了《条例》的保障，近年来，苏州的湿地公园如雨后春笋般涌现，野生动植物也日益增多。目前，苏州市已建设市级及以上湿地公园21个。

在苏州，很多建设项目需要对鸟类及微生物的影响做出评价

在苏州，很多建设项目不仅要做环评，还需要对鸟类以及微生物的影响做出评价，这是建设项目征收、征用或占用湿地需经过的一道行政审核手续。“我们要求编制的湿地保护方案里，要对鸟类以及微生物的影响做出评价。”冯育青说。这相当于为红线内的项目开发设置了一道绿色门槛。

划定湿地生态红线，确保湿地生态功能不降低、面积不减少、性质不改变……随着《条例》的实施，湿地管理者也更有底气了。

废弃高速取土坑、养马场、垃圾填埋场……在昆山花桥北部，曾有一片废弃地，但如今，随着《条例》的实施，这里被建成风光宜人、物种繁多的天福国家湿地公园，短短3年多时间，区域内的鸟类也从56种增到197种。

沪苏湖高铁按原计划要从吴江湿地元荡穿插而过，吴江自然资源和规划局林业站副站长孙春刚回忆，为避免湿地被破坏，沪苏湖高铁修改了线路方案，原来的笔直线路修改成S形弯道，增加了项目资金投入，但避免了铁路对元荡湿地的影响。“如果不修改方案，审核就过不了。”孙春刚说。这也体现了《条例》的法律地位。

在长江常熟段，有片突入江中的滩涂，人称“铁黄沙”。“这里以前很荒凉，整片滩涂只有一些稀疏的芦苇。”当地居民陆林祥回忆。随着《条例》实施以及长江保护力度不断加大，铁黄沙的命运也发生了变化。按原有规划，铁黄沙将成为一个物流基地，如今，规划修改，铁黄沙将建成一个大型湿地公园。

原生态的滩涂与成片的向日葵紧紧相依，成片的芦苇荡沙沙作响，成群结队的野鸭在水面嬉戏……曾经的荒凉沙岛，仿佛一夜就变成了生态花园。说起铁黄沙的变化，周敏军很兴奋。几年来，他在铁黄沙湿地观测到的鸟类种数超过100种，除了白头鹤、东方白鹳等国家一级保护动物，还有黄胸鹀、斑背大尾莺、震旦鸦雀等濒危物种。

提高公众参与度，让湿地保护深入人心

“现在，大家对湿地保护的重视明显提升了。”冯育青说。当地凡是重大工程规划时，一定要把湿地保护红线拿出来比对，绝不敢越雷池一步。冯育青回忆，2014年，吴中区西山岛出入通道扩建工程占用湿地，需办相

关手续。刚开始时，当地有关部门有些不理解，环评、国土等手续都办好了，为何还要湿地保护方案？为此，湿地保护部门主动上门协调，宣讲《条例》，最终及时办理了相关手续。“湿地保护这么严格，看来以后规划建设项目，都得提前比对湿地红线了。”有关部门感慨。

2013年，苏州市人大常委会进行首次执法检查时，苏州湿地退化、丧失的趋势未得到根本遏制，随意侵占、破坏湿地的现象依然相当普遍。到了2018年，市人大常委会再度进行执法检查时发现，《条例》成效已经较为显著，苏州各区市呈现出湿地保护率提高、湿地功能提升、湿地环境状况改善的良好局面，苏州市已认定重要湿地102个，恢复湿地面积达4万余亩。苏州市湿地保护管理站因为保护工作出色，获得第二届“生态中国湿地保护示范奖”。

成绩的背后，是多方面的努力与付出。近年来，公众湿地保护的意识和参与度不断提高。《条例》实施后不久，苏州成立了湿地自然学校，这是面向大众进行科普教育的场所。2015年，喜欢参与鸟类调查的周敏军辞掉外企的工作，加入湿地自然学校，全身心投入观鸟工作。如今，湿地自然学校在全市设置了30多个观察点，每个观察点都要拿出年度鸟类统计报告，以便主管部门进行决策。

同里国家湿地公园工作人员沈娅婷的老家就在公园旁，公园成立后，她从工厂辞职，到公园当了名讲解员。“我从小就生活在这里，但从没发现原来湿地里有这么多可爱的野生动植物。”如今，沈娅婷已经爱上这份工作，对湿地公园里的动植物如数家珍。每周，她都要给来湿地公园的中小学生做公益讲座，跟学生们讲述花鸟虫鱼的知识、分享湿地保护的故事，让大家明白湿地保护的重要性。

2017年，“苏州昆山天福实训基地”在湿地公园成立，这是一个面向全国湿地人才的培训基地，现代化湿地公园如何建设、管理，都是基地培训的重要内容。36岁的戴小华成了培训老师，给各地前来的湿地工作者讲述栖息地恢复方面的专业知识。“不仅要把自己的一亩三分地管好，更要把好

◆同里湿地公园（供稿：钮泉娜）

的经验、做法分享出去，让湿地保护的队伍越来越强大。”

冯育青告诉记者，随着苏州各地湿地科普教育持续开展，越来越多的人开始走进湿地，了解湿地的重要性。“让越来越多的人养成爱护大自然、爱护湿地的好习惯，这不就是实施《条例》最大的收获吗？”冯育青说。

苏州，再展开放创新合作优势

2020年6月20日《人民日报》01版　　记者 何聪 王伟健

今年前5个月，江苏省苏州市实际利用外资59.05亿美元，比去年同期增长157.5%，增量和增幅均创历史新高。

新冠肺炎疫情冲击之下，苏州吸引外资何以逆势上扬？“进一步优化营商环境，推出‘开放创新合作热力图’，携手‘云招商’全天候吸引投资，是其中重要因素。”苏州市商务局局长方文浜说。

今年1月上线的“苏州开放创新合作热力图”是个网上招商平台，旨在全面推介苏州营商环境、投资政策和投资信息空间布局，为外资等各类资本选择苏州、投向苏州提供服务指南。现有电子图5张，分别为投资考察线路图、平台载体导引图、产业用地供应图、投资合作机会图、产业链全球合作对接图。

作为外向型经济重镇，苏州外贸依存度高，受外部环境影响程度深。“改革开放以来，苏州创造的业绩，靠的是开放、创新与合作。”江苏省委常委、苏州市委书记蓝绍敏说，“直面当前困难和挑战，化危为机开拓新局面，依然要靠开放、创新与合作。”

亮出招商家底，有图有服务

正是借助“苏州开放创新合作热力图”，方达医药技术有限公司投资

1.5亿美元的生物医药项目选择了苏州。

方达医药是一家成立于国外、支持药物研发的服务性企业，去年底决定扩大投资，3月12日签约落户苏州吴中经济技术开发区。

“我们是仔细研究‘热力图’后，作出投资吴中决定的。这里发展生物医药产业的氛围，以及对整个产业链的精心打造，最吸引我们。”方达医药执行副总裁、中国区总经理张天谊说，方达发展所需要的上下游伙伴以及产业生态圈，苏州都具备。

现阶段，“热力图”包含106条投资考察线路、230个可用招商载体、68.8平方公里产业用地、718条投资合作项目需求……“一图打开，一目了然。这是苏州对全市招商资源首次进行系统整理，将原本散落在各个板块以及商务、发改等多个部门的数据库与基础地理信息大规模融合，几乎囊括投资者的所有刚需信息。”“热力图”专班二组组长张宏介绍。

“按照传统渠道，这么大的范围和体量，投资商很难做到全面了解。有了‘热力图’，选哪、选谁都有了基础依据。”太仓市委书记沈觅介绍，首期投资1000万美元的柯锐世低压锂离子电池工厂，注册外资3796万美元的新能源汽车零配件生产企业锐泽科技（太仓）有限公司，都经“热力图”引导落户太仓新能源汽车板块。今年前5个月，太仓市实际利用外资5.73亿美元，同比增长125%。

“有图还要有服务。”方文浜介绍，苏州从各个板块抽调招商负责人，成立项目小组当好“店小二”，在投资计划、土地挂牌、规划建设、开工准备等方面做好在线服务。截至5月底，“热力图”点击量超过31万次，获得项目线索近500条，产生有效意向的项目超100个；全市“云签约”外资项目超过50个，投资总额超过50亿美元。

迎来金凤凰，功夫更多在“图”外

“‘热力图’上的‘欧美智造合作之旅’路线吸引了我们，通过实地探访，集团决策层感受到昆山市高端装备制造业的活力。”德国BBS自动化集团中国区投资总部总经理刘春艳介绍，集团的研发及制造中心基地项目，经3次洽谈后，顺利落户昆山开发智能制造产业片区。“选择昆山，是因为这里的产业积累、未来规划以及营商环境，让我们看准了现在，也看到了未来。”

“用好‘热力图’，关键是下好‘图’外功夫。”苏州市市长李亚平说，真正吸引投资者的，是“热力图”背后的投资机会和营商环境。

3月13日，星巴克中国“咖啡创新产业园”项目落户昆山，这是星巴克在美国以外布局的最大一笔生产性战略投资。“中国是我们最重要的市场之一，而星巴克中国‘咖啡创新产业园’则是我们一项意义深远的战略投资。”星巴克咖啡公司总裁兼首席执行官凯文·约翰逊表示，项目尚未落户，星巴克便体验到了苏州的热诚服务。疫情防控期间，昆山开发区专门成立服务团队，一面做好精准防控，一面为星巴克做好产业规划。

3月28日，苏州市委和市政府召开营商环境创新大会，发布苏州营商环境政策最新升级版——《苏州市优化营商环境创新行动2020》，意欲打造“苏州最舒心”营商服务品牌。

接下来，苏州计划推出人才创新合作“热力图”、工业互联网5G热点分布“热力图”，同时提升平台筛选搜索功能，新增即时交互功能，引入用户管理系统，加快数据更新频率，开辟产业信息对接“集市”。方文浜说，希望通过一整套“热力图”，形成苏州全方位开放合作创新推介平台，成为不落幕的“招商会、交易会、对接会”，在常态化疫情防控背景下建立线上线下全天候开放合作创新机制。

创新用地模式，亩均效益助推高质量发展

德国BBS自动化集团研发及制造中心基地项目落户昆山之前，昆山市在用地会审时提出，提高土地利用率，100亩用地核减为80亩。

“苏州产业门类齐全，平均每平方公里用地创造超过2亿元产值，但大而不够强、结构不够优，80%的产业用地只贡献20%的税收。”苏州市自然资源和规划局有关负责人表示。

黄桥街道，是“热力图”上的一个点。作为老工业镇，黄桥街道产业用地已达极限。当地在产业用地上规划高层厂房，平均容积率由原先的不足0.5提升至2.5，置换出近2平方公里的工业用地。苏州新推出的68.8平方公里可用产业供地，就是这样“一处一处抠出来的”。

过去的“先招商后落地”也已转向如今的“以地招商”。按照“产业基地—产业社区—产业集聚区”进行分区的产业用地“热力图”中，标注了45个区域近期可供的产业用地，并逐一对应重点招引产业类型。

花力气腾挪出一定数量的产业用地，苏州把功夫下在了提质上：以集约用地和亩均效益为抓手，引导产业规模集聚、高质量发展，目标直指提升产业含“绿”量、产出含“金”量、科技含“新”量。

3月25日，苏州敏芯微电子技术股份有限公司竞得位于纳米城环路西的一宗工业（研发）用地，这意味着苏州首创的产业用地分段弹性年期（10+N）挂牌出让模式正式落地。出让协议规定：10年期（前段）内，企业需按照包括投资强度、达产时间、亩均税收等要求的《产业发展协议》履约考核；经过政府监管方考核通过的，可以受让N年期（后段）土地使用权。

“市区大部分工业用地出让都将采用弹性年期。”苏州市自然资源和规划局权益处工作人员马健德介绍，苏州建立了以投资总额、产出效益、利用强度等为主要指标的综合评价体系，根据项目产业类型、用地特点、生命周期以及投入产出要求等，实行定制化的供应方式、供地价格、出让年限、转让条件，服务初创期、成长期、成熟期、转型期等不同发展阶段的企业用地需求。

创新以地招商模式，高效率、高效益配置土地资源，苏州正不断推出实招硬招。

苏州落实免租降费、免罚轻罚等政策，多措并举纾困惠企
——让营商环境成为金字招牌

2020年9月15日《人民日报》11版　　记者 王伟健

习近平总书记强调，落实好纾困惠企政策，保护和激发市场主体活力。今年以来，江苏省苏州市出台多项举措，免租降费为企业减轻负担，对涉企轻微责任免罚轻罚，优化审批流程，提升群众办事体验，不断优化营商环境。

今年以来，受国际疫情影响，苏州爱德家居有限公司订单严重缩水，急着转向国内市场，却苦于没有门路。就在企业高管焦急不已时，江苏苏州税务部门的一通电话让事情有了转机。

原来，苏州税务部门在进行发票开票数据分析时，发现爱德家居出口销售额降幅较大，可能存在出口转内销的需求，于是立即安排“税务管家”上门洽谈，帮助其找到了位于上海青浦的买家。

正是有了这样优良的营商环境，今年上半年，苏州交出了一张亮眼的成绩单：新登记市场主体同比增长56.1%；新增境内外上市公司11家。“苏州的营商环境只有升级版，没有终结版，要真正让营商环境成为苏州的金字招牌。”江苏省委常委、苏州市委书记蓝绍敏说。

免租降费
用真金白银为企业减负，激发企业活力，增强发展信心

7月份实现扭亏为盈，8月份订单又迅速增长，看着最新财务数据，麦格

纳汽车系统有限公司研发总监尹艳华松了一口气。

几个月前，受疫情影响，公司订单大幅下降。为了缓解经营压力，公司总部要求苏州公司裁员15%，并采用“上四休三”的工作制。“这会降低员工收入，很多高端人才也会流失。”尹艳华很担心。

就在他一筹莫展之时，苏州工业园区的工作人员带来了好消息：一次性免掉研发部两个月40万元的房租，减免近200名员工30%的社保和公积金，为期一年。“正是这雪中送炭般的帮助，让我们顺利渡过了难关。”尹艳华说。

新冠肺炎疫情发生以来，为了帮扶企业，促进经济快速复苏，苏州以“免租降费”为抓手，用真金白银为企业减负，激发企业活力，增强发展信心。

当看到1000多万元退税款及时到账时，大陆汽车系统（常熟）有限公司的汪育松了一口气。今年3月复工复产后，由于从事进料加工业务，公司需要将海关进料加工手册核销完成后才能进行退税申报。为了加快退税进度，常熟市税务局组织业务骨干一对一帮助企业梳理每项指标，确保数据准确无误、一次通过。

据介绍，今年以来，常熟市税务部门为确保疫情防控和助力稳外贸工作协同推进，以出口退税全程网上办为契机，持续优化“非接触式”出口退税服务，通过“无接触”退税、容缺退税、加速退税等便利化措施，缓解外贸企业资金压力，助力企业渡过难关。

据统计，截至今年7月底，苏州市累计减免三项社会保险费共计177.1亿元，惠及企业40.6万家。今年上半年，苏州市累计新增减税降费371.35亿元。如今在苏州，从制造业到服务业，从内贸企业到出口企业，减税降费的红利正在各行各业加速释放，一大批企业走向复苏。

免罚轻罚
出台清单，加强指导，让企业感受到“有温度的执法”

“因不可抗力导致税收违法行为的，不予行政处罚；取得生产许可证的企业名称发生变化，未依照规定办理变更手续，责令限期办理相关手续后及时办理的，不予行政处罚……”为助力企业平稳健康发展，早在今年3月份，苏州发布了《涉企轻微违法行为不予行政处罚清单、涉企一般违法行为从轻减轻行政处罚清单》。

“两份清单”共包含248项不予行政处罚事项和206项从轻减轻行政处罚事项，既涵盖了发改、工信、市场监管等经济领域，也包括轨道交通、卫生健康等民生领域，让企业真正全面感受到“有温度的执法”。

“感谢吴江区市场监管局！你们在执法过程中以案释法、耐心讲解，使我们深受教育。”小蒋（化名）和他父亲再三向执法人员表示感谢。日前，苏州市吴江区市场监管局七都分局的执法人员来到患有残疾的当事人小蒋家中，将《不予行政处罚决定书》当场送达给他，并为他带去了《广告法》《食品安全法》等学习资料。

原来，小蒋开网店创业，因在普通食品标题中错误使用“低脂”一词，以及在另一款普通食品中宣传“益脾健胃”等，涉及医疗用语，被消费者举报。案件发生后，小蒋已第一时间对违法行为进行改正，为投诉人办理了退货，并积极配合调查。最终，吴江区市场监管局依法对小蒋作出不予行政处罚的决定。

但免罚轻罚不等于免责。苏州市纪委副书记、监委副主任邹洪凯告诉记者，企业受到免罚轻罚后，执法机关依然要对其运用政策辅导、行政建议、警示告诫、规劝提醒、走访约谈等方式，加大指导，责令其纠正。“执法部门不能对相关违法企业‘一免了之’，后续的监督工作要继续跟进。”苏州市司法局局长王侃说。

据了解，自“两个清单”公布实施以来，截至8月底，苏州各级行政执法机关共办理涉企行政执法不予行政处罚案件10050件，涉及金额3.39亿元；从轻行政处罚案件1057件，涉及金额6182万元；减轻行政处罚案件236件，涉及金额1.59亿元。

优化审批

线上“一网通办”，线下“只进一扇门”，让群众少跑腿

不久前，受疫情影响，苏州奥立登科技有限公司的外籍股东无法入境办理企业登记。了解情况后，苏州工业园区立即协调中国银行驻新加坡分行对股东主体资格进行鉴证、核实，在沟通、确认申报材料后，核准发放了营业执照，以登记文书线上跨境流转模式实现了外资企业登记“足不出境”“离岸审批”，解了企业的燃眉之急。

快捷高效的“不见面审批”，得益于苏州工业园区“一网通办”平台。工业园区行政审批局“一网通办”办公室主任王志远告诉记者，如今企业、市民办理各项审批业务时，只需前期在“一网通办”网站填写一次信息，即可实现智能填表。

在苏州高新区浒墅关经开区，一个投资超12亿元的外资超市项目，从立项到开工建设，仅仅用了108天。“该项目96天便拿到施工许可证，108天就正式开工了，这是当地政府‘深踩油门’跑出加速度的结果。”该超市苏州项目相关负责人感慨。

“持续优化营商环境，必须坚持用户思维和问题导向。”苏州市行政审批局局长许振华说，作为政务服务“总客服”，行政审批局通过大力解决行政审批制度改革中的痛点、难点、堵点问题，实现企业群众办事“找最少的部门”“花最少的时间”。

此外，为推动审批服务便民化，苏州还推出了“一件事”改革，即一件事一次办完整，将多个部门的审批事项梳理整合、流程再造，最大限度让群众办事少交表、少跑路、少折腾。许振华介绍，上半年，苏州梳理出60个“一件事”主题事项，编制形式直观、易看易懂的事项办理流程图，企业和群众办事线上“一网通办”，线下“只进一扇门”。

物联“千里眼” 融资控风险
——苏州通过网络技术监控生产仓储，解决风控难题

2020年11月27日《人民日报》10版 记者 王伟健

运用物联网技术来“看住”抵押动产、监测企业生产、分析行业运行，让银行授信更有的放矢。在江苏苏州，借助新的技术手段，风控工作比以前更精准更高效，更利于中小微企业融资。

受新冠肺炎疫情影响，国外客户要求延长付款时间，这让从来不贷款的江苏苏州德丽雅塑胶科技有限公司总经理季国强有了资金压力。当他抱着试试看的心情跟银行提出贷款需求之后，没想到很快得到了积极回应。

“你们车间生产情况很好，无需抵押，可以马上给授信额度。”农行苏州分行客户经理卞冰的一席话，让季国强心里有底了。短短半个月时间，300万元的贷款就到账了，缓解了公司流动资金的压力。

2019年以来，江苏苏州银保监分局推出物联网金融，用物联网技术实时监管生产、库存状况，解决了银行的风险控制难题，也有效缓解了民营和小微企业融资难融资贵问题。苏州银保监分局副局长曹晔介绍，截至今年10月31日，苏州已有19家银行依托物联网获取相应信息，并向1108家企业授信，其中小微企业和制造业企业分别占比94.86%和95.67%，涉及金额176亿元。

“千里眼”，看得住抵押动产

位于张家港经济技术开发区的虎翼车业是长三角地区比较有名的轮胎

配送物流服务商，年销售配送轮胎150万条，全国运营网点有36个。

由于公司的轮胎库存占用流动资金常年保持在6000万元左右，一定程度上制约了企业的发展，且公司为贸易型企业，固定资产较少，很难在金融机构进行抵押贷款。

针对这一情况，苏州银行向企业提出了解决方案：通过物联网技术的远程实时监控，将库存轮胎作为质押物，盘活企业存货资产。

很快，苏州银行就选取了该公司货值不低于3100万元的品牌轮胎作为质押物，运用动产质押模式，为企业提供了1550万元授信额度。

胡苏弟是苏州银行的一名客户经理。“过去，如何看住‘抵押物’，是动产质押最大的难题。”胡苏弟说，为了防止动产一物多属、一物多押等情况的发生，他三天两头要往客户厂里跑。“物联网技术的出现，让我们有了‘千里眼’。”

据介绍，这种物联网金融模式主要是通过非接触式人工智能视频分析技术，银行可以进行货物监控，对监控区产品出入数量进行计算，并通过视频计数与企业管理系统出入库数量数据进行比对，发现异常第一时间提示。

此外，企业在办理质押后，第三方物联网公司会给企业的质押物选定一个特定仓储地点。货物送达后，物联网技术将代替人工，实现对仓储货物等动产的全面感知，实时获取企业质押物信息。

质押物“看得住”了，动产质押模式也在苏州逐渐流行起来。截至目前，苏州有建设银行、华夏银行、苏州银行等7家银行开展动产质押业务，苏州通过物联网动产质押模式对25家民营企业授信，其中小微企业占比达96%，涉及金额18.37亿元。

智能芯片，全天监测企业生产情况

苏州市锦鸿实业有限公司是一家主要从事羊毛衫生产、销售的企业，受新冠肺炎疫情影响，工厂停工造成了部分订单流失，再加上复工复产后需要备足原料，公司资金一度极为紧张。公司董事长张维红告诉记者，在最困难的时候，资金缺口达到200万元。

“往年行情好的时候，我们也只从银行贷了100万元，今年银行愿意增加100万元的授信额度吗？”张维红向农行吴江分行客户经理闵威表达了增加授信额度的诉求。

闵威同意了张维红的诉求，但要求增加监控。走进锦鸿实业生产车间，车间里充斥着机器的轰鸣声。闵威指着机器设备上一个手机大小的黑色盒子对记者说：“这个小黑盒叫监控仪，里面装有智能芯片，全天监测企业生产设备，实时感知企业生产经营状况。”

闵威打开一个手机App，里面展示了企业设备的实时运转状态，其中橙色条为开工状态，灰色条是停工状态。记者看到，公司设备的运行状态几乎全是橙色。“通过实时监控，我们发现锦鸿实业差不多每天都在满负荷运作，订单也是源源不断，经营风险比较小，所以增加授信额度也就很容易了。”闵威说。

苏州银保监分局普惠金融科科长仲瑞介绍，在传统的金融模式下，信用是主观的，要通过中介增信，风险控制是被动的；而通过物联网得到的数据则是实实在在的，依据的是传感器采集的客观数据，具有实时、全面、去中心、可追溯等特点，变主观信用为客观信用。“有了企业设备运营的数据，可以给企业的信用进行精准画像，让金融机构放贷更有依据。”仲瑞说。

深度应用，物联网金融向更多领域推开

受益的不仅是企业，随着物联网金融的推广，产业集群也享受到了这一模式带来的红利。

太仓市璜泾镇是化纤加弹之乡。去年11月起，农行苏州分行就在当地选取有代表性的化纤加弹业中小微企业上线“物联网监测平台”，通过在企业生产设备和仓储车间安装传感器，全天候记录企业各种信息。

平台获取的数据显示：今年3—7月，璜泾镇化纤加弹行业单设备日均运行时间为22.77小时，与疫情发生前基本持平，同时企业用电量也已恢复。监测数据同时显示，疫情防控期间整个璜泾镇化纤加弹企业经营数据变动波形相似、趋势一致，整体性特征颇为显著。“这表明该行业整体已经度过了困难期。”农行苏州分行信用管理部负责人黄忆玮说。

二季度，当地一家名为桑榆化纤的企业资金需求增加，农行苏州分行依托物联网技术分析企业每日开工时间和用电量数据，直观呈现了企业复工复产的整个过程。8月，农行以信用追加以及部分设备抵押的方式为企业新增300万元的授信额度，及时满足了企业扩大产能的资金需求。截至10月末，农行苏州分行加大了对璜泾镇化纤加弹行业小微信贷客户的支持，为38家企业增加了授信额度。

物联网技术可以解决信息不对称的问题，因此除了信贷领域，在保险行业，物联网技术也受到了欢迎。

“用手机就可以看到消防系统水压状况和线路用电情况，还能随时接收预警，非常直观和方便。”苏州某科技公司在安装了消防物联网设备后，赞不绝口。

太平洋产险苏州分公司总经理黄垚介绍，公司运用消防物联网系统进行管理，通过手机就可随时随地监测设备运行情况。设备一旦预警，手机App也能及时收到提醒。目前，公司已经为39家企业安装116台消防物联网设备，接到有效消防设备安全预警248次。

曹晔介绍，苏州将进一步完善物联网金融应用模式、建立物联网金融运营体系，通过物联网金融的持续创新应用，让信贷资源惠及更多的实体企业。

人间天堂的小康风采

2020年第13期《求是》 记者 闫玉清 赵雁

1983年，邓小平同志到苏州考察。透过苏州的实践，他仿佛看到了实现“小康”目标的光明前景。

2009年，习近平同志在江苏调研时指出，“像昆山这样的地方，包括苏州，现代化应该是一个可以去勾画的目标”。

苏州，小康宏图起笔处，现代化蓝图落墨际。今天的苏州，展现在我们面前的是一幅高质量发展的美好图景，我们切身感受到了全面小康清晰可见的现实模样。

一河一湖的“最靓颜值”

“小康全面不全面，生态环境质量是关键。”习近平总书记这样强调。全面小康一定是天更蓝、山更绿、水更清、环境更优美，一定是能望得见山、看得见水、记得住乡愁。

“君到姑苏见，人家尽枕河。”2020年3月23日，在苏州平江历史文化片区内，消失近半个世纪的中张家巷河通水“重生”，再现典型的江南水乡风貌。

历时15载，费用超过1亿1千万元，迁移居民数十户，只为复原一条600多米长的河道。苏州用“绣花”的功夫，寻回了“小桥流水、人家枕河”的乡愁。

漫步在石板路上，处处有历史，步步有文化。到岸边的昆曲博物馆听一曲厅堂版的《浮生六记》，再到评弹博物馆欣赏一段评弹，体味浓浓的江南韵味。传统文化的创造性转化和创新性发展，大大提升了“姑苏八点半”的夜经济含量。

习近平总书记对苏州的秀美记忆犹新：“江南是个好地方，自古就有‘上有天堂，下有苏杭’之美誉。之所以称苏杭为天堂，我想不仅是因为那里经济繁荣、社会安稳，而且还有自然风光、生态环境的美丽。”总书记说，“天堂”之美在于太湖美，确实生态很重要，希望苏州为太湖增添更多美丽色彩。

宋永康，太湖边上的一个养蟹能手。1998年开始，宋永康在太湖水面从事围网养殖。那时候的东太湖水面基本上被密密麻麻的围网铺满了，中间只留下一条狭溜溜的水道。2018年，太湖所有养殖设施开始拆除。到2019年秋天，整个东太湖变成水汪汪清澈澈的一片。同时，对沿太湖养殖池塘进行改造。看到刚挖好的像巧克力块般的标准化养殖池塘，宋永康内心激动不已。他一下子承租了216亩的池塘，劲头更足了。

碧波荡漾、青山朗润，老街雨巷、丝竹悠扬，人间天堂的“最靓颜值”就是小康亮丽的底色。

一街一村的“最美笑脸”

“天地之大，黎元为先。”民生无小事，枝叶总关情。全面小康，覆盖的领域要全面，覆盖的人口要全面，是五位一体全面进步，是惠及全体人民的小康。

“吴老伯，爱心餐到啦……”同往常一样，10点45分，家住苏州工业园区娄葑街道的吴思勤老伯家响起了熟悉的敲门声。一份由社区志愿者送上门的“爱心餐”，准时到达吴老伯手里。

2019年9月，娄葑街道发挥基层首创精神，精心打造居家养老服务闭环模式。像吴老伯这样符合条件的城市社区老人，每餐只需支付9元即可足不出户享受营养可口的“三菜一汤爱心餐”。老两口高兴得合不拢嘴：“这就是党和政府带给我们的小康生活！”

“让所有老年人都能老有所养、老有所依、老有所乐、老有所安。”习近平总书记的嘱托情真意切，浓浓的人民情怀温暖人心。6月20日，娄葑街道“爱心呼叫中心”和“爱心厨房”“爱心应急”“爱心送医”“爱心助洁”“爱心关怀”的“1+5”爱心系列公益项目全部落地，迈出了探索居家养老领域共建共治共享新格局的历史性一步。

苏州昆山智谷小镇，一个激情燃烧的“科创之城”，致力于打造引领昆山转型发展的“创新之魂”、对外开放和国际合作的“开放之门”、创意创新创业的“活力之源”。

全面小康，覆盖的区域要全面，是城乡区域共同的小康。习近平总书记指出，实施乡村振兴战略要物质文明和精神文明一起抓，特别要注重提升农民精神风貌。

6月15日，张家港市南丰镇建农村孟坤祥家格外热闹，村民们忙着用硬纸板、易拉罐等可回收垃圾兑换酱油、醋、卫生纸等“明码标价”的生活用品。孟坤祥家是“和美乡风志愿岗”的环保岗，定期为村民提供兑换服务。

环保岗只是“和美乡风志愿岗”的一个岗位。2018年11月以来，建农村整合党员中心户、五星文明家庭、阅读小站等资源，因地制宜，在群众身边、百姓家中打造了学习实践科学理论的先锋岗，宣传宣讲方针政策的科普岗，培育践行社会主义核心价值观的民情岗、帮扶岗，丰富精神文化生活的阅读岗、文艺岗，倡导文明生活方式的环保岗、治安岗等8大类志愿岗，成为建农村加强乡村治理、提升乡风文明的创新品牌，打通了宣传群众、教育群众、关心群众、服务群众的“最后一公里”。在无数个平凡的日子里，每个岗位各司其职，雕刻着村庄精神文明建设的每寸纹理，推动文明实践遍地开花、硕果累累，成为“文明张家港”深化拓展新时代文明实践的生动缩影。

温馨时尚的生活方式飞入寻常百姓家，人们向上向善、日子殷实，洋溢在城市乡村的“最美笑脸”就是小康珍贵的“名片”。

一场一镇的“创新磁场”

全面小康社会靠什么实现？必须走出一条新路，依靠创新驱动。习近平总书记这样说。创新是引领发展的第一动力。谁在创新上先行一步，谁就能拥有引领发展的主动权。

近年来，逐渐进入大众视野的区块链技术，已悄然延伸到金融、政务、民生等众多领域。总书记要求，把区块链作为核心技术自主创新重要突破口，加快推动区块链技术和产业创新发展。3年前，苏州率先建设国内首个区块链技术试验场，打造国际化社区“链谷”。

马小峰，苏州同济区块链研究院院长。从场地落实到人员入驻，从资源对接到项目落地，马小峰与苏州相城区结缘，研究院一步步发展壮大，并实现了其自主研发项目在各行各业的“开花结果”。

“梧桐链”，就是研究院通过2年多时间，成功研发出的国内首个具有技术成熟度的自主设计的区块链底层平台。为何取名“梧桐链”？马小峰说，“梧”代表“东吴”，“桐”代表“同济”，梧桐树又有“筑巢引凤”的美好寓意，他希望研究院能真正把区块链底层技术做好，吸引更多区块链领域的“凤凰”在此安家。

今年5月，相城区获批创建江苏省区块链产业发展集聚区，一个对标“硅谷”的国际化社区“链谷”正在逐步形成。

“闯”和“创”，这是我们在昆山智谷小镇听到最多的字眼。智谷小镇“镇长”常晓林介绍，小镇打造的创意创新创业生态圈，形成了吸引人才、项目、资金、服务的“强磁场”，真正让小镇释放出大智慧、大能量。

“当初，我带着技术、带着项目而来，毅然搞起了总部经济，没想到，昆山给我的是一个大大的惊喜。”鲲鹏通讯（昆山）有限公司总经理王阳在智谷小镇找到了大展拳脚的空间。历经9年的创新创业，“鲲鹏通讯”一跃成为国内物联网智能终端的领头羊。在王阳看来，在昆山的每一天，都是充满希望的新的开始。这个激情燃烧的“科创之城”，正在续写新时代的创业史。

世界的前沿、时代的脉搏触手可及，一大批现代产业集群不断崛起，创新创业的“最强大脑”汇集于此，这是小康有价值的内核。

调研手记：

宏图在前，使命在肩。在即将高质量跑完全面小康社会建设“最后一公里”之时，苏州正以恢宏的实践探索一条具有时代特征、彰显“强富美高”内涵的现代化路径，一笔一画把“大写意”绘制成“工笔画”。宋永康的故事折射出，青山就是美丽、碧水也是幸福，生活在画卷里的苏州人，感受到“人间天堂”的美誉是如此名副其实；吴老伯每天的“爱心餐”中透出“大民生”，民生为本，人民群众的获得感幸福感才会如此实在；建农村的“和美乡风志愿岗”让文明实践进入家家户户，高品质的生活，必然是文明的生活。马小峰、王阳的创业史，又何尝不是新经济新业态迭代涌来的真实写照。

孜孜探路，奋楫潮头，迎来人间天堂辉煌蝶变。苏州“强”的成就更加显著，“富”的成果更加可感，“美”的成色更加鲜明，“高”的成效更加彰显。苏州谱写的精彩篇章，是习近平新时代中国特色社会主义思想在中国大地开花结果的生动注脚，成就背后显著的制度优势和淬炼出的中国精神，是中国人民从“富起来”迈向“强起来”的坚实保证。

新征程上，霞光万道，风景无限。

苏州：内外双修锻造产业韧性

2020年11月16日《瞭望》新闻周刊 记者 刘亢 陈刚

◆ 全球竞合新格局下，价值更高的黏性供应链成为争夺焦点。苏州主攻战略性新兴产业集群，不断增强供应链黏性

◆ 产业链的竞争力，源自优质营商环境“小火慢炖”，苏州对标世界一流，紧扣企业需求，以良好营商环境催生健康产业生态

◆ 生产性服务业是赋能制造业的利器，拥有16万多家工业企业的苏州，高规格布局生产性服务业，以求突破制造业天花板

改革开放之初，苏州人把一台笔记本电脑拆开，对照上千个主要零部件“缺什么补什么”，一环环拉长链条，高峰时生产全球一半以上笔记本电脑。依靠融入全球产业链，苏州成为中国城市工业前三强。

浪打船头人。全球产业链加速重构，外贸依存度超110%的“世界工厂”苏州将如何答题？

木桶能装多少水，直立时取决于短板，倾斜时取决于长板。今年以来，苏州强筋骨、塑生态、拓外延，拉长补短、内外兼修，提升产业韧性活力，构建“双循环”新发展格局蹄疾步稳。前三季度，苏州地区生产总值达1.42万亿元，逆势增长2.4%，稳中有进；4月以来工业投资累计增速超25%，进中向好。

◆工作人员在苏州富强科技有限公司生产车间内作业（供稿：韩瑜庆）

强健筋骨“链”接全球

像两只手在云朵上紧握，又像两块零部件严丝合缝地嵌套连接——苏州产业链全球合作云对接活动上，造型独特的LOGO意味深长，折射苏州“链”接全球的眼界和智慧。

今年5月，苏州在全国率先开展产业链云对接，围绕生物医药、智能装备等5条千亿级产业链，发布“产业链全球合作对接图”，催生近4000亿元投资项目和合作订单。“这是以产业链协同合作对冲全球产业变局的新举措。”苏州市工信局局长蔡剑峰表示，针对产业链薄弱环节招引关键企业，重点支持龙头企业横向联合、纵向整合上下游，让产业链一通到底、强而有力。

筑链延链更需创新破局、开放赋能。今年一开年，拥有1.7万家外资企业的苏州提出“开放再出发”，陆续发布多张“开放创新合作热力图”，更加注重产业规律和产业链联系，增强集聚度、互补性和竞争力。据苏州市商务局统计，1至8月，苏州实际利用外资增幅达127.3%，创改革开放以来新高。

全球竞合新格局下，价值更高的黏性供应链成为争夺焦点。苏州主攻战略性新兴产业集群，不断增强供应链黏性。

“我们专注研发生产分子诊断、细胞培养、细胞免疫治疗等耗材，这些材料以往主要靠进口，国产替代势在必行。”赛普生物负责人周力波说，苦练内功两年多，企业掌握了生物材料表面改性等多项核心技术，月出货量近千万元人民币。

从零出发、由弱到强，苏州生物医药产业近年连续保持20%以上的高速增长，今年更是举全市之力打造世界级产业地标“中国药谷”，力争十年内集聚企业过万家、产业规模破万亿元。

如今的苏州，正在形成高端装备、新型显示等10个千亿级先进制造业集群，高新技术企业超过7000家。

优化营商重塑生态

苏州百拓生物技术服务有限公司内，几十台高端实验仪器忙碌运转。这一公共服务平台每年提供技术服务数万次，加速初创企业研发进程。“苏州生物医药产业发展壮大，源自优质营商环境‘小火慢炖’。”信达生物创始人俞德超说。

产业链竞争归根结底是营商环境的竞争。用汽车4S店一样公开透明、标准可靠的“至高服务”，在畅通产业双循环中锻造最重要“筹码”，苏州今年向全球郑重发布“苏州最舒心”营商服务品牌和“4S”国际版营商服务品牌。

为新兴产业知识产权申请提供快速通道，办事“一网通办”“只进一扇门”，“产业定制地”让企业“拎包入驻”……《优化营商环境创新行动2020》提出，苏州将在法治诚信、智慧政务、资源配置等方面更进一步，实现投资放心、发展安心、干事顺心、创业开心、生活舒心。

对标世界一流，紧扣企业需求，良好营商环境催生健康产业生态。6月中旬，华为苏州人工智能产业创新中心首度亮相。在同一栋研发大楼里，此前不久，微软赋能加速计划苏州人工智能创新中心刚刚举办首场线下活动。

与头部企业加强合作、赋能产业发展，是苏州优化产业生态的重要举措。苏州工业园区科技发展有限公司战略部总经理郑钧说，这里的国家级联盟、龙头公司、平台机构和创投等，营造共生共赢生态圈。

从最前端的研发到最末端的产业化，苏州各类公共服务平台覆盖孵化、加速、成长等全生命周期，持续向企业输送能量。“从培育小树苗起步，到抢占全球竞争制高点，听上去有点天方夜谭，却是苏州努力的方向。”苏州市发改委高技术产业处处长徐鸣涛说。

一座城市的实力与劳动者的素质息息相关。10月底，苏州隆重表彰“最美劳动者”，一线职工、外来务工人员分别占63.22%和56.64%，1万名劳动者获得荣誉奖章、培训补贴、流动人口积分等激励。

“以更好的城市精神让劳动者最能融入，以最优的公共服务让劳动者最被关爱，以最强的政策支撑让劳动者最能成长。”苏州市委常委、副市长洪宗明表示，将全力优化就业创业环境，加快集聚培育高素质产业工人队伍，厚植发展强支撑。

多维赋能拓展空间

生产性服务业是赋能制造业的利器。顺应产业秩序、组织、形态重构的大势，拥有16万多家工业企业的苏州，高规格布局生产性服务业，以求突破制造业天花板。

苏州提出打造“生产性服务业标杆城市”，重点扶持研发设计、供应链管理、检验检测认证服务等九大生产性服务业企业。今年前三季度，苏州高技术服务业投资同比增长2.6%，其中科技成果转化服务、信息服务大幅增长94.2%和36.3%。苏州立下新目标，“十四五”期间生产性服务业重点领域增加值年均增长12%左右，到2025年达万亿元。

以上海为龙头发挥协同增强效应，正是苏州在长三角一体化国家战略中的自我定位，生产性服务业是破题关键。挂牌于苏州工业园区的长三角境外投资促进中心，正在推进长三角企业在“一带一路”沿线投资布局、引进技术，助力建设优势产业集群。相城区正在建设的长三角国际研发社区，计划用5—10年集聚10万高层次研发人才，辐射服务长三角。

“从过去上海有什么、苏州要什么，转为上海要什么、苏州做什么。”苏州市委副秘书长俞愉说，苏州正在打造上海科研成果转化的“最佳试验场”、资源要素溢出的“优质承接地”、高端制造的“最佳协同区”。

作为制造强市、开放大市，苏州是构建“双循环”新发展格局中的重要枢纽节点。借助国际产能合作，助推产业链变革转型，苏州累计境外投资项目已超过2000个。

“经济全球化嬗变中，国内循环与国际循环相辅相成、相互嵌套。”苏州市委常委、常务副市长王翔表示，苏州要打好产业基础高级化、产业链现代化攻坚战，努力打造产业链双循环创新示范城市。

产业是城市之基。地处江尾海头，苏州正努力把长三角一体化、长江经济带、“一带一路”等重大机遇叠加效应转化为高质量发展红利，持续增强产业链稳定性、安全性和竞争力，在全球产业重构变局中构筑“苏州高地”。

继深圳之后，苏州市民获数字人民币消费红包
数字人民币支付体验迎全新“升级”

2020年12月15日《新华每日电讯》5版　　记者 吴雨 潘晔

苏州2000万元数字人民币消费红包已正式生效，在刚刚过去的这个周末，不少苏州市民已开启使用数字人民币“买买买”的消费时光。

相较此前深圳的数字人民币红包测试，此次苏州试点增加不少“新亮点”，电商线上场景、离线钱包支付体验纷纷落地，数字人民币支付体验迎来全新“升级”。

尝鲜！首次加入电商平台消费场景

11日20时0分2秒，随着苏州“90后”吴先生在京东商城成功下单，全国首单电商平台数字人民币消费产生，支付过程耗时仅0.5秒。

在苏州试点，数字人民币消费红包首次接入了电商平台消费场景。这拓宽了数字人民币消费的体验渠道。

记者了解到，在支付过程中，消费者需要先在数字人民币钱包中创建子钱包，选择推送子钱包到京东App，再打开京东App，选择自营商品，提交订单，在支付选项中选择“数字人民币”即可完成付款。

另一位参与测试的市民告诉记者，他先是用数字人民币在京东商城上买了两个热水袋，后又去实体店给女儿买了一件衣服。“就像平常线上支付和扫码支付一样，整个过程方便快捷。”

记者了解到，收货地址在苏州市相城区的市民还可选择京东商城自营商品货到付款，使用数字人民币支付，为此京东方面改造了上门收银所需的专用机具。

京东数字科技集团发布的数据显示，从12月11日20时苏州数字人民币消费红包正式生效起，到12日20时，京东场景有近2万笔订单通过数字人民币支付。

探索！推出双离线支付功能

“预约活动报名时我勾选了‘参加离线钱包体验’，没想到会中签，今天收到了短信通知，特意过来体验一下。”12日上午，苏州市民陆女士来到苏州市相城区天虹商场的地下一层，在卖零食的三只松鼠店铺里体验了一把“离线钱包”功能。

地下一层信号不是很强，只见陆女士将手机调至飞行模式，与同样调至飞行模式的收银员的手机相互一碰，即完成了66.6元的数字人民币支付。

记者了解到，此次苏州推出的“离线钱包”体验计划，可以在无网或弱网条件下，用户进行交易或者转款时不连接后台系统，而是在“钱包”中验证用户身份、确认交易信息并进行支付。

数字人民币的双离线支付功能充分考虑了特殊环境下的支付需求。中国人民银行数字货币研究所所长穆长春此前介绍，比如地下超市结算时手机信号弱，又比如在飞行模式下购买机上免税品，再比如高铁行驶过程中无信号时要付餐费……这些场景都可以使用数字人民币进行离线支付。

双离线支付如此神奇，但在此次小范围测试中，被选中参与体验的人数不超过1000人。而且，对参与者的手机硬件有所要求，指定型号的手机才能参与。

“截至12日上午11点多，有三四单为离线支付。”天虹商场三只松鼠店的店长告诉记者，目前离线支付只支持安装了具有“离线钱包”功能的华为、VIVO等特定型号手机，而且手机需支持使用NFC技术。

苏州市相城区地方金融监督管理局副局长郭燕浩介绍，由于“双离线支付”还在开发和建设中，目前相城区选择了部分适合“双离线支付”应用场景的商户进行铺设。

高效！部分商户机具改造远程完成

11日晚上，位于苏州市高铁新城的吾悦广场上灯火通明、人流如织，不少商户在显眼处摆放着“苏州购物节2000万数字人民币红包免费领”的广告牌。一些被数字人民币消费红包“砸”中的市民在挑选商品。

“早上收到了中签短信，晚上红包一生效，我就急忙赶来体验了。”正在京东之家吾悦广场店结账的蒋先生告诉记者，他购买了495元的商品，其中200元使用数字人民币消费红包支付，剩余金额使用微信支付，两种方式的支付体验一样便捷高效。

支付顺畅的背后，是苏州近万家商户的机具升级和收银人员培训，部分商户机具改造更是通过远程线上完成。

京东五星电器吾悦广场店负责人陈如鑫介绍，为了满足数字人民币试点的需求，参与活动的线下门店都进行了机具改造，培训了相关人员。“大家感觉还是比较简单的，培训一下基本就会了。”

记者了解到，不仅机具改造基本无需商户承担成本，而且使用数字人民币支付央行也不会收取任何交易手续费，在提高支付系统效率的同时，可以极大降低交易成本。

从11日20时到22时的两个小时内，苏州市相城区的商业综合体繁花中心共有20家商户受理了45笔数字人民币交易，消费主要集中于餐饮、家居服饰等。

专家表示，数字人民币的研发和应用将有利于高效满足个人、企业在数字经济条件下的需求，促进线上线下各类零售产业实体获得数字经济发展红利。

苏州：创新社会治理　打造和谐家园

2020年6月15日央视《新闻联播》

苏州聚焦城市治理能力现代化，打造百姓和谐宜居新家园。日益科学化、精细化、智能化的城市管理，让改革发展成果更多惠及百姓。

苏州1500多万人口中，外来人口占到了一多半。怎样能让他们在这里安居乐业？当地着力通过“大数据+网格化”的工作模式，为外来人口提供精细化服务。苏州工业园区唯亭街道搭建了一套智慧系统，接入了民政、城管、社会保障等部门，通过信息共享，方便居民办事。外来人员朱建根告诉记者，网格员刚给他家基本信息做了登记，户口办理的工单也实时传到系统开始进行处理。

苏州外来务工人员朱建根：网格员就告诉我，我需要准备哪些材料，然后让我一次性准备好、准备齐，直接去那边办理就行了，省得我来来回回地跑。

上个月，苏州依托设立在区县的7个分中心，在江苏省率先成立新市民事务中心，将为苏州新市民统一提供包括户口登记、积分入学、积分入医、出租房管理等一站式服务。

苏州市新市民事务中心主任黄戟：坚持从群众需求和城市治理突出问题出发，把分散式信息系统整合起来，为外来务工人员工作生活提供一站式、均等化服务，让他们更好地融入苏州。

苏州老城区以古香古色的江南风貌声名在外，但老城区的管理一直是个难题，不少巷弄连物业都没有。家门口的绿地损坏、小巷街道受损等，曾经迟迟得不到解决，居民反映很多。

城市管理要像绣花一样精细。这两年，依托街道反复尝试，苏州市探索出管理老城区的三级网格联动办法，在街道设立网格指挥中心，下面还有网格联动工作站、社区网格员，及时协调解决各种问题，将精细管理落实到每一条街巷。

苏州市民潘冬梅：现在我们还没汇报，他们已经知道了，下来把我们的事情弄得很好了，虽然是老房子，但我们现在住得很舒心。

江苏苏州：探索从根子上解决河湖生态问题

2020年5月3日《光明日报》01版　　记者 苏雁

江苏苏州石湖往东北约20里，老城区平江路的巷子里，评弹叮咚。花窗外，游船在小河里晃晃悠悠，游客好奇地俯下身，发现清澈的小河里“鳘鲦鱼好多”。平江路往东15里，被称为“洋苏州”的苏州工业园区，金鸡湖畔灯光闪烁，14公里的环湖步道，成为市民健身休闲的好去处。既观景，又健身，朋友圈里晒的是美景，也是对幸福生活的满足。

灵动的苏州着实让人流连忘返，这里是水的“天堂”，境内河网密布，有湖泊353个，河流2万多条，水域面积3205平方公里，素有“东方水城”的美誉。

“一江清水”是苏州践行生态文明的检验标志。生态要保护，经济要发展，如何做到“经济发展与生态保护两相宜”？苏州创新实施“加减乘除法”，通过系统性、整体性推进长江、太湖、阳澄湖、七浦塘、望虞河及支流水岸同治攻坚行动，倒逼产业结构转型升级，打通绿水青山与金山银山之间的转化通道，走生态优先、绿色发展的新路子。

苏州大学特聘教授、苏州大学“东吴智库”首席专家方世南认为，苏州以建设“减法”换生态“加法”，在粗放增长上做“除法”，在发展质量上做“乘法”，推动经济高质量发展，这是在探索从根子上解决河湖生态环境问题，让后世子孙永续享用生态空间。

◆阊门堰秀姿（供稿：引力播）

"砸笼换绿"布局新产业

"东方水城"也曾黯然失色。在曾经"以GDP论英雄"的发展模式下，苏州的土地开发利用强度接近30%的国际警戒线，人水争地矛盾凸显。2009年地表水水功能区劣V类水达45.7%，2014年全市废污水排放量达峰值14亿吨，2016年排查出全市黑臭水体932个，老百姓对河湖生态环境问题反映强烈。

苏州市领导班子陷入了沉思，经济上去了，环境却变糟糕了，"发展为民"究竟体现在哪里？必须以问题为导向，把水环境整治作为检验群众满意度的一个重要标尺，统筹山水林田湖草系统治理，还老百姓清水绿岸、鱼翔浅底的美丽河湖景象。

2017年4月24日，苏州市出台《关于全面深化河长制改革的实施方案》，方案明确，到2020年，全市水功能区达标率达到82%，城市、乡镇生活污水处理率分别达到98%、92%，农村生活污水治理率由80%提高到85%。专家指出，这不是简单的数字变化，折射出的是苏州“意识转变，发展转型，生态转优”的发展理念之变。

苏州市从制度上扭住治水的“牛鼻子”。把生态环境质量作为区县、街镇党委、政府的责任红线，将河长制湖长制纳入市委、市政府组织推动的重点专项工作或急难险重任务进行专项考核，倒逼各级河长湖长切实担负起河湖守护责任。截至2019年4月底，全市共设立各级河长湖长5106名，每条河流、每个湖泊都有了“家长”。

“铁黄沙”的命运之变，折射出当地政府的发展理念之变。“铁黄沙”是常熟境内的一块长江滩地，由于地理位置优越，这里一度被认为拥有建造深水港的天然优势。为此，常熟市曾计划将“铁黄沙”打造成现代化物流基地。然而，随着长江经济带“共抓大保护、不搞大开发”的提出，“铁黄沙”的命运再度迎来了转折。2017年起，常熟制定了《常熟市加强长江流域生态环境保护工作方案》，进一步强化绿色发展导向，将“铁黄沙”纳入长江沿线三化整治行动，为今后纳入长江沿线万亩生态廊道作准备。如今的“铁黄沙”，正在建设成一座生态岛，自然生长的植物群落7000多亩，岛内既有长江鱼类繁衍洄游的通道，也有人工隔离的候鸟保护区。

“落实‘共抓大保护、不搞大开发’，表面上看是解决环境问题，深层次看是解决经济问题，要通过环境治理倒逼产业转型升级，通过‘砸笼换绿’‘腾笼换鸟’‘开笼引凤’，布局发展新产业新经济，让生态环境与经济质量得到同步提升。”常熟市委书记周勤第表示。

所有河湖“有人管”“合力管”

苏州是典型的江南平原水网地区，水的连通性决定了治水的系统性、整体性。河长制、湖长制的推行，以及创新设立“河道主官”，使部门之间无缝对接，形成工作合力，苏州真正实现了所有河湖“有人管”“合力管”。

难啃的“硬骨头”被一点一点“啃”下来。北横套是张家港市大新镇南部贯穿东西的一条镇级河道，沿河私搭乱建、污水直排严重，影响行洪安全，损害河道生态环境。老百姓对河道“沿岸空出5米”的清理整治方案不理解，导致拆违一度停滞。中山村党总支书记、村级河长刘钧来到村民家中，开展“三会三解”（民情恳谈会、政策解读会、矛盾化解会，为村民“解政策、解矛盾、解民生”），最终得到村民的理解和支持，拆违顺利完成。整治后的大新镇北横套河面貌焕然一新，形成了美丽乡村、特色农业、乡村旅游融合发展的良好局面。

河长制不仅推动了苏州全境河湖治理，苏州还与交界地区创建“联合河长制”。吴江区和浙江嘉兴秀洲区互聘58名联合河长，一批存在多年的跨界河湖治理难题得到迅速解决。2018年初，两地镇级联合河长在联合巡河时发现，交界处的清溪河淤积严重。双方在深入调查的基础上协议决定共同出资1亿元，同步开展清淤疏浚。短短几个月，沉积40多年的河道淤泥得以清除。

在吴江区与秀洲区“联合河长制”示范效应下，苏州市主动与上海青浦，浙江嘉兴、湖州等地对接协调，建立“联合河长制”，为长三角区域一体化治水进行了有益探索。

在水环境治理过程中，苏州清醒地认识到，问题在水里，根子在岸上，源头管控是水污染治理的重中之重。苏州将农村生活污水作为主要污染源加以整治，把厨房、卫生间、洗衣机污水“三个必接”作为农村生活污水治理入户验收的条件。2018年至2020年，苏州各级财政计划投入近80亿元，治理7625个村庄，全市农村生活污水治理率达90%以上，饮用水源地关联村庄治理率达100%，村庄里的河流日益清澈。

坚持水岸同治、区域共治，苏州系统治理418条通江达湖支流，重点治理主岸线1公里、支流两岸500米区域的水污染问题，全市累计整治散乱污企业约5.4万家。水生态明显改善，全市地表水水功能区水质达标率从2005年的6.2%提升至2018年的87.5%，16个国考、50个省考断面全部达标，群众对河湖治理的满意率达90%以上。“以前是掩鼻而过的臭水沟，现在是岸边鲜花盛开的清溪流，这两年家门口的小河环境越来越美！我每天都要绕着它快走一万步。”退休教师吴清华告诉记者。

让有风景的地方形成新经济

“将生物医药作为‘1号产业’来打造，再造一个万亿级产业，支撑苏州未来10年、20年乃至更长时期的可持续发展。”4月25日，在金鸡湖畔召开的苏州生物医药发展大会上，江苏省委常委、苏州市委书记蓝绍敏向数千位海内外宾客道出心声。

电子信息产业支撑了苏州30多年的发展，至今仍在释放深度发展的红利。相较于电子信息产业，生物医药产业需要集聚更多全球范围内的高端、专业人才。苏州的底气从何而来?

“园区的就业人口中，大学生的比例接近50%。”苏州市委常委、苏州工业园区党工委书记吴庆文告诉记者，宜居宜业，成为人才选择苏州的重要考量。创新创业平台好是其一，人工智能、纳米科技、生物医药产业逐渐在园区新兴产业中“挑起大梁”；生态环境好是其二，园区26年的坚守，不仅体现在对自然环境的持续优化——金鸡湖从一片乡间水塘“出落”成全国唯一的商务旅游示范区，阳澄湖半岛从大闸蟹养殖区提升为集休闲与绿色生态度假为一体的国家级旅游度假区，更体现在对项目的苛求上——据不完全统计，园区先后拒绝了上百个环评不过关的项目。绿色友好成为鲜明的区域发展特征。

环境与经济互为因果，让有风景的地方形成新经济，苏州在推动绿水青山向金山银山转化的有效路径上进行积极探索。

吴中区环太湖地区大部分位于生态红线范围内，发展工业受限制。早在2014年4月，苏州市出台全国首部关于生态补偿的地方性法规，《生态环境补偿条例》通过财政转移支付方式，对承担生态环境保护责任、经济发展受到一定限制的区域进行补偿，补偿范围包括水稻田、生态公益林、重要湿地、集中式饮用水水源保护区、风景名胜区等。截至2019年底，全市累计投入生态补偿资金51.6亿元。

尽管有生态补偿机制等政策和资金支持，金庭、光福、香山街道和东山镇等环太湖一线村镇发展依然滞后。如何走好环太湖地区的高质量发展之路?

针对历史遗留的大量低效建设用地及坑塘水面，吴中区鼓励环太湖地区利用增减挂钩、占补平衡、"三优三保"等政策，大力推进土地复垦、生态修复、高标准农田建设，将腾出的建设空间和用地指标有偿调剂给区内重点开发地区，通过建设做"减法"，换取生态和效益双"加法"。

"仅在金庭，预计三年内通过'加减法'产生的土地收益将达15亿元至20亿元，其中部分投入区产业基金。"西山农业园区党工委副书记王寅平介绍，去年下半年，镇里拿到了基金返还的第一笔投资收益共700多万元，用于奖补村级集体经济，进行土地效益再提升。下一步，金庭镇将在做好环太湖生态"加减法"的基础上，实施消夏湾生态安全缓冲区及石公半岛生态涵养提升等生态治理工程。

青山绿水引得游客纷至沓来。东山镇建起了农产品电商产业园，为当地果品打开销路。2019年，东山枇杷网上销售255万斤，占总产量的31%，全镇农产品网上销售达2亿元，极大地促进了农民增收。环太湖地区"自我造血"功能不断增强。

今天的环太湖地区，苏州生态涵养发展实验区建设正有序推进。2019年12月，《苏州生态涵养发展实验区规划》出台，包括东、西山在内的285平方公里的水域、陆域范围内，将淡化甚至取消GDP考核，着重考核生态环境质量改善，培育绿色发展新动能，力争打造成国家绿色经济示范区。古典与现代交相辉映，生态保护与经济发展同频共振，苏州的"双面绣"越"绣"越精彩。

苏州工业园区：来自开放创新的成绩单

2020年8月14日《光明日报》01版　　记者 苏雁 刘梦 陈雪 史薇薇

位于江苏东部的苏州工业园区，278平方公里的土地，每一寸土地都蕴含着强大的能量。

即便新冠肺炎疫情带来重大影响，上半年苏州工业园区实现地区生产总值超过1290亿元，同比增长2.1%；进出口总额3052亿多元，增长4.5%；注册外资和到账外资为20.7亿美元、12.8亿美元，分别增长149%、196%。

漂亮的成绩单，令人惊喜。苏州工业园区为什么能？答案简单而又深刻。

因为开放创新。作为苏州开放创新的主战场，园区始终保持奋进姿态，勇于挑战极限，善于抓住机遇，最终落实到开放创新这个中心点上。这或许就是园区在错综复杂形势下立于不败之地的“密码”，也是最有力道的一张“王牌”。

超前布局，开放创新注重高质量

苏州生物医药产业园C19栋三楼，“叮！”电梯门打开，迎面是盛世泰科生物医药技术（苏州）有限公司联合创始人余强笑意盈盈的脸庞。

余强是2010年回国，正在潜心研发我国第一款（DPP-4抑制剂）治疗糖尿病的原创药，目前已进入临床三期。“我们计划建设一个集新药研究院、总部基地和制剂厂为一体的产业基地，选址已经有了眉目，面积估计有

30亩。”余强说。

“2019年，园区的三大新兴产业产值达2030亿元，有些企业要建研发生产基地，有些企业要科创板上市，都有用地需求。”苏州工业园区经发委主任王学军介绍。

一家企业要想在苏州工业园区用地，签订一份《土地出让合同》只是第一步，还需要签订一份《产业发展协议》。先挂牌出让10年期的土地使用权。10年出让期满前，企业要经受一系列严格的“考试”，按照《产业发展协议》履约考核，视企业的投资强度、达产时间、亩均税收等情况，再考虑是否出让后半段“N年”土地使用权，总出让年期不超过30年。

产业用地分段弹性年期（10+N）挂牌出让模式，既降低了初创类企业取得土地的成本，又实现了政府对土地出让后期监管。

园区的土地越来越“金贵”，与苏州工业园区的超前布局密不可分。

要想用地，请先优秀。

苏州工业园区早就启动制造业升级、服务业倍增和科技跨越“三大计划”，超前布局的新兴产业纷纷进入收获期，人工智能等三大新兴产业连续多年保持20%以上增幅，其中生物医药产业集中了全国约三成的创新型龙头企业，近三年获批的生物一类新药临床批件数在全国同期占比约22%。

园区并不满足现有成绩，在招商引资中进一步加大对外资“头部企业”的招引力度，实现高层次产业招引和培育齐头并进。

新冠肺炎疫情期间，物流是企业复工复产路上的拦路虎。苏州工业园区在组织包机运输的同时，充分发挥园区自主培育的民营企业——中欧卡航的作用，缓解了园区企业的物流难题。一般来说，欧洲到中国的通道主要是航空、海洋、铁路。中欧卡航开辟了客车运输“第四通道”，从苏州到德国门对门一般只需15天，最快时只需10天，成本比空运节省近四成。

“时间和成本是物流的决定因素。”中欧卡航公司副总经理唐虎透露，通过苏州援疆工作组牵线搭桥，霍尔果斯将中欧卡车航班列入其优化营商环境21条，持续优化中欧卡航通关便利化服务。

疫情期间，园区税务部门执行出口退税便利化、容缺受理承诺制等一

◆苏州工业园区（供稿：苏州日报公众号）

系列政策措施，千方百计稳外贸、促生产。今年上半年，园区税务部门共为2318家企业审批出口退（免）税。

由不可能到可能，苏州工业园区打破常规，营造“小环境”，对接“大环境”，开放创新和高质量发展的理念，像空气一样无处不在，不断助推科技创新浓度提升。

聚焦问题，开放创新强化用心服务

罗氏诊断产品（苏州）有限公司在计划投入运营之际，却遇到了进口牛血清、人血清等生物原料受阻的问题，如果问题不能解决，这家公司高附加值的诊断试剂将无法从德国转移到苏州开展研发和生产。

“这件事涉及很多部门，靠我们一家一家跑，时间长、难度大，相关规定还是空白。”罗氏苏州相关负责人说。

企业的事，就是园区的事。苏州工业园区管委会和罗氏苏州坐在一起，反复沟通，了解诉求，明确“堵点”和努力方向。经过努力协调，中德双方于2018年5月，正式签署关于中国从德国输入牛血清白蛋白检疫工作安排的备忘录。罗氏成为目前国内第一家能够从德国进口牛血清白蛋白用于生产的公司。

2019年9月，海关总署复函南京海关，允许罗氏苏州在符合输华入境卫生检疫要求下，进口德国罗氏公司生产的人血清产品（不包含阳性非灭活），为罗氏苏州的持续稳定生产运营奠定了坚实的基础。

此后，罗氏在园区设立亚太诊断研发中心的基础上，又增资投入了组织诊断和系统试剂项目。

企业的信任，来自园区持续不断推进的企业全生命周期专业化服务。“近年来，随着园区产业能级的不断提升，不少企业向我们提出了新的课题。一旦企业提出，我们就要协助企业共同去寻求解决方案，扎扎实实做好企业服务。”苏州工业园区投资促进局有限公司副总裁肖雪说。

1月9日，园区海关推出高端制造业全产业链保税模式改革试点，以进一步增强高端制造产业竞争力。苏州京隆科技、群策科技等公司成为首批试点关联企业，这些产业链上的企业，将实施整体监管、全程保税、便利流转，共享政策红利。

苏州工业园区海关副关长周明晨透露，此项改革即将增加以友达光电为龙头的新一代显示技术产业链。

有专家评价，像高端制造全产业链保税模式改革这样的创新，最能解决外企扎根的问题，因为这是企业生存和发展的“难点”和“痛点”。

“制度化创新、差异化探索，一定是围绕产业来的。”苏州工业园区党工委委员、管委会副主任孙扬澄说。

借助园区海关和自贸区综合协调局推出的“关助融”，康纳机械制造（苏州）有限公司很快就完成了纯信用贷款流程，获批上千万元，实际利率低于市场水平近七成。依托园区出台的专项政策，久心医疗科技（苏州）有限公司从国外成功进口国内未注册的医疗器械，实现产品心脏体外自动除颤仪的升级。

苏州工业园区从产业发展实际入手，在一些重点行业和细分领域，在小切口上形成最优的产业生态、最有竞争力的政策条件。

飞利浦医疗（苏州）有限公司质量法规总监李欣说，飞利浦在苏州工业园区年均增长超过14%，这在国外市场是不可想象的。因此，飞利浦的资本、人才、管理授权都在向飞利浦中国倾斜和集中。荷兰皇家飞利浦公司首席执行官万豪敦就说过，“中国是飞利浦的第二故乡”。

今年上半年，苏州工业园区新增117个外资项目，战略性新兴产业项目占比约75%。园区用心有多少，进驻企业信心就增加多少。

抢在最先，开放创新基于精神力量

自20世纪90年代凝练而成的“园区经验”，与“张家港精神”“昆山之路”共同形成了苏州干事创业的“三大法宝”，其核心内涵是借鉴、创新、圆融、共赢。

园区是中国的一块改革开放“试验田”，园区人的基因里，始终保有“抢在最先”的紧迫感和“创新探路”的使命感。

为探索形成高水平“引进来”和“走出去”并举的双向开放格局，园区于2015年12月启动建设全国首个“国家级境外投资服务示范平台”。2019年4月，成立“长三角境外投资促进中心”，为全国“走出去”企业进一步提供集成化、专业化服务。

受疫情影响，园区引导企业加快多元化市场布局，优先考虑在日韩和“一带一路”沿线国家加强经贸合作，打开外贸市场。

1至6月，长三角境外投资促进中心完成“走出去”项目27个，协助企业完成海外投资10.3亿元。境外投资服务示范平台成立至今，已推动309家中国企业到53个国家进行投资布局，协议投资额累计达104亿元，其中有148家企业在“一带一路”的22个国家和地区投资了179个项目。

园区坚持在开放环境下搞自主创新，深入谋划创新驱动发展的新路径。今年6月，启动建设总投资200亿元的材料科学姑苏实验室；启动编制第三代半导体产业“十四五”规划，力求在人才队伍和创新平台建设方面，做到整体与国际同步，局部实现超越。加快建设从设计研发到生产制造为一体的自主可控现代产业体系。

在开放格局中，园区参与国际竞争的能力持续增强。港交所上市新规实施以来，大陆赴港上市的生物医药企业一半来自苏州工业园区；美国国家纳米技术委员会将园区列为全球纳米领域具有国际代表性的八大产业区域之一。

人才的支撑，是园区开放发展的不竭动力。

八年前，硕士研究生毕业的田旭升入职盛世泰科生物医药公司。八年来，他一直在原单位工作，并成长为公司骨干。“从未想过离开这座城市。”田旭升说。

园区的魅力，不只是在经济领域创造的多项“第一”，更关键的是为各类人才提供了干事创业的平台和机会。

面向未来，园区将用更大程度的开放赢得发展新空间，打造国际化、开放型创新体系，高端人才创业的首选地，以及国际先进技术创新的策源地，主动打起“再造一个新园区”的大旗。

开创双循环新发展格局的生动实践

2020年8月14日《光明日报》06版　　作者 赵晋平

今年以来，习近平总书记多次强调构建“以国内大循环为主体、国内国际双循环相互促进的新发展格局”。这对于我国有效应对全球经济格局变化和新冠肺炎疫情挑战、切实维护产业链供应链安全稳定，加快培育中国经济高质量发展新动能、参与国际合作竞争新优势，具有十分重要的意义。在当前形势下，如何稳住外资基本盘、实现国际高端产业国内投资落地，是形成国内国际双循环相互促进新发展格局的关键着力点。江苏省苏州市上半年利用外资的突出成效为我们深化对双循环科学内涵的认识提供了实践经验。

提升双循环新发展格局的关键着力点

2020年5月14日，中共中央政治局常委会会议提出构建“国内国际双循环相互促进的新发展格局”。今年两会期间，习近平总书记强调要“逐步形成以国内大循环为主体、国内国际双循环相互促进的新发展格局”。7月21日，习近平总书记在企业家座谈会上再次强调，我们必须集中力量办好自己的事，充分发挥国内超大规模市场优势，逐步形成以国内大循环为主体、国内国际双循环相互促进的新发展格局，提升产业链供应链现代化水平，大力推动科技创新，加快关键核心技术攻关，打造未来发展新优势。

这些论断为我们深入认识双循环新发展格局的科学内涵和关键着力点指明了方向。

提升国内大循环的主体地位，补齐产业链供应链关键环节。面对全球疫情蔓延导致的产业链供应链“断链”风险，促使重要产品和服务生产、分配、流通、消费的全部或关键环节在国内运行，形成内需主导下长期稳定的产业链供应链的必要性和紧迫性日趋凸显。我国具有的巨大国内市场和齐全产业体系等独特优势，对大多数商品而言存在充分吸收出口转内销以及满足生产配套需求的能力。但是在一些高端产业领域，核心零部件和技术依赖于国外进口的相对比较劣势尚无法迅速改变，大力推动科技创新，加快关键核心技术攻关，这首先是提升高端产业国内大循环主体地位的根本之策。近年来，我国企业不断加大技术研发创新投入，在部分关键领域已经取得领先全球的技术成果，5G技术就是其中之一。这充分说明通过加大研发创新投入，中国能够有条件打破发达国家跨国公司技术垄断，推进部分高端技术环节在国内落地扎根。

挖掘国际大循环的带动和优化作用，促进国外高端产业向内延伸和跨境融合。改革开放40多年来，我国实行鼓励外商来华投资政策，大批跨国公司在国内投资兴业，对加快我国工业化进程、促进中国经济和世界经济融合产生了重要影响。国内企业依托自身相对比较优势对接和嵌入跨国公司生产网络、参与全球分工，逐步形成了较强市场开拓和技术创新能力，为构建门类齐全、跨境延伸的中国现代产业体系打下了坚实基础。这说明利用外资对培育和提升中国高端制造业发挥了举足轻重的作用。目前，我国在许多产品的核心零部件和装备制造等关键环节严重依赖进口的局面尚未改变，通过加大研发投入和创新来提升需要经历一定时间并且可能面临缺乏基础领域研究、高端人才和尖端技术来源支撑等瓶颈制约。因此，在通过自主技术攻关掌握核心技术的同时，必须主动参与和融入国际大循环体系，通过双向国际投资和贸易活动，推进跨境产业融合，获得重要资源、技术、人才、资本等战略性资产，为国内大循环不断升级提供有力支撑。在这个过程中，吸引高端产业、特别是位处核心产品研发、制造等关键领域的跨

◆苏州外资企业圆桌会议（供稿：王亭川）

国公司来华投资落地，尤其具有长远意义。

助力高水平双循环建设的苏州实践

当前，要做到吸引跨国公司，尤其是高技术企业来华投资，似乎存在很大困难和不确定性。但值得注意的是，今年以来国内许多城市在实现疫情防控和经济社会发展“双胜利”基础上，利用外资出现逆势增长、为优化国内大循环创造了生动实践。苏州就是其中一个典型案例。

商务部外资系统数据显示，上半年，苏州市实际使用外资金额超78亿美元，同比增长151.6%。大幅度增长的背后折射出一个新的特点，即跨国公司投资项目加快苏州落地、引领着国际高端产业链供应链逐步向国内延伸和布局。这一点还可从苏州利用外资结构性特征中得到印证。一是外商投资产业结构进一步优化，产业链升级特征明显。二是大型项目加快增长，产业链“沉稳”效果凸显。三是转口型外资增长加快，周边区域投资者预期稳定。四是功能性企业加快集聚，供应链整合服务作用增强。苏州通过吸引国际资本落地、补齐产业链供应链的关键环节，形成了国内国际资源整合相互促进的发展新模式，不仅为维护和提升当地产业链供应链安全稳定打下坚实基础，而且为地区经济高质量发展创造了新的增长空间。

“苏州实践”取得阶段性成果的原因和启示

从全球来看，巨大的现实和潜在市场规模以及确保产业链供应链稳定的需要，是吸引跨国公司扩大投资的重要原因。从苏州来看，在稳外贸、创新招商模式、统筹内外资源、培育龙头企业等方面的积极成效，赢得了跨国公司的青睐，也为我们提供了重要启示。

积极应对外部环境变化，通过稳外贸稳定投资者预期。面对中美经贸摩擦等外部环境变化，用更快的贸易市场开拓打开新局面。贸易和投资紧密关联，联动作用明显。今年初以来，苏州深入分析研判出口贸易形势，着眼于化解外贸市场过于集中的风险，大力推进市场多元化，上半年对美贸易占比下降到21.9%，“一带一路”沿线贸易占比上升到23.3%。外贸形势逐步向好并展现出长期向好的潜力，作为外贸主体的跨国公司企业从中受益，对增强投资者信心产生了积极影响。

运用数字化手段创新招商引资模式，为海外投资者提供优质和定制化服务。面对疫情冲击，用招商引资创新打开新局面。苏州市推出了创新招商平台、创新引资模式、创新工作机制、创新营商环境建设等四大举措，成为“屏对屏”替代“面对面”招商的先行样板，形成了线上线下全天候创新招商合作新机制。苏州全力提升营商环境和投资服务便利化水平，提升苏州城市品牌影响力，在经济活跃城市营商环境综合排名中位列第一。

加大创新驱动政策支持，提升高端产业和关键技术环节配套能力。面对产业结构转型升级的巨大压力，用更强的创新激励功能打开新局面。苏州市深入谋划创新驱动发展的新路径，以打造高水平创新基础设施来重塑产业创新生态环境，努力增强创新政策支持力度，今年相继启动未来材料科学姑苏实验室、“苏州科学家日”制度等建设。致力于激发创新主体活力，为跨国公司高端产业、关键环节的落地投资提供生产和服务配套能力明显增强。

整合内外要素资源，提升产业链供应链安全稳定和高端化水平。面对产业链供应链断链风险，用更优产业布局调整打开新局面。苏州市提出“六个围绕”的产业链发展思路和促进政策体系；从统筹国内国际两个市场、整合内资外资两种资源出发，首创开展产业链全球合作云对接活动，在全球范围内吸收和整合产业链供应链组成要素，努力培育带动和引领作用明显的高端龙头企业。

（作者系国研智库首席经济学家、国务院发展研究中心对外经济研究部原部长、海南大学经济学院客座教授）

激活力　挖潜力　强动力
——江苏苏州强化“三力”精准帮扶贵州铜仁

2020年9月14日《光明日报》05版　记者 苏雁 吕慎

从贵州铜仁碧江城区驱车30分钟，即到范木溪。隐身于大山深处的范木溪，是贵州省铜仁市碧江区川硐街道板栗园村下辖的一个苗家自然村寨。2014年之前，范木溪还是个偏僻荒芜的小山村。江苏苏州昆山对口帮扶碧江区后，为它量身定制了“旅游扶贫+乡村振兴”方案，通过注入1500多万元扶贫资金，引进乡伴集团树蛙部落精品民宿项目，曾经凋敝落寞的范木溪焕发生机，成为铜仁市的网红打卡地、乡村振兴的典范。

绿水青山变成了金山银山——范木溪的前世今生，演绎了一段东西部协作扶贫攻坚的美好故事。

2013年，国务院办公厅印发《关于开展对口帮扶贵州工作的指导意见》，其中苏州市对口帮扶铜仁市。2016年7月，苏州市对口帮扶铜仁市工作上升到全国东西部扶贫协作范畴。2017年4月和10月，江苏省对口帮扶铜仁市工作队23名队员分批抵达铜仁，开启了苏铜扶贫协作工作的新征程。

截至目前，铜仁市下辖10个国家级贫困县（区）中，除深度贫困县沿河土家族自治县计划2020年脱贫出列外，其余9个区（县）已顺利“摘帽”，41.9万名建档立卡贫困人口成功脱贫，铜仁全市贫困发生率从2016年底的11.46%下降到2019年末的1.16%。

◆昆山市援建碧江区的项目昆碧幸福里（供稿：市方志办）

瞄准产业强市，全面激发铜仁“造血”功能

产业园区是苏州区域经济发展的一大支柱，在铜仁推广苏州开发区建设经验，与苏州合作共建产业园区，承接苏州及江苏转移产业，是铜仁经济快速提升“造血”功能的一条捷径。

2015年，苏铜两市签订了《铜仁市、苏州市共建产业园区框架合作协议》，铜仁·苏州产业园在铜仁市碧江区正式挂牌成立。2019年，园区完成工业总产值110亿元、税收12亿元，分别比上年增长4.8%和15%。其借鉴苏州对外共建园区规划发展理念，铜仁·苏州产业园获国家级双创示范基地，成为东西部产业合作及产城融合示范区。

为更好承接苏州向外转移产业，苏铜两地开展产业合作研究，并形成

《铜仁与苏州产业合作重点研究报告》，依托铜仁资源禀赋和政策优势，以新能源、装备制造、大健康、农特产品加工、文化旅游经济为招商引资重点，推动苏铜两地开展广泛的招商合作，提升铜仁经济运行质量。

科学的制度设计，为精准帮扶锚定方向。以成功入选第二届中国优秀扶贫案例的“七结对”帮扶模式为例，苏州昆山通过深化部门结对、产业结对、乡镇结对、村村结对、家庭结对、村企结对、社会力量结对，建立起“点对点、点对面、一对多、多对一、点对线、线对面”的结对关系，形成了多元化、多层次、多领域的精准扶贫格局。

石阡县本庄镇农业园位于苏州相城与铜仁石阡合作共建的现代农业产业园里，在已建成的1000亩园区里，当地村民正在枇杷园里锄草。骑车5分钟就到工作地，每个月20日准时发工资，让他们感觉现在老家不再是以前的“穷旮旯”了，哪怕外面有再好的机会，也不想出去。现代农业产业园让石阡5万多贫困群众受益，直接帮助石阡脱贫出列。

依托苏州成熟的产业园区运行经验，苏铜两市各结对县级市（区、县）合作共建10个工业园区、9个现代农业园区。苏铜对口帮扶以园区为抓手，积极推动农民变产业工人，传统田园变经济果园，单一收入来源变务工收入、土地流转收入、分红收入等多元收入，实现当地农业增效、农民增收、发展增速。

2017年以来，铜仁累计引进以苏州为主的东部企业210家，实际完成投资209.1亿元，带动8662名贫困人口增收。

因地制宜挖潜力，扶贫帮困开新局

过去，拥有丰富农产品资源的贵州，因现代营销意识不强、产销信息不对称等因素，长期深陷“农产品卖不出去、卖不上好价”的困境。为解决这一难题，苏州高新区苏高新集团在铜仁万山区投资1.5亿元，打造苏高新农产品供应链示范基地，使之成为“黔货出山”的重要集散载体。

目前，食行生鲜、鸿海食品、亿创等企业已签约入驻，这些企业通过农产品收购、分拣、检测、包装、加工、冷链配送等一体化全产业链运作，预计每年可向苏州、上海等东部地区销售香菇、木耳、竹荪等农产品超5000吨，带动当地5000多人增收致富。

2017年以来，苏铜两市分别从生产、销售、物流、消费等层面制定消费扶贫优惠政策，在铜仁建成主要销往苏州的绿色农产品直供基地近3.3万亩，在苏州设立线上线下农产品展销中心37个，实现“铜货入苏”销售额15.8亿元，惠及贫困人口6万余人。

“对口帮扶必须因地制宜，不能把产业简单移植。”这是江苏省对口帮扶铜仁工作队思南县工作组组长，思南县委常委、副县长王晓东的感悟。

到铜仁挂职前，王晓东担任常熟市尚湖镇党委书记。“三年前来到思南，我心想，只要把发展经验‘移植’过来就行了。可我调研后发现，思南的原材料、物流成本远高于常熟，加上当地没有完整产业链，我原来的想法根本行不通。”

王晓东意识到，思南的优势在哪、短板是什么，看清形势，找准路径，产业才能真正立得住。思南“高海拔、低纬度、寡日照、多云雾”，这里非常适合种茶，但当地茶产业技术相对落后；与此同时，常熟茶叶消费市场巨大，且茶企技术较为成熟。随着白茶产业项目落地，常熟茶商扎根思南，思南真正找到了脱贫致富路。

苏铜两地通过“江苏企业+贵州资源”“江苏市场+贵州产品”“江苏总部+贵州基地”“江苏研发+贵州制造”等模式，进一步拉长产业链，深化农业、工业、文旅等全方位合作，在更宽领域、更深层次、更高水平上实现合作共赢。

苏铜齐心凝聚起奔小康的磅礴力量

“输血”又“造血”，“扶贫”又“扶志（智）”，不仅使铜仁经济社会发生了翻天覆地的变化，当地干部群众的精神面貌也焕然一新。

2018年，铜仁市沿河土家族自治县黑水镇党委书记刘庆军在苏州和张家港接受了为期4个月的培训。这次培训的收获，刘庆军总结为“转、抢、干”的“三字经”。

“很多我们原来认为不可能的事、甚至想都不敢想的事情，现在敢去尝试了，而且实现了；一些驻村干部原来不知道怎么干，现在成了思路清晰的能人；部分基层党组织从软弱涣散，变成脱贫攻坚的战斗堡垒……”沿河县委副书记宋选文认为，苏州“三大法宝”之一的“张家港精神”和新时代贵州精神的内核是一致的，“它们在沿河大地激荡交融，已化为我们脱贫攻坚以及将来可持续发展的内生动力”。

苏州对口帮扶干部和技术人员，用自身的实际行动，潜移默化影响着铜仁的干部群众。

2019年，江苏省对口帮扶贵州省铜仁市工作队首批23名队员挂职期满。但考虑到苏铜扶贫协作工作的延续性、稳定性，工作队领队，铜仁市委常委、副市长查颖冬和工作队10个区（县）工作组组长及2名科级干部克服自身困难，毅然延长了两年挂职期。

“在铜仁的脱贫攻坚战中，我们把苏州干部激情燃烧、干事创业的豪情和斗志融入其中，把组织要求、铜仁需求转化为自身追求，帮助更多铜仁乡亲早日过上好日子。”查颖冬说。

2020年是脱贫攻坚的决胜年，时间一刻不等闲，扶贫工作时刻面临新形势。今年初，突如其来的新冠肺炎疫情，造成了昆山缺工和碧江劳动力就业难问题。针对这两个“痛点”，碧江区委常委、副区长孙道寻主动收集昆山大型企业的用工需求，通过包机、包专列、包专车的形式，向昆山输送碧江籍务工人员759人，其中建档立卡贫困户296人，有效解决了昆山企业招工难和碧江贫困户就业难的问题。

为开拓当地干部视野，2017年以来，苏州帮助铜仁培训党政干部5716人次，专业技术人才1.62万人次。铜仁市累计选派277名党政干部到苏州挂职，987名医生、教师等专业技术人才到苏州结对医院、学校跟岗锻炼。大力实施“职业教育千人培养计划”，帮助铜仁贫困家庭子女接受教育，阻断贫困代际传递。

山高水长路迢迢，因为一个共同的梦想，相距1500公里的苏铜两地携手奋进，在脱贫攻坚奔小康的道路上快速奔跑。

苏州中欧班列首发自贸区专列
——发挥优势缓解外贸企业“发货难”

2020年5月18日《经济日报》10版　　　记者 綦媛媛 顾阳　通讯员 黄翊华

5月12日，两列中欧班列苏州自贸区专列缓缓驶出江苏（苏州）国际铁路物流中心，分别前往俄罗斯和德国，此次两列班列满载的都是来自苏州自贸区苏州片区企业的货物。这是苏州中欧班列充分扩展战略通道资源，精准帮助苏州本地企业的新举措。同日，江苏（苏州）国际铁路物流中心海关监管区正式投入运营。

这两列中欧班列苏州自贸区专列，满载数控机床、家用电器、通信基站、医疗器械等数十种工业产品，共计172个标箱，货重超过1100吨，货值近1亿元。

据了解，中欧班列苏州自贸区专列的开行“灵感”，来自一次次深入企业的走访。“企业普遍反映，由于疫情在全球蔓延，导致国外口岸通关、物流环节滞缓，国际物流价格成倍上涨。”苏州新城投资发展有限公司负责中欧班列运营的苏州市国际班列货运有限公司总经理张帆说，在此情况下，中欧班列苏州自贸区专列应运而生。

对苏州三星电子有限公司来说，中欧班列具有时效快、全天候、分时货运的独特优势，专门开行自贸区专列，无疑是雪中送炭。“受疫情影响，我们公司原本通过海运和空运运输的货物都受到很大影响。”苏州三星电子有限公司是韩国三星在海外最大的白色家电生产基地，该公司中方副总经理刘志刚表示，因为自贸区开行专列，现在已不再为“发货难”犯愁。

◆5月12日，中欧班列苏州自贸区专列双列并发（供稿：华雪根）

精准响应企业需求，让中欧班列成为复工复产企业公认的“营养线”“保障线”。新冠肺炎疫情发生以来，苏州中欧班列以其高质量、常态化稳定开行，全力承接海运、空运转移货源，有效帮助企业全力保市场、保订单、保履约、降成本、防风险。继3月份开行数、集装箱量、货值同比实现增长后，5月6日苏州市国际班列货运有限公司又被国务院复工复产推进工作机制国际物流工作专班确定为全国第一批国际物流运输重点联系企业。

苏州海关副关长刘卫言表示，苏州海关将进一步优化中欧班列物流监管，支持自主选择通关模式，支持海铁联运，打造亲民亲商的通关服务体系；进一步压缩整体通关时间，支持利用中欧班列开展跨境电商、邮件运输业务，营造安全便利的国际贸易环境。

“我们不仅要着眼于当下保障国际货运畅通，更要着力提升中欧班列‘能级’。”苏州新城投资发展有限公司党委书记、董事长陈建斌介绍说，同日启用的江苏（苏州）国际铁路物流中心海关监管区，就是希望为苏州中欧班列插上腾飞的翅膀。

据悉，江苏（苏州）国际铁路物流中心项目由市政府与国铁上海局集团合作共建，是江苏省、苏州市抢抓“一带一路”倡议和长江经济带、长三角区域一体化、自贸区等战略叠加机遇，构建开放型经济新格局的重要平台。项目总规划面积3331亩，以国家一级铁路物流基地为核心，重点建设占地1280亩的水路（铁路）对外开放口岸，总投资65.8亿元，力争到2025年实现国际集装箱年吞吐量10万个至15万个标准集装箱。该项目已先后被国家发展改革委、海关总署、交通运输部列入中欧班列枢纽节点、铁路场站对外开放项目、多式联运示范工程。作为项目的核心，海关监管区于今年1月份通过南京海关验收，2月份完成海关编码注册登记。这不仅弥补了苏州主城区海关监管区的空白，更意味着苏州开放再出发，深度融入经济全球化又添新平台。

一个旨在建设成为全球互联互通、多方互动互赢的开放型国际物流中心，正在京杭大运河畔崛起。据悉，新城投资公司主动接轨上海国际航运中心集疏运体系建设，常态化运营“苏州—芦潮—洋山港”海铁联运班列，开通“苏州—洋山港”集装箱河海直达航运线并实现“五定化”运营。规划年通过能力44万TEU的集装箱港池规划方案已获江苏省交通厅专家论证通过，未来将成为长三角地区最大的内河集装箱作业区之一。目前，该项目已引起世界知名物流企业的关注。

“我们将继续强化江苏（苏州）国际铁路物流中心枢纽功能，进一步扩展中欧班列的战略通道作用，在更高层面上主动接受上海国际航运中心辐射，全面融入‘长三角’一体化集疏运体系建设，切实构建连接‘丝绸之路经济带’和‘21世纪海上丝绸之路’的新桥梁。”陈建斌说。

江苏自贸试验区苏州片区："试验田"中的"高产田"

2020年9月19日《经济日报》11版 记者 薛海燕

江苏自由贸易试验区苏州片区挂牌一年来，直接带动新增市场主体2.9万余家，注册内资852亿元；新设外资企业319家，实际利用外资17.07亿美元，同比增长131%；新增高质量科技项目948个，其中生物医药、纳米技术应用、人工智能三大新兴产业项目占比81%；新增上市企业14家、金融类机构61家、备案境外投资机构70家；平均每个工作日设立外资企业1.3家、引进科技项目3.8个、新增市场主体116个。"苏州自贸片区正成为全国改革开放'试验田'中的'高产田'。"江苏省委常委、苏州市委书记蓝绍敏说。

一年来，苏州片区制度创新推进工作令人瞩目。依法放宽市场准入，出台全省首个设立外商独资经营性职业技能培训机构实施办法，率先开展跨境人民币创新业务试点，获批外商投资股权投资企业（QFLP）委托登记权；贸易便利化水平持续提升，首创中欧卡航、空运直通港物流新模式，开通中欧班列自贸区专列，首创保税检测区内外联动模式，建设苏州国际互联网数据专用通道，实施商务托管登记试点，探索全口径服务贸易统计体系，30家企业开展离岸转手买卖，业务规模同比增长一倍。

依托国家级境外投资平台和长三角境外投资促进中心，苏州片区推动12个境内外园区快速发展，支持69家企业海外投资78个项目，携手17家联动创新区，协同发展、优势互补，先行复制推广改革试点经验35项。

目前，从苏州片区"点对点"直达新加坡的跨境国际数据专用线路——

◆中国（江苏）自由贸易试验区（供稿：查正风）

“服贸通”已正式开通，这是苏州片区的又一个“全国首创”。“服贸通”数据专线作为聚焦服务贸易建设的新型通信基础设施，将有效提升苏州片区服务贸易企业跨境数据交互能力。

苏州市委常委、苏州工业园区党工委书记吴庆文说，经过一年的努力，苏州片区在开放合作、产业升级、科技创新等方面收获很多。一年来，苏州片区累计推出改革创新举措132项，形成创新成果案例66项，其中省级以上“首创率”达60%，2项获评国务院服务贸易创新试点“最佳实践案例”，14项在全省示范推广。

制度创新不仅激励和倒逼一大批本土企业加快发展步伐，也吸引更多企业和项目集聚。总投资约500亿元的100个优质项目已集中签约落地，涵盖总部及功能中心、科技创新、投资平台及跨境投资等不同类别。

苏州吴江区：长三角一体化示范区建设提速

2020年11月2日《经济日报》4版　　记者 蒋波

近日，江苏苏州吴江区交出前三季度区域经济运行“成绩单”，一串数字颇为亮眼：1月份至9月份吴江区一般公共预算收入183.7亿元，同比增长6.5%，工业投资166亿元，同比增长17.2%，实际使用外资7.58亿美元，同比增长127.4%。

“我们在江苏省率先举行春季重大项目集中开工活动，及时出台‘吴惠18条’等惠企政策，累计兑现112.1亿元各类优惠政策，减免社保10.7亿元，确保经济运行质效提升。”吴江区相关部门负责人介绍，面对新冠肺炎疫情冲击，从年初至今，吴江区以长三角一体化发展示范区建设为重点，全力以赴做好“六稳”工作、落实“六保”任务，项目建设成效明显，示范区形象加速展现。

产业项目是区域经济社会发展的重要抓手。今年以来，吴江区梳理排定示范区建设年度重点工作143项，其中136项取得实质性进展。京东方创新中心、恒力国际新材料产业园、中车绿地长三角绿色智能制造协同创新示范区等项目签约，总投资1346.8亿元的102个项目集中开工。

在推进深层次改革创新上，加快推动城市和产业双优融合更新，探索存量转型路径；携手青浦、嘉善打造“C位长安”政法协同品牌；积极承接上海建设国际科技创新中心溢出效应。吴江区正在推进14项重点改革任务，积极把示范区“一体化制度创新试验田”政策优势转化为发展优势。

强化生态共保方面，吴江区制定实施了太浦河“沪湖蓝带”计划、“联合河长制”，加快推进美丽湖泊群、大运河文化带、太湖百里风光带等生态工程，空气质量优良天数达标比例同比提高11.4个百分点。

与此同时，吴江区还加快交通基础设施互联互通，6月份正式开工建设沪苏湖铁路，年内开工通苏嘉甬铁路，加快打造“轨道上的长三角”。深化教育、医疗、政务、文旅等方面合作，成立长三角基础教育一体化江苏研究中心，合作共建上海—吴江医疗卫生数据共享信息化平台、“云链通”产业供需平台、失信联合惩戒机制，实现长三角“一网通办”政务服务专窗各区镇全覆盖，建立运行疫情联防联控工作体系。

“示范区建设是实施长三角一体化发展国家战略的先手棋和突破口。”吴江区委书记李铭表示，吴江将作好率先形成新发展格局、推动科技和产业创新、深化改革开放中的“先遣队”和开放再出发的“排头兵”，全力当好长三角一体化发展的江苏窗口、苏州窗口。

企业智能化改造成效在疫情中得到检验
“机器一开，产能就来”

2020年3月31日《中国青年报》06版　　记者 薛维持 李超

“返岗率”是衡量企业复工状态的一项硬指标，由此也暴露了许多劳动密集型企业复工复产的短板：受疫情影响，返岗率受限，一些企业甚至陷入“用工荒”。但也有一些企业，克服困难，走出了一条逆袭之路。

华丰电子科技有限公司（以下简称“华丰电子”）就是其中之一。这家企业位于江苏省苏州市吴江开发区内，有8000多名员工，原本是一家典型的劳动密集型企业，主要业务为生产制造电子元器件。疫情后，其产能迅速恢复，迄今达产率已超90%。这背后是智能化改造的功劳。

据介绍，吴江开发区5年前就实施“机器换人”计划，每年安排5000万元财政资金用于企业智能化改造奖励，大大激发了区内企业技改投入的积极性，撬动企业每年12亿元左右的智能化改造投入。

在苏州，有着许许多多与华丰电子相似的企业。他们进行智能化改造的初衷不尽相同，或为扩大产能，或为降低成本，或为提高良品率；在智能化改造中投入也各有差异。但在此次疫情中，他们都有了“无心插柳”的抵抗力：用工不是难题，产能恢复迅速。

机器换人：企业应对疫情有底气

“机器一开，产能就来！”此次疫情中，华丰电子副总经理张宏彰对花大价钱投入改造的智能化生产线非常满意。

有了智能化加持，华丰电子对人力的依赖大大降低。一组数据显示，企业员工已从1.1万人下降到8000余人，将来用人数有望再降低。

人力在减少，产能却在增长。疫情期间，当大部分企业还在因为招不到人而开不了工时，华丰电子的生产设备已开始正常运行。对完成今年的发展目标，张宏彰充满信心。

在吴江开发区内，经过“机器换人”的企业，复工复产情况大体与华丰电子类似。博众精工、英格索兰、康宁、恩斯特等一大批智能制造企业正在加速释放产能，带动制造业整体“复苏”。

智造企业的火热开工，也让其他企业感受到“机器换人”带来的生产力，以及对企业应急生产能力的提升，不少企业也行动起来，投入到“机器换人”的浪潮里。沪华五金电子（吴江）有限公司便是其中一例。“我们以前也投过，但一开始感觉这方面一时的投入，要比招工人的代价大，所以我们力度不是很大，后来逐步加大了投入力度。”沪华五金总经理汪合肥说，目前公司引入了AR视觉系统与现场自动化生产线连接，其生产自动化水平赶上了其他企业，目前公司复工率达90%。

近年来，吴江经济技术开发区加快推进企业“机器换人”步伐，突出政策导向引领与智能平台建设，不断激励企业上马智能装备，2019年，共有84家企业享受“智能工业高质量发展扶持政策”，涉及奖励金额将近5000万元。

“新基建”提速：工业互联网助企稳产

前不久，吴江经济技术开发区成为长三角G60科创走廊工业互联网标杆园区。这也成为吴江开发区企业应对疫情、快速复工达产的又一法宝。博众精工是工业互联网标杆工厂之一，企业在架设工业互联网时，原先主要考虑的是优化管理与生产流程。疫情出现后，为了加快复工复产，博众精工新增了远程办公系统，为部分员工实现居家办公提供系统保障。此外，企业增设的人员临时出入系统、体温日报系统和封闭式管理系统，也为疫情防控增加了“电子筹码”。

信息通畅，让企业在疫情防控和复工复产之间找到了平衡点，企业能够快速获知各方需求，有计划安排生产。

在博众精工复工达产的实践中，工业互联网只能算是“小试牛刀”。如今，加强基础设施建设是推动工业互联网发展步伐的基础和保障，为“拉起”区域级别的工业互联网，吴江经济技术开发区作了充分准备，建成了完善的信息基础设施。

截至目前，当地光纤到企覆盖率达100%，开通5G基站超130个，且区域内已有部分龙头企业正在开展基于5G网络的工业互联网试点项目。

危机中的机遇：智能工业加速崛起

有专家表示，疫情带来的一个变化，是智能工业的加速崛起。

以电子信息产业起家的吴江开发区，近年来努力在机器视觉、传感器、自动控制系统、工业机器人、伺服和执行部件为代表的智能装置方面实现突破，重大成套装备及生产线系统集成水平大幅度提升。经过长期发展，吴江开发区已成为拥有国际竞争力的装备制造产业基地，目前已是全球最大的先进无油空压机、中小型挖掘机生产基地，国内最大的自动化系统集成基地。

吴江开发区管委会相关负责人表示，疫情期间，无论是复工速度，还是产能释放速度，智能制造企业都要远超传统企业，这让不少传统企业负责人动起了向智能工业靠拢的心思。“当一家家传统企业完成转型升级时，传统产业自然脱胎换骨。”面对经济发展新要求，吴江开发区正全力推进智能装备产业园建设，全力招引优质项目，加快形成工业机器人、高端精密机械、智能控制系统和汽车智能装备四个特色产业。

“智能工业是未来产业竞争的制高点，是实现高质量发展的重要方向。”苏州吴江区委常委、吴江开发区党工委副书记、管委会副主任范建龙表示，吴江开发区将继续发挥智能工业全国领先的优势，更大力度引入和培育优质智能制造项目，加大智能制造产业投入和建设，运用产业引导基金、“机器换人”等扶持政策，加快转换形成新动能。

江苏苏州涉“疫”劳动人事争议审判“双保护双促进”

2020年3月30日《法制日报》3版　　记者 丁国锋

在全国疫情防控形势持续稳定向好的背景下，江苏苏州经济迅速恢复生机活力，在复工复产也跑出“加速度”。早在3月上旬，规上工业企业复工率就达100%，大批企业复工复产为产业链复苏注入强劲动力。

与此同时，作为全国劳动用工最为密集地区，苏州法院密切关注劳动人事争议新动态新特点。一方面，苏州中级人民法院民四庭充分利用“智慧审判苏州市模式”这一全国法院信息化品牌优势，指导、推动全市法院采取远程立案、在线开庭、网络调解等非接触、即时沟通方式，及时有效受理和化解劳动争议纠纷案件，积极打通“堵点”、补上“断点”，疫情期间，保持劳动人事争议案件结收案比与去年同期持平的审判绩效。

另一方面，通过抓紧开展前瞻性调查研究，对呈现的新类型劳资纠纷进行充分分析研判，适时推出一系列有利于建立和谐稳定劳动关系的司法举措，还利用判例的社会指引作用，细致入微开展服务复工复产的司法实践，为社会经济快速修复提供有力法治支持。

多元化解降低纠纷成讼趋势

2019年以来，苏州中院民四庭与苏州市劳动人事争议仲裁委不断深化裁审衔接，构建了联合培训、业务调研、信息互通、适法统一等多项工作机制。

依托苏州中院与苏州市综治办、人社局、总工会、司法局等建立起的劳动人事争议六方联动机制，树立起依法保护劳动者合法利益和维护用人单位生存发展并重的理念。

2019年11月，苏州中院组成劳动人事争议审判业务调研组，对昆山市、常熟市等5个基层法院审理中遇到的疑难问题进行梳理分析，并送市劳动人事仲裁委研究反馈，形成了专业法官会议集体讨论的20个疑难问题研讨观点。

此外，通过参与制定《苏州市劳动人事仲裁委劳动争议疑难问题处理意见汇总》等，形成了对疑难问题的相对统一认识，加快统一全市法院系统与劳动仲裁系统的裁审尺度，全年未发生一起劳动人事争议案件因人为处置不当而导致矛盾激化、矛盾升级的情况。

“原来，仲裁裁决后很多案件会因为起诉而导致仲裁裁决不发生法律效力，而且大部分案件，劳动者要经历仲裁、一审、二审才能解决问题，个别劳动者对此会有怨气。”苏州中院民四庭庭长王岑介绍，劳动仲裁“前置程序”不再被当事人误读为“前置手续”了，仲裁起到了实质性作用，显著降低了“纠纷成讼”趋势，这与劳动审判与劳动仲裁加快统一裁判尺度形成合力有密切的关联关系。

典型案例发挥重要引导作用

3月20日上午举行的新闻发布会上，苏州中院与市人社局联合发布2019年度苏州市劳动人事争议十大典型案例，涉及大学生就业、非典型劳动关系、混同用工模式、劳动歧视、规章制度审查、岗位调整、年休假工资给付等多方面纠纷，为劳动者理性维权与企业规范用工管理提供法律指引。

其中有多起案例都是社会关注度高的新类型案件，包括在校大学生休学期间的劳动关系、在租赁厂房内工作的劳动关系问题、以加工合同形式隐蔽用工是否构成混同用工、男职工的未就业配偶可否享受生育医疗待遇、销售等特殊岗位约定“长三角区域”等宽泛工作地点如何认定问题等类型。

在一起用人单位以“不诚信、欺骗行为”为由的解雇员工纠纷中，在某外企上班的陈某平时执行公司班车接送、进公司打卡的出勤制度，公司按打卡时间计算工时、结算工资。但有一天因班车延误，他迟到了26分钟到公司，因担心被扣工资陈某就覆盖了机打考勤记录，手写“9：00忘打卡”，被公司发现后以违反员工手册中的解雇规定，遭到公司单方解雇。

“该公司规章制度中虽然专门将不诚信、欺骗行为，包括向公司编造、虚构莫须有的事实等列为直接解雇的情形，但陈某的行为尚未达到严重违纪、足以解除劳动合同程度。”苏州中院民四庭副庭长蔡燕芳说，法院在审理中认为，这一规章制度对员工的惩戒，未虑及员工行为原因、过错、情节或后果等因素，有违劳动法原则，不宜参照适用。

“我们两家发布的典型案例，是从2019年约1.9万件仲裁案件和近8000件审判案件中精挑细选、多次讨论产生的，具有很高的代表性和指引性。”蔡燕芳说，这起纠纷中将劳动者“诚信、不欺骗”这类道德化要求，直接设定为用人单位单方解除劳动合同的情形，法院未予支持，就是要引导企业在复工复产中及以后避免企业用工自主权的过度扩张，因为单方解除劳动合同，是影响到劳动者生存权的最严厉惩处，应当慎重对待。

规范用工引导合法有序经营

苏州市民营经济发达，遇到的各类劳动用工问题也很复杂。在十大案例中，就有一起混同用工模式下发生的纠纷。

常熟一家公司因经营不善对外负债，因股东是兄弟关系，就用同一地址注册、使用同一商号的江苏公司签订了财产租赁合同，向江苏公司提供土地厂房及生产设备租赁。还约定职工隶属关系不变，由江苏公司支付工资，缴纳社会保险。

后来，经营不善导致常熟公司土地厂房被拍卖清场，下属职工要求两家公司支付拖欠工资并支付经济补偿金。江苏公司却认为职工与江苏公司没有劳动关系，两家公司之间系委托加工合同关系。

“很多家族企业发展初期，在管理上尤其是劳动人事管理上比较混乱，发生纠纷后，需要通过精细化审判，厘清其中法律关系，依法进行裁判；同时，帮助相关企业认识到其中的管理薄弱环节，引导企业清晰了解法律，建立规范用工意识。”王岑说，法官在这起案件中就认定江苏公司利用其对常熟公司直接或间接的控制关系，以加工合同的形式达到隐蔽用工的目的，两家公司构成混同用工，应共同承担法律责任，原属公司法的人格混同理论在劳动争议领域完全有适用空间。

据了解，苏州中院还对涉疫情劳动争议纠纷案件办理坚持“双保护、双促进”原则，即保护劳动者民生权益，保护企业生存发展；促进企业有序复工复产，促进劳资协同共渡难关。

此外，针对涉疫情下三大劳动争议，即劳动合同解除、劳动报酬和社保待遇给付、感染新冠肺炎医疗待遇保障问题，苏州中院提前作好研判，制定了详细应对预案，为统筹推进疫情防控和经济社会发展、助力企业有序全面复工复产提供有力司法服务和保障。

“为更好平衡劳资双方利益，精细化审理劳资纠纷，我们提倡在劳动人事审判领域推进‘保姆式’服务。”苏州中院副院长钟毅介绍，突如其来的疫情让生产秩序维护和经济社会发展遇到了困难，司法机关将深化与人社部门协作，以企业尤其是中小微企业劳动用工需求和劳动者充分就业为导向，依法助企复工复产、共渡难关。

06 先进典型

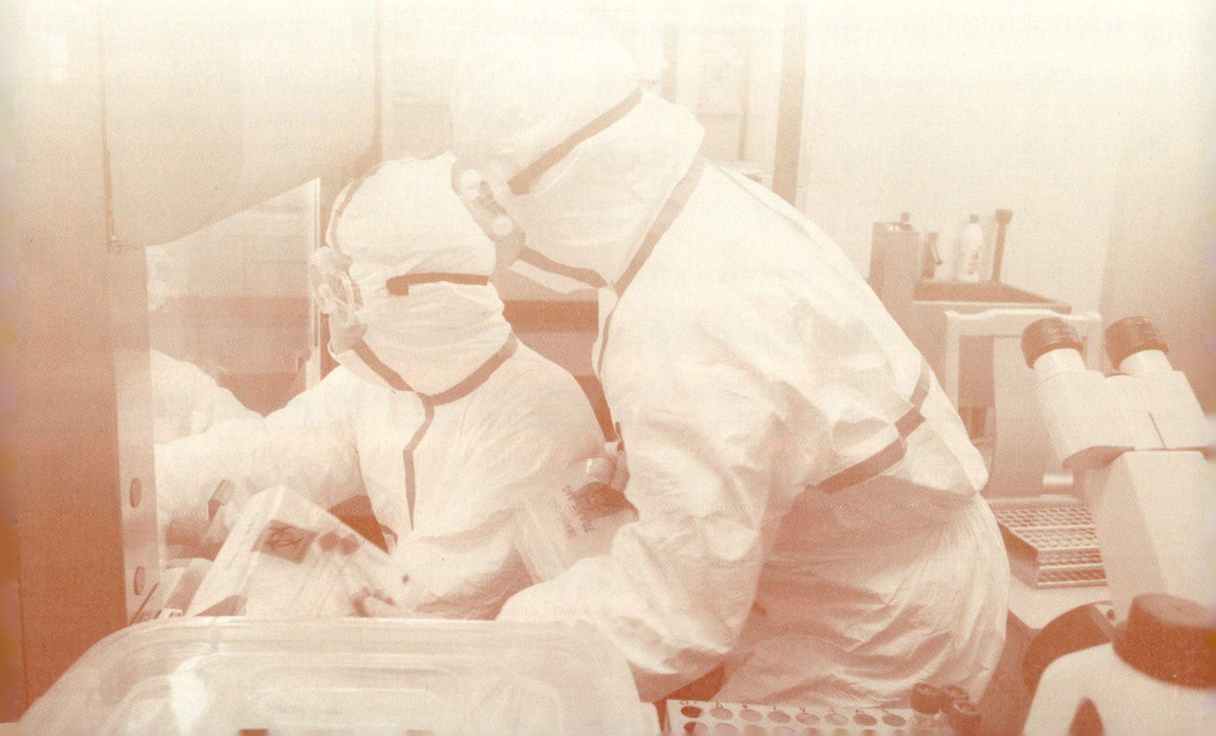

2020年苏州市受中共中央、国务院、中央军委表彰的先进个人和先进集体名录及事迹简介

全国优秀共产党员（1名）

朱斌　苏州市交通运输局运政稽查支队一大队大队长

全国抗击新冠肺炎疫情先进个人（6名）

钱红英（女）　苏州大学附属第一医院呼吸内科护士长，主任护师

张建平　苏州市第五人民医院副院长，副主任医师

谢高云　苏州艾旺纺织品有限公司生管部经理

朱斌　苏州市交通运输局运政稽查支队一大队大队长

汪大明　中国科学院苏州生物医学工程技术研究所研究员

施晓松　中核集团工业总医院（苏大附二院）感染管理处处长，副主任医师

全国抗击新冠肺炎疫情先进集体（2个）

苏州市涉外疫情防控专班

航天科工苏州江南航天机电工业有限公司

全国脱贫攻坚先进个人（4名）

查颖冬　铜仁市委常委、副市长（挂职），苏州市政府党组成员

仇圣富　苏州市发展和改革委员会支援合作处处长

沈小平　通鼎集团有限公司董事局主席

张皋　贵州省铜仁市扶贫开发办公室综合科副科长（挂职），苏州市相城区政府办公室副主任

全国脱贫攻坚先进集体（5个）

江苏省对口帮扶贵州省铜仁市工作队

江苏省对口帮扶贵州省铜仁市工作队碧江区工作组

昆山市对口支援新疆阿图什市前方工作组

中共张家港经济技术开发区（杨舍镇）善港村委员会

苏宿工业园区管理委员会

事迹简介

朱斌　苏州市交通运输局运政稽查支队一大队大队长，苏州市首个道路疫情防控临时党支部，即沪宁高速新区检测点临时党支部书记。在2020年新冠肺炎疫情防控最紧要的关头，他日夜驻守在沪宁高速新区出口，率先组建苏州道路防控防疫行动支部，统筹协调交通、公安、城管、卫健委四部门人员开展工作，每天坚守在岗位17个小时。作为沪宁高速新区卡口疫情联防联控工作小组负责人，朱斌一方面统筹安排，调整出口通道，安排专人指挥交通，提高了车流通行效率；另一方面，他细心为防疫一线工作人员考虑，及时组织提供防护用品等物资，全力保障一线人员的安全。

钱红英（女）　苏州大学附属第一医院呼吸内科护士长，主任护师。她曾参与抗击SARS、H1N1和H7N9禽流感，是这次疫情中科里最早递交申请援助湖北的人员之一，是江苏省第五批援助湖北医疗队苏州二队的护理领队。在武汉，她的心中只有两件事：一是让病人早日康复出院，二是让队员安全回家。为做好这两件事，她在关键时刻冲得上去、危难关头豁得出来。在她的带领下，团队仅用26个小时就让病区顺利启用，整建制接管同济医院光谷院区E3-7病区的51张重症病床，所在团队取得出征三周重症患者就出院超三成的骄人战绩。

张建平 苏州市第五人民医院副院长，副主任医师。苏州市第五人民医院是苏州市定点收治医院，在新冠肺炎疫情防控的关键时刻，苏州市第五人民医院副院长张建平日夜奔忙在“战疫”最前线，平均每天工作13小时以上。疫情防控期间，他每天组织市级专家会诊，分析病情，商讨治疗方案，苏州第一例重型患者最终转危为安，康复出院。两个月来，张建平和市五院医护人员日夜坚守、团结作战，与时间赛跑，与病魔决战。苏州87例新冠肺炎病例全部治愈出院。他们的努力付出，也得到了患者的认可。

谢高云 苏州艾旺纺织品有限公司生管部经理。作为相城区日产量最大的一家口罩企业，在新冠肺炎疫情发生后，苏州艾旺纺织品有限公司开足产线全线满负荷生产保供应。在疫情防控物资紧缺的情况下，谢高云作为企业生管部门经理，从大年初一开始就动员没有回家过年的在苏员工第一时间回厂准备，于1月26日正式复工，加班加点生产口罩，及时供给武汉抗疫一线和苏州医疗机构。

汪大明 中国科学院苏州生物医学工程技术研究所研究员。2020年1月，苏州医工所成立了以汪大明为负责人、各部门职工共同参与的研发团队，对基于核酸杂交和免疫荧光捕获法相结合的现场快速核酸诊断系统进行应急攻关。经过一个多月不眠不休的攻关，这套现场快速核酸诊断系统已经进入国家药监局第二批应急评审通道，并被列入中科院“新型冠状病毒应急防控”专项重点关注项目。在攻关最艰难的时候，汪大明递交了入党申请书，随后汪大明又带队奔赴疫情最严重的地区——武汉。

施晓松 中核集团工业总院（苏大附二院）感染管理处处长，副主任医师，第二批江苏援湖北医疗队院感组组长、苏州医路先锋行动党支部书记。施晓松带领院感组指导武汉江夏区第一人民医院呼吸与危重三个隔离病区院感工作从无到有、逐步完善。作为医疗队的院感组组长，他承担着常人难以想象的压力，每天只睡四五个小时，最终三个病区所有医护人员保持“零感染”，施晓松被队员们亲切地称为“我们的守门员”。

苏州市涉外疫情防控专班 人员来自市外办、市卫健委、市公安局、市交通局等不同单位和岗位，肩负着镇守苏州乃至全省涉外疫情防控“东大门”的重任。自涉外疫情防控工作开展以来，市涉外疫情防控专班把防范境外输入风险作为重中之重，强化入境人员全流程闭环管理，用行动做到外防输入、内防反弹。此外，专班充分发挥外事工作的积极作用，深化疫情防控国际合作、推动疫情防控期间对外交往合作，率先开通多种语种24小时涉外疫情防控服务热线，共受理涉外防疫事项近5000项；在全国率先发布面向在苏外籍人士的多语种通告，累计550篇（次）；同时积极保障境外人士通过快捷通道和包机来苏，服务157家企业的566为员工及家属入境苏州。

航天科工苏州江南航天机电工业有限公司　在抗击新冠肺炎疫情中，中国航天科工第一时间坚决落实习近平总书记重要指示精神和党中央决策部署，充分发挥中国航天科工航天江南所属苏州江南公司作为国家野战救护后勤装备动员中心的优势，研制生产移动医院、模块化负压方舱医院、P2+方舱移动检测站等航天“抗疫神器”，紧急驰援湖北武汉，为打赢疫情防控阻击战发挥了重要作用，在大战大考中展现中国航天科工的责任担当。

查颖冬　铜仁市委常委、副市长（挂职），苏州市政府党组成员。2017年4月，查颖冬作为江苏省对口帮扶贵州省铜仁市工作队领队，到铜仁市挂职担任市委常委、副市长，并主要负责苏铜扶贫协作工作。4年来，他主动延长扶贫任期，并带动12名队员同样延长一个任期。全力推动苏铜两地开展了全方位、多层次、宽领域的扶贫协作，取得了明显成效。2020年11月，铜仁市深度贫困县沿河土家族自治县正式宣布退出贫困县序列，标志着铜仁市辖10个区（县）全部摘帽，脱贫攻坚战取得全面胜利。

仇圣富　苏州市发展和改革委员会支援合作处处长。仇圣富专职帮扶支援工作11年，是苏州东西部扶贫协作与对口支援见证人。组织编写“援藏”“援疆”和帮扶贵州铜仁规划计划，总结形成“整村推进”“易地扶贫搬迁+”“园区协作共建式”等苏州帮扶经验。

沈小平　通鼎集团有限公司董事局主席。沈小平将脱贫攻坚视为人生的第二份事业，扶贫足迹遍及全国23个省、20个国家级贫困县、11个经济薄弱地区，累计投入扶贫资金超5亿元。

张皋 贵州省铜仁市扶贫开发办公室综合科副科长（挂职），苏州市相城区政府办公室副主任。在铜仁挂职期间，他促成苏州立升净水公司捐资30余万元在思南县石街水村建设膜法净水站，并与思南县签订投资3.5亿元的县域农改水工程。

江苏省对口帮扶贵州省铜仁市工作队 2017年，由苏州干部组成的江苏省对口帮扶贵州省铜仁市工作队共23名队员分批抵达铜仁。4年时间，工作队全力推动苏铜两市开展全方位、多层次、宽领域的扶贫协作，惠及贫困人口88.9万人次，有力助推了铜仁市辖10个贫困区（县）顺利摘帽。

江苏省对口帮扶贵州省铜仁市工作队碧江区工作组 2017年以来，137名昆山干部在黔东山城铜仁碧江区，演绎了一首荡气回肠的“扶贫协奏曲”。工作组争取各级财政帮扶资金1.7亿多元，实施项目66个，覆盖贫困群众1.2万余人。2018年碧江脱贫，2019年贫困发生率“清零”。

昆山市对口支援新疆阿图什市前方工作组 2010年以来，昆山援疆工作组先后投入援疆资金28.5亿元，选派4批291名援疆干部人才进驻5000公里外的新疆克州阿图什市，紧紧围绕阿图什市社会稳定和长治久安、脱贫攻坚等任务，组织实施对口援建阿图什民生项目、产业项目、教育卫生、民族团结等项目共180多项，在全力助推阿图什市实现脱贫摘帽的征程中贡献“昆山力量”。

中共张家港经济技术开发区（杨舍镇）善港村委员会 2012年开始，张家港杨舍镇善港村开启了“先富帮后富”的新征程，陆续派出扶贫工作队员1500余人次，对省内外6个贫困村实施整村帮扶，送理念、扶技术、育人才，开创性地探索出了村对村“整村帮扶”新模式，书写了一个基层党组织为中国脱贫攻坚贡献力量的“大故事”。

苏宿工业园区管理委员会 2006年，为加快苏北振兴、促进区域共同发展，江苏省委、省政府启动南北共建园区建设。当年11月，苏州、宿迁两市签订合作协议，携手共建苏宿工业园区，苏州工业园区负责具体运作。苏宿工业园区成为宿迁经济发展的重要增长极，为宿迁高质量打赢脱贫攻坚战作出了重要贡献。

2020年苏州市受中央文明委表彰的先进典型名录

第六届全国文明城市（2个）

江苏省昆山市　江苏省太仓市

第六届全国文明村镇（11个）

昆山市淀山湖镇　张家港市南丰镇
张家港市乐余镇永利村　常熟市梅李镇瞿巷村
太仓市璜泾镇永乐村　昆山市周市镇市北村
苏州市吴江区盛泽镇黄家溪村　苏州市吴江区震泽镇众安桥村
苏州市吴中区临湖镇牛桥村　苏州市相城区黄埭镇冯梦龙村
张家港经济技术开发区（杨舍镇）福前村

第六届全国文明单位（9个）

苏州市第五人民医院　昆山海关
苏州市姑苏区人民检察院　江苏省苏州工业园区人民检察院
国家税务总局常熟市税务局　国家税务总局太仓市税务局
恒力集团有限公司（本部）　中亿丰建设集团股份有限公司（本部）
苏州高新区（虎丘区）狮山街道办事处

第二届全国文明家庭（1个）

郁全和家庭　张家港市金港镇长江村

第二届全国文明校园（3个）

苏州大学　江苏省常熟中学　苏州市实验小学校

全国未成年人思想道德建设工作先进工作者（1名）

徐彩萍（女）　江苏省张家港市未成年人健康成长指导中心主任

2020年苏州市受江苏省委表彰的先进个人名录

江苏省优秀共产党员（3名）

朱斌　苏州市交通运输局运政稽查支队一大队大队长

钱红英（女）　苏州大学附属第一医院呼吸与危重症医学科护士长

黄建安　苏州大学临床医学研究院副院长，苏州大学附属第一医院内科主任、呼吸内科主任

追授的江苏省优秀共产党员（1名）

位洪明　生前系太仓市公安局浏河派出所三级警长

07

重大决策与重要文件题录

中共苏州市委 苏州市人民政府 关于开放再出发的若干政策意见

苏委发〔2020〕1号

为深入贯彻落实习近平总书记关于改革开放和江苏工作的系列重要指示精神，推动全市上下“思想再解放、开放再出发、目标再攀高”，加快形成全面开放新格局，以更高水平开放引领高质量发展，特制定以下政策意见。

一、总体要求

坚持以习近平新时代中国特色社会主义思想为指导，抢抓“一带一路”、长江经济带、长三角一体化和自贸区建设等国家战略叠加机遇，大力弘扬“三大法宝”，全力塑造“四自”理念，即“自觉对标、敢于争先；自主谋划、彰显特色；自闯新路、再造优势；自我加压、追求卓越”，再创一个激情燃烧、干事创业的火红年代，进一步优化开放布局、拓展开放空间、提升开放能级，奋力推动苏州高水平开放走在最前沿，高质量发展走在最前列，努力打造中国新时代对外开放示范区。

（一）思想再解放

坚持以观念更新、思想解放推动高水平开放，大胆改革、锐意探索，加快构建高质量发展动力系统，切实增强地区经济和人口承载能力。坚定不移抱着“归零心态”，推动思想再解放，自觉主动对标找差，广泛凝聚发展共识。突破思维定势、摆脱路径依赖、走出既定格局，积极勇闯发展“无人区”，全力冲破障碍束缚，奋力争当新一轮发展热血尖兵。

（二）开放再出发

放眼全球，主动顺应世界百年未有之大变局，确保对外开放决心不动摇。立足全国，积极融入国家新一轮高水平对外开放布局，确保对外开放优势不削弱。审视自我，坚定不移推动开放再出发，确保对外开放劲头不懈怠。创新开放理念、丰富开放内涵、拓展开放领域，强化各类开放要素整合，奋力打造全方位深层次开放新格局。以开放引领高质量发展，通过开放推动科技创新登上高峰、产业转型加速提质、有效投入迈上台阶、营商环境争创一流、城市功能全面优化。

（三）目标再攀高

紧紧围绕“现代国际大都市、美丽幸福新天堂”愿景，主动置身更高“坐标系”，全面提升主要发展目标。力争到2022年，全市地区生产总值年均增速达到6%，确保2020年地区生产总值突破2万亿元；规模以上工业增加值超过8500亿元，全社会研究与试验发展经费支出占地区生产总值比重达到4%左右，高新技术产业产值、新兴产业产值占规模以上工业总产值比重分别达到50%和55%左右；年均进出口总额保持在3000亿美元左右，三年累计实际使用外资达到200亿美元；营商环境位居全国大中城市前列；城市功能得到大幅提升，城市人文繁荣兴盛，成为人人向往的宜居宜业胜地。

二、重点举措

（一）以开放推动创新发展，提升苏州的科技创新策源功能。致力开放创新，主动融入和布局全球创新网络，营造开放包容创新生态，吸引集聚更多国际高端创新资源，以更加开放的胸怀加快打造国际化创新高地

1.集聚国际高端创新人才。实施万名高端人才集聚计划，三年内引进1万名高质量发展急需的高端人才，其中海外占比不低于50%，外国高端专

家不少于2500人。针对先导产业、前沿科技领域作出突出贡献的高端人才和苏州自贸片区急需人才，对年薪高于40万的，按个人薪酬的5%~20%给予每年最高不超过40万元的奖励。瞄准关键核心技术领域，三年内引进10个以上具有引领性、原创性、标志性的顶尖人才（团队）。加大“海鸥计划”实施力度，单个项目（个人）补贴上限标准提高至100万元。建立境外人才工作、居留和出入境绿色通道，为外籍高层次人才申请在华永久居留、办理最高时限居留许可、优秀外籍学生创新创业等提供最大便利。全面接轨国际人才评价标准，对取得有关国际职业资格证书的人才，比照认定或享受相应等级待遇。降低人才落户门槛，提高对各类人才特别是年轻人才来苏创新创业的吸引力。研究设立“苏州科学家日”，在全社会形成尊重人才、吸引人才、用好人才的良好氛围。（责任单位：市人才办、市人社局、市科技局、市公安局、市科协）

2.培育国际一流创新企业。加大国家高新技术企业培育力度，提高申报便利度和服务水平，到2022年末，高新技术企业数量达到14000家，其中外资企业3000家。聚焦战略性新兴产业、现代服务业，三年内每年滚动遴选1000家年销售收入超过2000万、成长性好、研发投入大的创新型企业形成市级高新技术企业库，其中外资企业200家左右，自入库当年至获得国家高新技术企业认定为止，每年参照国家高新技术企业所得税优惠政策对企业给予奖励，最长不超过三年。对自贸区苏州片区内新设立的从事生物医药、人工智能、新一代信息技术、纳米技术等关键领域核心环节生产研发企业，符合条件的，可直接进入市级高新技术企业库，并享受同等奖励政策；发展态势良好的，经批准，奖励期可延长三年。对连续两年享受研发费用加计扣除政策，且企业研发费用年度增长20万元（含）以上的企业，给予研发费用增长额6%的奖励，单个企业每年不超过300万元。（责任单位：市科技局）

3.建设国际优质创新载体。集聚国际创新资源，系统谋划和布局一批重大科技基础设施，加快提升源头创新能力，大力支持重大科技突破，力争在重大科技领域实现跨越发展。建立诺贝尔奖实验室“一事一议”专项引进机制，支持诺贝尔奖科学家来苏组建实验室。鼓励全球知名高校、科研院所在苏合作建设科研创新平台、科技成果转化中心和国际研发机构，支持国际化人才和团队发起设立专业性、开放性新型研发机构，三年内新建科技创新载体100家。对重大研发机构、多学科交叉创新平台建设，可按“一事一议”方式给予支持。对研发机构中具备重大原始创新能力和成果转化能力的创新团队，给予最高5000万元支持，对新型研发机构建设给予最高1000万元支持。（责任单位：市科技局）瞄准国际产业创新资源集聚区，在全球智力比较密集地区设立离岸创新中心，到2022年末在全球布局建设50家海外离岸创新中心，每家给予最高100万元的经费支持；在苏建设10家对接海外离岸项目的在岸创业基地。（责任单位：市科技局、市人社局、市科协）加强与先进创新型国家科技合作，着力建设国际科技合作联盟。（责任单位：市科技局、市外办）

4.打造国际著名创新品牌。大力支持企业建设国际化知名品牌，对获得“中国质量奖”“中国质量奖提名奖”的企业分别给予300万元、100万元奖励。对企业通过PCT（专利合作条约）和巴黎公约途径申请国际专利，并获得美国、欧盟成员国、英国、日本、韩国等发达国家授权专利以及通过马德里体系申请注册国际商标的给予一定奖励，同一申请人年度奖励经费最高100万元。（责任单位：市市场监管局）支持企业参与制定国际标准，推动新一代信息技术、智能制造等重点领域的国内外标准化技术组织落户苏州，探索建立中德标准化合作机制和双方证书互认渠道。（责任单位：市市场监管局、市人社局）加大新时代技能人才队伍建设，弘扬劳模精神、劳动精神、工匠精神，激发企业打磨产品、提升质量的热情与动力，促进“苏作”精神回归。（责任单位：市人社局、市总工会）

5.推动金融与科技深度融合。支持企业利用境内外资本市场做强做优，对在境内外资本市场实现IPO的企业，给予不少于300万元的奖励。加大外资持牌金融机构招引，支持境外金融机构在苏设立法人机构。完善地方金融科技产业生态，建设金融科技开放平台、评测平台、监管沙盒试点，引进境内外金融科技龙头公司，创设金融科技实验室。建立投贷联动合作机制，通过信息共享、优化服务、政策支持，吸引头部创投机构，打通投资机构和银行之间合作通道，提高创新型企业多元化融资发展活力。（责任单位：市金融监管局、人行苏州中支、苏州银保监分局）在税收优惠、绩效奖励、风险补偿、融资补贴、退出机制等方面加大政策扶持力度，鼓励境内外创投资本投资苏州创新创业企业。（责任单位：市发改委、市金融监管局、市科技局）

（二）以开放促进产业转型，提升苏州的高端产业引领功能。广泛利用国际国内两个市场、两种资源，优选增量、提质存量，深度融入全球产业链和价值链体系，全力推动产业结构迈向中高端，不断增强产业国际竞争力

6.打造世界级产业集群。支持利用境内外资源壮大新一代信息技术、生物医药、纳米技术、人工智能等先导产业，加快先导产业集聚发展。推进制造业高端化国际化，支持跨国公司通过合资合作、协同创新、并购重组等方式深度参与产业集群建设，做大做强新型显示、生物医药和新型医疗器械、光通信、高端装备制造等10个千亿级先进制造业集群，力争形成以生物医药为代表的若干世界级产业集群。以创新协同化、组织网络化、合作国际化为重点，推动企业集群由“物理相加”实现“化学相融”，提升产业链现代化水平，增强产业根植性和集群凝聚力，建成一批具有影响力的产业集群组织。支持产业集群与国际知名先进制造集群建立系统融合机制，学习借鉴集群治理、协同创新支持等方面的经验，开展技术研发、人才培养、知识产权等方面合作。（责任单位：市工信局、市商务局、市科技局、市人社局、市市场监管局）

7.推动制造业转型升级。提升发展信息技术服务、研发设计、金融服务、检验检测认证、知识产权服务、节能环保服务、人力资源服务、现代供应链管理、商务服务等生产性服务业，推进生产性服务业与先进制造业深度融合。（责任单位：市发改委）积极推进苏州大企业和领军企业开展先进技术研究院建设，支持外资企业投资设立研发中心，推动外资企业拓展研发功能，导入优质创新资源，助力产业转型升级。（责任单位：市工信局、市

商务局）鼓励企业利用互联网与大数据技术，向“制造+服务”转型，每年对新认定的市服务型制造示范项目，给予每家一次性奖励50万，三年累计培育和认定市级以上服务型制造示范企业（项目）60家。（责任单位：市工信局）对获得当年度国家或省进口贴息支持的先进技术和设备及关键零部件进口企业，在享受国家、省政策基础上，再给予每家企业不超过100万元的贴息奖励。（责任单位：市商务局）

8.鼓励企业海外并购。鼓励开展海外并购，支持企业通过境外投资高科技项目实现“购并、引进、吸收、消化、再创新”。（责任单位：市商务局）鼓励设立市场化海外并购专项基金，支持政策性担保公司为企业开展海外并购申请银行贷款提供担保。（责任单位：市金融监管局、人行苏州中支、市工信局）探索开展QDIE等金融开放业务试点。引导商业银行积极开展并购贷款业务，推动商业银行对并购重组企业实行联合授信，为上市公司开展并购提供融资支持。鼓励设有海外分支机构的各类金融机构，帮助企业寻找海外并购标的。（责任单位：人行苏州中支、市金融监管局）

9.提升对外贸易质效。聚焦“一带一路”沿线国家和地区，进一步开拓国际市场，主动扩大进口。大力优化贸易结构，积极培育外贸竞争新优势。加快FTA（自由贸易协定）落地见效，进一步提高企业知晓率和利用率，增强企业出口竞争力。深化服务贸易创新发展，鼓励发展服务贸易新业态、新模式，对在国内同行业中具有重大创新性和引领性的新业态和新模式项目，给予不超过1000万元奖励；支持企业扩大服务出口，对采用大数据、人工智能、5G等技术打造或提升服务贸易交易促进平台的，根据平台促进服务贸易成效，给予不超过200万元奖励；拓展数字化可贸易服务领域，支持数字化服务出口，根据企业数字服务贸易出口额给予奖励。（责任单位：市商务局、市贸促会）支持企业探索开展具有真实贸易背景的离岸转手买卖业务，并提供便利化金融服务。（责任单位：人行苏州中支、市金融监管局、市商务局）对本市企业在国内外电商平台开设主要面向境外消费者、具有良好运作实绩的零售店，给予20万元奖励。（责任单位：市商务局）

（三）以开放强化有效投入，提升苏州的全球资源配置功能。深化开放再招商，放眼全球加速集聚一批层次更高、质量更优、效益更好的国内外企业投资项目，有效增添经济发展后劲，搭建利益共享的全球价值链

10.加大招商引资力度。统筹各地各部门招商资源，市本级每年安排奖励资金2亿元，用于奖励对招商引资工作发挥重要作用、作出重大贡献的各类机构和人员；加大对招商信息首报人员的奖励，对招商工作做出显著成绩和贡献的干部，可按相关规定给予奖励，在提拔使用上加大力度。（责任单位：市商务局、市工信局、市发改委、市委组织部）对世界500强企业、全球行业龙头企业在苏新设（或增资设立）的年到账外资金额超过1亿美元的先进制造业项目，以及新设年到账外资金额不低于3000万美元的前沿高端制造业项目，可按“一事一议”方式给予重点支持。（责任单位：市商务局）加强对跨国公司总部项目招引和培育，吸引更多跨国公司在苏布局高层级投资性、运营管理性、研发创新性地区总部和各类共享服务功能机构。（责任单位：市商务局）科学精准落实国家产业政策，对于重大产业项目投资涉及产业空间、产能压减、能耗排放等指标的，实行全市域统筹，确保高质量产业项目按需落地，全力构筑具有一流竞争力的产业生态体系。（责任单位：市工信局、市发改委、市生态环境局、市行政审批局）

11.支持企业扩大有效投入。以更大力度持续扩大有效投入，积极鼓励企业加大工业投资，精准推进一批重大产业项目、新兴产业项目。对当年度单个项目设备投入2000万元以上，按照项目设备投资额进行综合奖补，其中先导产业奖励12%、高新技术产业奖励10%、其他产业奖励6%。三类产业中单个项目设备投资最高奖励额度分别为1000万元、800万元、600万元。（责任单位：市工信局）

12.精准推出苏州开放创新合作热力图。以产业建链、补链、强链为主线，发布高质量的多语种苏州开放创新合作热力图，全面、生动推介苏州营商环境、投资政策和投资信息空间布局，为全球资本选择苏州、投资苏州，提供透明、公平、便捷、稳定的预期和资讯，切实帮助和服务全球资本进一步了解苏州、投资苏州、落户苏州。热力图聚焦投资环节提供有效指引，具

体包括：投资考察线路图，帮助投资者提高考察效率；平台载体导引图，帮助投资者寻找项目落地载体；产业用地供应图，帮助投资者匹配项目土地资源需求；投资合作机会图，帮助投资者和企业家发现合作机会。同步推出移动端及PC端应用，围绕引资需求、招商方向及形势变化情况，及时修订和更新，精准匹配真实需求。（责任单位：市商务局、市发改委、市资源规划局）

13.强化土地要素保障。探索土地复合利用供地政策，战略性新兴产业项目可与商业和服务业用地合并，按综合用途供地。科学编制国土空间总体规划，保障产业用地空间规模，全市划定100万亩（667平方公里）工业和生产性研发用地保障红线。以盘活存量为主，配置增量为辅，向全球发布68.8平方公里的近期可供产业用地，并全部落实在产业用地供应图上。鼓励工业制造业和生产性研发项目出让用地提容增效，对项目出让用地容积率低于1.5的，根据项目产业特点和地块实际情况进行专业论证、集体会商，明确出让地价和项目发展要求；在符合规划的前提下，对项目出让用地容积率高于1.5的，每增加0.1容积率，建成后可根据产业水平和门类给予不超过出让价格4%的奖励，最高不超过出让地价的40%。（责任单位：市资源规划局）

14.加快境内外园区建设。支持企业以“一带一路”沿线国家和地区为重点，开发建设各类境外经贸合作区。对通过商务部和财政部考核确认的境外经济贸易合作区，奖励1000万元；对通过省商务厅和省财政厅考核确认的境外经贸合作区，奖励800万元；对通过市商务局和市财政局考核确认的市级境外经贸合作区，奖励500万元。（责任单位：市商务局）鼓励注册在苏州的产业园区综合开发载体、产业园区管理类企业或行业龙头企业赴本市内其它地区或市外境内区域打造“飞地经济”。（责任单位：市发改委）

15.支持自贸区苏州片区发展。支持自贸区苏州片区对标最高标准、最好水平，积极探索具有国际市场竞争力的开放政策和制度，更好服务苏州对外开放总体布局。推动各县级市（区）与自贸片区联动发展和跨区合作，建立联动创新区。探索放宽服务业外资市场准入限制，积极扩大服务业行业门类和领域的对外开放。设立自贸区苏州片区专项发展资金，五年内投入不少于800亿元，以世界一流标准提升自贸片区基础设施和公共设施建设水平，支持自贸片区强化对企业、技术、资金、人才的“集聚效应”，着力推动自贸片区在前沿产业、高端人才、总部经济等领域实现高质量发展，建设世界一流高科技产业园区，打造全方位开放高地、国际化创新高地、高端化产业高地、现代化治理高地。（责任单位：市商务局、市财政局）

16.打造对外开放新平台。大力提升各级开发区功能优势，创建高水平开放、高质量发展示范引领之地。充分发挥苏州工业园区开放创新综合试验、昆山深化两岸产业合作试验区平台功能，进一步深化对德、对日合作，积极打造中德合作创新园、中日绿色产业创新示范区、中日智能制造创新产业园等开放载体，构筑苏州对外合作新平台。（责任单位：市商务局）

（四）以开放优化营商环境，提升苏州的各类要素虹吸功能。对标国际公认标准，树立用户思维，注重客户体验，全方位提升政务服务水平，努力实现四个“最少”（花最少的时间、跑最少的路、交最少的材料、找最少的部门），着力构建市场化、法治化、国际化的世界一流营商环境

17.打造营商服务国际品牌。牢固树立营商环境没有最好、只有更好的理念，倾力打造“苏州最舒心”营商服务品牌，同步推出“4S”国际版营商服务品牌（“Supreme Service, Super Suzhou”意为“至高服务，超级苏州”），持续完善国际化营商服务政策措施，努力让市场主体在苏州投资放心、发展安心、干事顺心、创业开心、生活舒心，把苏州打造成为国际一流营商环境高地，使营商环境成为苏州最响亮的金字招牌。（责任单位：市发改委、市商务局）

18.实行优特项目“N+1”特殊支持政策。全球资本选择中国进行布局投资时，凡是体现重大创新成果转化的策源性项目，凡是体现国际最先进水平、最高水准的科技创新项目，凡是在苏州先导产业中起龙头作用或产业链关键环节突破性项目，凡是符合新发展理念的大项目、高产出率的好

项目，只要愿意落户苏州的，政策设计可以对标国际惯例、对标先进城市标准，再“加一点”力度，给予特殊支持。（责任单位：市发改委、市科技局、市工信局、市商务局）

19.提高亲商服务水平。贯彻落实好民营企业和外资企业沙龙、企业家微信群联系、企业信息直报三项制度，让企业的声音听得到、意见看得到、诉求办得到，让企业做苏州最“铁”合伙人、最“燃”投资人、最“棒”传播人。（责任单位：市委统战部、市工商联、市商务局）建设苏州市“企业服务云”，打造企业服务总门户。建设苏州市企业服务中心，为市场主体提供精准化、全覆盖的优质服务，实现市场主体咨询政策有方、服务寻求有效、诉求反映有门、政策兑现一张网。（责任单位：市工信局、市商务局、市行政审批局）全面推行代办服务，建立代办服务机制，公布代办事项目录清单。（责任单位：市行政审批局）坚持“有求必应，无事不扰”，完善领导干部挂钩联系服务企业机制，探索设立重点企业联络专员。（责任单位：市发改委、市商务局、市工信局、市科技局）实施金融服务实体经济融资畅通工程，到2020年末，实现综合金融服务平台企业接入率达15%，小微企业首贷率超过10%。（责任单位：市金融监管局）

20.完善公平竞争市场秩序。按照竞争中性原则，贯彻落实外资在保险机构行政许可事项办理、新能源汽车产品市场准入待遇、建筑业承揽业务范围、认证机构资质审批、公平参与标准化工作及政府采购等方面的国民待遇，按国家法律法规有效保障外资主体平等参与市场竞争的地位。切实增强国际贸易规则意识，保障不同所有制企业在WTO框架内，同等依法享受贸易救济和贸易保障措施。（责任单位：市商务局、市金融监管局、苏州银保监分局、市工信局、市住建局、市市场监管局、市财政局）完善企业破产与注销程序，建立企业注销网上服务专区，推进行政审批、税务、人社等部门信息共享和业务协同，切实强化破产涉税问题处理，将企业注销纳入“一网通办”平台办理。完善加快破产案件审理工作规程，提升破产案件审判质效。推进破产案件繁简分流，简单破产案件原则上在6个月内审结。严厉打击各类“逃废债”行为，切实维护市场主体合法权益。（责任单位：市

中级法院、市行政审批局、市税务局）

21.缩短行政审批时限。持续优化业务流程，实现企业开办2个工作日、不动产登记3个工作日内完成审批，达到世界银行营商环境评价全球前沿水平。（责任单位：市行政审批局、市资源规划局）除重大工程建设项目外，2020年底前实现政府投资项目从申报立项、选址、规划许可、施工许可直至竣工验收，审批时间控制在80个工作日内；一般社会投资项目，审批时间控制在60个工作日内；带方案出让用地的社会投资项目及小型社会投资项目，审批时间控制在40个工作日内。全面施行多图一审，合并原独立审查的消防、人防、技防等技术审查；明确免予施工图审查类型和规模，提高施工图审查效率；对有条件的工程建设项目实施分段许可、分段施工。（责任单位：市住建局、市资源规划局、市行政审批局）深化办税缴费便利化改革，到2020年底将企业全年纳税时间减少到100小时。（责任单位：市税务局）

22.提升企业水电气获取便利度。对标世界银行评价标准，通过压减环节、并联审批、联合踏勘等措施，切实提高企业用电用水用气服务水平。用水方面，无增设管线的，办结时间不超过4个工作日；有增设管线但无需办理行政审批的，办结时间不超过9个工作日；有增设管线且需办理行政审批的，平均办结时间不超过30个工作日。（责任单位：市水务局、市水务集团）用电方面，从2020年起，低压客户报装平均接电时间缩至7个工作日以内，10（20）千伏客户报装平均接电时间缩至35个工作日以内。（责任单位：苏州供电公司）用气方面，无需增设管线的，办结时间不超过3个工作日；需增设管线但无需行政审批的，办结时间不超过15个工作日；需增设管线且需行政审批的，办结时间不超过30个工作日。（责任单位：市住建局、市燃气集团）

23.加快企业通关速度。鼓励企业提前申报，优化监管流程，在2020年提前实现"5年内进出口整体通关时间再压缩一半"的目标；精简进出口监管证件联网核查，促进企业申报便利化；优化时效性商品通关流程，加快现场通关验放速度；稳步推进国际业务申报"单一窗口"标准版应用，业务覆盖率达到100%。（责任单位：市口岸办、市各海关）

24.优化出入境服务。提升智慧出入境服务功能，推广出入境智慧大厅模式，在居住人口密度大、地理位置相对偏远地区增设出入境大厅受理分中心，方便群众就近办证，实现出入境办证随到随办，为有特殊需求的企业及个人出入境办证提供绿色通道服务。（责任单位：市公安局）全面推进外国人来华邀请网上申报机制和“不见面审批”，到2020年底建成“外国人来华邀请电子管理系统”。（责任单位：市外办）以自贸区苏州片区为重点，在苏州工业园区就近为外国人申请永久居留提供预约、咨询、受理窗口服务。（责任单位：市公安局）围绕“一带一路”建设总体布局，扩大APEC商务卡惠及面。（责任单位：市外办）切实做好“走出去”企业服务工作，为企业及员工出入境提供便利；推进“领事保护机制”全覆盖，保护在外企业及员工合法权益。（责任单位：市外办、市公安局）

25.加大知识产权保护和运营力度。充分发挥苏州知识产权法庭审判功能，加强对知识产权技术类案件审判，强化知识产权司法保护。（责任单位：市中级法院）优化中国（苏州）知识产权保护中心功能，搭建集专利、商标、版权等知识产权全链条的快速获权、快速确权、快速维权“一站式”知识产权协同保护中心。完善知识产权海外预警平台，制定知识产权海外维权指引。（责任单位：市市场监管局）充分发挥江苏国际知识产权运营交易中心作用，建立涉外企业知识产权数据库，持续开展国际经贸领域知识产权海外维权人才培训，为企业参与国际竞争、应对知识产权争端提供优质服务。打造知识产权金融服务平台，激励企业开展知识产权运营许可交易，推进知识产权质押融资，开展风险补贴，激励探索知识产权证券化。（责任单位：市市场监管局、市行政审批局、市金融监管局）

（五）以开放塑造城市品质，提升苏州的开放枢纽门户功能。立足世界眼光、国际视野，优化城市布局，打造绿色生态空间，推动城市有机更新，提升城市国际化水平，奋力建设现代国际大都市

26.积极投身长三角一体化建设。紧扣“一体化”和“高质量”两个关键，聚焦规划互融、创新互促、产业互补、交通互联、生态互保、民生互惠，

实现“市域一体化、沪苏同城化”，最大程度地释放国家战略杠杆效应。积极投身长三角生态绿色一体化发展示范区建设，在示范区谋划布局一批重大项目、重大工程、重大平台，探索走出一条跨行政区域共建共享、生态文明与经济社会发展相得益彰的新路径。共抓大保护、不搞大开发，高起点构建永续发展绿色经济走廊，推动长江经济带高质量发展。（责任单位：市发改委）

27.提高公共服务国际化水平。鼓励引进国内外高端高等教育资源，三年内新增2所以上海外知名院校在苏州落地。积极申报“国家产教融合试点城市”，加快推进“双元制”和现代学徒制人才培养模式，促进教育链、人才链与产业链、创新链有机衔接。加快基础教育现代化进程，提升教育国际化水平，健全外籍人员子女就读体系，三年内新建外籍人员子女学校、中外合作办学机构和国际化学校15所。构建本土化与国际化深度融合的国际课程体系，满足在苏高层次国际人才子女多样化、个性化教育需求。（责任单位：市教育局）鼓励和引导包括外资在内的社会资本在苏设立合资、合作（含港澳台）医疗机构，引进国内知名医院管理机构对新建市属医院委托管理，三年内引进国际高端医疗集团在苏举办2家以上合资、合作（含港澳台）医疗机构。（责任单位：市卫生健康委）依托“12345”热线，优化提升在苏外籍人士App服务平台功能，为在苏外籍人士提供便捷优质政府公共服务。（责任单位：市委宣传部、市行政审批局、市外办）

28.构建现代开放综合立体交通体系。以构建国家级综合交通枢纽城市为目标，以“机场、港口、通道、枢纽”规划建设为重点，积极推进重大项目举措落地落实，高质量推进综合交通体系规划建设，构建“开放立体、创新高效、协调共享、便捷优质、绿色智能、安全经济”的具有苏州特色现代综合立体交通运输体系，形成“国际国内通道联通、枢纽节点功能完善、运输服务一体高效、交通动能强劲有力”的现代综合立体交通新格局。积极探索交通运输绿色智慧化，实现综合交通治理能力高水平和运输服务高质量，不断提升建设国际化大都市的交通支撑作用。（责任单位：市交通局）

29.提升城市国际知名度。以建设世界历史文化名城为抓手，提升城市国际影响力和美誉度。扩大与“一带一路”国家和地区交流合作，深化友好城市交往，三年新增2~3个具有国际化大都市特征的友好城市。（责任单位：市外办）充分利用市内涉外媒体平台、海外社交网络平台和国际间合作媒体，提升国际传播能力。（责任单位：市委宣传部、市委网信办）办好苏州国际精英创业周、中国国际纳米技术产业博览会等展会。争办国家级会展活动、国际性高端赛事以及国际机构交流活动，努力建设具有国际影响力的会展之都和体育名城。（责任单位：市人社局、市文广旅局、市体育局、市外办）

30.提高苏州文化全球影响力。完善与海外城市文化交流合作机制，积极参与国家级品牌项目和主题活动。进一步发挥手工艺和民间艺术之都及世界遗产典范城市等国际品牌效应，提升中国苏州江南文化艺术·国际旅游节、苏州创博会、苏州国际设计周等文化活动的层次和影响力。用好苏州交响乐团、民族管弦乐团、芭蕾舞团以及昆剧院等院团资源，开展对外文化交流，讲好苏州故事。拓展对外文化贸易，引导文化企业加强自主品牌建设，让更多体现苏州文化特色、具有较强竞争力的文化产品走向国际市场。（责任单位：市委宣传部、市文广旅局）

本文件自2020年1月1日起执行。文件实施期间，本文件规定的政策与相关政策文件同类或重复的，按就高不重复原则实施。

中共苏州市委
关于切实加强党的领导
确保打赢疫情防控阻击战的通知

苏委发电〔2020〕1号

各市、区委，苏州工业园区、苏州高新区、太仓港口工委；市委各部委办局，市各委办局党组（党委），市各人民团体党组，各大专院校和直属单位党委：

为坚决贯彻落实《中共中央关于加强党的领导、为打赢疫情防控阻击战提供坚强政治保证的通知》（中发电〔2020〕3号）和《中共江苏省委关于深入贯彻落实习近平总书记重要指示精神，切实加强党的领导、坚决打赢疫情防控阻击战的通知》（苏委〔2020〕30号）精神，切实加强党的领导，坚定不移推动党中央和省委各项决策部署落到实处，做到认识再提高、领导再加强、防控再严密、措施再强化、动员再深入、责任再压实，团结带领广大人民群众坚决打赢疫情防控阻击战，现就有关事项通知如下。

一、提高政治站位，坚决贯彻落实习近平总书记重要指示批示精神

新型冠状病毒感染的肺炎疫情发生以来，习近平总书记高度重视，作出一系列重要指示批示，多次主持召开会议，对疫情防控工作进行研究部署，提出明确要求。市委坚决贯彻落实习近平总书记重要指示批示精神，按照中央和省委各项部署要求，把疫情防控作为全市最重要工作，第一时间动员和组织各级各部门以及广大党员群众立即行动起来，全方位落实“一级响应”，扎实做好防输入、防扩散各项工作，有力有序有效开展疫情防控阻击战。

苏州作为全国第二大移民城市、服务人口超1550万人的大城市，疫情防控形势仍然严峻复杂。生命重于泰山，疫情就是命令，防控就是责任。全市各级党委（党组）要增强“四个意识”、坚定“四个自信”、做到“两个维护”，把思想和行动统一到习近平总书记重要指示批示精神上来，切实提高政治站位，按照坚定信心、同舟共济、科学防治、精准施策的要求做好各项工作。各级党组织和广大党员、干部要把打赢疫情防控阻击战作为重大政治任务，始终牢记人民利益高于一切，把投身防控疫情第一线作为践行初心使命、体现责任担当的试金石和磨刀石，以最坚决的态度、最迅速的行动、最有力的措施，全力守护全市人民群众的生命安全和身体健康。

二、发挥政治优势，让党的旗帜在防控疫情阻击战一线高高飘扬

当前疫情严峻，困难多、挑战大，各地各单位在疫情防控工作中要坚持党建引领，把区域治理、部门治理、行业治理、基层治理、单位治理有机结合起来，最大限度发挥党组织的政治优势、组织优势、密切联系群众的优势。要突出先锋意识，持续做好全市基层党组织和广大党员的组织发动，大力弘扬不畏艰险、无私奉献的精神，坚定地站在疫情防控第一线，真正做到“哪里任务险重，哪里就要有党组织坚强有力的工作，哪里就要有党员当先锋做表率”。要突出整体推动，充分发挥镇（街道）、村（社区）、机关（事业）单位、国有企业、非公企业、社会组织、高校院所等各领域基层党组织战斗堡垒作用，持续深化“五个先锋行动”，切实担负起本地区本部门本单位疫情防控工作的重要责任，大力推动“行动支部”建设，用好“海棠花红”先锋阵地群，构筑群防群治抵御疫情严密防线。各级党委（党组）要会同卫生健康等部门和单位，动员专家和医护人员中的党员、干部勇挑重担、迎难而上，在医疗救护、科研攻关、基础预防等岗位建功立业。要突出关心关爱，切实帮助解决奋战在疫情防控斗争一线的专家、医护人员、基层工作者的实际困难和后顾之忧。要对武汉等地在苏的群众热情周到服务，及时帮助解决困难，使他们感到在家的温暖和热情。要突出典型宣传，

及时总结宣传在疫情防控阻击战中涌现出来的先进典型和感人事迹，引导激励广大党员干部不忘初心、牢记使命，让“我是党员我先上”在打赢疫情防控阻击战中蔚然成风。

三、注重科学防控，统筹推动各项部署要求落实落地

当前和今后一个时期，各级党委（党组）和全市基层党组织要全面落实落细落地我市相关通告、通知要求，不留盲区盲点，把防控疫情相关工作抓紧抓实、抓出成效。持续加大社会防控力度。要强化交通管控，严格执行24小时检查制度，对人员尽量控制流动，对外地入苏的一律逢车必查、逢人必检。要充分运用大数据等信息技术手段，深入组织开展疫情排查，全面跟踪掌握来自武汉等地人员以及密切接触者的情况，逐一落实医学观察等防治措施，确保不发生遗漏。持续加大医疗救治力度。要坚持集中患者、集中专家、集中资源、集中救治，充实队伍力量，全力以赴救治确诊患者，确保救治工作科学有序开展。要做好药品、防护用品、救治器械等疫情防控工作所需物资的生产、采购、运输、储备，全力保障供应。持续加大市场监管力度。要高度重视并扎实抓好市场粮油、肉禽、蔬菜等供应保障工作，确保货源充足、价格稳定，切实维护市场秩序稳定。要科学研判形势，准确把握工作重点，提前制定应对返程高峰方案、预案，全面落实企业复工“一企一策”，强化属地责任，加强复工指导。持续加大舆论引导力度。要加强社会宣传教育，及时依法处置违法有害信息，杜绝谣言传播，增强群众的自我防护意识和防护能力，万众一心、众志成城，坚决打赢疫情防控阻击战。

四、坚持以上率下，压紧压实疫情防控工作责任

越是关键时刻，越能考验干部、识别干部。面对春节后复工、开学等可能出现的疫情输入以及内防扩散风险，全市各级党委（党组）要实行统

一领导、统一指挥、统一行动，牢固树立疫情防控工作“一盘棋”意识。要强化组织领导。各级领导小组、指挥体系要进一步健全完善，确保畅通、高效运转，疫情防控工作职责任务要到人、到岗、到位。要建立督查机制，坚持“紧急情况马上报、动态情况及时报、实际情况准确报、交叉情况扎口报”，做到上情下传、下情上报，决不允许迟报、漏报、瞒报。要强化率先示范。各级领导班子和领导干部，特别是主要负责同志要自觉响应中央和省委、市委号召，靠前指挥、身先士卒，做到既挂帅、又出征，亲力亲为、敢战善战，带领广大党员干部冲锋陷阵、严防死守，切实做到守土有责、守土担责、守土尽责，以上率下推动工作责任层层落实。要强化一线考核。要在疫情防控阻击战一线考察、识别、评价、使用干部，按照“四个是否”的要求，了解掌握干部的政治素质、宗旨意识、全局观念、驾驭能力、担当精神等实际表现，作为政治表现的第一手资料和评价使用干部的重要依据，并纳入领导班子和领导干部年度综合考核。要强化用人导向。对在疫情防控工作中担当作为、甘于奉献、处置及时、表现突出的党员干部，结合其一贯表现，大胆提拔使用或优先晋升职级；对不敢担当、作风漂浮、落实不力，甚至弄虚作假、失职渎职的干部，要及时调整、严肃问责。要在疫情防控阻击战一线检验基层党组织和党员队伍的先进性，对反应迟钝、敷衍了事、不敢担当、工作不力，甚至起负面作用的基层党组织和党员，进行严肃组织处理。

以上通知，请认真贯彻落实。有关贯彻落实情况，各级党委（党组）要及时报告市委。

中共苏州市委

2020年2月1日

中共苏州市委　苏州市人民政府关于印发《苏州市优化营商环境创新行动2020》的通知

苏委发〔2020〕12号

各市、区委和人民政府，苏州工业园区、苏州高新区、太仓港口工委和管委会；市委各部委办局、市各委办局、市各人民团体、各大专院校和直属单位：

《苏州市优化营商环境创新行动2020》已经市委常委会会议、市政府常务会议审议通过，现印发给你们，请结合实际认真贯彻落实。

中共苏州市委

苏州市人民政府

2020年3月27日

苏州市优化营商环境创新行动2020

为深入贯彻党中央、国务院决策部署，围绕治理体系和治理能力现代化要求，全面落实《中共苏州市委苏州市人民政府关于开放再出发的若干政策意见》，实施更高标准、更高质量、更高效率的政务服务，推动营商环境整体水平系统性提升，特制定《苏州市优化营商环境创新行动2020》。

坚持以习近平新时代中国特色社会主义思想为指导，全面贯彻党的十九大和十九届二中、三中、四中全会精神，对标国际先进标准，树立用户思维，注重客户体验，持续深化“放管服”改革，更好激发市场主体活力和社会创造力，努力在法治诚信、智慧政务、企业服务、资源配置、合作共赢、统筹协同等方面实现更大突破，让企业在苏州投资放心、发展安心、干事顺心、创业开心、生活舒心，倾力打造“苏州最舒心”营商服务品牌，塑造“4S”（“Supreme Service，Super Suzhou”）国际版营商服务品牌。

一、致力法治诚信，塑造营商环境第一标志

坚持把法治诚信打造成为营商环境最硬内核，持续推进“法治苏州”“诚信苏州”建设，为各类市场主体投资兴业营造稳定、公平、透明、可预期的法治环境。

1.优化营商环境法治保障体系。深入贯彻落实《优化营商环境条例》，研究制定苏州市优化营商环境办法，巩固总结一批深化改革、优化营商环境的经验做法，建立健全市场主体全生命周期法治服务体系。构建以市场主体和社会公众满意度为导向的法治化营商环境评估体系，定期发布法治化营商环境评估报告。（责任单位：市司法局、市发改委）

开展立法前评估，避免因政策叠加或相互不协调对市场主体日常生产经营活动造成不利影响。对与市场主体生产经营活动密切相关的法规、规章、行政规范性文件，严格实施公平竞争审查和合法性审查。适时对规章和规范性文件开展立、改、废、释工作，提出地方性法规立、改、废、释建议。优化营商环境改革措施，鼓励在法治框架内开展先行先试。（责任单位：市司法局、市市场监管局）

2.提升公共法律服务企业水平。深化“法企同行”活动，组建企业法律服务团，为小微企业开展无偿法治体检，实现小微企业常态化法律服务全覆盖。开通小微企业办理银行抵押贷款等金融类公证业务绿色通道，依规减免部分公证费用。（责任单位：市司法局、市工信局、市工商联）

拓展涉外法律服务平台。在“一带一路”沿线国家和地区设立律师服务点，探索与新加坡互设律师事务所代表处，加快推进印尼海外法律服务中心实体化运行。（责任单位：市司法局、市商务局、市外办、市律师协会）

升级苏州公证大数据应用服务平台，实现与不动产登记、征信、证照、人口信息等平台的互联互通。推广应用商标转让线上公证服务平台，健全

公证顾问服务体系。（责任单位：市司法局、市大数据管理局）

加强普法宣传。贯彻落实“谁执法谁普法”责任制，以诚信经营、劳动用工、知识产权保护、安全生产等为重点，开展“以案释法”活动。完善“苏州普法”微信公众号功能，搭建企业法治宣传服务平台，在线提供个性化、定制化的普法产品。（责任单位：市司法局）

3.严格实行公正文明执法。全面推行“阳光执法”，深入落实行政执法公示制度、执法全过程记录制度、重大执法决定法制审核制度。探索“区块链+公证”在行政执法全过程记录中的应用，实现全程实时留痕和可回溯管理，有效规范行政执法行为，维护行政相对人合法权益。（责任单位：市司法局、市城管局、市市场监管局）

规范涉企警情案件办理，优化受理、立案、羁押、侦查、案后沟通及救济全流程，精准适用查封、扣押、冻结等强制措施。探索对涉嫌犯罪的企业家、高管、技术核心骨干审慎采用羁押性强制措施。依法规范适用不起诉权，探索起诉必要性审查，严格审查行为有无实质危害性。（责任单位：市检察院、市公安局）

4.全面强化中小投资者保护。平等保护投资者合法权益，妥善处理公司决议效力、股东知情权、利润分配权、优先购买权和股东代表诉讼纠纷案件，依法加强对中小股东合法权利的保护。（责任单位：市中级法院）

降低企业诉讼成本。规范对企业诉讼费司法救助申请审查，对预交诉讼费用确有困难且符合救助条件的企业，减交、缓交诉讼费用。对调解、撤诉案件，依法退还相应诉讼费用，于退费手续齐备后7个工作日一次性足额退还。（责任单位：市中级法院）

提升企业诉讼办理水平。依托智慧法院建设，综合运用电子送达、一站式诉讼服务中心、网络查控系统等信息化建设成果，缩短起诉、立案、送达和财产保全时间。加强仲裁立案指导，推行一次性告知提示，对符合立案条件、材料齐备的当日受理。〔责任单位：市中级法院、市司法局（市仲裁委）〕

提升商事案件审理效率。探索商事案件繁简分流工作机制，严格规范延长审限和延期开庭工作流程，缩短办案周期，原则上简单二审案件2个月、一审案件4个月、疑难案件6个月内审结。法院开庭审理涉产权纠纷案件，需要再次开庭的，依法告知当事人下次开庭时间，两次开庭间隔时间不得超过1个月（因不可抗力或当事人同意的除外），实现“简案快审、繁案精审”。（责任单位：市中级法院）

推进产权纠纷多元化解。鼓励和引导商事主体当事人优先选择商会协会调解中心、仲裁等非诉讼途径解决纠纷。〔责任单位：市中级法院、市工商联、市司法局（市仲裁委）〕

加大涉产权冤错案件纠正力度。依法受理涉产权类的申请再审案件，对可能存在冤错的涉产权案件，依职权主动复查，畅通产权冤错案件纠错渠道。（责任单位：市中级法院）

5.加大知识产权保护和运营力度。打造知识产权服务品牌，提升中国（苏州）知识产权保护中心服务水平。强化战略性新兴产业、先进制造业知识产权保护支撑，对新材料和生物医药等产业的知识产权申请提供快速审查通道，搭建涵盖知识产权快速审查、快速确权、快速维权、司法衔接的“一站式全链条”知识产权协同保护平台。围绕战略性新兴产业、先进制造业，选择2~3个领域开展产业预警分析，适时发布产业知识产权预警分析报告，提升企业知识产权风险应对能力。（责任单位：市市场监管局）

加强知识产权快速协同保护。深化苏州与无锡、常州、南通三地中级人民法院的信息融通、管辖衔接、技术资源共享、诉讼保全协助、行政机关协调等方面的合作，做好跨区域管辖的知识产权案件审理。（责任单位：市中级法院）

健全知识产权海外维权机制。积极申报国家海外知识产权纠纷应对指导中心苏州分中心；结合中美经贸协议知识产权保护要求，编印知识产权海外维权指引，支持企业积极开展涉外维权。（责任单位：市市场监管局）

实行最严格知识产权司法保护。加大知识产权损害赔偿力度，建立以尊重知识产权、鼓励创新运用为导向，以实现知识产权市场价值为指引的侵权损害赔偿司法认定机制。借助第三方调查机构对涉案产品的市场份额、销售价格、数量及利润进行辅助确定，提高损害赔偿计算的科学性和合理性。对具有恶意侵权、重复侵权、多次侵权等严重侵权情节的，依法支持权利人的惩罚性赔偿请求。加强苏州知识产权法庭与国家知识产权局专利审查协作江苏中心的战略合作，完善技术调查官参与诉讼机制。（责任单位：市中级法院）

提升知识产权运营效益。鼓励企业开展知识产权运营许可交易，探索开展风险补贴和知识产权证券化。为企业提供知识产权质押登记全流程服务，商标、专利质押登记办理时限分别压减至3个工作日和5个工作日内。加大对生物医药等战略性新兴产业的知识产权质押融资推进力度。加快推进知识产权运营引导基金运作，构建产业专利池，建立产业知识产权联盟。（责任单位：市市场监管局）

6.完善合同执行促进机制。提升执行合同质效，依法促进市场交易，最大限度尊重当事人关于合同履行期限、违约责任等内容的约定，严格审查合同纠纷中的解除条件，依法审慎判断。存在违约情形的合同，依法保障守约方的合同权益，谨慎调整违约金标准；依法支持实际损失和可得利益损失，保障守约方的合同权利。（责任单位：市中级法院）

建立健全解决执行难长效机制。持续打击规避执行、抗拒执行行为，增强执行威慑力，提升合同自动履行率。推动执行模式数字化转型，深化执行联动、联合信用惩戒机制建设，不断提升合同执行效率、效果，确保有财产可供执行案件法定审限内结案率达到90%以上，无财产可供执行案件终结本次执行程序合格率达到95%以上。（责任单位：市中级法院）

7.提升破产办理质效。实施破产案件繁简分流，压缩审理期限。对“无产可破”的简易案件和“执转破”案件，推动“简案快审”；对疑难破产案件创新审判方法，推动“繁案精审”。加强破产案件审限管控，简单破产案件原则上在6个月内审结，其中“无产可破”等破产案件审限控制在3个月内；普通破产案件原则上2年内审结，特殊情况延长至3年。加大2年以上未结案件清结力度，做到“应清尽清、应结尽结”。（责任单位：市中级法院）

建立健全破产案件协调联动机制。建立常态化的信息共享和联动协调机制，推动不动产、特殊动产、设备、银行存款、车辆、股权、知识产权及其他财产权利登记系统在破产审判中的应用，加快破产案件办理进程。依法发挥政府在企业破产程序中的作用，协调解决破产过程中维护社会稳定、经费保障、信用修复、企业注销等问题。（责任单位：市中级法院）

创新破产审理机制。探索破产预重整和个人债务集中清理，创新重整、和解工作机制。将规范市场主体退出、企业挽救与产业转型升级紧密结合，推动资源优化重组。建设破产企业资产信息库，建立与区域招商引资相衔接机制，积极引入风险投资等主体参与企业重整，激活现有生产要素，实现各类资源市场价值最大化。（责任单位：市中级法院）

大力培育破产管理人队伍。进一步细化完善管理人职责，优化破产管理人名册制度、管理人选任机制和管理人报酬制度，支持和推动管理人行业自律组织建设，强化管理人履职考核和动态监督管理。（责任单位：市中级法院、市司法局）

8.完善社会信用体系和企业征信体系建设。构建信用服务总入口，建设惠企“企信慧”平台，完善“智慧信用”功能，实现信用报告查询、信用业务咨询、政策推送、融资贷款预测、失信行为修复、线上培训、信用融资办理等一体化服务。积极参与推进长三角地区信用标准互认，实现跨地区信用信息交换共享和联动奖惩。（责任单位：市发改委）

拓展公共信用信息服务平台功能。扩大面向政府部门和公共事业单位的共享通道，整合接入自然人和企业及个体工商户基础数据。健全全市统一的信用信息联动共享体系，将信用承诺、信用审查和信用信息查询等应用嵌入行政审批、事中事后监管、公共资源交易、招投标等业务流程，实现信用联合奖惩“一张单”。完善以信用承诺为基础、信用产品为工具、信用管理为手段的新型企业服务模式，推进市场主体相关公共信用综合评价结果应用，运用大数据技术对企业进行信用画像。（责任单位：市发改委）

全面推进“苏州小微企业数字征信实验区”建设。在小微企业融资扩面、融资方式、融资结构等方面先行先试，构建以征信体系为基础的小微企业融资服务模式。鼓励银行依托地方征信平台数据，通过苏州综合金融服务平台以线上审批方式为企业提供单户1000万元及以下的信用贷款。鼓励金融机构通过“中征应收账款融资服务平台”开展在线供应链融资服务，引导更多供应链核心企业加入平台。（责任单位：市金融监管局、人行苏州中支）

9.支持和指导企业开展信用修复。开展线上线下免费信用修复培训，指导帮助符合政策条件并有修复意愿的企业100%进行信用修复。对一般违法行为，主动纠正、消除不良影响的，经申请撤销公示，不纳入信用联合惩戒范围。（责任单位：市发改委）

10.加强政务诚信建设。建立“政府承诺+社会监督+失信问责”机制，把各级政府部门兑现政策、履行承诺、执行联合信用奖惩情况纳入政务诚信考核内容。在环保、社会保障、安全生产、市场监管、税务、价格、交通运输、文明交通、财政等重点领域，落实信用信息和信用产品在部门业务流程中的查询与应用，提高政务公信力。（责任单位：市发改委）

二、致力推进“五化”，打造智慧政务最强支撑

主动运用人工智能、大数据、云计算等现代信息技术，提升数字政府建设水平，优化各类服务事项流程，实现线上线下融合化、流程节点标准化、办事进程可视化、服务获得便利化、数据共享制度化。

11.拓展“一网通办”服务功能。针对企业群众关注度高、办理量大的高频事项和跨部门、跨层级、跨区域办理事项，重构办事流程和业务流程，实现“一事一地一窗”办理，梳理形成一批“全城通办”事项清单。将水电气报装业务纳入工程建设项目审批管理系统，实现数据互通、业务贯通。完善长三角“一网通办”机制，扩大“全链通”领域线上综合通办服务内容。（责任单位：市行政审批局、市大数据管理局）

12.打造涉企政策“一网清”。建立企业服务总入口，建设线上线下相结合的苏州市企业服务中心、企业服务云。建立政策发布“一张网”，归集各类惠企政策。实现企业服务“一站式”，集成涉企公共服务及社会机构的专

业服务。提供“一揽子”解决方案，针对性地提供服务内容、服务机构和优惠政策。形成诉求响应“一个环”，建立诉求受理、解决、反馈、评估机制。（责任单位：市工信局、市行政审批局、市大数据管理局）

13.推进线上线下政务服务联动。加强数据资源共享与业务应用协同，加快线上服务平台和线下服务实体一体化融合进程。重点推动基层“互联网+政务服务”建设，围绕企业重点高频办事需求，设计有针对性的互动操作界面，支撑线上优化营商环境相关应用系统、各类型自助办事终端，与线下市区两级行政审批“综合窗口”、乡镇（街道）为民服务中心业务事项办理流程的一体融合。（责任单位：市行政审批局、市大数据管理局）

14.提高政务服务便利化。继续推进“一网、一门、一次”改革，扩大“不见面审批”标准化覆盖面，加强部门间数据共享，提高政务服务标准化、规范化、便利化水平。建立代办服务制，公布代办事项目录清单。推广应用政务服务App、自助一体机、各类小程序，丰富办事渠道。2020年底前，具有依申请特征的政务服务事项进驻政务服务大厅100%实现“应进必进”，100%实现“综窗服务”，审批承诺时限比法定时限提速60%，审批材料压减30%以上，实现100项高频政务服务事项全市通办。（责任单位：市行政审批局、市大数据管理局）

15.发挥中台赋能支撑作用。创新建设苏州特色的“互联网+营商”中台，打造业务、数据、技术三大通道，有机衔接面向企业等市场主体的前端应用界面和各部门后台业务办理系统，实现市场主体对办事进程可视化、可跟踪、可预期。（责任单位：市大数据管理局）

16.做好营商场景精准支撑。深化政务信息资源在营商环境感知、政策发布引导、行政许可审批、业务流程查询、企业办事跟踪等具体应用场景中的挖掘使用，实现精准服务。加强数据挖掘研判，推行可视化工作，为行政决策提供科学依据。以创建更加便捷优质的信息解决方案为出发点，融合升级苏州城市生活服务总入口App、智慧出行、健康苏州掌上行、苏州旅游总入口、线上教育中心、桂花分等综合应用平台，创新建设一批信息化应用，为企业法人投资落户提供更好社会服务。（责任单位：市大数据管理

局、市行政审批局、市公安局）

17.强化信息基础支撑能力。按照“两地三中心”架构，优化提升市级政务云核心能力，集中有效承载营商环境各类政务应用系统，持续加大信息资源保障力度。完善政务云安全防护体系，开展政务信息系统等保测评和风险评估，加强安全态势感知预警、处置指导，确保“互联网+营商”支撑体系安全稳定运行。加强电子政务信息安全管理，支持优化营商环境政务信息系统的新建和升级改造。（责任单位：市大数据管理局）

18.推广电子证照、电子印章、电子档案应用。完善电子证照核心清单，构建电子印章支撑体系。加快归集电子证照，丰富电子证照种类，基本覆盖党政机关签发的高频证件、执（牌）照、证明文件、批文、鉴定报告。健全电子证照库，加快政府部门间系统互通，推进部门核发的证照在系统内共享调用，逐步实现由办事对象提供证照影印件简化为身份验证，所需材料由后台自动获取。鼓励行业协会、评估咨询机构出具的文件报告等向电子证照库归集摘要、目录等信息，推广电子证照、印章、档案等在政务服务、商务和社会多领域应用。（责任单位：市大数据管理局、市公安局、市行政审批局、市市场监管局）

三、致力改革创新，实现企业服务最高效率

对标国际先进、国内一流，创新政务服务理念，全方位提升管理服务水平，努力实现让企业办事花最少的时间、跑最少的路、交最少的材料、找最少的部门。

19.全面推进企业开办注销“一站办结”。实现开办企业“一表申请、一窗发放、2个工作日内完成”。全面推行开办企业申领营业执照、刻制印章、申领发票、银行预约开户等全流程网上申请和办理。进一步放宽市场主体登记条件，探索实行企业住所申报承诺制。（责任单位：市行政审批局、市公安局、市税务局、人行苏州中支）

简化企业注销程序。建立企业注销网上服务专区，将企业注销、税务

注销、社保注销、海关注销纳入“一网通办”。全面梳理企业注销流程、条件时限、材料规范等信息，实现申请人各环节流程、进度可查询。对于适用简易程序注销的企业，即到即办；对于适用一般程序注销的企业，将承诺办结时间压缩至法定期限60%之内。（责任单位：市行政审批局、市税务局、市社保中心、苏州海关）

20.深化“证照分离”改革扩大覆盖面。在苏州自贸片区实施“证照分离”改革全覆盖，对所有涉及市场准入的行政审批事项按“证照分离”模式，推动实行直接取消审批、审批改备案、实行告知承诺、优化准入服务等分类管理，实现“照后减证”和“准入”“准营”同步提速。力争下半年在省级以上开发区推进“证照分离”改革全覆盖试点。（责任单位：市行政审批局、市市场监管局）

21.提高建设工程许可办理效率质量。除重大工程建设项目外，政府投资项目从申报立项用地规划许可证到竣工验收，审批时间控制在80个工作日内；一般社会投资项目从取得用地到竣工验收，审批时间控制在60个工作日内；带方案出让用地的社会投资项目及小型社会投资项目，从取得用地到竣工验收，审批时间控制在40个工作日内。（责任单位：市住建局、市行政审批局、市资源规划局）

提高环评审批效率。环境影响报告书审批时限由法定60个工作日压减至27个工作日以内，环境影响报告表审批时限由法定30个工作日压减至15个工作日以内。加强环评中介机构服务和指导，定期开展考核通报，提高环境影响评价报告质量。（责任单位：市行政审批局、市生态环境局）

研究制定“建设工程规划许可证”豁免清单。对项目红线范围内的，承诺到期拆除的临时售楼处、施工期间临时性的出入口、施工用房、施工围墙；无基础、可移动或可拆卸的建（构）筑物；不涉及市政道路的管线工程，已经规划方案批准的围墙；市政管线、房屋维修，设施设备的安装、维护及加固等项目可不再申请建设工程规划许可证。对既有建筑需改变使用功能的，探索实施正、负面清单管理；在正面清单内的项目通过部门间认定函的方式进行认定。（责任单位：市资源规划局、市行政审批局）

深化业务协同。对工业和经营性招拍挂项目，在土地出让前开展空间协同，落实建设条件。推进多图一审、多测合一，合并消防、人防、技防等技术审查，实施一次委托、统一测绘、成果共享的测绘服务。(责任单位：市资源规划局、市住建局)

推动施工图审查改革。明确小型民用建筑、中小型厂房、市政工程(除桥梁、隧道)、专项工程等符合规定条件的项目免于施工图审查，实行免于施工图审查项目自审承诺制、信用管理联动机制。(责任单位：市住建局、市行政审批局、市资源规划局)

探索智能化审批改革。开展运用建筑信息模型系统(BIM)进行工程建设项目审批试点。建设城市信息模型(CIM)平台，初步开展规划智能化审查审批。(责任单位：市行政审批局、市资源规划局、市住建局、市大数据管理局)

加大区域评估推行力度。编制省级以上开发区控制性详细规划时，同步对区内重要矿产资源压覆、节能、地质灾害、地震安全、文物保护、水土保持、洪水影响及环境影响等事项开展综合性区域评估。探索在产业类型相近、功能要求相似的一定区域，对已实施综合性评估的投资项目，原则上不实行单独项目评估。(责任单位：市商务局、市工信局、市资源规划局、市发改委、市住建局、市生态环境局、市文广旅局、市水务局、市气象局、市行政审批局)

22.优化不动产登记“一窗受理、集成服务”。加快人员集成、数据集成、材料集成，持续提升不动产交易纳税登记“一网、一窗、一人”办理便利度。分类压缩不动产登记时间，异议登记、更正登记、查解封登记、抵押权注销登记当场办结；实体经济企业抵押登记、商品房转移登记、商品房转移抵押合并登记2个工作日办结；除批量、未公证继承、宅基地登记外，其余一般登记不超过3个工作日内办结。(责任单位：市资源规划局、市住建局、市税务局)

拓展不动产登记服务功能。优化“苏易登”App功能，提供“24小时不打烊”在线自主办理服务和网上查询服务，全程实现“不见面审批”。提供不动产登记信息现场自助查询、自助打印服务。将不动产登记服务延伸到银行网点，在办理贷款同时直接办理不动产抵押登记申请。提升不动产关联业务联动办理水平，在申请不动产转移登记时，可一并申请水、电、气等联动过户同步办理。将工程建设项目首次房屋所有权及土地使用权登记并入综合竣工验收，企业可一次性获得综合竣工验收合格通知书和不动产权证。（责任单位：市资源规划局、市住建局、市税务局、市行政审批局、苏州供电公司、苏州各水务公司、苏州各燃气公司）

探索应用区块链技术，推进统一社会信用代码、不动产登记、司法判决、地名地址、身份、户口、婚姻等信息共享应用。（责任单位：市大数据管理局、市资源规划局、市住建局、市公安局、市民政局、市行政审批局、市中级法院）

23.推进企业纳税集成智能办理。明确“全程网上办”“最多跑一次”清单，纳税人在各办税服务厅（点）“一厅通办”所有涉税业务，实现纳税人年纳税次数平均不超过6次，企业年平均纳税时间缩短至100小时。（责任单位：市税务局）

优化办税流程。完善电子税务局功能，开发网上更正申报和补缴税款，提升电子税务局申报缴税智能化服务水平，申报数据由系统自动代入，税款自动计算扣除。拓展“不见面”服务覆盖范围，推广车辆购置税网上申报，支持多渠道缴税，推动一般退抵税全程网上办。进一步便捷发票业务，推广电子发票，全面推行小规模纳税人自行开具增值税专用发票，探索推行纳税人网上解锁报税盘。（责任单位：市税务局）

压缩退税办理时间。出口退税申报、审核、审批、退库全流程实现无纸化，出口退税一类纳税人申报退税办理时间不超过1.5个工作日，二类、三类纳税人不超过5个工作日。（责任单位：市税务局）

24.加快企业通关速度。优化通关流程，鼓励企业开展提前申报业务，全面推进“两步申报”“两段准入”通关模式改革。在提前实现“五年内进出口整体通关时间再压缩一半”目标的基础上，持续压缩通关时间。优化监管流程，加快时效性商品通关速度，精简进出口监管证件联网核查，促进企业申报便利化。对接长三角区域一体化发展，优化联运中转监管模式，推行监管一体化作业。拓展升级国际贸易“单一窗口”功能，由口岸通关领域向国际贸易管理全链条延伸，实现货物、舱单、运输工具申报等主要业务应用率达到100%。〔责任单位：苏州海关、市商务局（口岸办）〕

提升贸易便利化水平。构建无缝对接上海口岸的水陆空大交通、大物流、大通关体系，推进苏州虚拟空港与上海机场联动对接，建设空运直通港。依托江苏（苏州）国际铁路物流中心，积极探索多式联运模式，提升中欧班列辐射带动力。深化以供应链为单元保税监管改革，探索对加工贸易保税企业集群实施整体监管。〔责任单位：市交通局、市商务局（口岸办）、苏州海关〕

25.降低进出口环节合规成本。全面实行口岸收费目录清单制度，清单之外一律不得收费。免除查验没有问题外贸企业吊装、移位、仓储费用，推行集装箱设备交接无纸化。支持企业做好AEO申请认证，降低企业通关环节的服务费用。推进关税保证保险、银关保、关助融等多元化担保试点。〔责任单位：市财政局、市商务局（口岸办）、市发改委、市交通局、苏州海关〕

全面推广企业问题清零机制。苏州地区进出口企业在办理海关业务过程中遇到“疑难杂症”，可在“企业问题清零系统”网页版和微信版上一键注册和自助提问，实现关企沟通“零距离”。（责任单位：苏州海关）

26.保障透明高效的政府采购和招投标。加快建设政府采购电子化平台，实行工程交易服务收费“不见面”，拓展“不见面”开标，实现政府采购货物、服务和工程类项目的全流程电子化、透明化。（责任单位：市行政审批局、市财政局）

完善政府采购流程。落实供应商公平待遇，优化投标保证金收取及退还，鼓励采购人免收履约保证金或降低缴纳比例。支持供应商以金融机构、担保机构出具的保函代替履约保证金，减少供应商资金占用。对未中标的项目，书面告知原因。（责任单位：市财政局、市行政审批局）

持续开展项目招投标领域专项整治。清除对不同所有制企业设置的各类不合理限制和壁垒，对现行涉及工程项目招投标相关的地方性法规、政府规章、规范性文件及其他政策文件进行全面清理。加强招投标领域监管，严肃查处排斥和限制潜在投标人的行为。（责任单位：市住建局、市交通局、市水务局、市园林绿化局、市行政审批局）

27.构建新型市场监管机制。全面推行“双随机、一公开”监管，除直接涉及公共安全和人民群众生命健康等特殊行业、重点领域外，市场监管领域的行政检查通过随机抽取检查对象、随机选派执法检查人员、抽查事项及查处结果及时向社会公开的方式进行。针对同一检查对象的多个检查事项，合并或纳入跨部门联合抽查范围。（责任单位：市市场监管局）

加强信用分级分类监管。建立市场主体信用等级科学抽查检查机制，在医疗卫生、交通运输、知识产权、民办教育培训、文化执法等领域，试行对信用较好、风险较低的市场主体合理降低抽查比例和频次。（责任单位：市发改委、市市场监管局）

28.探索开展涉企包容审慎监管。制定出台全市统一的涉企轻微违法行为不予行政处罚和一般违法行为从轻减轻行政处罚清单。符合条件的依法可免予行政处罚或者从轻、减轻行政处罚，并根据实际情况逐步扩大清单范围。对“四新”（新技术、新产业、新业态、新模式）经济形态给予1~2年包容期，开展行政指导，实施柔性监管，引导和督促企业依法生产经营。（责任单位：市司法局、市市场监管局、市发改委）

四、致力优化供给，形成资源配置最优保障

精准对接市场主体需求动态，优化各类生产要素和公共服务资源供给，为企业提供完备、高效的全周期创新创业服务链。

29.更好发挥苏州开放创新合作热力图效能。建立市级外商投资促进服务机构，持续维护、更新“开放创新合作热力图”（投资考察线路图、平台载体导引图、产业用地供应图和投资合作机会图）的功能，扩大热力图发布渠道，提高热力图知晓度，加强对全市招商引资的统筹引导。（责任单

位：市商务局、市资源规划局、市发改委）

30.强化产业用地空间保障。分类有效保障项目用地，充分保障市级以上重大产业项目、战略性新兴产业项目以及含“绿”量、含“金”量、含“新”量高的项目用地需求。探索土地复合利用供地政策，战略性产业项目可与商业和服务业用地合并，按综合用途供地。根据项目产业类型、用地特点、生命周期以及投入产出要求，实行差异化的供地价格、出让年限和供地方式。（责任单位：市资源规划局）

试行“产业定制地”供应模式。将明确准入要求的“标准地”和不同产业类型项目定制化需求有机结合，提前完成土壤环境质量调查等前期工作，推行“以地招商”，提升产业项目落地效率。实行工业项目规划方案咨询辅导服务制度，工业企业通过挂牌方式取得土地使用权，签订土地出让合同后，即可核发建设用地规划许可证。（责任单位：市资源规划局）

鼓励企业自有低效用地再开发。在符合规划、产业发展方向及不改变工业用途的前提下，支持土地使用者通过厂房加层、厂区改造、内部用地调整等途径提高土地利用率、增加容积率，不再增收土地价款差额；对利用存量土地、房产，发展生产性服务业和互联网+新产业新业态的，可实行土地权利类型和土地用途5年不变的过渡期政策；过渡期满，可按新用途、新权利类型、市场价，以协议方式办理用地手续；符合划拨用地目录的，可以划拨方式供地。（责任单位：市资源规划局）

统筹考虑公共配套。鼓励在工业片区内合理布局“工业邻里中心”，集中配置停车场、行政办公、商务、生活服务、租赁住房、绿地等公共配套和服务设施。（责任单位：市资源规划局）

31.提升企业水电气获取便利度。10（20）千伏、400伏电力用户平均接电时间分别压减至35个和5个工作日以内；用水用气报装办结时间无管线的不超过4个和3个工作日，有管线并办理行政审批的不超过30个工作日。（责任单位：市行政审批局、苏州供电公司、苏州各水务公司、苏州各燃气公司）

简化水电气报装流程。对长度300米内（敷设于城市主次干道、重要基础设施的除外）的配套电力工程实行授权备案管理；对300米及以上、2000米以下的配套电力工程，直接办理规划许可证，并与占路、掘路、绿化许可并联办理。对符合电力直接接入条件且无工程的小微企业推出“今天申请，明天用电”的低压用电极简报装服务。对具备直接装表条件的，供水企业在收到用水报装申请后，立即联系用户确认，完成装表供水不超过2个工作日。（责任单位：市行政审批局、市资源规划局、市住建局、市城管局、市公安局、市园林绿化局、苏州供电公司、苏州各水务公司）

提升水电气报装服务专业化、便利化水平。完善小微企业用电“三零”（零上门、零审批、零投资）服务，扩大用水用气“三零”服务覆盖面和受益群体。推行“互联网+办电”，拓展“网上国网”App、地方政务App等线上办电渠道，提供线上办电、线上交费、电子账单、电子发票等专业服务。引导35千伏及以上大型企业参与电力直接交易，建立专业团队为企业提供市场化售电技术支持和交易策略服务。协助用户开展水、气接入申请、供应方案设计、管线路由及配套设施设计、施工图编制等工作。（责任单位：苏州供电公司、苏州各水务公司、苏州各燃气公司）

32.畅通人才引育通道。建立境外人才工作、居留和出入境绿色通道，为外籍高层次人才申请在华永久居留、办理最高时限居留许可、优秀外籍学生创新创业等提供最大便利。探索外籍高层次人才网上申请居留许可延期快速办理模式，为符合特定条件的外籍高层次人才申请在华永久居留，开设永久居留“直通车”，缩短办理时限。开设外籍高层次人才预约窗口，实行随到随办。压缩外籍人士工作许可证办理时间至7个工作日。（责任单位：市人社局、市科技局、市公安局、市科协）

提高人才流动便利度。取消应届高校毕业生就业协议审核手续和就业报到手续，毕业生可持报到证直接到招用单位办理报到手续。高校毕业生可通过网站申报办理落户、异地就业、档案转接收等手续，自助打印接收函、落户联系单等，实现应届高校毕业生就业手续全流程“不见面”办理。（责任单位：市人社局、市公安局）

33.优化企业用工服务。全面实施用工登记备案与职工社会保险申报业务统一经办、联动管理，实行“一站式”服务，做到即时办结。推广网上办、掌上办、就近办。进一步“减证便企”，优化企业申请实行不定时工作制和综合计算工时工作制、劳务派遣经营许可审批服务，推行告知承诺，减少办事材料，强化事中事后监管，企业可自行选择线上或线下方式提交申请材料和承诺书，审批时限由法定20个工作日压缩至5个工作日。（责任单位：市人社局、市社保中心）

降低企业用工成本。落实降低职工基本养老保险单位缴费比例、阶段性降低失业保险费率及工伤保险费率等政策，统一全市基本医疗保险费率，降低全市基本医疗保险单位缴费费率。严格执行住房公积金缴存基数上限规定，符合条件的缴存企业可按规定申请降低缴存比例或者缓缴。（责任单位：市人社局、市医保局、市公积金中心）

持续加强职业培训。对备案并开展技能人才评价的企业，职工取得职业资格证书或职业技能等级证书后给予补贴。开展国际职业资格比照认定。落实境外职业资格持有人享受技能等级待遇有关政策。扩大职业技能培训市场对外开放，支持苏州自贸片区内外商设立经营性职业技能培训机构。（市人社局、市财政局）

34.提高中小企业融资服务效率。综合金融服务平台内中小微企业融资需求的响应时间不超过1个工作日，信用贷款平均审批时间不超过7个工作日，抵质押方式获得融资时间不超过25个工作日。实施金融服务实体经济融资畅通工程，实现综合金融服务平台企业接入超过15%，小微企业首贷率超过10%。引导银行利用“信保贷”“首贷”等政策，帮助信用良好的优质企业实现首笔融资，鼓励保险、担保、小额贷款、融资租赁、商业保理等机构助力企业实现首笔融资。鼓励银行业金融机构对符合条件的中小微企业开展“无还本”续贷业务，切实减轻企业信贷成本。（责任单位：市金融监管局、人行苏州中支、苏州银保监分局）

35.支持企业利用多层次资本市场投融资。充分发挥各类专项引导基金功能，支持企业上市和上市企业，鼓励、引导企业利用境内外资本市场做强做优。通过苏州股权融资服务平台建立投贷联动合作机制，为企业提供

“股权+债权”融资服务。发挥企业债券“直通车”机制优势，鼓励企业通过发行企业债、公司债、短期融资券、中期票据等方式直接融资。（责任单位：市金融监管局、人行苏州中支、苏州银保监分局、市发改委）

36.搭建创新服务平台。创新科技管理体制机制，探索“以赛代评”“以投代评”等科技项目形成机制。聚焦战略性新兴产业、现代服务业，建立市级高新技术企业库。对苏州自贸片区内新设立的从事生物医药、人工智能、集成电路、纳米技术等关键领域核心环节生产研发企业，符合条件的，可直接进入市级高新技术企业库。（责任单位：市科技局）

五、致力亲商安商，构建合作共赢最佳机制

构建良性互动的“亲”“清”新型政商关系，充分调动各类市场主体的积极性、主动性、创造性，支持广大企业家扎根苏州勇创大业。

37.畅通企业政府交流互动渠道。坚持“有求必应、无事不扰”，让企业的声音听得到、意见看得到、诉求办得到。用足用好民营企业和外资企业月度沙龙、企业家微信群联系、企业信息直报三项制度，为企业家提供定制服务。完善领导干部挂钩联系重点企业和重点项目机制，设立重点企业联络专员。推动金融服务顾问工作常态化、制度化，完善“线上+线下”一体化的综合金融服务体系。鼓励和支持行业协会、商会等社会组织参与优化营商环境建设，及时反映行业诉求，为市场主体提供信息咨询、宣传培训、市场拓展、权益保护、纠纷处理等方面的服务。（责任单位：市委统战部、市工商联、市发改委、市行政审批局、市金融监管局、市民政局）

38.建立健全企业家参与涉企政策制定机制。研究制定企业家参与涉企政策制定的工作规范，明确分类听取企业家、行业商会协会的意见建议的规范性要求，对企业敏感的行业规定或限制性措施设置合理过渡期。建立企业家诉求反映的受理、处置、反馈机制，提出针对性解决方案。（责任单位：市发改委、市工商联、市工信局、市商务局）

39.完善市场准入负面清单制度。全面实施国家《市场准入负面清单

（2019年版）》，对清单以外的领域、行业、业务，各类市场主体皆可依法平等进入。贯彻执行国家《外商投资准入特别管理措施（负面清单）（2019年版）》，依法清理取消在外商投资准入负面清单以外领域针对外资设置的准入限制，负面清单以外的外商投资，按照内外资一致原则管理。（责任单位：市商务局、市发改委）

40.优化涉外营商服务。增强外资企业在苏州深耕发展信心，对经济社会发展作出突出贡献的外资企业、个人依规定给予表彰。建立外资企业服务平台，受理外资企业的投诉，常态化开展服务外企重点项目推进月等活动，充分发挥各级外资企业协会的桥梁作用。推出涉企政策外文版，在政策“一张网”上定期登载外文版“惠企政策清单”和“涉企公共服务清单”。（责任单位：市商务局、市行政审批局、市市场监管局、市外办）

41.提供优质政务咨询服务。做优“12345”苏州企业服务专线，围绕企业所关心的证照办理、税收服务、优惠政策等内容，提供24小时咨询、投诉服务。依托“12345”热线，优化提升在苏外籍人士App服务平台功能，为在苏外籍人士提供便捷优质的公共服务。设立企业服务专家门诊专窗，围绕政策咨询、问题投诉、疑难解答等内容，为企业提供个性、专业、精准服务。做好政务服务“一号答”工作，实现全过程评价、智能客服和满意度回访。（责任单位：市行政审批局、市工信局、市外办）

42.强化公共安全服务。加强安全生产警示教育，帮助企业完善安全生产各类制度，防范化解安全生产隐患。在全市危险化学品、建筑施工、道路运输等高危行业推行安全生产责任保险，增强企业安全生产意识。推广安全生产先进工艺、技术和装备应用，对入选项目给予适当补助。为企业清除安全隐患提供服务，鼓励企业自行查出安全生产隐患并自纠。加强传染病等公共卫生安全应急情况的监测、预警和处置，做好各类应急保障。（责任单位：市应急局、市卫生健康委）

六、致力统筹协同，凝聚组织领导最大合力

深化思想认识，加强力量配置，明确重点任务，落实主体责任，建立健全实施保障机制，确保各项工作有序推进、目标任务落到实处。

43.加强组织领导。成立市优化营商环境工作领导小组，市政府主要领导任组长，市相关分管领导任副组长，各市（区）、市各相关部门主要负责人作为成员，加大对全市优化营商环境工作的组织领导和统筹协调。（责任单位：市发改委）

44.强化责任协同。各地、各部门承担属地优化营商环境主体责任，建立一体化工作机制。聚焦办事减事项、减环节、减时间、减成本，细化具体推进方案。按照“有对比、可检查、图表化”的要求，及时梳理政策口径、典型案例和核验数据，提升市场主体感受度和满意度。（责任单位：各市、区人民政府，苏州工业园区、苏州高新区、太仓港口管委会；市各有关部门）

45.完善考核评估。将各地营商环境成效纳入市高质量发展考核；将市级相关部门营商环境工作完成情况纳入部门绩效考核。鼓励各地、各部门结合实际，积极行动，打造各具特色的亮点工作，探索优化营商环境新经验、新做法，对行之有效的改革措施在全市复制推广。适时引入第三方专业评价机构，对全市优化营商环境进行评价分析。（责任单位：市发改委）

46.深化宣传推介。在苏州市人民政府官网上设立营商环境专栏，公开各类政策信息，实现“一网推送”“一网查询”。加强窗口人员政策和业务培训。开展针对投资者和企业的政策宣传，精准推送，提高政策可及性和覆盖面。主动学习借鉴国际先进的营商环境建设经验，及时推介苏州营商环境特色优势，做好年度外商投资营商环境调查报告。加大全市营商环境改革成果和正面案例的宣传力度，提高宣传效果。〔责任单位：市委宣传部，市政府办公室（政务公开办）、市发改委、市工信局、市商务局、市外办、市行政审批局〕

中共苏州市委办公室2020年3月27日印发

中共苏州市委
关于进一步加强和改进全市机关党的建设
推进创建模范机关的实施意见

苏委发〔2020〕14号

为深入贯彻落实习近平总书记在中央和国家机关党的建设工作会议上的重要讲话精神和中共中央《关于加强和改进中央和国家机关党的建设的意见》《中国共产党党和国家机关基层组织工作条例》，按照新时代党的建设总要求和党的组织路线，紧紧围绕服务和保障苏州“开放再出发”的决策部署，全面提高机关党的建设质量和水平，推动机关党建走在前、作表率。结合我市实际，现就进一步加强和改进全市机关党的建设、推进创建模范机关制定以下实施意见。

一、总体要求

以习近平新时代中国特色社会主义思想为指导，以党的政治建设为统领，牢记政治机关属性，增强“四个意识”，坚定“四个自信”，带头做到“两个维护”，紧扣“围绕中心、建设队伍、服务群众”的职责定位，坚定不移加强机关党的政治建设、思想建设、组织建设、作风建设、纪律建设，把制度建设贯穿其中，推动全面从严治党各项举措落地见效，切实当好“三个表率”，努力建设政治鲜明、思想过硬、组织坚强、担当作为、风清气正的模范机关，为推动苏州高质量发展走在时代前列提供坚强的政治和组织保证。

二、坚定践行“两个维护”，建设政治鲜明的模范机关

1.带头做到“两个维护”。各级机关党组织必须把党的政治建设摆在首位，严格执行党中央、省委关于加强党的政治建设的意见和市委的工作方案，自觉同党的政治路线和党中央决策部署对标对表，建立健全推进党的政治建设工作责任制。严明党的政治纪律和政治规矩，锤炼党员干部忠诚干净担当的政治品格，切实增强“四个意识”，坚定“四个自信”，把“两个维护”体现在坚决贯彻党中央、省委、市委决策部署的行动上，体现在履职尽责、做好本职工作的实效上，体现在党员干部的日常言行上。

2.严肃党内政治生活。严格执行《关于新形势下党内政治生活的若干准则》，认真落实“三会一课”、组织生活会、民主评议党员、谈心谈话等制度，扎实开展主题党日，完善重温入党誓词、入党志愿书以及党员过“政治生日”等政治仪式，提高组织生活质量。严格落实党员领导干部双重组织生活制度。党员领导干部每年至少为党员讲1次党课。

3.加强党内政治文化建设。强化对党忠诚教育，持续开展“党章学习日”活动，引导党员干部始终做政治上的明白人、老实人。组织开展党员干部政治能力培训，切实提高辨别政治是非、保持政治定力、防范政治风险的能力。充分利用苏州的光荣历史和红色资源，组织开设“红色课堂”、重温“红色经典”、宣讲“红色故事”等活动，传承红色基因，积极培育具有机关特点的党内政治文化。

三、持续加强理论武装，建设思想过硬的模范机关

4.深入学习贯彻习近平新时代中国特色社会主义思想。把深入学习贯彻习近平新时代中国特色社会主义思想作为首要政治任务，以学习型党组织建设为牵引，巩固主题教育成果。充分发挥好理论学习中心组的领学促学作用，分层分类抓好党员教育培训，持续推进“两学一做”学习教育常态

化制度化。实施青年理论学习提升工程，建立建强青年理论学习小组。用好“学习强国”和省市各类学习平台，确保机关在职党员注册使用全覆盖，提高参学活跃度。

5.深化理想信念教育。加强党的宗旨教育和革命传统教育，开展党史、新中国史、改革开放史和社会主义发展史教育。加大政策宣传、成就宣传和形势教育力度，常态举办“干部大讲堂”，推动领导干部为机关党员干部作形势报告。践行社会主义核心价值观，开展机关精神文明建设活动，加强法治宣传教育，推进“书香机关”建设。

6.做好意识形态工作。严格落实意识形态工作责任制，守好机关意识形态阵地。加强意识形态领域情况分析研判，及时了解掌握动态，引导党员干部明辨是非、澄清模糊认识。坚持属地管理和主管主办原则，加强意识形态阵地建设和管理，积极稳妥做好重大突发事件和热点敏感问题的舆论引导、重大政策举措出台的审查把关和解读工作。规范机关党员干部网络行为，营造健康向上、风清气正的网络环境。

7.加强和改进思想政治工作。定期开展机关党员干部思想动态分析，针对党员干部思想状况，及时有效加以引导。认真落实谈心谈话制度，基层党组织负责人要经常、主动和党员干部谈心谈话，真正做到“十个必谈”“十个清楚”。积极落实党内激励关怀帮扶制度，切实帮助党员干部解决工作、生活中的难题。

四、全面夯实基层基础，建设组织坚强的模范机关

8.树立大抓基层的鲜明导向。建立部门党组（党委）成员党建工作联系点制度，坚持不懈抓基层、打基础、补短板、强弱项，推进基层治理体系和治理能力现代化。加强分类指导，科学精准施策，整顿软弱涣散党组织，实现基层党组织全面进步、全面过硬。健全优化基层党组织设置，严格执行基层党组织按期换届规定。推动机关党建创新创优，培育打造具有时代特征和机关特色的党建品牌。突出政治引领，有序推进“海棠花红”先锋阵地

建设。

9.建强支部战斗堡垒。全面落实《中国共产党支部工作条例(试行)》,扎实推进机关党支部标准化规范化建设,全面提升党支部组织力。部门党组(党委)要把党支部建设作为最重要的基本建设,定期研究讨论、加强领导指导。坚持抓两头带中间,开展以支部建设为重点的“党建体检”,加强对机关党支部建设情况的摸排分析,推动基层党组织向问题聚焦、把短板补齐。探索推广支部工作法,打造“一支部一清单一特色”。加强机关离退休干部党支部建设,充分发挥离退休党员干部的作用。推进党小组工作规范化,切实发挥党小组作用。

10.打造高素质党员队伍。贯彻落实《中国共产党党员教育管理工作条例》,从基本制度严起、从日常规范抓起,加强对党员的经常性学习教育培训、实践锻炼和监督管理。开展“亮身份、作示范”行动,通过佩戴党员徽章、设立党费集中交纳日、创设党员先锋岗、党员示范窗口等,引导党员增强党员意识,发挥先锋模范作用。提高发展党员质量,依规稳妥处置不合格党员。

11.推进党建与业务工作深度融合。着力破解党建与业务“两张皮”难题,建立“全面领导、纵向贯通、横向协同、一抓到底”的党建与业务同频共振管理机制。聚焦服务和保障“一带一路”、长江经济带建设、长三角区域一体化发展、自贸区建设等重大战略、重大任务,创新“党建+业务”工作模式,坚持“一线工作法”,深化机关“行动支部”建设。实施部门党组(党委)“书记项目”,打造引领服务高质量发展的党建项目。

12.不断提高党建带群建工作水平。机关党组织要加强对机关工会、共青团、妇联等群团组织的领导,支持这些组织依照各自章程独立负责地开展工作。创新工作方式,不断增强群团组织的政治性、先进性、群众性。关心干部职工身心健康,积极开展岗位建功、志愿服务、技能竞赛、巾帼建功等活动,举办丰富多彩的机关文化体育活动,充分激发广大干部职工服务发展、服务群众的动力和活力。

五、聚力服务“开放再出发”，建设担当作为的模范机关

13.着力推动思想再解放。坚持把不忘初心、牢记使命作为加强党的建设的永恒课题和全体党员干部的终身课题，建立长效机制，引导党员干部把初心和使命变成再燃激情、再攀新高的原动力。深刻理解、准确把握总书记对江苏、苏州工作的一系列重要指示，在实践中不断丰富提升“三大法宝”的时代内涵。紧扣推动高质量发展，深化拓展“对标找差”专项工作，实现认识新飞跃、动力再凝聚。秉持新发展理念，强化基层首创推动改革发展的意识，激励党员干部勇闯“无人区”、敢解“无解之解”、敢作“无问之答”。

14.激励党员干部担当作为。深化运用“三项机制”，落实激励干部担当“1+N”系列制度，组织开展“弘扬三大法宝、再创火红年代”主题实践活动，推动党员干部勇立潮头、奋勇争先，锻造“开放再出发”的过硬本领。强化党员干部勇于争第一创唯一的精神追求，树立“今天再晚也是早，明天再早也是晚”的工作理念，自觉扛起新使命、展现新担当，点燃奋斗之火、当好热血尖兵。

15.营造干事创业氛围。紧紧围绕推动苏州高质量发展，引导广大机关党员树立鲜明的发展导向，积极投身“再创火红年代”的伟大实践。定期开展“两优一先”评选表彰，不断浓厚创先争优氛围。坚持严管和厚爱结合、激励和约束并重，切实为担当者担当、为负责者负责、为干事者撑腰，充分激发党员干部推动发展的内生动力。

16.积极争当服务先锋。践行以人民为中心的发展理念，推动机关服务企业、服务基层、服务群众。强化“用户思维、客户体验”，组织开展“党建惠企”行动，搭建机关党组织与民营企业党组织结对共建平台，提升服务中心功能。持续开展“千名机关干部服务万家企业”工作，深化领导干部下基层、机关和街道社区“共驻共建互联互动”“双结对”“在职党员进社区”“党员在行动”志愿服务活动等载体，着力构建机关党员干部直接联系群众的长效机制。

六、持之以恒正风肃纪，建设风清气正的模范机关

17.严格纪律规矩刚性约束。落实“一把手”上廉政党课，开展党风廉政现场教学活动，强化纪律教育、政德教育、家风教育，常态化开展警示教育，营造知纪、明纪、守纪浓厚氛围。将党规党纪学习作为理论学习中心组学习、党支部学习和干部教育培训重要内容，切实筑牢党员干部拒腐防变的思想防线。坚持把纪律挺在前面，重点强化政治纪律和组织纪律，带动廉洁纪律、群众纪律、工作纪律、生活纪律严起来，使铁的纪律成为广大党员干部日常习惯和自觉遵循。

18.持续深化整治“四风”。带头转作风、纠“四风”，切实做好基层减负工作，严格执行年度计划，大力精简文件，不断改进会风，规范考核创建、评比表彰工作。坚决整治形式主义、官僚主义特别是表态多调门高、行动少落实差等突出问题，下大力气提升执行力、落实力，坚决防止和纠正不担当、不作为、慢作为、乱作为等机关不良风气。坚持问题导向，常态化开展作风建设专项督查，全程跟踪问效。

19.从严监督执纪。加强机关纪委建设，配齐配强机关纪检干部，建立纪检干部培训机制，锻造高素质专业化纪检干部队伍。认真执行党内监督条例，充分发挥党组（党委）全面监督、机关基层党组织日常监督、机关党员民主监督和机关纪委专责监督作用，实现机关纪律监督全覆盖。认真排查廉政风险隐患，健全防控机制，完善党员领导干部个人廉政档案及重大事项报告制度。深化运用监督执纪“四种形态”，在运用好第一种形态上下功夫，坚持抓早抓小、防微杜渐。加大执纪问责力度，规范案件审理，对发生严重违纪问题的部门，坚持“一案双查”，严肃追究主体责任和监督责任。

七、全面加强对机关党的建设的领导

20.落实机关党建工作责任制。认真贯彻落实中共中央办公厅《党委（党组）落实全面从严治党主体责任规定》和省委办公厅《省级机关部门

单位党组（党委）落实机关党建领导责任实施办法（试行）》。各级党委要加强对机关党的工作的领导，党委常委会每年至少听取1次机关工委的工作汇报，及时研究解决重大问题。各级机关工委统一领导所属机关党的工作，指导督促部门党组（党委）履行机关党建主体责任，与有关部门密切协作，推动形成抓机关党建的强大合力。各部门党组（党委）要认真履行全面从严治党主体责任，强化抓机关党建是本职、不抓机关党建是失职、抓不好机关党建是渎职的理念，把落实机关党建工作责任制摆上重要议事日程，与业务工作一起谋划、一起部署、一起落实、一起检查。要坚持“书记抓、抓书记”，领导班子成员和各级领导干部要履行“一岗双责”，做到明责、履责、尽责。机关党组织要在机关工委、部门党组（党委）领导下，负责组织推动本部门机关党建任务落实。机关党组织书记要聚焦主责主业，切实担当作为，不做“挂名书记”，做到思想聚焦、工作聚焦、精力聚焦。

21.加强党建工作督查考核。各级机关工委要强化责任担当，履行好统一领导所属机关党的工作的职责，定期开展对部门党组（党委）、机关基层党组织、党员领导干部落实机关党建工作责任制、机关党建重点工作和重要制度情况的督查，重要情况及时向同级党委报告。建立机关党建巡察问题整改机制，推动被巡察部门机关党建突出问题整改。部门党组（党委）要针对巡察、“党建体检”等反馈的具体问题，抓好整改落实。完善机关党建工作片区联系制度，强化分类指导，一抓到底。实行机关党建工作积分制管理，认真开展机关单位党的建设考核。部门党组（党委）每年在本部门一定范围内通报抓机关党建工作情况、接受评议。机关党委（总支、支部）书记、机关纪委书记每年向机关工委、部门党组（党委）述职。基层党支部书记每年向上一级党组织述职并接受评议考核。

22.加强党务干部队伍建设。严格落实关于进一步加强市级机关党务干部队伍建设、市级机关党的纪律检查委员会建设两个《意见》，选优配强机关专兼职党务工作人员。机关党建任务较重、工作力量不足的单位，可以适当超出“占机关工作人员的总数的2%”比例，在现有基础上增配专兼职党务干部，确保党建工作有力有效开展。推进党务干部与行政业务干部之间的双向交流，注重把优秀年轻干部、有发展潜力的干部放在机关党务岗位培养锻炼。专兼职党务工作经历纳入干部履历。落实新任党组织书记任前考察、任职谈话制度，新任党支部书记须在一年内参加党务培训。凡受表彰的优秀党务工作者、优秀共产党员享受优秀公务员奖励待遇，评选劳模、先进工作者时给予党务干部一定的比例。

23.强化党建工作基础保障。按照《中国共产党党和国家机关基层组织工作条例》有关规定，设立机关党委的部门，应设置机关党委办事机构，配备必要的工作人员。机关党总支（支部）根据工作需要，视情设立办事机构。推行机关党建和人事管理由同一个领导分管或合署办公，整合资源，形成合力。加强市（区）机关工委队伍建设，在现有职数数额内按规定配备专兼职机关工委副书记，具体抓机关党建工作。按照每人每年800元的标准在部门预算中统筹安排机关基层党组织党建活动经费，并形成正常增长机制，各市（区）要同步落实。重大活动和专项任务，应安排专项经费，保障工作需要。加强机关党建信息化建设，持续推进"智慧党建"项目。积极创造条件，建好用好机关党群服务中心。

中共苏州市委办公室2020年4月21日印发

中共苏州市委　苏州市人民政府
关于推进美丽苏州建设的实施意见

苏委发〔2020〕22号

党的十九大将建设美丽中国作为建设社会主义现代化强国的重要目标。为深入贯彻落实习近平总书记关于美丽中国重要论述和对江苏、苏州提出的“让生态环境越来越好，为建设美丽中国作出贡献”“在率先、排头、先行的内涵中，把生态作为一个标准”等重要指示精神，按照省委、省政府《关于深入推进美丽江苏建设的意见》（苏发〔2020〕15号）部署要求，加快推进美丽苏州建设，现制定以下实施意见。

一、准确把握美丽苏州建设目标要求

（一）总体要求。坚持以习近平新时代中国特色社会主义思想为指导，全面贯彻习近平总书记对江苏、苏州工作重要讲话指示精神，牢固树立绿水青山就是金山银山的理念，紧扣“现代国际大都市、美丽幸福新天堂”发展愿景，聚焦人民群众美好生活需要，坚定走生产发展、生活富裕、生态良好的文明发展道路，以优化空间布局为基础，以改善生态环境为重点，以绿色可持续发展为支撑，以美丽宜居城市和美丽镇村建设为主抓手，推动人与自然和谐共生，展现新时代“人间天堂”之美，让美丽苏州美得有形态、有韵味、有温度、有质感，成为“强富美高”最直接最可感的展现，成为苏州基本实现社会主义现代化的鲜明底色。

（二）基本原则。坚持把生态优先、绿色发展作为美丽苏州建设的核心内涵，统筹推进经济生态化与生态经济化，打通“绿水青山就是金山银山”转化通道，着力提升经济社会发展的“绿色含量”；坚持把以人为本、可观可感作为美丽苏州建设的鲜明导向，积极回应群众关切，满足人民日益增长的高品质生活需要；坚持把系统谋划、彰显特色作为美丽苏州建设的必要前提，切实维护自然山水和人居风貌，打造诗意栖居、梦里水乡的美丽城市；坚持把整体推进、重点突破作为美丽苏州建设的重要路径，着力补短板、强弱项，推动生态环境根本性好转的拐点早日到来；坚持把全民参与、共建共享作为美丽苏州建设的有效保障，建立健全政府、社会和公众协同推进机制，增强价值认同，凝聚整体合力。

（三）主要目标。到2020年底，全面完成“十三五”规划有关美丽苏州建设的各项目标任务。到2025年，美丽苏州建设的空间布局、发展路径、动力机制基本形成，生态环境质量、城乡人居品质、文明和谐程度、绿色经济发展活力位居全省全国前列，争创成为美丽中国建设的先行区。到2035年，全面建成生态良好、生活宜居、社会文明、绿色发展、文化繁荣的美丽江苏标杆城市。

二、优化布局形态，构建钟灵毓秀、共融共生的空间格局之美

1.服务国家战略大局。以2035国土空间总体规划为引领，建设“一带一路”交汇点的核心节点城市，形成连接全球、融通全球、覆盖全球、影响全球的开放枢纽门户，成为长三角国际门户枢纽集群的重要组成部分。聚焦“一极三区一高地”战略定位，落实长三角一体化“三重清单”，在更高坐标系中放大市域一体化、苏锡常一体化、苏通跨江融合一体化、飞地发展一体化等叠加效应。积极推动沪苏同城化，全面服务上海建设全球卓越城市，通过协同增强效应确立苏州国际化大都市的地位，大幅提升城市能级，提高城市综合承载能力。推进长三角生态绿色一体化发展示范区建设，重点探索流域生态环境共保共治、水资源统筹配置和有偿使用等相关机制，着力打造“世界级滨水人居文明典范”。发挥大运河连线织网、融汇

交流的重要作用，着力建设具有苏式韵味的重要景观廊道和流域生态网络，打造中国大运河最繁华、最精彩、最美丽的“苏州名片”。（责任部门：市发改委、市委宣传部、市资源规划局、市水务局）

2.统筹城乡空间布局。瞄准“现代国际大都市、美丽幸福新天堂”发展愿景，以资源环境综合承载能力和国土空间开发适宜性评价为前提，形成全市国土空间开发保护“一张图”，加快构建生产空间集约高效、生活空间宜居适度、生态空间山清水秀、可持续发展的高品质国土空间格局。统筹划定落实生态保护红线、永久基本农田、城镇开发边界三条控制线，纳入全市统一、多规合一的国土空间基础信息平台，作为调整经济结构、规划产业发展、推进城镇化不可逾越的红线。切实发挥国土空间规划的战略引领和刚性管控作用，探索规划“留白”制度，为未来发展预留空间。站在对苏州长远发展和子孙后代负责的高度，坚定不移推进产业用地更新“双百”行动，推动土地资源向产业含绿量、产出含金量、科技含新量高的优质投资项目倾斜，到2025年，工业用地“亩均税收”提升30%以上。以苏州古城为核心，推动构建多中心、组团式、网络化的城镇格局。加快实施乡村振兴战略，健全“多规合一”规划管理机制，优化城乡空间布局和经济地理，有序编制村庄建设详规。到2022年，实现行政村村庄规划全覆盖。合理利用城市公园、郊野公园、湿地公园、风景名胜区等风景资源，加强景观引导控制，营造区域重要景观节点。（责任部门：市资源规划局、市工信局、市生态环境局、市园林绿化局、市农业农村局）

3.优化区域生态格局。对标世界级城市群，统筹产业转型升级和生态环境保护，更大力度“砸笼换绿”“腾笼换鸟”“开笼引凤”，建设高质量发展的绿色生态经济带。充分发挥苏州山水环绕、襟江带湖的自然禀赋，以太湖、长江、南部水乡湖荡为主体，连通湖泊、河流、湿地、山体、森林、农田等生态廊道和斑块，着力构建江河湖联动的网络化生态空间格局。以改善生态环境为核心，划定并严守生态红线，建立覆盖全市的“三线一单”生态环境分区管控体系。统筹山水林田湖草系统治理和空间协调保护，明确自然保护区等生态敏感地区，识别太湖、阳澄湖、长江、吴淞江、大运河等水系网络，深入推进太湖流域湖荡湿地保护和修复，形成森林、湖泊、湿地等多种形态有机融合的自然保护地体系。（责任部门：市发改委、市资源规划局、市生态环境局、市园林绿化局、市水务局）

三、突出生态涵养，打造山清水秀、地绿天蓝的生态环境之美

4.打造长江最靓丽的一段。全面贯彻“共抓大保护、不搞大开发”方针，把修复长江生态环境摆在压倒性位置，严把建设项目环境准入关，严控长江岸线开发利用，严格落实长江流域重点水域“十年禁渔”重大任务。加快入江排污口及入江支流整治，确保长江干流水质稳定为Ⅱ类，主要通江支流水质全部达到Ⅲ类。统筹推进生态修复与生态农业、特色田园、文化旅游、休闲度假融合发展，高质量规划建设张家港“江海交汇第一湾”、太仓郑和生态湿地，高水平实施常熟铁黄沙等生态修复，打造生态示范亮点。（责任部门：市发改委、市生态环境局、市园林绿化局、市水务局、市农业农村局）

5.推进生态美丽河湖建设。按照“一轴、两带、六廊、三群、五网”的生态美丽河湖总体布局，着力打造清水绿岸、鱼翔浅底的景观风貌。强化太湖、阳澄湖等重点湖泊富营养化和蓝藻控制，确保饮用水安全和不发生大面积湖泛。开展太浦河、淀山湖、元荡湖、汾湖等长三角跨界河湖治理修复，率先打造世界级生态湖区地标。加大长江、太湖、阳澄湖、尚湖、傀儡湖等重要水源地和望虞河、七浦塘清水通道的修复保护，全方位提升河湖生态系统质量。到2025年，全市建成10个省级生态美丽示范河湖，推出2~3个有全国影响力的生态美丽河湖典范。（责任部门：市水务局、市生态环境局）

6.提升生态环境质量效能。按照“方向不变、力度不减”的要求，决战决胜污染防治攻坚战。推动水环境系统治理，到今年底，国省考断面水质优Ⅲ比例达到88%；到2025年，超过90%。推进温室气体与大气污染协同治理，到今年底，PM2.5浓度和空气质量优良率力争“双达标”。聚焦“重化

围江”“散乱污危”小化工等问题，持续开展化工行业整治提升。严格落实土壤环境保护制度，加快构建危险废物全过程监管体系。到今年底，全市受污染耕地安全利用率、污染地块安全利用率均达90%以上；到2025年，全市危废处置能力达到40万吨/年。（责任部门：市生态环境局、市工信局、市水务局）

7.构筑绿色生态保护屏障。坚持林地、绿地、湿地同建，加强生物多样性保护，构筑绿色生态屏障。加快生态涵养发展实验区建设，涵养最优太湖山水，探索“绿水青山转化为金山银山”的现实路径。深入开展国土绿化行动，实施重点流域防护林建设工程，充分挖掘城镇、村庄、社区、庭院等绿化潜力，到2025年，全市林木覆盖率稳定在21%以上，自然湿地保护率达到70%；到2035年，全市形成健康稳定的森林、湿地系统。推进水土流失综合整治，打造沿江沿河沿湖生态走廊，确保全市河湖水域面积不减少，新、改建护岸生态化比例不小于90%，水土流失治理率达到98%。（责任部门：市园林绿化局、市发改委、市生态环境局、市水务局）

四、加强风貌塑造，绘就如诗如画、留住乡愁的江南水乡之美

8.持续提升农村人居环境。启动农村人居环境质量提升工程，用3年时间培育不少于20个农村人居环境整治示范镇、200个农村人居环境整治示范村。积极推行农村生活垃圾就地分类和资源化利用，构建“共建、共管、共享”的村庄环境自主管理机制。推进农村厕所革命，到2022年，新改建农村公共厕所不少于1500座。加快“四好农村路”建设，打造“一核四片”苏州农村公路品牌集群，争创“四好农村路”全国示范市，到2025年，农村公路优良路率达到90%、PQI值（路面质量指数）达到90。（责任部门：市农业农村局、市城管局、市交通局）

9.扎实推进美丽镇村建设。以“一镇一主题”“一村一特色”为切入点，因地制宜打造农耕渔事妙趣横生、田园村舍相映成趣的乡土景观，高标准展现江南“水乡客厅”。瞄准县域副中心的发展定位，加快重点中心镇公共

基础设施建设，促进产镇融合。明确被撤并镇功能定位，做好配套基础设施和公共服务建设。以特色田园乡村建设为统领，构建由特色精品、康居、宜居乡村三类标准组成的乡村建设体系。到2022年，全市培育建设6个特色精品示范区、100个特色精品乡村，集聚提升类和特色保护类村庄基本建成特色康居乡村，城郊融合类和其他一般类村庄基本建成特色宜居乡村；到2025年，全市初步建成生态宜居的美丽乡村。推行设计师“驻村”服务制度，建立市级传统村落保护名录，进一步彰显地域特色和乡村风貌。有序引导农房翻建改建，鼓励各地开展庭院美化行动。（责任部门：市住建局、市农业农村局）

10.探索农文旅融合发展。依托自然生态优势，发展“生态+”“风景+”产业，推动生态效益更好转化为经济效益、社会效益。围绕大江风貌、湖泊湿地、田园风光、古镇村落等文旅资源，大力发展“游食娱休养”一体的休闲旅游业，推出一批高品位文化旅游品牌。到2022年，全市累计培育乡村旅游精品路线60条，休闲农业和乡村旅游年接待人次达8000万以上。以共享农庄（乡村民宿）为载体，促进农业与旅游、文化、生态等产业深度融合发展，争创国家、省级全域旅游示范市，到2025年，累计培育不少于150家共享农庄（乡村民宿）。（责任部门：市农业农村局、市文广旅局）

五、聚焦功能品质，展现舒适宜居、古韵今辉的东方水城之美

11.提升城市建设功能品质。提升城市设计水平，强化对重点区域、重点地段的空间形态、高度体量、风貌特点、交通组织等控制引导，留住特有的地域环境、文化特点、建筑风格，加强标志性建筑设计，打造更多的城市亮点和建筑精品。到2021年，完成大运河沿线（苏州段）城市设计，古城54个街坊的城市设计实现全覆盖。推进美丽宜居住区建设，大力推行成品住房和住宅装配化装修，积极发展绿色建筑，支持开展老旧小区加装电梯、无障碍通道等适老化改造，到2025年，城镇新建民用建筑100%执行绿色建筑标准。全面实施城市雨污分流，加快构建“一核、两带、多廊、多点”的

海绵城市生态空间格局，到2030年，城市建成区80%以上的面积达到海绵城市建设要求。深挖地下空间利用潜力，逐步启动市域综合管廊建设，构建层次化、骨架化、网络化的综合管廊系统。（责任部门：市住建局、市资源规划局、市城管局、市水务局）

12.打造智能舒适城市生活。强化“精明增长”理念，统筹生产生活生态，着力增强城市发展的宜居性。加快市域社会治理现代化步伐，坚持用“绣花”功夫抓城市治理，推进智慧城市建设，推行“大数据+网格化+铁脚板”模式，建立健全“CIM+”数字化城市管理机制。健全“15分钟社区服务圈”“10分钟公园绿地服务圈”“10分钟体育休闲生活圈”“5分钟便民生活圈”，规划完善居住配套功能，探索物业管理与城市管理有机融合。积极构建生活垃圾分类“大分流、细分类”苏州模式，引导“三定一督”长效机制全面铺开，加快生活垃圾焚烧、建筑垃圾、厨余垃圾等固废终端处置设施建设，到2025年，全市生活垃圾焚烧日处置能力达到2.12万吨，全面建成生活垃圾分类投放、收集、运输、处置体系，垃圾分类集中处理率超过95%，实现原生生活垃圾全量焚烧零填埋。深化平安苏州、法治苏州建设，营造安居乐业的社会环境。加强城市公共安全管理，健全城市应急管理体系，提升城市本质安全水平。着力完善公共卫生体系，深入推进医养康养结合，有力保障人民群众生命健康安全。〔责任部门：市发改委、市政府办公室（市大数据局）、市委政法委、市工信局、市城管局、市卫生健康委、市应急局、市体育局〕

13.健全绿色公共交通体系。建立多层次、立体化、跨区域、连城乡的美丽交通网络体系，持续开展“苏式公交”特色品牌建设，有序推进5、6、7、8、S1号线城市轨道交通建设。加快“两主九辅”铁路综合客运枢纽建设，打造高效便捷的“零换乘”体系。优化常规公交线网，完善慢行交通系统，着力打通城乡居民出行“最后一公里”。到2025年，全市新能源公交车比例达到85%，市区公共交通出行分担率达到35%。加快推进苏锡常线、如苏湖线、示范区线等都市圈城际铁路建设，实现长三角区域城际公共交通一体化。（责任部门：市交通局、市工信局、市资源规划局、市轨交集团）

14.做亮历史文化名城之核。实施“城市记忆”工程，全面保护水陆并行、河街相邻的双棋盘传统城市空间格局。推进古城保护与更新，持续开展平江片区改造、虎丘综改、桃花坞和常熟古城历史街区等综合整治与保护利用。采用“微介入”有机更新改造理念，推进危旧房改造、环古城慢行系统等民生实事，有效激发古城活力，延续城市发展文脉。全面加强历史园林的群体性保护，优化园林保护管理机制，着力打造古城文化地标，加大历史文化传统街区保护，完善历史建筑保护利用管理制度。到2025年，完成江南水乡古镇的申遗准备工作。（责任部门：市住建局、市资源规划局、市园林绿化局、市文广旅局）

六、聚力绿色转型，构筑环境友好、生态低碳的现代产业之美

15.加快产业结构转型升级。持续推进石化、钢铁、建材、印染等重点行业清洁生产，强化能耗、水耗、环保、安全和技术等标准约束，鼓励开展智能工厂、数字车间升级改造，推动传统制造业绿色转型。到2025年，力争实现节能环保产业主营业务收入超2000亿元，规模继续保持全省领先。实施产业基础再造工程，推动生态环保产业与5G、人工智能、区块链等创新技术融合发展，构建自主可控、安全高效的绿色产业链。到2025年，力争全市新一代信息技术、生物医药和新型医疗器械、人工智能、纳米技术应用四大先导产业产值占规上工业比重达到25%左右；到2030年，建成国际知名和国内最有竞争力、最有影响力的“中国药谷”。大力发展融合型数字经济，全面提高产业数字化、网络化、智能化发展水平。（责任部门：市发改委、市工信局）

16.倡导生产方式绿色发展。统筹经济社会发展和环境保护、生态建设，建立健全绿色低碳循环发展的经济体系。开展绿色创新企业培育行动，强化绿色制造关键核心技术攻关，实施绿色技术研发重大项目和示范工程，培育一批绿色技术创新龙头企业和绿色工厂，争创一批国家级绿色产业示范基地和省级绿色产业发展示范区。大力发展生态农业和智慧农

业，到2022年，绿色优质农产品比重及农产品质量可追溯率达到80%，全市重要水域、重要生态环境保护区等轮作休耕、休渔实现全覆盖。（责任部门：市发改委、市工信局、市农业农村局）

17.构建清洁低碳能源体系。将能源生产和消费革命作为能源体系建设的重要内容，逐步提高清洁能源占比，显著提升能源利用效率。加强节能管理，落实国家重点用能单位“百千万”行动，大幅降低重点行业和企业能耗。持续调整能源结构，加快形成煤、气、油和可再生能源等互为补充的能源结构。推进城市能源智慧管理，提升电网智慧运行能力。到2025年，电能占终端能源消费比例提升至35%。将“氢”定位为未来新能源开展战略布局，着力打造氢能全产业链合作基地。积极争创国家燃料电池汽车推广应用示范城市。（责任部门：市发改委、市工信局）

七、弘扬时代精神，彰显文明和谐、向上向善的苏式人文之美

18.提高社会文明程度。丰富优质文化产品供给，完善现代公共文化服务体系，更好满足城乡居民日益增长的精神文化需求。将社会主义核心价值观融入主题教育、文化活动、文明创建、文明实践全过程，弘扬“爱苏州、兴苏州”的主人翁精神，着力构建推进美丽苏州建设的全民行动体系。注重提升公民道德，倡导知礼重仪文明习惯，加强社会诚信建设，推进“无讼”村居建设行动，营造博爱包容的社会氛围。推动文明上网、文明办网，加强网络综合治理，建设风清气正、正能量充沛的网络精神家园。高水平全域推进新时代文明实践中心（站）建设，高质量建设崇德向善、文化厚重、社会和谐、美丽宜居、人民满意的文明城市，力争实现全国文明城市“满堂红”。大力践行《公民生态环境行为规范（试行）》和省全民生态文明公约，切实增强市民生态环境保护意识和生态文明素养。〔责任部门：市委宣传部（市文明办）、市中级法院、市委网信办、市文广旅局〕

19.提升“文化苏州”魅力。着眼提升苏州文化影响力和竞争力，培育塑造具有鲜明地域特征的文化标识，展现大运河文化、江南文化的时代

价值，涵养文化自信，讲好苏州故事。加强文化遗产的保护和传承，推动昆曲、古琴、宋锦、缂丝、苏绣、核雕、玉雕等非遗物质文化遗产传承发展。加快推进百戏之城、百馆之城建设，持续扩大“江南文化艺术节`苏州国际旅游节”活动影响力，打造“最苏州”公共文化活动品牌。做强“苏州旅游总入口”等智慧文旅平台，开展“客分三类、时分四季”精准营销，全力打响“姑苏八点半”苏州夜间经济品牌。到2022年，建成20个市级以上夜间文旅消费集聚区；到2025年，创建国家全域旅游示范区。（责任部门：市委宣传部、市文广旅局）

20.提倡绿色生活方式。坚持移风易俗，弘扬科学精神，广泛动员群众参与爱国卫生运动，倡导简约适度、绿色低碳的生活方式，创新绿色积分试点，加快生活垃圾分类源头教育，引导全社会养成节水节电节气、垃圾分类投放、使用公勺公筷、拒食野味、绿色出行等健康文明生活习惯。加快绿色细胞工程建设，整体提升创建领域的绿色化水平。到2025年，省级以上绿色学校数量力争达440家。扎实推进节约型机关创建工作，降低机关运行成本，引导干部职工厉行勤俭节约、反对铺张浪费，形成崇尚绿色生活的良好氛围。到2022年，超过70%的市、县级党政机关达到省级节约型机关创建要求。（责任部门：市卫生健康委、市生态环境局、市城管局、市机关事务局）

八、凝聚美丽苏州建设的工作合力

（一）强化组织领导。市委、市政府建立美丽苏州建设领导小组，发挥牵头抓总、统筹协调作用。领导小组由市委书记、市长任组长，领导小组办公室设在市发改委。研究制定美丽苏州建设评估指标体系，将美丽苏州建设工作纳入全市高质量发展综合考核。根据中央、省相关要求，立足苏州实际，科学编制实施美丽苏州建设相关规划，并把美丽苏州建设纳入“十四五”相关专项规划中。〔责任部门：市发改委、市委组织部（市考核办〕

（二）强化政策支撑。实施最严格的自然资源和生态空间保护、环境准入等制度，完善能源和水资源、建设用地等总量和强度“双控”机制。完善环境公益诉讼制度，健全生态环境保护责任体系，建立环境损害责任终身追究制度，不断提高生态环境司法保护水平。创新生态价值实现机制，探索开展生态产品价值核算，建立生态产品市场交易体系和排污权交易市场机制。积极整合相关财政资金，落实生态补偿政策，深化绿色金融体系建设，创新多元化投入保障机制，吸引更多社会资本参与美丽苏州建设。（责任部门：市发改委、市中级法院、市检察院、市财政局、市资源规划局、市生态环境局、市金融监管局）

（三）强化舆论宣传。大力宣传建设美丽苏州、创造美好生活的“最美典型”“最美人物”“最美事迹”等，倡导文明新风尚、弘扬社会正能量。强化舆论监督，充分运用转变作风“曝光台”，做好环境信息公开和突发环境事件舆情善后处理工作，积极回应公众关切，引导社会力量积极投身美丽苏州建设。（责任部门：市委宣传部、市委网信办、市生态环境局）

（四）强化法治保障。运用法治思维和法治方式，完善依法治理体系，不断提升美丽苏州建设的法治化水平。深入贯彻环境保护法和相关法律法规，推动出台美丽苏州建设的地方性法规，清理现有不符合美丽苏州建设要求的政策性文件。健全生态环境保护“两法”衔接机制，加快实施综合行政执法改革，坚决杜绝破坏生态环境的各类违法违规行为。（责任部门：市司法局、市生态环境局）

附件：有关概念的说明

附件

有关概念的说明

1.“一极三区一高地”：“一极”，即全国发展强劲活跃增长极；“三区”，即全国高质量发展样板区、率先基本实现现代化引领区、区域一体化发展示范区；“一高地”，即新时代改革开放新高地。

2.长三角一体化“三重清单”：为推动《〈长江三角洲区域一体化发展规划纲要〉江苏实施方案》落实，江苏省制定出台了《推动长三角一体化发展重点工作任务、重大平台项目和重要改革举措》（三重清单），共80个重点事项。

3.“三线一单”生态环境分区管控体系：“三线”，即生态保护红线、环境质量底线、资源利用上线；“一单”，即生态环境准入清单。

4.“一轴、两带、六廊、三群、五网”：“一轴”，即大运河生态景观文化轴、“两带”，即沿长江、环太湖特色带；“六廊”，即望虞河、吴淞江、太浦河、七浦塘、娄江—浏河、大浦港—八荡生态廊道；“三群”，即阳澄湖群、淀泖湖群、浦南湖群；“五网”，即新沙虞西、阳澄、滨湖、淀泖、浦南水网体系。

5.“四好农村路”：习近平总书记于2014年3月4日提出：“要进一步把农村公路建好、管好、护好、运营好，逐步消除制约农村发展的交通瓶颈。”

6.“一核四片”苏州农村公路品牌：“一核”为“吴风雅韵、水墨丝路”现代农路新样板；“四片”为东部“经纬阳澄湖”、南部“水乡珍珠链”、西部“太湖风景线”以及北部“沿江生态圈”。

7.“一核、两带、多廊、多点”：“一核”，即太湖生态核；“两带”，即市域南部水乡湿地生态带和沿长江田园生态带；“多廊”，即依托大运河、吴淞江、望虞河、太浦河等主要河流形成的联系长江、太湖、东海等重要水体的生态走廊；“多点”，即市域内阳澄湖、淀山湖、虞山、穹窿山等重要生态斑块。

8.“CIM+”数字化城市管理机制：即城市信息模型，是“大场景的GIS数据+小场景的BIM数据+物联网”的有机结合，依托海量数据建立全面的数字孪生模型，实现对城市空间精细、全面、动态、实时的数字化。

9.垃圾分类“三定一督”机制：即“定时定点定人督导”。

10.国家重点用能单位“百千万”行动：国务院印发的《“十三五”节能减排综合工作方案》提出，开展重点用能单位“百千万”行动，按照属地管理和分级管理相结合原则，国家、省、地市分别对“百家”“千家”“万家”重点用能单位进行目标责任评价考核。

中共苏州市委办公室2020年8月27日印发

中共苏州市委重要文件题录（2020）

发文日期	标题	文号
2020.1.1	中共苏州市委 苏州市人民政府关于开放再出发的若干政策意见	苏委发〔2020〕1号
2020.2.1	中共苏州市委关于切实加强党的领导确保打赢疫情防控阻击战的通知	苏委发电〔2020〕1号
2020.2.18	中共苏州市委关于转发《政协苏州市第十四届委员会常务委员会2020年工作要点》的通知	苏委发〔2020〕4号
2020.3.3	中共苏州市委印发《关于贯彻〈中国共产党农村工作条例〉实施办法》的通知	苏委发〔2020〕7号
2020.3.6	中共苏州市委关于转发《苏州市人大常委会2020年工作要点》的通知	苏委发〔2020〕8号
2020.3.12	中共苏州市委关于印发《2020年全市各级党委（党组）理论学习中心组专题学习计划》的通知	苏委发〔2020〕9号
2020.3.18	中共苏州市委 苏州市人民政府关于印发《苏州市探索率先基本实现农业农村现代化三年行动计划（2020—2022年）》的通知	苏委发〔2020〕10号

续表

发文日期	标题	文号
2020.3.26	中共苏州市委 苏州市人民政府关于2019年度苏州市打好污染防治攻坚战贡献突出的集体和个人的通报	苏委发〔2020〕11号
2020.3.27	中共苏州市委 苏州市人民政府关于印发《苏州市优化营商环境创新行动2020》的通知	苏委发〔2020〕12号
2020.4.21	中共苏州市委关于进一步加强和改进全市机关党的建设推进创建模范机关的实施意见	苏委发〔2020〕14号
2020.5.14	中共苏州市委关于加强新时代人大工作和建设的实施意见	苏委发〔2020〕16号
2020.8.27	中共苏州市委 苏州市人民政府关于推进美丽苏州建设的实施意见	苏委发〔2020〕22号
2020.10.29	中共苏州市委印发《关于开展党史、新中国史、改革开放史、社会主义发展史学习教育的实施方案》的通知	苏委发〔2020〕25号
2020.11.17	中共苏州市委 苏州市人民政府关于产学研合作先进单位和先进个人的通报	苏委发〔2020〕26号
2020.11.17	中共苏州市委 苏州市人民政府关于2018—2019年度苏州市促进民营经济发展先进集体的通报	苏委发〔2020〕29号
2020.11.26	中共苏州市委关于深入学习宣传党的十九届五中全会精神的通知	苏委发〔2020〕31号

续表

发文日期	标题	文号
2020.12.10	中共苏州市委 苏州市人民政府关于印发《苏州市贯彻落实〈新时代爱国主义教育实施纲要〉及江苏省〈行动方案〉的工作计划》和《苏州市贯彻落实〈新时代公民道德建设实施纲要〉及江苏省〈行动方案〉的工作计划》的通知	苏委发〔2020〕32号
2020.2.15	市委办公室 市政府办公室关于实施激励关爱驰援湖北医务人员八条举措的通知	苏委办发〔2020〕3号
2020.3.4	中共苏州市委办公室关于印发《中共苏州市委全面深化改革委员会2020年工作要点》的通知	苏委办发〔2020〕5号
2020.3.23	市委办公室 市政府办公室印发全面落实中央和省关于进一步保护关心爱护医务人员若干措施的实施办法的通知	苏委办发〔2020〕13号
2020.5.18	市委办公室 市政府办公室印发《关于建设劳动者就业创业首选城市的工作意见》的通知	苏委办发〔2020〕23号
2020.5.25	市委办公室 市政府办公室印发《关于全面落实中央决策部署抓"六保"促"六稳"的工作举措》的通知	苏委办发〔2020〕24号
2020.7.31	市委办公室 市政府办公室关于印发《苏州市推进新型基础设施建设行动方案（2020—2022年）》的通知	苏委办发〔2020〕27号

续表

发文日期	标题	文号
2020.8.7	市委办公室 市政府办公室印发《关于加快建设海外离岸创新中心的意见》的通知	苏委办发〔2020〕29号
2020.9.18	市委办公室 市政府办公室印发《关于推进数字政府市域一体化建设的指导意见》的通知	苏委办发〔2020〕33号
2020.11.10	市委办公室 市政府办公室印发《关于进一步深化公共法律服务体系建设的实施意见》的通知	苏委办发〔2020〕37号
2020.12.28	市委办公室 市政府办公室关于印发《苏州市打好污染防治攻坚战年度成效考核实施办法》的通知	苏委办发〔2020〕39号
2020.12.31	中共苏州市委办公室 关于聘任第二届市委法律顾问、法律专家库成员的通知	苏委办发〔2020〕41号
2020.12.31	市委办公室 市政府办公室关于印发《苏州市大运河文化保护传承利用实施规划》的通知	苏委办发〔2020〕42号

苏州市人民政府重要文件题录（2020）

发文日期	标题	文号
2020.1.8	市政府转发关于对困难群众实行物价上涨动态补贴办法的通知	苏府〔2020〕1号
2020.1.20	市政府印发关于开展长期护理保险试点第二阶段工作的实施意见的通知	苏府〔2020〕10号
2020.1.21	市政府关于做好我市第七次全国人口普查工作的通知	苏府〔2020〕11号
2020.2.2	苏州市人民政府关于应对新型冠状病毒感染的肺炎疫情支持中小企业共渡难关的十条政策意见	苏府〔2020〕15号
2020.2.6	市政府关于认定苏州市第二十三批市级企业技术中心的通知	苏府〔2020〕16号
2020.2.7	苏州市人民政府关于应对新型冠状病毒感染的肺炎疫情支持新型农业经营主体共渡难关的十条政策意见	苏府〔2020〕17号
2020.2.7	苏州市人民政府关于应对新型冠状病毒感染的肺炎疫情支持外贸企业稳定发展的政策意见	苏府〔2020〕18号

续表

发文日期	标题	文号
2020.2.10	市政府关于应对新冠肺炎疫情服务发展三项机制的通知	苏府〔2020〕19号
2020.2.10	市政府关于应对新型冠状病毒感染的肺炎疫情支持服务业企业共渡难关的十条政策意见	苏府〔2020〕20号
2020.2.13	市政府关于加快涉农资金统筹整合聚力推进乡村振兴的实施意见（试行）	苏府〔2020〕21号
2020.2.26	苏州市人民政府 苏州军分区关于动员全市广大民兵在疫情防控阻击战中当好主力军、突击队的通知	苏府〔2020〕25号
2020.3.2	市政府关于印发苏州市促进企业利用资本市场实现高质量发展的实施意见的通知	苏府〔2020〕28号
2020.3.5	市政府关于表彰2019年度苏州市市长质量奖获奖企业的决定	苏府〔2020〕27号
2020.3.25	市政府关于加快推进职业教育现代化的实施意见	苏府〔2020〕33号
2020.3.25	市政府关于印发苏州市自然资源统一确权登记总体工作方案的通知	苏府〔2020〕34号
2020.4.20	市政府关于印发苏州市人民政府2020年立法计划的通知	苏府〔2020〕42号
2020.4.22	市政府关于公布第七批苏州市非物质文化遗产代表性项目名录的通知	苏府〔2020〕44号

续表

发文日期	标题	文号
2020.4.24	市政府关于公布首批生物医药产业潜力地标企业培育名单的通知	苏府〔2020〕46号
2020.4.29	市政府关于进一步支持外贸企业稳定发展的政策意见	苏府〔2020〕48号
2020.4.30	市政府关于印发苏州市突发事件总体应急预案的通知	苏府〔2020〕49号
2020.5.8	市政府关于命名第二批苏州市创建全国禁毒示范城市示范点的决定	苏府〔2020〕51号
2020.6.23	市政府关于公布“工业互联网看苏州”十大创新平台、十大最佳实践名单的通知	苏府〔2020〕64号
2020.6.23	市政府关于印发苏州市加快推进产业资本中心建设行动计划（2020~2022年）的通知	苏府〔2020〕65号
2020.7.15	市政府关于落实就业优先政策进一步做好稳就业工作的实施意见	苏府〔2020〕83号
2020.7.16	市政府印发关于推动生产性服务业集聚创新发展的两项重点政策和十项重点举措的通知	苏府〔2020〕85号
2020.8.17	市政府关于印发苏州市工艺美术大师评审认定办法的通知	苏府〔2020〕91号
2020.8.31	市政府印发关于加快推动区块链技术和产业创新发展的实施意见（2020~2022）的通知	苏府〔2020〕93号

续表

发文日期	标题	文号
2020.9.2	市政府关于表扬2019年度贡献突出外商投资企业的通报	苏府〔2020〕94号
2020.9.15	市政府关于印发苏州市打造“独角兽”企业发展生态圈实施意见的通知	苏府〔2020〕99号
2020.9.16	市政府关于加快推进农业机械化和农机装备产业转型升级的实施意见	苏府〔2020〕100号
2020.12.7	市政府关于公布第三批苏州市自主品牌大企业和领军企业先进技术研究院建设企业名单的通知	苏府〔2020〕119号
2020.12.15	市政府印发关于推进制造业智能化改造和数字化转型的若干措施的通知	苏府〔2020〕120号
2020.12.22	市政府关于颁发2020年度苏州市知识产权（专利、版权）奖的决定	苏府〔2020〕124号
2020.12.28	市政府关于认定苏州市第二十四批市级企业技术中心的通知	苏府〔2020〕127号
2020.12.28	市政府关于印发“苏州制造”品牌认证三年行动方案（2021~2023年）的通知	苏府〔2020〕128号
2020.12.31	市政府关于认定苏州市数字经济产业园的通知	苏府〔2020〕129号
2020.1.20	市政府办公室关于转发苏州市2020年度农村水利和水土保持工作意见的通知	苏府办〔2020〕11号

续表

发文日期	标题	文号
2020.1.22	市政府办公室关于成立苏州市新型冠状病毒感染的肺炎疫情防控工作领导小组和工作专班的通知	苏府办〔2020〕14号
2020.1.27	市政府办公室关于落实《关于加强新型冠状病毒感染的肺炎疫情防控工作的通告（第3号）》的紧急通知	苏府办〔2020〕16号
2020.1.29	市政府办公室转发关于加强新型冠状病毒感染的肺炎疫情社区防控工作的通知的通知	苏府办〔2020〕19号
2020.2.17	市政府办公室转发市人社局市财政局关于新冠肺炎疫情防控期间助力企业复工复产的若干政策意见的通知	苏府办〔2020〕34号
2020.2.18	市政府办公室关于印发苏州市突发地质灾害应急预案的通知	苏府办〔2020〕36号
2020.2.18	市政府办公室关于苏州市2020年行政执法监督工作计划的通知	苏府办〔2020〕37号
2020.2.19	市政府办公室关于印发苏州市地震应急预案的通知	苏府办〔2020〕39号
2020.2.19	市政府办公室关于认真办理市十六届人大四次会议代表建议批评意见和市政协十四届四次会议提案的通知	苏府办〔2020〕41号
2020.2.21	市政府办公室关于在新冠肺炎疫情防控期间对困难群众发放临时生活补贴的通知	苏府办〔2020〕42号

续表

发文日期	标题	文号
2020.2.21	市政府办公室关于印发2019年度苏州市高成长创新型培育企业名单的通知	苏府办〔2020〕43号
2020.2.28	市政府办公室关于印发苏州市基本医疗保险和生育保险市级统筹实施意见的通知	苏府办〔2020〕62号
2020.3.1	市政府办公室关于应对新型冠状病毒感染的肺炎疫情支持服务外包企业发展的政策意见	苏府办〔2020〕50号
2020.3.3	市政府办公室关于印发苏州市科创板上市后备企业培育计划的通知	苏府办〔2020〕55号
2020.3.3	市政府办公室关于印发苏州市自然灾害救助应急预案的通知	苏府办〔2020〕56号
2020.3.4	市政府办公室关于印发苏州市突发水污染事件应急预案等五个应急预案的通知	苏府办〔2020〕59号
2020.3.9	市政府办公室印发苏州市人民政府关于在立法工作中加强普法工作的规定的通知	苏府办〔2020〕67号
2020.3.9	市政府办公室关于印发苏州市气象灾害应急预案的通知	苏府办〔2020〕69号
2020.3.10	市政府办公室关于印发2020年市政府领导重点督办建议提案目录的通知	苏府办〔2020〕70号
2020.3.19	市政府办公室关于印发苏州市足球改革发展实施意见的通知	苏府办〔2020〕81号

续表

发文日期	标题	文号
2020.3.19	市政府办公室关于转发苏州市第十五届运动会竞赛规程总则的通知	苏府办〔2020〕82号
2020.3.20	市政府办公室关于认定第五批苏州市市级现代农业园区的通知	苏府办〔2020〕83号
2020.3.25	市政府办公室关于工伤保险市区统筹的实施意见	苏府办〔2020〕86号
2020.3.25	市政府办公室关于公布2020年度苏州市政府重大行政决策事项目录的通知	苏府办〔2020〕87号
2020.3.29	市政府办公室关于印发苏州市较大以上生产安全事故应急预案的通知	苏府办〔2020〕90号
2020.4.10	市政府办公室关于印发苏州市突发重大动物疫情应急预案的通知	苏府办〔2020〕103号
2020.4.14	市政府办公室关于印发公务员平时考核实施细则(试行)的通知	苏府办〔2020〕106号
2020.4.17	市政府办公室关于印发苏州市超标粮食处置实施细则的通知	苏府办〔2020〕112号
2020.4.30	市政府办公室关于印发苏州市防台风应急预案的通知	苏府办〔2020〕122号
2020.5.6	市政府办公室印发关于进一步做好当前金融支持小微企业稳定发展的若干政策意见的通知	苏府办〔2020〕123号
2020.5.7	市政府办公室关于印发苏州市防汛防旱应急预案的通知	苏府办〔2020〕124号

续表

发文日期	标题	文号
2020.5.7	市政府办公室关于2019年度苏州市实事项目工作考核情况的通报	苏府办〔2020〕127号
2020.5.18	市政府办公室关于印发苏州市禁毒工作三年规划（2020~2022年）的通知	苏府办〔2020〕136号
2020.5.18	市政府办公室关于印发苏州市哲学社会科学优秀成果奖励办法的通知	苏府办〔2020〕137号
2020.6.1	市政府办公室关于印发苏州市2020年公共资源交易目录的通知	苏府办〔2020〕148号
2020.6.1	市政府办公室关于转发2019年苏州市新能源汽车推广应用财政补贴实施细则的通知	苏府办〔2020〕150号
2020.6.4	市政府办公室关于印发苏州市太湖湖泛应急预案的通知	苏府办〔2020〕155号
2020.6.8	市政府办公室关于调整有关社会保障对象生活救助（补助）标准的通知	苏府办〔2020〕156号
2020.6.16	市政府办公室关于印发苏州市改革完善医疗卫生行业综合监管制度实施方案的通知	苏府办〔2020〕166号
2020.6.22	市政府办公室关于认定苏州市首批生产性服务业领军企业的通知	苏府办〔2020〕170号
2020.6.23	市政府办公室印发关于全力打造“工业互联网看苏州”品牌的若干措施的通知	苏府办〔2020〕172号

续表

发文日期	标题	文号
2020.7.8	市政府办公室关于印发苏州市价格异动应急预案的通知	苏府办〔2020〕181号
2020.7.27	市政府办公室关于成立苏州市见义勇为人员奖励和保护工作委员会的通知	苏府办〔2020〕196号
2020.7.31	市政府办公室关于印发苏州市进一步做好金融支持稳企业保就业工作指导意见的通知	苏府办〔2020〕199号
2020.8.6	市政府办公室关于印发苏州市城市轨道交通运营突发事件应急预案等四个应急预案的通知	苏府办〔2020〕204号
2020.8.14	市政府办公室关于印发2020年苏州市企业知识产权登峰行动计划项目实施企业名单的通知	苏府办〔2020〕213号
2020.8.25	市政府办公室关于印发当前政务公开重点工作安排的通知	苏府办〔2020〕225号
2020.9.2	市政府办公室关于印发苏州市森林火灾应急预案的通知	苏府办〔2020〕229号
2020.9.2	市政府办公室关于开展餐饮行业“厉行节约、反对浪费”专项工作的通知	苏府办〔2020〕231号
2020.9.3	市政府办公室印发关于加快推进社会信用体系建设构建以信用为基础的新型监管机制的实施办法的通知	苏府办〔2020〕232号
2020.9.4	市政府办公室关于促进3岁以下婴幼儿照护服务发展的实施意见	苏府办〔2020〕233号

续表

发文日期	标题	文号
2020.9.11	市政府办公室关于印发苏州市供水突发事件应急预案的通知	苏府办〔2020〕237号
2020.9.24	市政府办公室关于印发苏州市全面推进基层政务公开标准化规范化工作实施方案的通知	苏府办〔2020〕250号
2020.10.12	市政府办公室转发关于调整低保边缘重病困难对象救助范围的意见的通知	苏府办〔2020〕255号
2020.10.12	市政府办公室关于开展人大代表建议政协提案办理工作“回头看”活动的通知	苏府办〔2020〕256号
2020.10.13	市政府办公室关于建立苏州市医疗卫生行业综合监管部门协调机制的通知	苏府办〔2020〕259号
2020.10.20	市政府办公室印发关于贯彻落实苏州市残疾人保障条例的实施意见的通知	苏府办〔2020〕262号
2020.10.22	市政府办公室关于认定第六批苏州市市级现代农业园区的通知	苏府办〔2020〕263号
2020.10.27	市政府办公室印发关于进一步加强行政规范性文件制定和监督管理工作的意见的通知	苏府办〔2020〕267号
2020.10.27	市政府办公室关于印发苏州市行政规范性文件制定档案管理办法的通知	苏府办〔2020〕268号
2020.11.20	市政府办公室关于印发姑苏体育人才计划实施细则的通知	苏府办〔2020〕292号

续表

发文日期	标题	文号
2020.12.7	市政府办公室关于印发苏州市城市轨道交通工程施工安全事故应急预案的通知	苏府办〔2020〕304号
2020.12.7	市政府办公室关于印发苏州市粮食应急预案的通知	苏府办〔2020〕306号
2020.12.9	市政府办公室关于充分发挥政府性融资担保体系作用支持小微企业和“三农”发展的若干措施的通知	苏府办〔2020〕308号
2020.12.15	市政府办公室关于印发苏州市政务服务分中心一体化管理实施办法的通知	苏府办〔2020〕310号
2020.12.16	市政府办公室关于印发苏州市12345公共服务平台运行管理办法的通知	苏府办〔2020〕312号
2020.12.18	市政府办公室关于进一步推动非户籍人口在城市落户的实施意见	苏府办〔2020〕313号

08 统计发布

苏州市2020年经济和社会发展概况

苏州市统计局

2020年，全市上下坚持以习近平新时代中国特色社会主义思想为指导，全面贯彻党的十九大和十九届二中、三中、四中、五中全会精神，认真落实国家和省决策部署，在市委、市政府的正确领导下，紧扣“强富美高”总目标，自觉践行新发展理念，统筹抓好经济社会发展和疫情防控，全面落实“六稳”任务、扎实做好“六保”工作，全市经济持续恢复，经济运行稳中有进、稳中提质，人民生活不断改善，社会大局和谐稳定，高质量发展取得明显成效。

一、综合

经济总量迈上新台阶。初步核算，全市实现地区生产总值20170.5亿元，按可比价计算比上年增长3.4%。其中第一产业增加值196.4亿元，同比下降2%；第二产业增加值9385.6亿元，同比增长3.4%；第三产业增加值10588.5亿元，同比增长3.5%，三大产业比为1.0∶46.5∶52.5。全年实现一般公共预算收入2303亿元，比上年增长3.7%。其中税收收入2005.1亿元，同比增长0.7%，占一般公共预算收入的比重达87.1%。全年一般公共预算支出2263.6亿元，比上年增长5.7%。其中城乡公共服务支出1766.8亿元，占一般公共预算支出的比重达78.1%。

在全国首创“苏惠十条”，实施惠外、惠农、惠服务业及人才关爱等组合政策，有力推动复工复产，力促经济企稳回升。全面落实“减税降费”等一系列政策举措，全年减轻企业成本负担810亿元。倾心打造“苏州最舒心”营商服务品牌，政务服务“网上办”“掌上办”“就近办”全面推进，“不见面审批（服务）”全面实施，“全方位”企业服务专窗开通建设。开发“政策计算器”创新做法获国务院通报表扬。全年新增市场主体67.7万户，年末达244.1万户，分别比上年增长56.8%和29.8%。小微企业数字征信实验区、金融科技创新监管、央行数字货币等重大金融试点工作积极推动。苏州综合金融服务平台注册企业13.65万家，为3.45万家企业解决8368.2亿元融资。

二、农业和农村建设

农业生产保持平稳。全年实现农林牧渔业总产值357.02亿元，按可比价计算比上年下降1.4%。全年粮食总产量88.81万吨，比上年增长1.9%，其中夏粮产量21.56万吨，同比下降0.2%；秋粮产量67.25万吨，同比增长2.6%。粮食亩产比上年提高1.3%。建设投产10个现代化万头规模猪场新改扩建项目，完成生猪存栏、出栏目标任务。

现代农业加快建设。基本实现耕地高标准建设全覆盖。新增现代农业园区面积6万亩，年末现代农业园区总面积140万亩。新认定市级农业园区4家、省级农业产业示范园1家，吴江获批创建国家现代农业产业园。新增农产品地理标志登记产品12个。全面完成长江流域禁捕退捕工作。全年培育新型职业农民3109名，新增市级以上农业产业化龙头企业20家、组建农业产业化联合体20家、新增共享农庄43个。全年县级以上农业龙头企业实现销售收入1530亿元，比上年增长4.1%。

三、工业和建筑业

工业经济展现强劲发展韧性和活力。全年实现规模以上工业总产值

34823.9亿元，比上年增长4.0%。主导行业支撑有力，前六大行业实现产值22458亿元，比上年增长5.8%，占规模以上工业总产值的比重达64.5%。其中计算机、通信和其他电子设备制造业产值增长5.7%；电气机械和器材制造业产值增长10.2%；黑色金属冶炼和压延加工业产值增长7.0%；汽车制造业产值增长7.4%。从经济类型看，民营工业企业实现产值13404.5亿元，比上年增长5.1%，民营工业企业产值占规模以上工业总产值的比重达38.5%，比上年提高1.8个百分点。28家企业入围“2020中国制造民营企业500强”。外商及港澳台工业企业实现产值20519.4亿元，比上年增长3.2%，占规模以上工业总产值的比重达58.9%。大中型工业企业实现产值23539.7亿元，比上年增长3.7%。

先进制造业引领发展。新一代信息技术、生物医药、纳米技术、人工智能四大先导产业实现产值8718.2亿元，比上年增长11.5%，占规模以上工业总产值的比重达25.0%，比上年提高3.2个百分点。制造业新兴产业产值占规模以上工业总产值的比重达55.7%，比上年提高2.1个百分点。生物医药产业集群成功入选首批国家级战略性新兴产业集群名单，生物医药产业产值比上年增长17.9%。高技术产品生产不断扩大。工业机器人产量比上年增长26.8%；集成电路产量增长21.9%；光电子器件产量比上年增长11.4%。加快推进工业企业智能化改造。全年新增省级示范智能工厂3家、示范智能车间59家，新增省级工业互联网平台16家，累计分别达到11家、503家、23家。

建筑业保持平稳。全年完成建筑业总产值2867.2亿元，比上年增长7%，其中建筑安装工程产值2850亿元，比上年增长7%。竣工产值1948.6亿元，比上年增长7%，竣工率达68%。全年资质以上建筑业企业房屋施工面积13689万平方米，比上年增长11.3%，其中新开工面积4664万平方米，比上年增长9%。建筑业全员劳动生产率43.2万元/人，比上年提高5.4%。建筑业企业在外省完成建筑业产值851亿元，比上年增长9.1%。

四、固定资产投资和房地产开发

投资需求较快增长。全年完成固定资产投资5224.4亿元，比上年同口径增长6.6%。其中工业投资1527.7亿元，比上年增长27.4%；服务业投资3690.9亿元，比上年下降0.2%。全市亿元以上项目投资完成2236.8亿元，比上年增长15.1%。新开工项目2588个，比上年增加260个，新开工项目完成投资1356.1亿元，比上年增长7.2%。

投资结构优化调整。全年完成新兴产业投资1330.3亿元，比上年增长35.0%，占固定资产投资的比重达25.5%，比上年提高5.5个百分点。工业技术改造投资和高新技术产业投资分别完成820.5亿元和692.6亿元，分别比上年增长2.2%和38.8%，占工业投资的比重分别达53.7%和45.3%。完成民间投资3058.4亿元，比上年增长5.9%，占固定资产投资的比重达58.5%。

房地产市场平稳发展。全年完成房地产开发投资2673.7亿元，比上年下降0.5%，其中住宅投资比上年下降1.7%。房屋新开工面积2398.6万平方米，比上年下降13.1%；房屋施工面积12385.6万平方米，比上年增长2.0%；房屋竣工面积1545.7万平方米，比上年增长20.4%；商品房销售面积2192.2万平方米，比上年增长0.6%，其中住宅销售面积1993.9万平方米，比上年增长0.5%。

五、国内贸易

市场消费稳定回暖。全年实现社会消费品零售总额7702亿元，比上年下降1.4%。其中批发和零售业零售额7093.3亿元，比上年下降0.8%；住宿和餐饮业零售额608.7亿元，比上年下降8.2%。按经营单位所在地分，城镇消费品零售额7157.7亿元，比上年下降1.6%；乡村消费品零售额544.3亿元，比上年增长0.9%。升级类商品消费较快增长。限额以上批零企业中，化妆品类、照相器材类、智能家用电器和音像器材类、计算机及其配套产品类、新能源汽车类商品零售额分别比上年增长26.8%、51.1%、68.3%、

14.6%和105.3%。互联网零售成为消费回补强劲动力，“姑苏八点半”“双十二苏州购物节”等消费活动成效显著。全年实现网络零售额2983亿元，比上年增长13.6%。全年限额以上批零业通过公共网络实现零售额比上年增长26.4%。

六、对外经济

积极应对国际经贸形势变化、新冠肺炎疫情等不利影响，全力稳定外贸基本盘。全年实现进出口总额3223.5亿美元，比上年增长1.0%，其中出口1868.7亿美元，比上年下降2.7%，进口1354.8亿美元，比上年增长6.6%。分经济类型看，外商投资企业实现进出口2218.1亿美元，占进出口总额的比重达68.8%；民营企业实现进出口823.2亿美元，占进出口总额的比重达25.5%。从贸易市场看，对美国出口422.7亿美元，比上年下降10.8%；对欧盟出口377.2亿美元，比上年下降4.9%；对东盟出口229.6亿美元，比上年增长8.0%；对日本出口156.4亿美元，比上年增长2.4%；对韩国出口113.1亿美元，比上年增长3.7%。对“一带一路”沿线国家和地区进出口697.6亿美元，占比提升至21.6%，其中出口432.2亿美元，比上年增长0.4%。全年实现一般贸易出口664.5亿美元，比上年下降2.5%。一般贸易出口占全市出口的比重达35.6%。全年机电产品出口1488.6亿美元，比上年下降1.3%，占出口总额的比重达79.7%；高新技术产品出口990.5亿美元，比上年增长0.4%，占出口总额的比重达53.0%，占比分别比上年提高1.2和1.6个百分点。

服务贸易加快发展。全年服务贸易进出口231.12亿美元。跨境电商B2B（企业对企业）出口额、市场采购贸易、外贸综合服务等新业态出口分别比上年增长13.3%、9.1%和1.2%。全市服务外包接包合同额133.7亿美元，比上年增长8.9%；服务外包离岸执行额51.5亿美元，比上年增长2.6%。

开放创新深入推进。全年新设外资项目1256个，比上年增长26.4%；新增注册外资189.1亿美元，比上年增长66.8%。实际使用外资55.4亿美元，比上年增长20%。新引进和形成的具有地区总部特征或共享功能的外资企业35家，累计超过330家。4个案例入选国家服务贸易创新发展试点“最佳实践案例”。苏州自贸片区累计形成66项制度创新成果案例，14项在全国全省推广。设立19个自贸片区联动创新区。全年新批境外投资项目中方协议投资额16.04亿美元，保持全省第一。在“一带一路”沿线16个国家和地区投资74个项目，中方协议投资额6.33亿美元。

七、金融

金融运行健康稳定。全年新增各类金融机构7家，年末金融机构总数达882家。年末金融机构人民币存款余额35165.7亿元，比年初增加3513.6亿元，比年初增长11.1%；金融机构人民币贷款余额34195.8亿元，比年初增加4079.1亿元，比年初增长13.5%。其中短期贷款余额9319.1亿元，比年初增长9.9%；中长期贷款余额23014.1亿元，比年初增长16.3%。全市金融业增加值1770.4亿元，占地区生产总值的比重达8.8%。

保险业务增势良好。年末保险公司主体88家，保险公司分支机构826家。全年实现保费收入757.5亿元，比上年增长6.6%。其中财产险保费收入216.7亿元，增长1.3%；人身险保费收入540.8亿元，比上年增长8.9%。保险赔付支出194.5亿元，比上年增长4.3%。

资本市场保持领先。新增上市公司29家，累计达181家，其中境内上市公司144家。新增科创板上市公司14家，累计达20家。新增“新三板”企业4家，累计挂牌企业553家。年末全市证券机构托管市值总额9372亿元，各类证券交易额7.23万亿元。

八、交通物流

全年铁路客运量6333.1万人次、客运周转量129.5亿人公里，分别比上年下降35.1%和37.4%。铁路货运量189.3万吨，与上年持平；铁路货运周转量11.9亿吨公里，比上年下降0.5%。年末公路总里程1.17万公里，其中高速公路615公里。公路、水路客运量2.1亿人次，客运周转量70.1亿人公里，分别比上年下降29.2%和41.7%。全年公路、水路货运量2.6亿吨，货运周转量342.3亿吨公里，分别比上年增长6.4%和15.7%。苏州港货物吞吐量和集装箱吞吐量分别为5.5亿吨、628.9万标箱，分别比上年增长6.0%和0.3%。年末市区轨道交通（含有轨电车）运营线路总长度210.1公里，其中有轨电车44.2公里，全年运营总里程2283万列公里，线网客流总量30858.3万人次。市区公共汽车运营车辆6345辆，市区新辟、优化调整公交线路91条，公交线路总数达432条。

汽车保有量继续增加。年末全市汽车保有量突破440万辆，达443.03万辆，其中私家客车366.2万辆，分别比上年增长6.1%和5.2%。

邮政业务快速增长。全年实现邮政业务总量475亿元，比上年增长17.1%；邮政业务收入269.6亿元，比上年增长6.7%。发送快递21亿件，比上年增长21.4%；实现快递业务收入234.4亿元，比上年增长8.1%。

九、科技和教育

创新投入持续加大。全年研究与试验发展（R&D）经费支出预计达740亿元。财政性科技投入219.6亿元，比上年增长21.0%，占一般公共预算支出的9.7%，比上年提高1.2个百分点。全年实现高新技术产业产值17735.8亿元，占规模以上工业总产值的比重达50.9%，比上年提高1.5个百分点。

科创载体加快建设。全年新增省级以上工程研究中心（工程中心、实验室）20家，累计达127家；新增省级以上企业技术中心130家，累计达741家；新增省级以上工程技术研究中心160家，累计达993家；年末省级以上科技公共技术服务平台31家，其中国家级2家。强化新型研发机构建设，突破一批“卡脖子”产业关键共性技术，2020年新型研发机构新建立项9个，新增苏州市自主品牌大企业和领军企业先进技术研究院13家。深时数字地球成为国家首批国际大科学计划立项项目。中科院上海硅酸盐研究所、中科院上海技术物理研究所苏州研究院等一批龙头型“大院大所”相继投用。材料科学姑苏实验室获批江苏省实验室，昆山超算中心、纳米真空互联装置等10个平台项目入选省重大科技创新平台项目库。

创新成果质量提升。全市专利授权量138861件，比上年增长71.1%。其中发明专利授权9909件，比上年增长18.8%。年末有效发明专利拥有量74008件，比上年增加10946件。PCT（专利合作协定）专利申请3905件，比上年增长53.3%。创新型企业加快培育。全年净增高新技术企业2720家，累计达9772家，全年遴选瞪羚企业391家。

创新人才加速聚集。年末各类人才总量310万人，其中高层次人才28万人、高技能人才72.75万人。新增省“双创人才”129人，累计达1114人。启动顶尖人才引进政策，紧扣重点先导产业和核心关键技术，立项支持3个顶尖人才团队。

教育服务水平不断提升。全年建成投用中小学、幼儿园82所，新增学位7.17万个。年末拥有各级各类学校1749所（含幼儿园），其中普通高等学校26所；在校学生206.3万人，其中普通高等学校在校学生26.3万人；毕业生46.5万人，其中普通高等学校毕业生6.5万人；拥有专任教师13万人。高等教育建设全面深化。南京大学苏州校区、西北工业大学太仓校区、苏州大学未来校区等加快建设。现代职业教育深入推进，入选国家职业教育高地建设城市。

十、文化、卫生和体育

实施文化产业倍增计划。以文化旅游、文化创意、数字内容生产、设计服务、工艺美术为发展重点，引进、培育一批动漫游戏、影视制作、创意设计等领域顶级平台和制作团队，提升文化产业整体水平。年末国家级文化产业示范园区（基地）9家、省级21家，市级63家。公共文化服务体系进一步完善。新建24小时图书馆14个、“城市书房”7个，全市村（社区）综合性文化服务中心标准化建设实现全覆盖。苏州弹词《军嫂》获中国曲艺牡丹奖，苏剧《国鼎魂》和苏州评弹《接头》获文旅部创作扶持。苏式滑稽戏《苏州两公差》、民族管弦乐《丝竹里的江南》获2020紫金文化艺术节“优秀剧目奖”。入选国家首批文物保护利用示范区创建名单，获评首批国家文化和旅游消费示范城市。全年实现旅游总收入2607.4亿元，接待国内外游客9410.2万人次。年末全市共有5A级景区6家（11个点）、4A级景区34家。苏州博物馆以及拙政园、狮子林等高等级封闭式景区实施分时预约。苏州成为全国唯一的全部行政区均获得省级全域旅游示范区称号的城市。

医疗卫生服务能力持续增强。年末全市拥有各类医疗卫生机构3836家，其中医院234家、卫生院91家、社区卫生服务中心（站）534家。新建、改扩建基层医疗卫生机构19家。拥有卫生机构床位数7.47万张，其中医院病床6.36万张、卫生院0.83万张；拥有卫生技术人员9.53万人，其中执业医师和执业助理医师3.72万人、注册护士4.2万人。市独墅湖医院正式启用，市太湖新城医院、市妇幼保健院、市立医院康复医疗中心等开工建设。全市新增三级甲等医院5家，三级医院2家。疫情防控工作取得重大阶段性成果。全市累计确诊本土病例87例，境外输入病例4例，全部治愈出院，实现了患者“全治愈”、医院“零感染”。

体育事业稳步发展。新建健身步道200公里，建成横山体育公园、江苏省苏州体育训练基地，苏州承办2020赛季中超联赛被国家体育总局授奖。

十一、人民生活和社会保障

居民收入稳定增长。根据抽样调查，全市常住居民人均年可支配收入62582元，比上年增长4.1%，其中城镇常住居民人均年可支配收入70966元，增长3.4%；农村常住居民人均年可支配收入37563元，比上年增长6.9%。居民人均消费支出34770元，比上年下降1.8%，其中城镇居民人均消费支出39005元，比上年下降1.6%；农村居民人均消费支出22129元，比上年下降3.8%。

物价水平整体平稳。市区居民消费价格总水平比上年上涨2.2%。其中食品烟酒类价格上涨8.4%，衣着类价格上涨3.1%，居住类价格上涨0.5%，生活用品及服务类价格上涨2.0%，交通和通信类价格下降4.6%，教育文化和娱乐类价格下降0.4%，医疗保健类价格下降0.2%，其他用品和服务类价格上涨3.6%。

社会保障进一步提高。全市最低工资标准为2020元/月，市区城乡居民基础养老金标准分别提高至每人每月550元、410元，城乡最低生活保障标准提高至每人每月1045元。全市有1.13万户、共计1.67万人享受低保，全年发放低保金1.67亿元。年末全市基本养老保险缴费人数569.1万人，比上年增加14.2万人；城镇职工基本医疗保险参保人数783.03万人，比上年增加22.1万人；失业保险、工伤保险、生育保险参保人数分别为537万人、621.1万人、545.7万人。全年新增养老机构床位1389张、日间照料中心286家。年末全市共有各类社会服务机构177家，其中养老服务机构161家、儿童服务机构10家。全年新增缴存公积金职工76.06万人，全年住房公积金实缴职工人数399.3万人，全年公积金归集额556.4亿元，全年职工提取公积金409.7亿元。

就业形势保持稳定。全年新增就业20.08万人，城镇登记失业率为1.77%，开发公益性岗位8781个，城乡就业困难人员实现就业3.13万人。提供高校毕业生岗位20.88万个，苏州籍应届高校毕业生就业率为98.4%。

年末全市户籍人口744.3万人，比上年增加21.7万人，比上年增长3.0%。全市户籍人口出生率为9.01‰，户籍人口自然增长率为1.65‰。

十二、城市建设和公用事业

全年完成基础设施投资580.6亿元，比上年增长2.5%。沪苏通长江公铁大桥及沪苏通铁路开通运营，沪苏湖铁路江苏段、盐通铁路南通西至张家港段、江苏南沿江城际铁路、太仓港疏港铁路专用线等项目加快建设。轨道交通5号线实现试运行，6号线、7号线、8号线和S1线建设稳步推进。

全社会用电量1523.3亿千瓦时，其中工业用电量1170.6亿千瓦时、城乡居民生活用电量142亿千瓦时。全市拥有区域供水厂21座，总供水能力732.5

万吨/日，其中市区自来水供水能力345万吨/日。全市生活污水处理能力达到410万吨/日，城镇生活污水处理率为98%。市区管道天然气供气总量16.39亿立方米，比上年增长9.1%，全年家庭天然气用户145.5万户，比上年增长4.4%；家庭液化气用户17.2万户，比上年下降3.5%。

十三、环境保护、节能降耗和安全生产

生态环保得到加强。全年环保投入670亿元。市区PM2.5浓度为33微克每立方米，比上年下降15.4%；市区优良天数比例为84.4%，比上年上升6.6个百分点。全年省考以上断面水质优Ⅲ比例为92%。全年新增森林抚育6.06万亩，建成市级以上湿地公园21个，年末陆地森林覆盖率达30.2%，自然湿地保护率达64.5%。建成全国首个“国家生态园林城市群”。城市生活垃圾无害化处理率99.5%，实行垃圾分类“三定一督”小区4652个、垃圾分类行政村938个。建成危险废物集中焚烧处置项目5个，新增危险废物年焚烧处置能力6.7万吨。安全生产专项整治深入推进，安全生产事故起数、死亡人数分别比上年下降71.5%、64.2%。

全年劝退不符合环保要求建设项目37个，涉及投资额3亿元。完成大气污染防治工程治理项目2712项。淘汰低端落后化工企业110家，散乱污企业（作坊）专项整治工作实施以来，已累计整治53529家，削减非电行业煤炭消费总量461.98万吨，完成省下达的目标任务。

（供稿：苏州市统计局）

从统计数字看2020年的苏州

苏州市统计局

苏州在全国的地位

地区生产总值	居全国第6位
一般公共预算收入	居全国第4位
进出口总额	居全国第4位

苏州在全省的地位

地区生产总值	居全省第1位
一般公共预算收入	居全省第1位
进出口总额	居全省第1位

苏州的人口

年末户籍总人口(万人)	744.33
年末户籍总户数(万户)	246.45
户籍人口密度(人/平方公里)	860
年末常住人口(万人)	1274.96
常住人口密度(人/平方公里)	1473

苏州的经济发展

	2020年	1979—2020年平均增长
地区生产总值(亿元)	20170.45	12.7%
# 第三产业	10588.47	14.1%
规模以上工业总产值	35342.55	—
固定资产投资	5224.43	22.4%
社会消费品零售总额	7701.98	17.3%
进出口总额(亿美元)	3223.47	—
实际使用外资	55.40	—

苏州的人均水平

地区生产总值（元）	158466
社会消费品零售总额（元）	60510
一般公共预算收入（元）	18093
城镇非私营单位在岗职工平均工资（元）	113744
全体常住居民可支配收入（元）	62582
城镇常住居民可支配收入（元）	70966
农村常住居民可支配收入（元）	37563
市区拥有道路面积（平方米）	26.92
每万人拥有医生数（人）	29.17

苏州的一天

地区生产总值（万元）	551105
一般公共预算收入（万元）	62924
规模以上工业总产值（万元）	965643
固定资产投资额（万元）	142744
社会消费品零售总额（万元）	210437
进出口总额（万美元）	88073
# 出口（万美元）	51057
实际使用外资（万美元）	1514

注：# 表示其中数的意思。

（供稿：苏州市统计局）

《苏州党史纪事（2020）》供稿人员

（按姓氏笔画为序）

丁达祥　丁勤一　于坤祥　马怀忠　王　炳　王亭川　计海新

尹经纬　卢嘉辉　叶　芸　白　笑　吉豫峰　朱　立　朱小龙

朱汉举　朱振华　朱晓明　朱婷婷　朱微名　朱赛飞　任春艳

华雪根　刘　振　刘建佳　刘品玉　刘钟潇　汝亦冰　孙夏楠

孙鸿宇　严黎晨　苏栋汇　巫　华　李方文　李林川　李定奖

李城元　杨　晓　杨上雄　肖　湘　时惜微　吴　俊　吴　铭

吴　瑛　邱亚峰　邱树新　沙　一　沈雨婷　张　尧　张　青

张　鸣　张　健　张　彬　张　辉　张　晶　张　瑶　张九阳

张大发　张文举　张肖千　陆文琰　陆方舟　陈　华　陈　勇

陈　琳　陈陆欢　陈雨禾　陈国清　陈晓刚　陈海强　陈智超

范　群　范俊彦　杭兴微　金　琪　周　玲　周　亮　周宇驰

周沁怡　周雯雯　庞淑婕　郑　勇　居晓艳　赵　逊　郝　艳

胡小军　茹　军　查正风　钮泉娜　侯成成　施小南　姚金利

姚雯青　秦　枫　莫剑毅　贾志伟　贾炳渊　夏万根　顾　烨

顾　婷　顾　斌　顾艳艳　钱　君　徐　莹　徐　峰　徐立军

徐志强　殷　红　高　苑　郭　秦　唐红宇　浦何浩　谈明星

黄军志　曹凤娇　曹丽琴　曹前程　龚　俐　赏　月　程大炜

谢　畅　颛孙冠群　戴天仪